J. C. L. SIMONDE DE SISMONDI

Neue Grundsätze der Politischen Ökonomie

ÖKONOMISCHE STUDIENTEXTE

BAND 4

HERAUSGEGEBEN VON
DR. A. TOEPEL, HALLE

IM AUFTRAGE DES ZENTRALINSTITUTS
FÜR WIRTSCHAFTSWISSENSCHAFTEN
DER AKADEMIE DER WISSENSCHAFTEN
DER DDR

J. C. L. SIMONDE DE SISMONDI

NEUE GRUNDSÄTZE DER POLITISCHEN ÖKONOMIE

AKADEMIE-VERLAG · BERLIN 1975

J. C. L. Simonde de Sismondi

NEUE GRUNDSÄTZE DER POLITISCHEN ÖKONOMIE ODER VOM REICHTUM IN SEINEN BEZIEHUNGEN ZUR BEVÖLKERUNG

In zwei Bänden

Zweiter Band

Eingeleitet und herausgegeben
von
ACHIM TOEPEL

AKADEMIE-VERLAG · BERLIN 1975

Übersetzt aus dem Französischen
von Dipl. phil. Anita Toepel und Dr. Achim Toepel
nach der 2. Auflage, Delaunay, Paris 1827

Erschienen im Akademie-Verlag, 108 Berlin, Leipziger Str. 3–4

Lizenznummer: 202 · 100/37/75
Gesamtherstellung: VEB Druckhaus „Maxim Gorki", 74 Altenburg
Bestellnummer: 752 611 4 (2093/4/2) LSV-Nr. 0305
Printed in GDR
EVP 28,–

INHALT

NEUE GRUNDSÄTZE DER POLITISCHEN ÖKONOMIE

Fünftes Buch

VOM GELDE

ERSTES KAPITEL

DAS GELD ALS ALLGEMEINES ÄQUIVALENT, UNTERPFAND* UND MASS DER WERTE

Die Reichtümer befinden sich in unaufhörlicher Bewegung zwischen den Produzenten und den Verbrauchern. Diese Bewegung wird vermittelt durch das Geld. Sämtliche Austausche vollziehen sich in dieser Form. So tritt das Geld dazwischen, wenn die Produktionsmittel von einem Eigentümer auf den anderen übergehen; wenn der Boden oder das bewegliche Kapital den Besitzer wechseln; wenn Arbeit verkauft wird oder wenn die Ware, die verbraucht werden soll, zum endgültigen Verbraucher gelangt. Das Geld erleichtert alle diese Austausche; es tritt zwischen die einzelnen Vertragspartner als eine Sache, die von allen begehrt wird und mit der ein jeder sofort erwerben kann, was er unmittelbar braucht. Beim Geld handelt es sich also um eine Sache von unveränderlicher Bewertung, um eine Sache, vermittels derer sich alle anderen Werte bestimmen lassen. Dabei bildet das Geld den alleinigen Maßstab.

Das Geld erfüllt stets mehrere Aufgaben: es ist gleichzeitig das allgemeine Äquivalent für alle anderen Werte, es ist Unterpfand aller anderen Werte und es ist das Maß der

* Wenn Sismondi hier vom Geld als dem Unterpfand (gage) der Werte spricht, so hat er den Umstand im Auge, daß das Geld selbst gesellschaftliche Arbeit verkörpert, was übrigens im folgenden von ihm genauer beschrieben wird.

Werte. Als allgemeines Äquivalent repräsentiert das Geld jede andere Art von Reichtum; und durch das Übergehen von Hand zu Hand wird schließlich das Recht auf alle anderen Werte ausgedrückt. Nicht das Geld selbst benötigt der Tagelöhner, sondern die Nahrung, Kleidung und Wohnung, deren allgemeines Äquivalent es ist. Der Fabrikherr will seine Erzeugnisse nicht gegen Geld austauschen, sondern gegen Rohstoffe, um die Produktion fortsetzen zu können, und gegen Waren für den eigenen Bedarf. Ebenso ist es nicht das Geld, was der Geldkapitalist dem Handelskapitalisten ausleiht, sondern vielmehr das, was der Handelskapitalist anschließend für dieses Geld kauft; denn solange der Handelskapitalist das Geld behält, bringt es ihm keinen Profit. Sein Kapital trägt erst Früchte, wenn es sich nicht mehr in seinen Händen befindet bzw. wenn es in seiner Funktion als allgemeines Äquivalent gegen Realitäten ausgetauscht worden ist. Durch einen Sprachmißbrauch, der zu vielen Konfusionen und Irrtümern geführt hat, sind die Wörter Geld und Kapital fast zu Synonymen geworden. Das Geld ist in der Tat Stellvertreter für alle anderen Kapitalien; aber es gehört eigentlich niemandem. Seinem Wesen nach ist es immer steril. Der Reichtum beginnt erst von dem Augenblick an zu wachsen, wo man sich des Geldes entledigt hat.

Das Geld ist aber nicht nur das allgemeine Äquivalent aller Reichtümer, sondern auch ihr reales Unterpfand. Es repräsentiert die Reichtümer also nicht nur, sondern es verkörpert in sich auch ihren wirklichen Gegenwert. Ebenso wie alle Reichtümer ist auch das Geld aus einer Arbeit hervorgegangen. Um es aus den Bergwerken zu gewinnen, waren Arbeiten und Kapitalvorschüsse erforderlich, die genau jenem Wert entsprechen, den das Geld dann in der Welt repräsentiert. Es bietet dem Handel eine kostspielige Bequemlichkeit, da es, obgleich wie alle anderen Reichtümer gekauft, der einzige Reichtum ist, der durch die Zirkulation nicht zunimmt und durch den Genuß nicht vergeudet werden kann. Das Geld geht stets unverändert aus den Händen eines jeden Besitzers hervor, gleichgültig, ob nützlich angewendet oder bei Vergnügungen verschwendet. Aber gerade in dem hohen Preis, für den die Gesellschaft das Geld erkaufen muß und der zunächst als Nachteil erscheinen mag, liegt der Vorzug, nämlich für den jeweiligen Besitzer ein unvergängliches Unterpfand zu sein. Da der Wert des Geldes nicht durch eine willkürliche Übereinkunft festgelegt wurde, kann er auch nicht durch irgendwelche Bestimmungen aufgehoben werden. Die Nachfrage nach dem Gelde kann mehr oder weniger groß sein, je nachdem, ob es mehr oder weniger reichlich auf dem Markt angeboten wird. Sein Preis jedoch wird niemals erheblich von dem Preis der Aufwendungen abweichen, die erforderlich waren, um die entsprechende Menge aus den Bergwerken zu gewinnen.

Schließlich ist das Geld ein allgemeines Maß der Werte. Vor der Erfindung des Geldes war es schwierig, den Wert eines Sackes Getreide dem Wert einer Elle Tuch gegenüberzustellen. Die Kleidung war keineswegs weniger wichtig als die Nahrungsmittel; jedoch die Art und Weise, wie man zu Kleidung einerseits und zu Nahrung andererseits gelangte, ließ sich kaum vergleichen. Mit dem Gelde jedoch wurde eine allgemeine und unveränderliche Einheit geschaffen, zu der man alle anderen Werte in Beziehung setzen konnte.

Diese drei Eigenschaften des Geldes hat man hin und wieder, im Handel des einen oder anderen Volkes, getrennt voneinander bestehen gesehen. Banknoten und Wechsel können nur als allgemeines Äquivalent für Werte fungieren, ohne selbst Unterpfänder für Werte zu sein. Die Verworrenheit dieser Beziehungen hat mehr als eine Regierung dazu bewogen, die Banknoten in Papiergeld umzuwandeln. Der wirkliche Unterschied, der zwischen beiden besteht, hat fast immer den Ruin der Länder verursacht, die das allgemeine Äquivalent mit dem Unterpfand des Austausches verwechselten.

Andererseits kann der Goldstaub, der als ein allgemeines Austauschmittel im Handel Guineas verwendet wird, durchaus als Unterpfand für die Werte betrachtet werden, ohne deswegen gleichzeitig allgemeines Äquivalent zu sein; denn der Goldstaub hat keine numerische Einheit. Er ermöglicht nicht die genaue Repräsentation einer einzelnen Sache für sich, geschweige denn die Repräsentation aller Sachen zusammen; der Goldstaub wird lediglich stets von allen in gleicher Weise nachgefragt und bietet daher ein sicheres Austauschmittel.

Dieses Fehlen einer numerischen Einheit beim Goldstaub veranlaßte die Mandingos*, ein afrikanisches Volk, das den Goldstaub anstelle des Geldes verwendet, sich ein Maß für die Werte zu schaffen, das völlig anders ist als das allgemein anerkannte in Form des Geldes. Es handelt sich um eine abstrakte Quantität, die sie „Macute" nennen, die sich im einzelnen auf nichts bezieht, die nirgends in irgendeiner festen Form existiert und die nicht wie unser ideelles Geld die Summe einer bestimmten Menge wirklichen Geldes ist, sondern die es nur in der Vorstellung als idealen Begriff zum Zwecke des Vergleichs gibt. Dieses Rind ist zehn „Macutes" wert, jener Sklave fünfzehn und jenes Halsband aus Glasperlen zwei. Diese Dinge werden unmittelbar gegeneinander ausgetauscht; und die „Macutes", die weder gegeben noch empfangen werden können, dienen lediglich dazu, den Wert dessen anzuzeigen, was man wirklich erhält. Sie sind also das Maß der Werte, wenngleich sie weder ein allgemeines Äquivalent noch Unterpfand der Werte sind.

* Die Mandingos, Mandes oder Malinkes sind ein negroides Volk in Südmali, Nordguinea und Ostsenegal. Die Mandingos, Hackbauern, Handwerker und Händler, waren das Staatsvolk des alten Malireichs.

ZWEITES KAPITEL

DAS VERHÄLTNIS ZWISCHEN GELD UND ÜBRIGEM REICHTUM

Wir haben gesehen, wie der Reichtum aus Arbeit und Sparsamkeit hervorging; wir haben dargelegt, daß der Reichtum fortwährend für den Gebrauch und Genuß der Menschen bestimmt ist; wir verfolgten ferner die Entstehung des Reichtums aus dem Boden in der Landwirtschaft und die Entstehung des Reichtums durch Fleiß und Geschicklichkeit im Handel; schließlich sprachen wir von der Verteilung des Reichtums in der Gesellschaft und darüber, welche Rolle der Reichtum bei der Konsumtion und der darauffolgenden Reproduktion spielt. Alle diese Reichtümer jedoch, die durch Arbeit entstehen und dann verbraucht werden, gehen in vielen Austauschen von Hand zu Hand. Bei diesen Austauschen ist das Geld fast immer der Vermittler und das gemeinsame Maß. Keine Ware gelangt vom Verkäufer zum Käufer, ohne daß nicht ebenfalls eine für gleichwertig gehaltene Summe Geldes vom Käufer an den Verkäufer überginge. Das Geld bleibt allerdings nicht beim Verkäufer, wie die Ware beim Käufer, denn der Verkäufer der Ware wird seinerseits wieder Käufer. Das Geld geht an andere Verkäufer über, die es wiederum an noch andere weitergeben. Es ist ohne weiteres einzusehen, daß mit den gleichen Geldstücken in einem Jahr hundert oder gar zweihundert verschiedene Zahlungen vorgenommen werden können. Auch die verkauften Waren zeigen stets diese Bewegung des Geldes an, allerdings als Spiegel zur Bewegung des Geldes.

Einige ökonomische Denker, frappiert von dieser Parallelität, haben geglaubt, daß der Wert des zirkulierenden

Geldes dem Wert der verkauften Waren entsprechen müßte. Dabei vergaßen sie, daß ein Geldstück zehn- oder zwanzigmal den Besitzer wechselt, während die Ware lediglich einmal verkauft werden kann. Eine derartig abwegige Annahme verdient es nicht, näher untersucht zu werden. Es wäre ebenso unsinnig zu glauben, daß, wenn Waren in Form von Ballen von einem Warenlager zum anderen transportiert werden, und daß, wenn ein jeder Lastträger jeweils nur einen Ballen zu tragen vermöchte, für den Handel die gleiche Anzahl von Lastträgern erforderlich sei wie Ballen vorhanden sind. Der Vergleich ist begründeter, als es zunächst scheinen mag. Jeder Ballen wird durch die Vermittlung des Geldes, beim Verkauf, von einem Warenlager zum anderen transportiert, genau wie vermittels der Schulter des Lastträgers. Wichtig in unserem Zusammenhang ist nun aber, daß ein und dieselben Geldstücke sowie Lastträger Tag um Tag den gleichen Dienst für stets neue Ballen wiederholen. All das schließt natürlich nicht aus, daß ein bestimmtes Verhältnis bestehen muß zwischen der Anzahl bzw. Bewegung der Ballen einerseits und der Zahl der Lastträger oder der Menge der Geldstücke andererseits. Ob der Austausch der Ballen beschleunigt oder verlangsamt wird, hängt von der Übereinkunft zwischen Käufer und Verkäufer ab, niemals aber von den Transportmitteln. Käufen und Verkäufen verleiht man Aktivität ebensowenig durch die Vermehrung der Geldstücke, die einen Teil der Transportmittel darstellen, wie durch die Vergrößerung der Anzahl der Lastträger.

Gleiche Reichtümer bedürfen bei ihrem Umschlag keineswegs immer der gleichen Menge Geldes; denn die Häufigkeit der Tauschgeschäfte ist weitaus mehr abhängig von der Beschaffenheit dieser Reichtümer als von ihrem Wert. So braucht der Geldüberfluß eines Landes nicht notwendigerweise Ausdruck für Reichtum zu sein. Ebensowenig ist der Geldmangel ein sicheres Zeichen für Armut in diesem Lande. Über die zum Austausch erforderliche Geldmenge müssen indessen einige Überlegungen angestellt werden.

Beim agricolen Reichtum handelt es sich um jenen Reichtum, der am wenigsten Geld für seine Zirkulation benötigt, denn ein großer Teil des vom agricolen Reichtum hervorgebrachten Einkommens wird von jenen selbst verzehrt, die ihn produzierten, ohne daß er überhaupt Gegenstand eines Austausches gewesen wäre. Der selbstwirtschaftende Bauer, der sich von seinem Getreide und dem Fleisch seines Viehs ernährt, der seinen eigenen Wein trinkt, der sich mit dem Tuch bekleidet, das die Hausfrau aus eigenem Hanf und eigener Wolle gesponnen und gewebt hat, und der für seine Hütte keine Miete zahlt, bekommt fast nie ein Geldstück zu Gesicht, es sei denn bei der Bezahlung der Grundsteuern. Der Arbeiter in der Stadt hingegen, der unter weitaus schlechteren Bedingungen lebt, größere Bedürfnisse hat, weniger Freuden genießt und ständig gegen die drohende Armut ankämpfen muß, kann sich sowohl die Nahrung als auch die Kleidung und Wohnung ausschließlich mit Geld beschaffen. Sein kümmerlicher Lebensunterhalt erheischt eine Geldmenge, die zehn- oder zwanzigmal größer ist, als die für den Unterhalt des Bauern notwendige.

Ungefähr die Hälfte der Lebensmittel, Produkt des Bodens, gelangt an den Verbraucher, ohne überhaupt Geld in Bewegung gesetzt zu haben. Die andere Hälfte jedoch wird nur selten zum Zwecke eines neuerlichen Verkaufs gekauft. Gewöhnlich gelangt sie durch einen einzigen Austausch direkt vom Erzeuger an den Verbraucher. Lediglich ein ganz geringer Teil von Bodenprodukten, die als Handelsgut angehäuft werden und durch mehrere Hände gehen, erfordert die wiederholte Vermittlung des Geldes.

Beim Einkommen aus dem Boden handelt es sich allerdings nur um einen kleinen Teil des agricolen Reichtums; den eigentlichen Reichtum stellt das Eigentum an Boden selbst, nebst allen seinen Verbesserungen, dar. Aber auch dieses Eigentum an Boden erfordert für seine sehr langsame Zirkulation nur eine äußerst geringe Summe Geldes. Eine angeborene Liebe zum Boden, durch das Vorurteil fast immer noch verstärkt, führt dazu, daß ein Grundstück meistens über viele Generationen in ein und derselben Familie verbleibt. Beläuft sich der Wert aller Ländereien Frankreichs auf mehrere zehn Milliarden, so bedarf es kaum einiger Millionen, vielleicht nur einiger hunderttausend Taler, um alle die Zahlungen vorzunehmen, die der Verkauf und Kauf dieser Ländereien jede Woche veranlaßt.

Unabhängig von der jährlichen Ernte und von den Ländereien selbst, existiert beim agricolen Reichtum schließlich noch das zirkulierende Kapital, das der Aufbereitung des Bodens dient und das sich im Viehbestand, in den landwirtschaftlichen Geräten und im Saatgut niederschlägt. Aber selbst dieses Kapital des landwirtschaftlichen Grundeigentümers zirkuliert keineswegs schnell und erfordert in keiner Weise beträchtliche Geldsummen. Es verbraucht sich und reproduziert sich in wenigen Austauschen auf dem Grundstück, und es ist schon hoch veranschlagt, wenn dieses Kapital im Verlaufe von vier Jahren keine Geldbewegung verursacht, die seinem gesamten Wert entspricht.

Dieser kurze Überblick über sämtliche Bestandteile des agricolen Reichtums läßt erkennen, daß reine Agrarländer nur äußerst geringe Mengen Geldes benötigen. Würde man solchen Ländern anstelle von Geldstücken gar Papiergeld oder Banknoten geben, versetzte man sie in noch größere Verlegenheit. Das schließt nicht aus, daß solche Länder, mit derartig geringen Geldmitteln, durchaus sehr reich sein können. Sie sind in der Lage, allen ihren Bewohnern einen beträchtlichen Wohlstand zu gewähren, jährliche Ersparnisse zu machen, mit großem Aufwand für die kommenden Generationen zu arbeiten, dem Staat hohe Steuern zu zahlen; und es wird ihnen keineswegs an Geld mangeln, dies alles zu bezahlen. Sobald Überschüsse erzielt werden, die man nicht benötigt und die infolgedessen dem Staat zufallen könnten, verfügt man natürlich über die Möglichkeit, diese Überschüsse auszuführen, um sie in das allgemeine Äquivalent umzuwandeln. Verfügen diese Länder also über wenig Geld, so nur deshalb, weil entsprechend der Art ihrer Reichtümer nicht mehr erforderlich ist. Unter den gegebenen

Bedingungen würden sie sogar die gesamte Produktion ihrer Gold- und Silberbergwerke ausführen.

Es muß noch vermerkt werden, daß in reinen Agrarländern nicht einmal nur das Geld, sondern sogar das zirkulierende Kapital eine äußerst geringe Rolle spielt. Im allgemeinen verleiht man dem Boden durch fixes Kapital Wert. Man steckt fixes Kapital in den Grundbesitz, zieht es aber nicht wieder daraus ab. Was das zirkulierende Kapital anbetrifft, d. h. jenes Kapital, das die jährliche Ernte ermöglicht, so ist ein Agrarland damit sehr bald gesättigt. Jede Zunahme des Reichtums führt zwar zur Ausdehnung der Kulturen, bedingt aber nicht ein entsprechendes Wachstum im Getreide- und Viehhandel. Sogar der selbstwirtschaftende kleine Grundeigentümer, der sich ein bescheidenes Kapital erspart hat, bewahrt dieses meistens in Form von Geld auf, hält es aus der Zirkulation zurück, und wenn sich nun einerseits die Zirkulation mit viel weniger Geldstücken vollzieht, kann sie andererseits zur gleichen Zeit nur viel langsamer vonstatten gehen.

Sofern man das soeben Dargelegte überdenkt, wird man verstehen, daß es in einem reinen Agrarland, selbst bei großem Reichtum, schwierig sein dürfte, plötzlich eine außergewöhnliche Steuer zu erheben, beträchtliche Anleihen zu machen oder auf einmal viele Güter gegen Bargeld zu verkaufen. Dabei fehlt es weder an Reichtum, noch an Vertrauen, sondern einfach an flüssigem Geld und ebenfalls an zirkulierendem Kapital, weil ein solches Land weder das eine noch das andere für die Entwicklung seiner Produktion benötigt. Einem Agrarland wirkliches oder Papiergeld aufzuzwingen, bedeutet nicht, etwas für die Prosperität dieses Landes zu tun, d. h. nicht mehr und nicht weniger, als wenn man Lastträger für das Tragen von Waren anwürbe, die es gar nicht gibt. „Seinen Grund und Boden beweglich zu machen, um ihn im Wert zu erhöhen", wie man häufig sagt, ohne sich selbst zu verstehen, heißt vorzuschlagen, Land gegen Land auszutauschen, wobei jedoch der Nation genau die gleiche Menge an Boden als auch an zirkulierendem Kapital, nicht mehr und nicht weniger, erhalten bleibt. Das zirkulierende Kapital ist kein „beweglich gemachter Grund und Boden“, sondern ein verzehrbarer Reichtum, und man zieht aus zirkulierendem Kapital nur Profit und Genuß, wenn man es verbraucht.

Die geringe Menge zirkulierenden Kapitals und infolgedessen auch Geldes, die für den agricolen Reichtum erforderlich ist, erklärt die Schwierigkeit, auf die man beim Verkauf von Grund und Boden immer wieder stößt, und zwar nicht nur in den reinen Agrarländern, sondern ebenfalls in solchen Ländern, die Landwirtschaft und städtische Industrie vereinen. Grund und Boden kann man nur gegen zirkulierendes Kapital verkaufen, und wenn dieses Kapital sehr gering ist in einem reinen Agrarland, wird es auch in einem Land, wo ebenfalls Industrie angesiedelt ist, äußerst schwierig sein, das zirkulierende Kapital der ursprünglichen Bestimmung zu entziehen und es aus dem Handel in die Landwirtschaft überwechseln zu lassen. Im allgemeinen trägt man der Macht der Gewohnheiten nicht genügend Rechnung. Die Gewohnheiten der Menschen legen das Kapital in Ketten, darum ist es nötig, daß ein Vorteil sehr offenkundig sein und über lange Zeit angepriesen werden muß, um selbst einen kleinen Teil der Kapitalien der alten Bestimmung zu entreißen.

Der Handelsreichtum verursacht eine viel schnellere Zirkulation von Geld und Kapital als der agricole Reichtum. Der Teil des jährlichen Produkts, der von den Erzeugern selbst verbraucht wird, ist so gering, daß er kaum ins Gewicht fällt. Der ganze Rest verteilt sich in Austauschen, und diese Austausche erfordern Geld. Ein Hutmachergeselle fertigt vielleicht im Jahr einen Hut für sich selbst an, während sein täglicher Unterhalt den Verkauf seiner Arbeit und den Kauf von Brot, also den Gebrauch von Geld für das eine und andere erfordert.

Das ist aber nicht alles. Die Austausche in der Landwirtschaft haben nur einen Teil des agricolen Einkommens zum Gegenstand; die Austausche im Handel haben dagegen die Gesamtheit des Handelskapitals zum Objekt, und sie erneuern sich unaufhörlich. In einer Tuchfabrik zum Beispiel muß ein Wollehändler ein zirkulierendes Kapital besitzen, das wertmäßig der Schafwolle des Schäfers entspricht. Der Austausch, der mit der gesamten Wollproduktion vorgenommen wird, geschieht vermittels des Geldes. Der Tuchfabrikant wiederum muß über ein weiteres zirkulierendes Kapital verfügen, um jenes des Wollhändlers zu ersetzen; der Großhändler muß ein drittes und der Einzelhändler ein viertes zirkulierendes Kapital besitzen. Dabei sind noch außer acht gelassen alle jene Hilfskapitalien des Wollkämmers, Scherers, Färbers, Fuhrmanns und Kommissionärs, die zur Tuchproduktion beitragen und dafür sorgen, daß die Tuche an den Verbraucher gelangen. Jedes dieser Kapitalien besteht in zu verbrauchenden Waren, die größtenteils noch keineswegs Fertigprodukte sind, sondern vielmehr stets durch Vermittlung des Geldes aus der Hand des einen Bearbeiters in die Hände des anderen gelangen. Natürlich muß der Wert dieses Geldes dem Wert des Kapitals, das es zirkulieren läßt, keineswegs entsprechen, letzten Endes aber muß ein bestimmtes Verhältnis zwischen dem Wert des Geldes und dem Wert des zirkulierenden Kapitals bestehen; denn ebenso, wie es für den Handel hinderlich wäre, wenn das nötige Geld für ein bestimmtes Geschäft fehlen würde, zöge man natürlich andererseits keinen Nutzen aus überflüssigem Geld. Für den Handel ist es wichtig, daß der Transport der Waren vom Produzenten zum Verbraucher ohne Hindernis und ohne Verzögerung vonstatten geht. Wenn dazu die Transportmittel in der Nähe fehlen, wird man sich diese von anderswo beschaffen; stehen sie dagegen zu reichlich zur Verfügung, muß man einige von ihnen unbenutzt lassen; denn schließlich sind es ja nicht die Transportmittel, die die Bewegung des Handels bestimmen.

DRITTES KAPITEL

UNTERSCHIEDE ZWISCHEN GELD UND KAPITAL

Aus der überaus bedeutenden Rolle, die das Geld in der Politischen Ökonomie spielt, sowie aus der Vielfalt seiner Eigenschaften, durch die es den Tauschgeschäften als Maß dient und diese belebt und gewährleistet, läßt sich die Täuschung erklären, der nicht nur das gemeine Volk, sondern sogar Staatsmänner erlagen und die diese glauben machte, daß das Geld die wesentliche Triebfeder der Arbeit und Schöpfer allen Reichtums sei. Indessen ist es wichtig und unerläßlich, an dieser Stelle etwas zu verweilen, um solche Irrtümer näher zu erläutern und die folgenden Grundsätze ins rechte Licht zu rücken. Auf der von uns erreichten Entwicklungsstufe der Zivilisation kann keine Arbeit mehr ohne Kapital, diese wird durch das Kapital überhaupt erst in Bewegung gesetzt, ausgeführt werden. Das Kapital aber, fast immer durch Geld repräsentiert, ist dennoch alles andere als Geld. Während das Wachstum des Nationalkapitals am wirksamsten die Vermehrung der Arbeit fördert, zeitigt die Zunahme des Geldes keineswegs die gleiche Wirkung. Die Kapitalien, die stark an der jährlichen Reproduktion des Reichtums beteiligt sind, bringen ein jährliches Einkommen hervor; das Geld dagegen bleibt steril und läßt kein Einkommen entstehen. Die Konkurrenz zwischen den einzelnen Kapitalien um die Ausführung der jährlichen Arbeit der Nation bildet die Grundlage für den Geldzins. Allerdings hat das mehr oder weniger große Vorhandensein von Geld keinen Einfluß auf die Festsetzung dieses Zinses. Akkumuliertes Kapital kann schließlich von der Regierung zum Nutzen der Nation ausgeliehen werden; das Geld dagegen, das dabei zur Vermittlung dient, ist nur das Werkzeug dieses Vorgangs.

Alle Bewohner Europas haben die schreckliche Erfahrung* gemacht, was eine Hungersnot und eine Zeit allgemeinen Elends für ein zivilisiertes Volk bedeuten. In diesen schweren Zeiten gab es niemanden, den man nicht zu wiederholten Malen hätte sagen hören, daß weder Getreide noch Lebensmittel fehlten, sondern einfach nur das Geld. Die großen Getreidespeicher sind tatsächlich oft bis zur nächsten Ernte voll geblieben; bei gleichmäßiger Verteilung der Vorräte unter sämtliche Schichten der Bevölkerung wäre es fast immer möglich gewesen, die Bevölkerung mit genügend Lebensmitteln zu versehen. Die Armen aber, die nicht über Geld verfügten, waren nicht in der Lage, sich Lebensmittel zu kaufen. Im Austausch für ihre Arbeit erhielten sie weder Geld noch genügend Unterhaltsmittel. Während es an Geld mangelte, gab es einen Überfluß an natürlichen Reichtümern. Welche Erscheinung wäre wohl geeigneter, das allgemein vorhandene Vorurteil, daß sich Reichtum in Geld und nicht in verzehrbarem Kapital ausdrückt, zu bestätigen?

Das Geld, das in Zeiten der Teuerung fehlt, ist aber gerade der Lohn, den man dem Arbeiter bietet, um ihn zur Arbeit zu bewegen, der Lohn, mit dem er sich seine Unterhaltsmittel hätte kaufen können. Ein Arbeiter kann stets nur so lange und so viel arbeiten, wie ein Kapitalist akkumuliertes Kapital, d. h. die Früchte vorangegangener Arbeiten, aufwendet, um einerseits für Rohstoffe und andererseits für den Unterhalt des Arbeiters aufzukommen. Ohne Rohstoff als Grundlage kann Arbeit weder vollzogen werden, noch zu einem materiellen Produkt führen, das Bestandteil des Reichtums sein soll. Ein Arbeiter wiederum

* Sismondi spielt hier auf die krisenhaften Erscheinungen in der europäischen Wirtschaft im Gefolge der napoleonischen Kriege an.

kann nicht arbeiten, wenn er keine Lebensmittel zu seinem Unterhalt hat. Jede Arbeit wird also unmöglich ohne ein vorhandenes Kapital, bestehend aus Verbrauchsgegenständen, die sowohl den Rohstoff als auch den Lohn für diese Arbeit liefern. Leistet nun der Arbeiter selbst diese Vorschüsse, dann übernimmt er zugleich, wenn auch in kleinem Rahmen, die Rolle des Kapitalisten und des Tagelöhners.

Was während der Zeit der Teuerung fehlte, war also ein verzehrbares Kapital, das durch Geld weitergegeben worden wäre; aber es fehlte nicht am Geld selbst. Das Geld hatte in Europa keineswegs abgenommen; mancherorts, wo man seiner besonders dringend bedurfte, war es mengenmäßig sogar angewachsen, allerdings zirkulierte es nicht so schnell wie Kapital; sei es nun, daß dieses Kapital wirklich durch die verschiedensten Notsituationen, durch Krieg und schlechte Ernten zerstört worden war oder sei es, daß es noch gar nicht frei war, um seine Funktionen ausüben zu können. Denn, nachdem das Kapital Arbeit in Bewegung gesetzt hat, muß es auf den Verbraucher warten und sich gegen dessen Einkommen austauschen. Es kann nicht eher wieder in seiner ersten Funktion wirksam werden, bevor sich nicht die zweite vollzogen hat. Nun haben jedoch die Notsituationen, die im allgemeinen nicht die Kapitalien betrafen, durchaus die Einkommen erschüttert. Letztere ersetzten nicht mehr mit ihrer üblichen Schnelligkeit die zirkulierenden Kapitalien. Der Verbrauch nahm ab und damit zwangsläufig auch die in Bewegung gesetzte Arbeit, es gab kein Geld mehr, um Löhne zu zahlen.

Desgleichen wie der Arbeiter des Kapitalisten bedarf, braucht auch der Kapitalist den Arbeiter; denn sein Kapital ist unproduktiv, wenn es ruht. Das Einkommen*, das der

* Sismondi spricht hier von Einkommen (revenu), obgleich aus dem weiteren Text erhellt wird, daß Sismondi der von J. B. Say zur gleichen Zeit entwickelten Theorie der Produktionsfaktoren keine Konzession macht und sehr wohl zwischen Profit und „Einkommen" aus Kapital zu unterscheiden weiß.

Kapitalist erwartet und von dem er leben muß, rührt her von der Arbeit, die er in Bewegung setzt. Als er versuchte, sich ein Einkommen vermittels eines produktiven Unternehmens zu verschaffen, wendete er sein gesamtes Kapital auf, um Arbeit verrichten zu lassen, er ließ nicht den geringsten Teil seines Kapitals ruhen. Wenn der Kapitalist Tuchfabrikant ist und hunderttausend Pfund für die Produktion verausgabt, wird er so lange nicht ruhen, bis er diese hunderttausend Pfund völlig in Waren und schließlich in Geld zurückverwandelt hat, um eine neue Produktion zu beginnen. Wenn man ihn dann fragt, warum er aufgehört hat zu produzieren, wird er gleichfalls wie der Arbeiter antworten, daß es an Geld mangele.

Indessen ist es abermals nicht das Geld, woran es mangelt, vielmehr gibt es keinen Verbrauch bzw. es fehlt den Verbrauchern an Einkommen. Als der Tuchfabrikant seine Produktion aufnahm, glaubte er, diese nach den Bedürfnissen des Marktes eingerichtet zu haben, ferner hatte er damit gerechnet, daß die Tuche sofort nach ihrer Fertigstellung von den Verbrauchern gekauft würden, so daß das Geld der Verbraucher, welches deren Einkommen repräsentiert, das Kapital des Tuchfabrikanten ersetzen und damit auch in Form von Löhnen für den Unterhalt neuer Arbeiter aufkommen könnte. Dem Verbraucher fehlt jedoch nicht das Geld, sondern einfach das Einkommen. Der eine hatte in diesem Jahr eine schlechtere Ernte als sonst, der andere erzielte weniger Zinsen aus seinen Kapitalien bzw. einen geringen Profit aus der jährlichen Industrieproduktion. Ein dritter, der als Einkommensquelle nur über seine Arbeit verfügte, konnte diese nicht einsetzen. Alle drei sind zwar nicht ärmer geworden, aber der Tuchfabrikant hatte sich vorgestellt, daß sie reicher wären, und hatte infolgedessen seine Produktion nach einem Einkommen eingerichtet, das gar nicht existiert.

Jegliches Einkommen, dessen verschiedene Quellen wir untersucht haben, ist materiell und verzehrbar. Es entsteht aus der Arbeit, und es ist zum Verbrauch bestimmt. Es ist stets von der gleichen Natur wie die vom Kapitalisten gemachten Vorschüsse, in Form von Löhnen und in Form von Rohstoffen. Für jene, die diese Vorschüsse erhalten, stellen sie Einkommen dar. Das Geld ist dabei nur allgemeines Äquivalent und Maß. Das Kapital, welches das Geld ersetzen soll, besteht ebenfalls aus materiellen Dingen, die für den Verbrauch bestimmt sind und sich unaufhörlich erneuern. Das Geld hingegen repräsentiert lediglich das Kapital, und es bildet stets nur den kleineren Teil des Gesamtkapitals eines Kapitalisten. Wir haben beim Tuchfabrikanten einen Kapitaleinsatz von hunderttausend Pfund angenommen. Wir können uns ohne weiteres vorstellen, daß von diesem Kapital, das sich durch den ständigen Umschlag unaufhörlich erneuert, lediglich der hundertste Teil in Erscheinung zu treten braucht, ein Teil, der, in Geld ausgedrückt, stets nur das Produkt einer Woche ausmacht. Wir nehmen ferner an, daß davon fünfzigtausend Francs für Gebäude, Fabrikhallen und andere fixe Kapitalien angewendet werden und daß der jährliche Gesamtprofit zehn Prozent, also zehntausend Francs Einkommen, betragen soll. Schließlich setzen wir voraus, daß das wöchentliche Produkt sofort verkauft und bar bezahlt wird. Es genügt also, daß lediglich der fünfzigste Teil des zirkulierenden Kapitals, d. h. tausend Pfund, wöchentlich vom Tuchfabrikanten als Löhne und Materialvorschüsse aufgewendet werden, um die gleiche Summe, zuzüglich eines Profits von zwanzig Prozent, jede Woche vom Abnehmer der Waren erstattet zu bekommen. Von diesen tausendzweihundert Pfund behält der Tuchfabrikant wöchentlich zweihundert Pfund als Einkommen für sich, die übrigen tausend, die das Einkommen seiner Beschäftigten bilden, zahlt er aus. Damit vollzieht sich bereits die gesamte Zirkulation, ohne daß die hunderttausend Pfund, die sein Vermögen darstellen, jemals in Geld in Erscheinung treten.

Die Zunahme der Kapitalien bildet stets den stärksten Anreiz für die Arbeit. Jeder Kapitalist ist unaufhörlich bemüht, neue, absatzversprechende Produktionen zu veranlassen, sei es nun, weil jede Zunahme des Kapitals das Anwachsen des Einkommens und infolgedessen des Verbrauchs bedingt, oder sei es, weil dieses Kapital nur profitbringend ist, solange es angewendet wird. Beschäftigt der Kapitalist Arbeiter, so gewährt er diesen ein Einkommen, das sie in die Lage versetzt, die Produktion des vorangegangenen Jahres zu kaufen und zu verzehren. Der Kapitalist wird also seine Kapitalien neu entstehen sehen, vermehrt noch um das Einkommen, das er aus der Produktion des kommenden Jahres zu erwarten hat. Unabhängig davon, daß der Kapitalist Kapital in Form von Lohn verausgabt, und unabhängig davon, daß er in der Folge dieses in Form von Geld, das alle Austausche überhaupt erst ermöglicht, zurückerstattet bekommt, ist das Geld dabei dennoch nicht die Hauptsache. Der gleiche Tuchfabrikant, von dem wir annahmen, daß er jedes Jahr mit der gleichen Menge Kapital arbeitet, hat dem Tuchhändler jährlich zweitausendvierhundert Ellen Tuch geliefert, vom letzteren jeweils nach Fertigstellung gekauft. Diese Tuche sind sechzigtausend Pfund im ganzen bzw. jede Elle fünfundzwanzig Pfund wert. Vierhundert Ellen tauscht der Tuchfabrikant gegen Gebrauchsgegenstände ein, die seine eigenen Bedürfnisse, Genüsse und Luxusansprüche sowie jene seiner Familie befriedigen, die restlichen zweitausend Ellen Tuch tauscht er gegen die Rohstoffe und die Arbeit, durch welche im kommenden Jahr wieder die gleiche Menge Tuch entstehen soll, ein. Und in der Tat, sowohl im nächsten Jahr als auch alle folgenden Jahre wird er über zweitausendvierhundert Ellen Tuch verfügen, die er unter den gleichen Bedingungen verkaufen kann. Sein Kapital wie sein Einkommen bestehen tatsächlich nicht aus Geld, sondern aus Tuch; denn das fortwährende Ziel seines Geschäfts ist, fertiges Tuch gegen herzustellendes Tuch auszutauschen.

Wenn der Verbrauch an Tuchen gestiegen ist und wenn infolgedessen das Unternehmen des Tuchfabrikanten anstelle von zweitausendvierhundert Ellen jährlich, dreitausend Ellen herstellt, wird zweifellos mehr Arbeit nachgefragt und von den Arbeitern auch ausgeführt werden.

Nimmt dagegen nur das Geld allein zu, ohne daß der Verbrauch oder das Einkommen, das den Verbrauch bestimmt, steigen, wird weder die Arbeit noch die Produktion zunehmen.

Wir haben angenommen, daß der Tuchfabrikant alle acht Tage vom Tuchhändler den Gegenwert für die jeweils fertiggestellten Tuche erhält und daß es ihm genügt, zwölfhundert Pfund zu erzielen, von denen er dann tausend erneut in seinem Unternehmen verwendet. Wenn sich die Gewohnheiten des Tuchhändlers ändern und dieser dem Tuchhersteller die Waren nur alle zwei Wochen abnimmt, dann ist es erforderlich, daß der Fabrikant zweitausendvierhundert Pfund auf einmal erhält, um die Tuchproduktion in voller Höhe aufrechtzuerhalten. Existiert kein solcher Tuchhändler, der die Waren jeweils regelmäßig nach ihrer Fertigstellung abnimmt, und ist der Produzent gezwungen, auf Käufer zu warten oder seine Produktion, wie das die meisten Unternehmen tun, auf der alle drei Monate stattfindenden Messe zu verkaufen, dann muß eine jede Messe fünfzehntausend Francs erbringen, sofern die Tuchherstellung mit der ursprünglichen Aktivität weitergeführt werden soll. Es tritt unter diesen Umständen also weitaus mehr Geld in Erscheinung, ohne daß deswegen die Produktion gestiegen wäre; der Profit nimmt jedoch ab. Im ersten Falle konnte die gesamte Zirkulation der Fabrik mit den gleichen zweihundertvierzig Geldstücken zu fünf Francs, die immer wieder in die Hände des Kapitalisten gelangten, nachdem sie vorher verausgabt waren, vollzogen werden. Im zweiten Falle werden vierhundertachtzig und im dritten sogar dreitausend gebraucht, um genau die gleiche Arbeit ausführen zu lassen. Bei der geringen Geldsumme fielen die Zinsen, die bei der endgültigen Berechnung des Profits veranschlagt werden müssen, kaum ins Gewicht, dagegen sind die Zinsen der beträchtlicheren Geldsummen schon durchaus schwerwiegend. Der Tuchfabrikant verfügt stets über das gleiche fixe Kapital von fünfzigtausend Francs, außerdem benötigt er weitere fünfzigtausend Francs für angefangene Tuche, für Wolle, für Vorräte und für die wöchentliche Bezahlung der Arbeiter. Die ersteren fünfzigtausend Francs werden ständig durch die Gebäude repräsentiert, die letzteren durch die jeweils gleichbleibende Menge von zweitausend Ellen Tuch; aber der Fabrikant benötigt fünfzehntausend Francs in Bargeld mehr, die in der Kasse liegen müssen, um die zeitliche Differenz zwischen Verkauf und Wiederaufwendung in der Produktion überbrücken zu können. Dadurch macht bei einem stets gleichbleibenden jährlichen Profit von zehntausend Francs dieser nur acht zwei Drittel Prozent, anstatt früher zehn Prozent, des gesamten Kapitals aus.

Betrachten wir nun den Tuchhändler seinerseits oder gar den Verbraucher, so werden wir nicht feststellen können, daß der Gebrauch von mehr Geld innerhalb ein und derselben Zirkulationsperiode auch nur im geringsten den Reichtum des Handels vermehren oder die Produktion beleben würde. Werfen wir auf jeden Kunden des Tuchhändlers einen Blick. Es gibt keinen unter ihnen, der nicht einen mehr oder weniger großen Teil seines Einkommens in Naturalien erhält; dennoch haben alle die Möglichkeit, ihr gesamtes Einkommen in Form von Geld zu beziehen. Der eine kann ein Grundstück pachten und es selbst bewirtschaften, der andere kann das Kapital, das er irgendwo angewendet hatte, auf Zinsen legen. Dadurch werden sie nicht reicher, ihre Ausgaben nehmen nicht zu, und sie kaufen dem Tuchhändler auch nicht mehr Tuche ab, so daß sich dessen Handel ebenfalls nicht vergrößert.

Was dem einzelnen widerfährt, kann ebensogut den Nationen geschehen. Das Einkommen irgendeines Landes oder die Gesamtheit der Profite aus den verschiedensten Arbeiten soll im vergangenen Jahr ebenso wie im laufenden Jahr fünfzig Millionen Francs betragen, wobei allerdings im vergangenen Jahr sämtliche Einkommen in Naturalien, also in zum Verbrauch bestimmten Waren, bezogen wurden. In diesem Jahr dagegen erhielt das betreffende Land auf Grund von besonderen Gegebenheiten im Handel und gemäß bestimmter Austauschübereinkünfte ein Viertel bzw. sogar ein Drittel seines Einkommens in Form von Geld, welches aus dem Ausland importiert worden ist. Durch dieses Geld ist das Land weder reicher noch ärmer geworden; sein Verbrauch beträgt weiterhin fünfzig Millionen Francs. Was das Geld anbetrifft, das eingeführt und offenbar wegen einer gestörten Zirkulation benötigt wurde, so wird man es nach Erfüllung dieser Aufgabe wieder ausführen. Allein das Geld im Lande zu vermehren, ohne daß gleichzeitig das Kapital, das Einkommen und der Verbrauch zunehmen, heißt keineswegs, die Prosperität dieses Landes zu fördern und die Arbeit zu begünstigen.

Wir haben gesehen, daß es fast immer dann, wenn ein einzelner Kapitalist den Mangel an Geld aussprach, nicht an Geld, sondern vielmehr an Kapital fehlte. Was für die individuellen Vermögen zutrifft, ist gleichermaßen gültig bei der Verwaltung des nationalen Reichtums seitens der Regierungen. Das Geld ist nur der Vermittler bei allen Geschäften. Zu normalen Zeiten verfügen die Regierungen vermittels des Geldes über einen Teil des Einkommens der Bevölkerung, und in Krisenzeiten, wenn es darum geht, das Land zu verteidigen oder zu retten, haben sie auf Grund des Geldes einen Teil des akkumulierten Kapitals zu ihrer Verfügung. Nun handelt es sich aber bei diesem Einkommen und diesem Kapital um materielle Dinge, die verzehrt werden können, die also dem Lebensunterhalt dienen und die schließlich Arbeit in Bewegung setzen. Für den Staat ist es wichtig, daß alle seine Beamten, Richter, Soldaten, Matrosen, Waffenschmiede, Armeelieferanten, alle jene also, die öffentliche Dienste verrichten, entsprechend ihrer Stellung, für die Dauer ihrer Arbeit Nahrung, Kleidung und Wohnung erhalten, daß man ferner den einen die Materialien liefert, mit denen sie die Waffen für die anderen herstellen, und daß schließlich alle jene mit Unterhaltsmitteln versehen werden, die tatsächlich zum Dienste des ganzen Landes unentbehrlich sind.

Alle diese Dinge sind zunächst in den Händen der einzelnen Kapitalisten; es sind Produkte ihrer Fabriken. Es handelt sich nun darum, die Verfügung darüber der Regierung zu übertragen, damit sie von da aus an die einzelnen, in ihrem Dienste stehenden Beamten gelangen. Diese Transmission vollzieht sich leichter mit Geld, könnte indessen durchaus, was auch manchmal geschieht, direkt vorgenommen werden. Die mehr oder weniger große Bequemlichkeit bei der Übertragung ändert jedoch nichts an ihrem eigentlichen Wesen. Nicht mit Geld, sondern mit für den Verbrauch bestimmten Gütern und mit Arbeit regiert und verteidigt man die Menschen, desgleichen, wie die Menschen von diesen Dingen leben. Die Regierung muß hier nehmen und dort geben. Im allgemeinen geschieht das durch die Vermittlung des Geldes; wenn das Geld aber fehlen würde, ließe sich dennoch die Übertragung vornehmen; mangelte es hingegen an den Dingen selbst, auch wenn es Geld gäbe, wäre die Verwaltung und Verteidigung eines Landes unmöglich.

In normalen Zeiten dürfen die Ausgaben der Regierung nur einen Teil der nationalen Ausgaben betragen, sie müssen also vom Einkommen bestritten werden. In Krisenzeiten aber, da das Leben kostbarer ist als Reichtum, können diese Ausgaben durchaus vom Kapital oder von dem Reichtum genommen werden, der während mehrerer Generationen aufgehäuft wurde. Eine solche Verausgabung von Kapital vollzieht sich durch Anleihen, die man nur von jenen zu verlangen scheint, die über Geld verfügen. In Wirklichkeit sind aber die Kapitalgeber keineswegs diejenigen, die das Geld haben; und sie werden das Kapital auch nicht in Form von Geld zurückerhalten.

Der Staat leiht Leder, um Schuhe zu produzieren, Tuche, um Kleider herstellen zu lassen, Schießpulver und Blei, um Kartätschenpatronen zu fertigen, Eisen für die Herstellung von Gewehren und Lebensmittel für den Lebensunterhalt der Arbeiter und Soldaten. In Krisenzeiten ist der Staat gezwungen, auf alles Anleihen zu machen, und er verteilt sämtliche akkumulierten Vorräte meistens ohne deren Wiederherstellung oder zumindestens ohne eine verkäufliche

Wiederherstellung. Der Staat verpflichtet sich indessen auch nicht, alles auf einmal zurückzuerstatten, er ist lediglich bereit, jährlich einen Teil des Jahresprodukts derselben Dinge oder anderer gleichwertiger in Höhe der Zinsen des erhaltenen Kapitals aufzubringen. Bei derartigen Anleihen und ihrer Rückerstattung ist das Geld jedoch lediglich ein Mittel zur Erleichterung der Transaktion und zur Regelung der Zahlungen. Das Geld wechselt dabei sehr schnell seine Besitzer, vom Verleiher geht es an die Regierung und ihre Beauftragten über, dann gelangt es bereits an jene, die der Regierung Waren oder die vom Staat in Bewegung gesetzte Arbeit verkaufen. Schließlich fließt es zum Zwecke der Rückerstattung von den Steuerzahlern wieder in die Kassen der Regierung, und von hier gelangt es zum Verleiher zurück. Für große Anleihen sind nicht unbedingt höhere Geldbeträge erforderlich, die Hauptsache ist, daß sich die Geldzirkulation schnell vollzieht.

Auf diese Zirkulation läßt sich alles das anwenden, was wir eingangs dieses Kapitels über die Zirkulation in einem privaten Industrieunternehmen gesagt haben. Wenn der Staat vierhundert Millionen Francs leiht, allerdings bei einer regelmäßigen und schnellen Zirkulation, so daß das erhaltene Geld noch in der gleichen Woche angewendet wird und in der folgenden Woche zurückfließt, damit es erneut in der gleichen Weise verwendet werden kann; wenn diese Bedingung also erfüllt ist, dann vollzieht sich die ganze Anleihe, sofern dabei stets dieselben Geldstücke kursieren, mit der Verausgabung von acht Millionen Francs bzw. einer Million sechshundert Geldstücken zu fünf Francs. Wird hingegen ein Geldstück durch die Langsamkeit von Zahlungen, Verproviantierungen, Zurückzahlungen daran gehindert, mehr als vier Umläufe im Jahr zu vollziehen, oder verstreichen drei Monate vom Zeitpunkt, wo es an den Verleiher gelangt, bis zum Augenblick, wo es die Kasse der Regierung verläßt, sind tatsächlich hundert Millionen in Geld, d. h. zwanzig Millionen Fünffrancsstücke erforderlich, um die Anleihe von vierhundert Millionen zu bewerkstelligen und zu verausgaben. Soll die Anleihe schließlich sogar auf einmal gemacht werden, d. h., muß man die gesamten vierhundert Millionen aufbringen und zahlt man sie Ausländern, so daß die Geldstücke viel mehr Zeit benötigen, um die Zirkulation zu vollziehen und wieder ins Land zurückzukommen, dann sind tatsächlich vierhundert Millionen bares Geld für eine Anleihe von vierhundert Millionen erforderlich.

Angesichts des Wertverlustes der Staatsanleihen entstanden seltsame Theorien über das notwendige Verhältnis zwischen der Staatsschuld und der in Zirkulation befindlichen Geldmenge. Man glaubte, daß jedes vom Staat geschuldete Geldstück irgendwo in Form von Geld tatsächlich vorhanden sein müßte und daß es ein bestimmtes Verhältnis, aus der Natur der Dinge resultierend, gäbe zwischen den Geldstücken, die ein einziges Mal für eine einzige Zahlung benutzt worden sind, um dann ausgeführt, eingeschmolzen oder durch andere ersetzt zu werden, und den Geldstücken, die Tag für Tag für alle möglichen Geschäfte zwischen Käufern und Verkäufern verschiedenster Waren notwendig sind. Es ist unmöglich, diese unverständliche Theorie einer Kritik auszusetzen, solange man ihre Scheingründe nicht eingehend analysiert. Der Irrtum, die Verleiher als die wahren Eigentümer der großen Geldmengen zu betrachten, ist sehr verbreitet und in gewisser Weise auch verführerisch; er hat jedoch keine reale Grundlage.

Ungeheure Vermögen sind in unseren Tagen in Europa entstanden. Sie haben sich jeglichen Handels bemächtigt, der Anlaß zu Anleihen bietet. Die Bankiers, deren Kredit zu einer neuen Macht geworden ist, sind die Vermittler zwischen den Regierungen und den Kapitalisten. Sie kaufen die Anleihen des Staates, um sie wieder zu verkaufen, ohne sie vorher zu bezahlen, und sie übernehmen es, die eigentlichen Verleiher zu finden. Die tatsächlichen Verleiher verfügen über Vorräte von Waren, und sie sind eher bereit, diese Waren für einen jährlichen Zins der Regierung abzutreten, als sie erneut produktiv werden zu lassen durch den Verzehr der Arbeiter, welche dann im folgenden Jahr eine noch größere Menge Waren dafür herstellen würden.

Das Geld ist zwar stets das Werkzeug aller Kontrakte, die Bankiers selbst aber scheinen nichts anderes als lediglich Geldhändler zu sein, die verhältnismäßig kaum mehr Geld besitzen als alle anderen Bürger. Nehmen wir an, daß sich das Vermögen des reichsten aller Bankiers auf fünfzig Millionen beläuft. Wäre es uns nun erlaubt, seine Bilanz zu sehen, würden wir möglicherweise feststellen können, daß sich diese Summe zusammensetzt aus zehn Millionen englischen Staatspapieren, ebensovielen holländischen, französischen, österreichischen, acht bis neun Millionen Wechselbriefen in ganz Europa und höchstens aus einer Million Bargeld an sich. Ein derartiges Vermögen ermöglicht es, über einen hohen Kredit zu verfügen; es läßt sich sehr schnell realisieren, aber letzten Endes besteht es nicht aus Geld. Im Augenblick, wo der Bankier eine neue Anleihe übernimmt, muß er die Geldstücke beschaffen, die er zunächst nicht hat. Das geschieht, indem er die Wertpapiere verkauft, die seine eigene Tasche enthält. Er zählt dabei auf die Geldstücke, die jeder einzelne Bürger in der Tasche hat, diese werden nicht schwer aufzubringen sein; aber er zählt außerdem, zum Zwecke der eigenen Entschädigung, auf jene akkumulierten Waren und materiellen Kapitalien, die man lieber für Zinsen weggibt, als sie in der Industrie bei ungesichertem Absatz arbeiten zu lassen. Wenn es diese Kapitalien in einem Lande nicht gibt oder wenn sie für die Anleihe nicht ausreichen, so daß schließlich die Gefahr einer Lahmlegung der Industrie besteht, dann sinken die Staatspapiere in ihrem Wert, und die Anleihe kann selbst beim Bieten noch so großer Sicherheiten nicht vollzogen werden.

VIERTES KAPITEL

DER ZINS ALS FRUCHT DES KAPITALS UND NICHT DES GELDES

Da keine Arbeit ohne Kapital, letzteres setzt die Arbeit erst in Bewegung, ausgeführt werden kann und da keine Reproduktion von Reichtümern ohne Rohstoffe für die Produktion und ohne Unterhaltsmittel für die Arbeiter vonstatten gehen kann, nimmt derjenige, der die Rohstoffe und die Unterhaltsmittel liefert, in unmittelbarster Weise an dieser Reproduktion teil. Er ist in großem Maße die Ursache für profitables Wirtschaften und hat infolgedessen unbedingt das Recht, am Profit beteiligt zu sein. Das heißt, der Kapitalverleiher stellt diese Rohstoffe und Unterhaltsmittel in Form des Geldes bereit. Er verleiht eine äußerst produktive oder vielmehr die einzig produktive Sache. Da aller Reichtum aus der Arbeit herrührt und da jede Arbeit nur durch den Lohn, der für die Unterhaltsmittel des Arbeiters aufkommt, in Bewegung gesetzt wird, verleiht der Kapitalist mit dem Kapital die Arbeit selbst bzw. die Triebfeder für die Reproduktion allen Reichtums überhaupt.

Wenn also Wortklauber dem Wort „Zins" eine verachtenswerte Bedeutung beimaßen und wenn sie außerdem unter diesem Begriff jeglichen Zins verstehen, auch jenen, der für die Nutznießung einer Geldsumme erhoben wird, ohne daß das Geld produktiv angewendet wird, so daß es infolgedessen auch keine gerechte Teilung der Profite geben kann, da überhaupt keine Profite zu erwarten sind, wenn also Wortklauber all das durcheinanderbringen, so ist das abgeschmackt. Es wäre dann ebensosehr berechtigt, die Pacht für den Boden und den Lohn für die Arbeit zu verbieten;

denn ohne ein Kapital, das überhaupt erst die Bewirtschaftung des Bodens ermöglicht und die Arbeit in Bewegung setzt, bliebe sowohl der Boden wie auch die Arbeit ohne Früchte.

Solche Wortklauber hatten indessen recht zu sagen, daß Gold und Silber ihrem Wesen nach steril seien; sie sind es um so mehr, wenn man sie im Strumpfe aufbewahrt. Gold und Silber hören jedoch auf, steril zu sein, sobald sie das Äquivalent für einen anderen Reichtum werden, für einen Reichtum, der produktiv ist. Wären diese Leute konsequent gewesen in ihrem einzigen, auf dem Verbot beruhenden Grundsatz, so hätten sie sich damit zufrieden geben müssen, den Zins als verbrecherisch zu bezeichnen, solange das ausgeliehene Geld unangetastet vom Augenblick der Anleihe bis zum Moment der Rückerstattung im Geldschrank des Leihers aufbewahrt bliebe; denn es steht fest, solange das Geld ruht, trägt es keine Früchte; Gläubiger wie auch Schuldner können dem Geld nur Wert verleihen, indem sie es anwenden.

Trotz einer augenblicklichen Toleranz seitens der Kirche darf man übrigens keineswegs glauben, daß sich diese nicht in entschiedener und ausdrücklicher Weise gegen jede Art von Zins, der für Geldverleih gefordert wird, ausgesprochen hätte. Die Kirche entgeht heute allerdings nicht Entscheidungen, die sie in den Jahrhunderten finsterster Unwissenheit in Form von kaum verständlichen Spitzfindigkeiten verkündete, das Verbot jeglichen Zinses, von den Gläubigen einst wörtlich genommen, hat ja bekanntlich einen überaus starken Einfluß auf die Reichtumsbildung in den katholischen Ländern gehabt. Daraus resultierte beim Volke übrigens ein beträchtlicher Hang zur Verschwendung, weil die Sparsamkeit, bei Befolgung der kirchlichen Gebote, zu nichts führte und weil ein angehäuftes Kapital den Anlaß bot, noch mehr zu sündigen, sofern man es wertbringend anzuwenden beabsichtigte.

Wenn also das Geld an sich steril ist und wenn es nur im Austausch gegen andere Werte produktiv gemacht werden kann, dann steht fest, daß man nichts herstellen kann allein durch die Vermehrung des Geldes, ohne Berücksichtigung der Sachen, in die es erst verwandelt werden muß. Es stimmt, daß, wenn in einem einzigen Land die Geldmenge erhöht wird, ein solches Land über die Möglichkeit verfügt, Waren zu kaufen, die dieses Geld repräsentiert und die es in anderen Ländern gibt. Wenn das Geld aber in allen Ländern gleichzeitig zunimmt, zieht keines dieser Länder Nutzen daraus. Gegenwärtig besteht ein ganz bestimmtes Verhältnis zwischen dem allgemeinen Äquivalent und den Sachen der Warenwelt: ein Geldstück zu zwanzig Francs ist ungefähr einen Sack Getreide wert; wenn sich nun wie durch ein Wunder das Geld auf der ganzen Welt verdoppelte, der Gegenwert dafür aber der gleiche bliebe, dann benötigte man logischerweise zwei Münzen zu zwanzig Francs anstatt der einen, um denselben Sack Getreide zu repräsentieren. Die Getreidemenge, die ein Arbeiter als Nahrung verzehrt, würde sich demgegenüber gar nicht ändern; man müßte indessen seinen Lohn verdoppeln. Mit sehr viel mehr Geldstücken würde nach wie vor ganz genau dieselbe Arbeit verrichtet werden, und in der Zirkulation würde sich nichts ändern als lediglich das Gewicht oder die Anzahl der Münzen.*

Für die Kapitalisten ist es wichtig, daß ihre Kapitalien angewendet werden, um daraus einen Profit zu erzielen. Man bietet also die Kapitalien zu einem bestimmten Preis jenen an, die damit Arbeit in Bewegung setzen wollen. Die Arbeiter und die fungierenden Kapitalisten benötigen diese Kapitalien zur Produktion; und nachdem letztere eine Berechnung des zu erwartenden Profits vorgenommen haben, bieten sie ihrerseits den Geldverleihern eine gewisse Beteiligung an diesen zu erwartenden Profiten an. Die Kräfte der Gläubiger

* Sismondi weiß hier nicht scharf zu trennen zwischen Papiergeld und Goldwährung. Er verfällt der Quantitätstheorie des Geldes, wonach die Menge des umlaufenden Geldes die Preissumme der Waren bestimmt. Die Tatsache, daß Gold und Silber selbst Wert haben, und die Möglichkeit des Abfließens des Goldes in den Schatz werden hier von Sismondi nicht gesehen.

und der Schuldner kommen, wie bei allen Geschäften, ins Gleichgewicht, und man einigt sich auf den entsprechenden Durchschnitt. Die Grundlage eines solchen Geschäfts ist stets die für den Verbrauch erforderliche Menge Arbeit, verglichen mit der Menge des Kapitals, das die Rohstoffe und Löhne repräsentiert, über welche man verfügt, um diese Arbeit ausführen zu lassen. Wenn der Kapitalbedarf groß ist und die Arbeitsmöglichkeiten beträchtlich sind, dann wird der Zins hoch sein. Ist dagegen viel Kapital in Zirkulation, und gibt es dafür nur wenige Anwendungsmöglichkeiten, wird der Zins niedrig liegen. Der Zins richtet sich immer nach der auf dem Markt angebotenen Geldmenge, weil nämlich das Geld der Stellvertreter des Kapitals ist, auch wenn es keineswegs das Kapital selbst darstellt.

Würde sich das Geld durch ein Wunder vermehren, ohne jedoch die Nation mehr zu kosten, oder entdeckte man plötzlich Edelmetallminen, bei denen das massive Gold und Silber lediglich die Mühe des Abbaus kostete, so daß die Menge des in Zirkulation befindlichen Geldes auf das Doppelte anwüchse, der Zinsfuß würde sich dadurch in keiner Weise ändern. Zwar wären dann zweimal so viele Geldstücke erforderlich, und es bedürfte des doppelten Gewichts an Metall, um die gleiche Arbeit ausführen zu lassen und denselben Wert zu repräsentieren. Dieses doppelte Gewicht würde allerdings den Produktionsprozeß in der Tuchfabrik, die wir als Beispiel heranzogen, weder beschleunigen noch verlangsamen. Nach wie vor wäre der Wert von zweitausend Ellen Tuch nötig, um die Arbeiter zu bezahlen, die im Jahr zweitausendvierhundert Ellen Tuch herstellen. Es käme wenig darauf an, ob man die Elle für fünfundzwanzig oder fünfzig Francs verkaufte, ob der Fabrikant und die Arbeiter wöchentlich zweihundertvierzig Fünffrancsstücke erhielten oder vierhundertachtzig. Der Profit würde stets zehn Prozent des angewendeten Kapitals betragen. Die Teilung zwischen dem Geldkapitalisten und dem Fabrikanten würde ebenfalls weiterhin auf dem Vergleich der Arbeit, die der eine in Bewegung setzen kann, mit jener Arbeit, für die der andere einen vorteilhaften Absatz findet, beruhen; und wenn dieser Anteil vor der plötzlichen Vermehrung des Geldes für den Kapitalisten auf vier Prozent festgelegt war, so bleibt es nach der Geldvermehrung ebenfalls bei diesem Anteil.

Wir hatten allerdings eine kostenlose Zunahme des nationalen Geldbestandes vorausgesetzt, dessen Wert pro Einheit in dem gleichen Maße abnehmen würde, wie sein Umfang zunimmt. Der Zinsfuß würde sich ebenfalls nicht ändern, wenn das Geld, das zu seinem richtigen Wert gekauft wird, entweder auf dem Wege des Außenhandels oder durch vermehrte Arbeit in den Edelmetallminen, in viel größerem Umfange hervorkäme, ohne dabei seinen eigentlichen Wert zu verlieren. Das Kapital selbst würde nämlich mengemäßig überhaupt nicht zunehmen, lediglich seine äußere geldliche Form hätte sich geändert.

Nahezu das gesamte zirkulierende Kapital eines jeden produzierenden Kapitalisten und Handelskapitalisten präsentiert sich nach dem Verkauf der Waren an den Käufer in Form von Geld. Dieser nunmehr in Form von Bargeld existierende Teil des Stammkapitals ist jedoch gewöhnlich nur ein ganz geringer Prozentsatz des im Unternehmen angewendeten Gesamtkapitals. Ein weitaus beträchtlicherer Teil des Gesamtkapitals steckt in den eigenen Warenlagern bzw. in den Warenlagern der Schuldner. Im übrigen hängt es fast immer vom jeweiligen Handelskapitalisten selbst ab, vorübergehend die Menge des Geldes, über das er verfügt, zu erhöhen, indem er entweder die Waren mit weniger Gewinn verkauft oder indem er seine Schuldforderungen diskontiert. Auf diese Weise erhält er, sofern er will, mehr Bargeld, ohne dadurch reicher zu sein. Dieses Geld, das nicht im geringsten das Kapital vermehrt, wird „erkauft“ mit Kapital. Wenn derartige Geschäfte gleichzeitig von mehreren Kaufleuten einer Stadt vorgenommen werden, dann kauft diese Stadt das Geld der Nachbarstädte; werden solche Geldgeschäfte von einer großen Anzahl französischer, englischer oder deutscher Handelsleute ausgeführt, so wird man sagen, daß Frankreich, England oder Deutschland Geld kauft. In der Tat wird man viel mehr Geld auf den Märkten finden, um Zahlungen vorzunehmen; die Menge der Geldstücke wird beträchtlich zugenommen haben, man wird aber weder mehr noch weniger Leihgeld angeboten bekommen, und auch der Zinsfuß wird dadurch in keiner Weise betroffen werden. Jene, die die Bewegungen auf den Handelsplätzen kennen, wissen sehr wohl, daß die Geldstücke durchaus im Übermaß vorhanden sein können, während die Kapitalien gleichzeitig selten sind, aber es kann auch umgekehrt wenig Bargeld vorhanden sein, während es Kapitalien in reichlicher Menge gibt.

Man verfiele also einem großen Irrtum, wenn man glaubte, daß unter allen Umständen eine beträchtliche Geldeinfuhr den Zinsfuß senken würde oder daß eine Geldausfuhr den Zinsfuß erhöhen würde. Das Geld ist ein Reichtum wie alle anderen durch Arbeit erworbenen Werte auch; und es bildet ebenso wie diese einen Teil des zirkulierenden Kapitals. Wenn das eingeführte Geld ein Geschenk oder ein Tribut ist, wenn es die Nation nichts kostet und wenn es nichts von seinem Wert einbüßt, erhöht sich mit Sicherheit das zirkulierende Kapital, und der örtliche Zinsfuß wird dadurch sinken, desgleichen wie es dazu beiträgt, den Zinsfuß zu erhöhen, wenn es als Tribut gezahlt oder ohne Rücklauf verausgabt wird. Wird einer Nation aber dieselbe Summe in Form von Waren gezahlt, nähme der Zinsfuß ebenfalls ab. Dagegen würde er sich natürlich erhöhen, wenn diese Nation ihre Waren kostenlos weggäbe. Ist jedoch im Gegensatz dazu das Geld mit einem beliebigen anderen Teil des Kapitals gekauft worden, bleibt die Gesamtsumme dieses Kapitals dieselbe, und der Zinsfuß darf davon nicht betroffen werden.

Diesen Grundsätzen folgend, wird man verstehen, daß die Gold- und Silberminen ein Land nicht mehr bereichern als jeder andere Industriezweig auch. Die Edelmetalle, die man aus den Minen gewinnt, sind Waren, die ebenso wie alle übrigen auf Kosten von Arbeit und Kapital gekauft werden. Die Eröffnung einer Mine, der Bau von Stollen sowie die Errichtung der Verfeinerungsöfen erfordern sehr hohe Vorschüsse, unabhängig von der Arbeit im Stollen selbst, durch welche das Erz aus dem Erdinneren gewonnen wird. Die erstgenannten Arbeiten und die Früchte dieser letzten Arbeit können sehr genau durch das gewonnene Metall bezahlt werden, und die Nation gewinnt dabei genau wie bei jeder anderen Fabrikation. Diese Arbeit kann außerdem ein Mehrprodukt erzielen, ein Produkt, das höher ist als die Vorschüsse des Kapitalisten und höher als seine wirklichen Kosten. Gleichzeitig kann dann aber das Produkt auch viel größer als die Aufnahmefähigkeit des Marktes sein, so daß sich ein Bergwerksunternehmer in derselben Lage befindet wie ein beliebiger anderer Industrieunternehmer, der durch die Entdeckung eines ökonomischeren Produktionsverfahrens weit über den Verbrauch der unmittelbaren Abnehmer hinaus produziert hat und der die Preise senken muß, um noch entferntere zahlungsfähige Käufer anzusprechen. In der Tat ist die gesamte Gesellschaft Käufer von Edelmetallen. Jährlich benötigt sie eine ganz bestimmte Menge Edelmetalle, um das zu ersetzen, was künstlerisch von Goldschmieden zu Schmuck verarbeitet wird und was durch den ständigen Gebrauch des Geldes verschleißt. Würde jedoch noch mehr Gold und Silber angeboten, sänke der Preis wie der Preis jeder anderen Ware auch, deren Produktion den Verbrauch übersteigt. Schließlich kann es sogar vorkommen, daß die Mine weniger einbringt, als für die Produktion verausgabt wurde, so daß das produzierte Edelmetall zu teuer wird. Man kann sogar feststellen, daß letzteres ziemlich häufig geschieht. Die unbeständigen Profite der Minen verführen zum Wagnis, desgleichen wie die Hauptgewinne der Lotterien zum Spiel reizen. Ein unerwarteter Profit ermuntert die Bergbauunternehmer zur Fortführung von Bemühungen, selbst dann noch, wenn die Profite im Vergleich zu anderen Anlagesphären niedriger sind. Sie ruinieren sich auf die gleiche Weise wie Spieler auf Grund eines ersten Erfolges. Das für die Eröffnung der Mine aufgewendete fixe Kapital sinkt im Preis, die bereits ausgeführten Arbeiten werden zu herabgeminderten Preisen verkauft, und ein neuer Kapitalist kann nunmehr dennoch sein Glück machen, nicht etwa, weil die Mine in seinen Händen ertragreicher wird, sondern allein deshalb, weil er nicht mehr für alle die kostspieligen Vorschüsse aufzukommen hat.

Aus den hier erörterten Grundsätzen gilt es also zu schlußfolgern, daß der so häufig wiederholte Vorwurf gegen Friedrich II.* und gegen den Kanton Bern, Geld den Bedürfnissen des Landes entzogen zu haben, in keiner Weise begründet war. Es wurde behauptet, daß diese beiden Regierungen durch übermäßiges Sparen, d. h. durch Geldanhäufungen, der Industrie einen verhängnisvollen Schlag zugefügt hätten, weil sie nämlich das Kapital verminderten, das dem Unterhalt der Industrie dienen sollte. Eine sparsame Regierung setzt tatsächlich den Verbrauch herab, den sie zugunsten der Bevölkerung hätte haben können, und infolgedessen beeinflußt sie auch die Reproduktion, die einem solchen Verbrauch gefolgt wäre. Dennoch besteht kein Anlaß, Regierungen wegen ihrer Sparsamkeit Vorwürfe zu machen. Da die Regierungen über keine eigenen Einkommen verfügen, sondern lediglich an den Einkommen der Staatsbürger teilhaben, ermöglichen sie es jedem Bürger, um so mehr auszugeben, je weniger sie von diesen Einkommen beanspruchen. Wenn die Regierungen von dem Einkommen des einen Jahres im Hinblick auf die Ausgaben des kommenden Jahres sparen, dann ermöglichen sie dadurch jedem einzelnen Bürger eine viel freiere Verfügung über sein Einkommen im folgenden Jahr. Die Sparsamkeit der Regierungen, für den einzelnen nützlich, erweist sich also auch als nutzbringend

* Friedrich II., preußischer König von 1740 bis 1786. Außenpolitisch verfolgte er eine brutale Machtpolitik, die Innenpolitik war gänzlich militärischen Gesichtspunkten untergeordnet, er stützte sich auf die Junker. Wirtschaftlich vertrat Friedrich II. einen primitiven Merkantilismus; er war bestrebt, viel Geld ins Land zu ziehen. Der bürgerlichen Kapitalakkumulation stand er jedoch mißtrauisch gegenüber und reglementierte sie zum Nachteil des Bürgertums.

für alle. Es besteht also kein Grund, sparsame Regierungen für das Sinken des Verbrauchs verantwortlich zu machen und zu tadeln.

Noch weniger Anlaß gibt es, derartigen Regierungen vorzuwerfen, daß sie die Abnahme des zirkulierenden Kapitals verschuldeten. Das Geld stellt, wie wir bereits sahen, keineswegs dieses nationale Kapital dar, es ist vielmehr nur ein ganz geringer Teil davon; und es ist nicht schwieriger, es in dieser Form des Geldes wie in jeder anderen Form zu ersetzen. Als Friedrich II. Geldstücke aus der Zirkulation zog, das Bedürfnis nach ihnen im Lande aber nicht zurückging, wurden diese Geldstücke sofort durch andere Münzen ersetzt. Es trifft zwar zu, daß ein Teil des Nationalkapitals brach liegen blieb, um für den nächsten Krieg aufgespart zu werden. Allerdings war dieser Teil vom Einkommen und darüber hinaus in Zeiten der Prosperität abgezweigt worden, ohne irgendwo eine Lücke entstehen zu lassen. Ohne diese Sparsamkeit, in einer Zeit, wo alle Nationen stets Krieg führen, und zwar mit ihren Kapitalien anstatt mit ihrem Einkommen, hätte Friedrich dieselbe Summe an Kapital bei Bedürftigkeit und Not der Industrie seiner Länder in Form von Anleihen entziehen müssen. Er wäre außerdem genötigt gewesen, den hohen Preis zu zahlen, den man für derartige Dienste zu fordern gewohnt ist. Die Sparsamkeit des Herrschers hatte also ein neues Kapital entstehen lassen, mit dem er ohne Verlust Ausgaben bestritt, die keine Früchte tragen sollten. Hätte er sich auf die Möglichkeit von Anleihen verlassen, um die gleichen Ausgaben zu tätigen, würde er dem Handel Kapitalien entzogen haben.

Indessen ist es berechtigt, den Schweizer Republiken, welche zu denselben Maßnahmen griffen, Vorwürfe zu machen. Allerdings handelte es sich dort um Grundsätze der Sicherheit bzw. Freiheit und nicht um jene der Politischen Ökonomie. Die Reichtümer dieser Republiken, für deren Verteidigung sie nicht mächtig genug waren, bildeten ständig einen Anlaß zum Neid für die benachbarten Länder. Wahrscheinlich bildeten diese Reichtümer die Ursache für den

Angriff, dem die Schweizer Republiken zum Opfer fielen, und tatsächlich gelangten diese Reichtümer in die Hände der Feinde. Hinzu kommt, daß der große nationale Reichtum, der die Regierungen einerseits entband, dem Volke Steuern abzuverlangen, sie andererseits auch der Rechenschaftspflicht über den Staatsschatz enthob, wodurch die Herrschaft der Aristokratie in diesen Republiken bestärkt wurde. Die Bürger der Schweizer Kantone täten gut daran, ihre Regierungen an der Anhäufung zu großer Reichtümer zu hindern, was ihnen übrigens nicht schwer fallen dürfte. Es ist dabei aber nicht erforderlich, sich auf die Grundsätze der Politischen Ökonomie zu berufen.

FÜNFTES KAPITEL

VOM MÜNZWESEN

Die Edelmetalle bilden das allgemeine Maß sämtlicher Werte der Handelswelt. Durch das Prägen von Münzen seitens der Regierungen werden die Edelmetalle besonders geeignet gemacht für diese Funktion. Jede Regierung sorgt dafür, daß das Gewicht und der Feingehalt der Edelmetalle einheitlich geregelt und staatlich garantiert werden. Auf diese Weise ist es möglich, bereits aus der jeweiligen Prägung den Anteil des Edelmetalls sowie den Grad seines Feingehaltes bzw. die Art der Legierung zu erkennen, die unter einer ganz bestimmten Bezeichnung als Gegenwert für Waren dient, die man zu kaufen beabsichtigt.

Die Arbeiten, die ausgeführt werden müssen, um die Edelmetalle einheitlich zu verfeinern, um sie in völlig gleichgewichtige Geldstücke umzuwandeln, um sie mit einer nationalen Prägung zu versehen, die einen ganz bestimmten Wert garantiert und die Gewißheit verleiht, daß nicht der geringste Teil fehlt, diese Arbeiten sind ein Gewerbe, dessen Monopol sich in allen Ländern die Regierungen vorbehalten haben. Derartige Arbeiten werden tatsächlich zum Nutzen der gesamten Gesellschaft verrichtet, denn die in Münzen umgeprägten Edelmetalle sind wirklich mehr wert als ungeprägtes Gold oder Silber gleichen Gewichts. Für den Hersteller repräsentieren die Edelmetallmünzen den Wert dessen, was sie als Barren gekostet haben, zuzüglich der Prägearbeit. Für den Käufer haben sie den Wert ungeprägten Edelmetalls zuzüglich des Vorteils, das Edelmetall bereits sorgfältig abgewogen und erprobt vorzufinden.

Da das Münzenprägen stets ein den Regierungen vorbehaltenes Monopol ist, sehen sich die Regierungen auch gezwungen, daß Maß des Vorteils dieser nützlichen Arbeit selbst festzulegen, anstatt es aus der Konkurrenz abzuleiten. Und wie so häufig bei willkürlichen Vorgängen, sind die Regierungen nach und nach zwei einander entgegengesetzten Extremen verfallen.

Bisweilen haben sich die Regierungen für das Münzenprägen Profite zugeschrieben, die in keiner Weise den Vorschüssen entsprachen. So änderten sie einfach entweder das Gewicht oder den Feingehalt der Geldstücke. Für jede Silbermark wurden dann nur noch sieben Unzen in Münzen gegeben, und es wurde erklärt, daß diese sieben Unzen im Wert ganz und gar den acht erhaltenen Unzen entsprächen. Müßten die Edelmetalle lediglich innerhalb der Grenzen des Landes zirkulieren, in dem die Regierung das Prägemonopol hat, wäre diese willkürliche Festlegung möglicherweise vertretbar. Das Geld bezahlt aber nicht nur bei Geschäften zwischen Landesbewohnern, sondern auch im Handel mit Ausländern. Die Ausländer messen die gesetzliche Garantie, die dem Geld von der Regierung gegeben wird, lediglich nach dem Wert, den das Geld wirklich repräsentiert. Der Verlust, den die landeseigene Regierung erleidet, wenn ihre Geldstücke ins Ausland abfließen, offenbart sehr bald den wirklichen Wert dieses Geldes. Jede Ware, die man mit solchen Geldstücken kauft, steigt bald im Preis, und zwar proportional zur Herabsetzung des Münzwertes, welche die Regierung durch einen zu hohen Profit verschuldet.

Andererseits wiederum kam es vor, daß Regierungen der Öffentlichkeit die Kosten für das Münzenprägen erließen, so daß man für die Barren, die man zum Prägen brachte, eine Menge Geldes erhielt, die in Gewicht und Feingehalt diesen Barren entsprach. Das hieße jedoch, dem anderen Extrem zu verfallen. Das Geld vereinigt zwei Eigenschaften, die seinen Preis gegenüber dem Barren erhöhen, nämlich eine größere Arbeit, um es herzustellen, und eine größere Bequemlichkeit oder einen größeren Genuß für denjenigen, der Gebrauch davon macht. Wenn die Regierung sich diese legitimen Kosten nicht erstatten läßt, ergeben sich zwei schwerwiegende Nachteile. Der eine besteht darin, daß der geringste Unterschied im Wechselkurs genügt, um Geld auszuführen und es den Ausländern zum Barrenpreis zu verkaufen. Ein zweiter Übelstand äußert sich darin, daß jeder Goldschmied, der Edelmetalle benötigt, stets versucht wäre, Geld einzuschmelzen. In dem einen wie auch dem anderen Falle gingen die Prägekosten verloren, sofern das Münzen kostenlos ist. Das Schmelzen und die Ausfuhr von Münzen ist verboten. Aber warum überhaupt zu etwas verführen, was doch verboten ist? Und warum erläßt man ein Verbot, dessen Befolgung man in keiner Weise überprüfen kann?

Die Erfahrung zeigt, daß das Ausland sich stets über den wirklichen Wert des Geldes hinsichtlich des Feingehaltes und der Prägung Rechnung ablegt. Die holländischen Dukaten, die venezianischen und florentinischen Zechinen bezahlt man etwas über ihren wirklichen Wert wegen der Garantie für ein Gold ohne Legierung. Die spanischen Piaster und die französischen Taler zirkulieren trotz der Schlagschatzgebühr*, der sie unterliegen, in halb Europa; denn sie stellen ein geeignetes und gut geprägtes Geld dar, das Vertrauen einflößt. Sofern die Ausländer bereit sind, für die Prägearbeit aufzukommen, gibt es keinen Grund, ihnen dieses Geld vorzuenthalten, und wenn die Schlagschatzgebühr niedrig ist und kaum die Kosten des Prägens übersteigt, ist dieses Aufgeld durchaus gerechtfertigt und leicht zu bezahlen.

Man hat dieser Frage weitaus mehr Bedeutung beigemessen, als sie überhaupt verdient, im besonderen zu einer Zeit, als man glaubte, daß die Aufgabe der Politischen Ökonomie darin bestände, die Edelmetalle im Lande zurückzubehalten. Es war durchaus berechtigt zu behaupten, daß, wenn sich bei fünfzehn Unzen in Talern zuzüglich der Schlagschatz-

* Abgabe an den Landesherrn für die Ausübung des Münzrechts.

gebühr derselbe Wert ergäbe wie bei sechzehn Unzen in Barren, Geld im Umlauf wäre, das zwar wertmäßig den sechzehn Unzen entspräche, dessen Gewicht aber um ein Sechzehntel niedriger läge. Es ist nicht einfach zu verstehen, was in einem solchen Falle verlorengeht, aber es ist noch schwieriger zu begreifen, wie dieselben, die diesen Verlust fürchteten, gleichzeitig dem Papiergeldsystem beistimmen konnten, dessen Funktion doch darin bestehen soll, der Zirkulation mit der geringstmöglichen Menge von Edelmetallen zu genügen.

Durch das Münzenprägen wird noch eine weitere, sehr schwer zu entscheidende Frage hervorgerufen, die im ersten Augenblick außerordentlich in Erstaunen versetzt.

Es handelt sich um das Verhältnis der beiden Edelmetalle und um die Beweggründe, die zu der Entscheidung führen, das eine oder andere oder gar alle beide gleichzeitig zur Währungseinheit zu erklären.

Gold wie auch Silber kann unendlich viele Male geteilt werden, und beide Metalle lassen sich ebenfalls ohne Verlust wieder zusammenfügen. Ferner bleiben sie während der Aufbewahrungszeit unverändert, d. h., sie verderben nicht und können mit einem derartigen Feinheitsgehalt hergestellt werden, daß sie sich stets völlig gleichen und in gleichen Mengen ähneln. Das sind Eigenschaften, die diese Metalle so außerordentlich geeignet machen, als allgemeines Maß oder als Äquivalent für alle anderen Werte zu dienen. Es muß noch eine weitere Eigenschaft angeführt werden, ohne die alle anderen Metalle unzureichend wären, nämlich die Seltenheit ihres Vorkommens bzw. die Schwierigkeit und die Kosten bei der Gewinnung. Das dritte Edelmetall, das Platin, weist dieselben Eigenschaften auf; wollte man sich jedoch auch des Platins als Geld bedienen, würde das allgemeine Währungssystem sehr in Unordnung geraten.

Wenn der Welthandel genau die gleichen Mengen Gold, Silber und Platin verlangte oder wenn lediglich die Nachfrage unabhängig von der Edelmetallproduktion wäre, dann würde sich der Wert jedes dieser Metalle genau nach seiner

Seltenheit und* nach den erforderlichen Gewinnungsarbeiten richten. Käme das Silber zwölf-, vierzehn- oder sechzehnmal häufiger vor als das Gold, ließe es sich zudem noch zwölf-, vierzehn- oder sechzehnmal leichter fördern, würde sich sein Preis einzig und allein nach diesen Umständen richten. Eine Goldunze wäre dann zwölf, vierzehn bzw. sechzehn Silberunzen wert. Die Schwierigkeit der Gewinnung und die Seltenheit des Rohmaterials stellt aber nur einen der beiden Bestandteile des Preises jeder Ware dar, der andere Bestandteil, die Nachfrage, ist nicht im geringsten davon abhängig, und im besonderen Falle der Edelmetalle ist die Nachfrage selbst eine derartig komplizierte Größe, daß sie sich äußerst schwierig bestimmen läßt.

Der Einfluß der Nachfrage läßt sich wohl am deutlichsten bei der Festlegung des Preises eines dieser drei Edelmetalle, nämlich des Platins, erkennen. Platinminen sind wahrscheinlich seltener und weniger ergiebig als die Goldminen. Wollte man dennoch große Mengen Platin fördern, so könnte das wohl nur zu einem noch höheren Preise als dem des Goldes geschehen. Platin hat so gut wie keinen Glanz und wird auch nur äußerst selten als Schmuck nachgefragt. Außerdem wurde es von keinem Land ins Währungssystem eingeführt, so daß infolgedessen sein Verbrauch äußerst eingeschränkt geblieben ist. Man hat lediglich die nicht sehr tiefen und wenig kostspieligen Teile der Platinminen ausgebeutet, was dazu führt, daß Platin im Vergleich zum Gold das billigere Edelmetall ist.

Gold und Silber dagegen haben eine doppelte Nachfrage und einen doppelten Gebrauch, die wahrscheinlich bei beiden von Tag zu Tag noch zunehmen. Gold und Silber dienen dem Menschen als Schmuck und auch als Gerätschaften, und

* Aus den vorangegangenen theoretischen Explikationen Sismondis ist zu folgern, daß hier an Stelle des „et" (und) besser stehen würde „c'est-à-dire" (d. h.). Der Wert aller Waren, auch der der Edelmetalle, wird bei Sismondi bestimmt durch die gesellschaftlich notwendige Arbeitszeit. Die Seltenheit ist lediglich Ursache eines hohen Arbeitszeitaufwandes.

die Nachfrage, die sich unaufhörlich erneuert bzw. sogar ständig wächst, ist der Maßstab für die Produktion und der Anlaß für eine mehr oder weniger umfangreiche Schürfarbeit in den Gold- und Silberbergwerken. Man wird also mit der Gold- und Silbergewinnung erst dann aufhören, wenn die Produktionskosten den Wert der Produkte übersteigen. Bei den Edelmetallminen verhält es sich im Hinblick auf die Goldschmiede ganz genau so wie bei dem gesamten übrigen Bergbau bzw. wie bei einem Industriebetrieb hinsichtlich aller jener, die auf die Produktion des Bergbaus oder der Industrie angewiesen sind. Der Verbrauch regelt letzten Endes überall die Produktion. Das Verhältnis zwischen dem Gold und Silber, vom Geld soll hierbei einmal abgesehen werden, hängt einerseits von dem mehr oder weniger großen Gebrauch ab, den die Goldschmiede von dem einen oder anderen Edelmetall machen, und andererseits von den mehr oder weniger hohen Kosten, die durch die Tiefe oder die Seltenheit der einen oder anderen Art von Minen verursacht werden.

Indessen wird eine noch viel größere Menge von Edelmetallen für einen anderen Zweck, nämlich für das Prägen von Münzen, verwendet, wobei die Nachfrage nach Metallen zum Zwecke der Ausmünzung weitaus komplizierter ist und die Bestandteile des Preises viel weniger genau fixiert.

Die menschliche Gesellschaft, hier als theoretische Einheit im Welthandel betrachtet, fragt den Edelmetallen nach, aus denen Geld geprägt werden soll. Dabei ist ihr die Menge wie auch das Verhältnis der beiden Metalle, die in die Zirkulation eintreten, völlig gleichgültig. Die Gesellschaft schätzt die Edelmetalle lediglich als Geld wegen ihrer absoluten Seltenheit. Eine Million Pfund Gold würden ebenso für die Zirkulation auf der gesamten Erde ausreichen wie eine Million Zentner davon. Im ersten Falle würde jedes Pfund Gold genau hundertmal mehr Waren kaufen als im zweiten Falle, und trotzdem wickelten sich die Geschäfte ebenso gut und ebenso reibungslos ab. Desgleichen liefe alles glatt, wenn das Gold, anstatt ungefähr fünfzehnmal seltener zu sein als das

Silber, dreißig- oder sechzigmal seltener vorkäme; lediglich das Verhältnis der beiden Metalle zueinander hätte sich geändert. Die Gesellschaft stellt also, wenngleich sie der einzige Verbraucher der Edelmetalle in Form des Geldes ist, in dieser Hinsicht keine Bedingungen. Sie steht der Edelmetallproduktion fast indifferent gegenüber.

Die Eigentümer der Minen und die Bergwerksunternehmer dagegen teilen keineswegs diese Gleichgültigkeit. Mag auch ihre Arbeit dazu neigen, den Preis der Produktion zu senken, so haben sie dennoch die Gewißheit, daß diese Produktion in jedem Falle abgesetzt wird. Das Gold, das sie aus den Minen gewinnen, verringert den Wert des gesamten in Zirkulation befindlichen Geldes, aber es gibt ihnen die Sicherheit, über einen Teil dieses Geldes zu verfügen. Jener, der eine sehr ergiebige Zinkmine entdecken würde, liefe Gefahr, mehr Zink zu produzieren, als überhaupt nachgefragt wird, so daß das Zink infolgedessen unverkauft bliebe. Derjenige aber, der auf eine Goldmine stößt, kann mit diesem Gold jede beliebige Ware kaufen. Das Gold tritt also bereits in die Zirkulation ein, bevor sich überhaupt eine Nachfrage danach in der Gesellschaft herausbilden konnte. Außerdem wird die Gesellschaft nicht etwas zurückweisen, was sie dringend benötigt.

Nehmen wir an, daß sich auf dem Weltmarkt lediglich fünf Millionen Pfund Gold und fünfundsiebzig Millionen Pfund Silber in Form von Geld befinden, und nehmen wir ferner an, daß diese beiden Mengen einander wertmäßig gleich sind, wie sie es nach gegenwärtigen Maßstäben wären. Schließlich setzen wir voraus, daß durch die Arbeit in den Edelmetallminen noch eine zusätzliche Menge von Gold und Silber auf den Markt gelangt, entweder in Form von einer Million Pfund Gold oder von fünfzehn Millionen Pfund Silber, jedenfalls in einem solchen Verhältnis, daß die Goldmenge immer fünfzehn Millionen Pfund Silber entspricht, ohne daß es jedoch für dieses neue Produkt einen neuen Absatz gäbe. Obwohl die Menge des Geldes dadurch um ein Zehntel steigt, ändert sich nichts an seinem gesamten Wert.

Jedes Pfund Gold und jedes Pfund Silber, das vorher im Umlauf war, besitzt nun nur noch neun Zehntel des früheren Wertes, d. h., daß die zusätzlich produzierte Million Pfund Gold zu dem Preis gekauft wird, zu dem man vorher neunhunderttausend Pfund des gleichen Metalls gekauft hätte. Selbst wenn die Produktionskosten nicht einmal mehr neunhunderttausend Pfund betrügen, würde man sich zu einer Weiterführung der Edelmetallproduktion ermuntert fühlen, so daß, obwohl die Gesellschaft gar keiner Zunahme der Edelmetalle nachfragt, der Eifer, mit welcher sie Gold und Silber in die Zirkulation aufnimmt, einer Nachfrage völlig gleichkommt.

Die jährliche Produktionssteigerung, von der wir annehmen, daß sie die Gesamtmenge des Geldes um ein Zehntel steigen ließ, kann ganz aus Gold bestehen; sie kann ganz und gar aus Silber bestehen oder sich halb aus Silber und halb aus Gold zusammensetzen, woraus keineswegs notwendigerweise resultieren muß, daß sich das Verhältnis der Werte des einen oder anderen Metalls geändert hätte. Die beiden Edelmetalle werden eins für das andere subsidiär in der Zirkulation verwendet, und die Münzen haben keine genauen Vorschriften für die jährliche Produktion hinsichtlich der zu prägenden Menge Goldes oder Silbers. In dem von uns angenommenen Falle ist es nötig, daß das Edelmetall in seiner Herstellung nicht mehr als neun Zehntel dessen kostet, was es vorher in der Zirkulation wert war. Ob die Arbeit in den Gold- oder Silberminen mehr oder weniger aktiv sein wird, hängt davon ab, ob die Kosten der Gewinnung über oder unter diesem Verhältnis liegen. Die Menge des Goldes oder Silbers, die auf den Markt gelangt, regelt sich also nach den Herstellungskosten. Wie groß sie auch sein mag, immer wird sie zu Geld geprägt und in die Zirkulation aufgenommen. In manchen Jahren läßt die Regierung mehr Goldstücke prägen, in anderen wiederum mehr Geldstücke aus Silber. Der Handel verhält sich demgegenüber gleichgültig. Das Silber ist für alle kleinen Transaktionen bequemer, während sich das Gold für alle größeren

Geldtransporte als günstiger erweist. Bei den meisten Geldgeschäften ist es allerdings völlig gleichgültig, ob man das eine oder das andere Edelmetall verwendet. Je nachdem, wie das jährliche Produkt der Minen ausfällt, wird entweder das Gold oder das Silber die Vorherrschaft auf den Märkten erringen, ohne daß sich daraus jedoch eine Änderung hinsichtlich des allgemeinen Maßstabes der Währungen ergäbe.

Diese ständigen Schwankungen sind lästig und würden eine gewisse Unstabilität im Handel verursachen. Schließlich verwandelten sie die Handelstransaktionen in ungewisse, auf dem Zufall beruhende Geldgeschäfte. Die unregelmäßige Förderung der Minen hätte aber unbedingt derartige Schwankungen zur Folge, wenn einmal weit über dem Bedarf liegende und ein anderesmal weit unter dem Bedarf liegende Mengen an Edelmetallen auf den Markt gebracht werden. Wäre das Silber zeitweise zehn Prozent mehr und dann wieder zehn Prozent weniger wert, würden sämtliche Berechnungen im Handel, die auf dem festen Wert des Silbers beruhen, durcheinandergeraten. Bedienen sich die Menschen erst einmal eines allgemeinen Wertmessers, sind sie auch verpflichtet, von allen beeinflussenden Schwankungen abzusehen. Es gilt, die Preisschwankungen des Goldes und Silbers außer acht zu lassen und sich nur mit Preisschwankungen der Waren zu beschäftigen, so wie es beim Stoffmessen geschieht. Der Stoffhändler kann nämlich nicht die zufällige Verlängerung der Elle, verursacht durch Wärme oder Feuchtigkeit, beachten, sondern es geht ihm lediglich um die Länge des Stoffes selbst. Um aber gefahrlos von dieser Größe abzusehen, ist es wichtig, daß sie nur ganz geringfügig ist.

In der Tat, sie ist weitaus weniger bedeutsam, als wir zum Zwecke besseren Verständnisses annahmen. Nicht nur, daß die Edelmetallminen weit davon entfernt sind, in einem Jahr ein Zehntel der gegenwärtig im Umlauf befindlichen Gold- und Silbermengen zu produzieren, müssen sie außerdem einen beträchtlichen Schwund abdecken. Dieser Schwund ist zurückzuführen auf die Abnutzung und auf das Verlieren von Geld und auch auf das Vergraben von Geld, wovon man glaubt, daß es in den despotischen Ländern des Orients allgemein üblich sei, was bedeutet, daß die großen Summen, die man dorthin schickt, niemals wieder zurückkommen. Schließlich ist dieser hohe Schwund eine Folge des Benutzens von Edelmetallen für zahlreiche Lebensgewohnheiten, so daß es gegenwärtig wirklich schwierig wird, zu entscheiden, ob die Förderung der Minen den Schwund aufwiegt, ob sie darunter liegt oder ob sie die Menge der im Umlauf befindlichen Edelmetalle erhöht.

Nützlich und dienlich für die Gesellschaft wird es indessen sein, die Möglichkeiten zu noch größeren Schwankungen auszuschalten. Ein Weg, dorthin zu gelangen, besteht in der unterschiedslosen Anwendung von Gold und Silber als allgemeinen Maßstab und in der Festlegung eines gesetzlichen Verhältnisses zwischen den beiden Metallen. Ungefähr so verfährt man, wenn zur Herstellung eines Pendels von unveränderlicher Länge eine Mischung mehrerer Metalle verwendet wird, um die wärmebedingte Ausdehnung des einen Metalls durch die eines anderen auszugleichen.

Entscheidet sich eine Regierung nur für das eine Edelmetall als Währungseinheit und erklärt sie das andere zur Ware, wie das häufig geschehen ist oder vorgeschlagen wurde, dann unterliegt eine solche Währungseinheit sämtlichen Schwankungen der betreffenden jährlichen Metallproduktion. Wenn dagegen eine Regierung das Verhältnis zwischen Gold und Silber, das auf dem Weltmarkt vorherrschend zu sein scheint, anerkennt und gesetzlich festlegt, z. B. das gegenwärtige Verhältnis von fünfzehn zu eins, wenn eine Regierung also erklärt, daß jede Schuld von einer Unze Gold legitim mit fünfzehn Unzen Silber und umgekehrt bezahlt werden kann, so wie das in Frankreich üblich ist, dann richtet sich der allgemeine Maßstab des Handels nicht nach dem jeweiligen jährlichen Produkt der Gold- oder Silberminen, sondern nach einem entsprechenden Mittel zwischen den Schwankungen, denen diese beiden Metalle ausgesetzt sind, so daß die gewünschte Währungseinheit stets an Festigkeit zunimmt.

Es scheint, als ob sich die Zirkulation ebenfalls ohne Hindernisse vollzöge, wenn ein Viertel oder ein Achtel des Geldes aus Gold besteht und alles übrige aus Silber, oder wenn ein Viertel oder ein Achtel aus Silber und der Rest aus Gold besteht. Solange das Verhältnis zwischen den beiden Edelmetallen diese sehr großzügigen Grenzen nicht übersteigt ,wird diese Münze unterschiedslos entweder Gold- oder Silbergeld schlagen, je nachdem ob ihr der Barrenpreis des einen oder anderen Metalls mehr Profit einbringt oder ob sie das eine oder andere der beiden Metalle vergleichsweise billiger kaufen kann. Würde aber das Mißverhältnis derartig groß werden, daß das Silber nicht mehr ausreichte für die Herstellung von Scheidemünzen* oder aber das Gold für die Versehung der Reisenden, müßte der Handel ein Aufgeld für die eine oder andere Geldart bieten, wie das ziemlich oft beim Gold in Italien der Fall ist. Durch ständiges Zahlen dieses Aufgeldes würde die Regierung darauf hingewiesen, daß es an der Zeit sei, das gesetzlich fixierte Verhältnis zwischen Gold und Silber zu ändern und es jenem anzugleichen, das durch den jeweiligen Profit der Minen diktiert wird.

Kommen wir auf unsere erste Annahme zurück. Es sollte eine Gesamtzirkulation von fünf Millionen Pfund Gold und von fünfundsiebzig Millionen Pfund Silber geben. Ferner wurde angenommen, daß innerhalb eines bestimmten Zeitraumes eine Million Pfund Gold verbraucht und gleichzeitig fünfzehn Millionen Pfund Silber von den Minen produziert würden. Wenn die beiden Metalle, eins wie das andere, einen legalen Kurs haben und in einem gesetzlich festgelegten Verhältnis zueinander stehen, ändert sich in keiner Weise weder der Gesamtwert der Zirkulation, noch das Verhältnis der beiden Metalle zueinander; denn dem Verbrau-

* Ein geprägtes Geldstück, das als Vertreter der Geldware fungiert, wobei der Nominalwert allerdings vom Metallwert abweicht.

cher wird es innerhalb solcher Grenzen gleichgültig sein, ob Gold oder Silber verwendet wird. Feststeht, daß der Silberverbrauch in direktem Verhältnis zu seiner Produktion zunähme. Die Zirkulation vollzöge sich von nun an mit neunzig Millionen Pfund Silber und mit vier Millionen Pfund Gold, ein Verhältnis, das dem Handel ebenso entspricht wie das vorherige. Wird aber das eine der beiden Metalle zum Geld und das andere zur allgemeinen Ware erklärt, dann richtet sich der Verbrauch des einen oder anderen keineswegs mehr nach der jeweiligen Produktion. Das Gold würde im Vergleich zum Silber im Preise steigen, weil die Regierungen, die sich gezwungen sähen, den gesamten Goldgeldbestand zu erhalten, den Minen einen höheren Preis böten, damit diese überhaupt mit der Goldproduktion fortführen. Wenn also das Gold die einzige Währungseinheit wäre, würde es scheinen, daß man alle Waren billiger verkaufte. Würde dagegen das Silber zur Währungseinheit erhoben, hätte es den Anschein, daß alle Waren teuerer seien.

Der Vorteil, beide Edelmetalle zusammenwirkend als Währungseinheit zuzulassen, besteht also darin, daß den Münzen die Erlaubnis erteilt wird, den Verbrauch auf die Produktion des einen oder anderen Metalls abzustimmen, je nachdem, ob das eine oder das andere Metall reichlicher vorhanden ist. Dabei bleibt, trotz des nunmehrigen Unterschiedes im Produktionspreis, das Verhältnis zwischen den Verkaufspreisen der beiden Edelmetalle immer dasselbe. Der Nachteil dagegen, der mit der von vielen Ökonomen vorgeschlagenen Maßnahme, eines der beiden Metalle zur Ware zu erklären, d. h. nicht mehr als Geld fungieren zu lassen, zusammenhängt, ist darin zu suchen, daß die Münzen jedes Jahr eine unveränderliche Menge von Gold- und Silberstücken schlagen würden, ohne sich jemals um die Schwankungen der Metallproduktion zu kümmern. Die Folge davon wäre, daß, weil bald das eine und bald das andere der beiden Metalle mehr oder weniger angeboten würde, die Schwankungen zwischen den Preisen der beiden Metalle ständig größer würden.

Unabhängig von den Edelmetallen benutzen auch die Völker das Kupfer als subsidiarisches Geld zum Zahlen kleiner Beträge. Allerdings hat das Kupfer keinen der Vorteile, durch welche die Edelmetalle besonders geeignet für das Münzenprägen sind. Da es sehr viel mehr Kupferbergwerke gibt und da ihre Ausbeutung weitaus billiger ist, liegt der Preis des Kupfers weit unter demjenigen des Silbers. Aus diesem Grunde ist es sehr schwierig und äußerst kostspielig geworden, Kupfer von einem Land in ein anderes zu transportieren. Diese Transporte sind indessen für das Geld unbedingt erforderlich, damit nämlich die Menge des Geldes stets im richtigen Verhältnis zu den Zirkulationsbedürfnissen steht. Das zu Geld geprägte Kupfer gleicht sich also in keiner Weise auf dem Markte der Handelswelt aus. Gibt es irgendwo zuviel davon, so besteht keine Möglichkeit des Abfließens. Das Kupfer hat darüber hinaus auch nicht den Vorteil, für eine ganz bestimmte und leicht mögliche Bearbeitung geeignet zu sein, durch die es sich immer gleich bliebe. Ferner kann das Kupfer von mehr oder weniger guter Qualität sein, was man niemals vom Gold oder Silber behaupten könnte. Diese beiden letztgenannten Gründe verhindern jede Festigkeit seines Wertes. Auch kann das Kupfer niemals selbst als ein allgemeiner Maßstab betrachtet werden, sondern lediglich als ein vergleichsweiser Vertreter für Teile wirklichen Geldes.

Unwertiges Metall ist also eigentlich nur eine etwas kostspieligere Banknote, trotzdem aber eine haltbarere und nicht so leicht nachahmbare wie die Banknote aus Papier. Um unwertiges Metall stets beliebig in Geldstücke umzuwandeln, ist es notwendig, daß die Regierung lediglich die für die kleinsten Transaktionen erforderliche Menge zuläßt und außerdem erklärt, daß das Kupfer niemals eine gesetzlich genehmigte Bezahlung für eine Summe darstellt, die größer ist als das kleinste im Umlauf befindliche Silberstück. Bei solchen Vorkehrungen kann das Kupfer nur die jeweiligen Vor- und Nachteile einer guten Banknote aufweisen. Hat dagegen ein Schuldner die Möglichkeit, große in Silber geschuldete Summen durch Kupfer abzutragen und läßt eine Regierung aus Gründen eines höheren Profits beim Geldprägen größere Mengen Kupfer zu, so können das Kupfer oder unwertiges Metall lediglich noch als ein Papiergeld betrachtet werden, das sowohl kostspielig als auch unbequem ist.

Man hat sich Gedanken gemacht, ob es für ein Land günstiger sei, das Kleingeld aus reinem Kupfer oder aus silberhaltigem Kupfer zu schlagen. Diese Frage fällt allerdings kaum noch in den Bereich der Politischen Ökonomie; vielmehr muß sie entsprechend der Bequemlichkeit und Annehmlichkeit im Gebrauch entschieden werden. Silberhaltiges Kupfergeld kann durchaus sehr genau seinem Wert entsprechen, ohne daß deswegen der Geldbeutel belastet werden müßte und ohne daß die Münzen zu klein wären und man Gefahr liefe, sie zu verlieren. Infolgedessen ist solches silberhaltiges Kupfergeld brauchbarer als reines Kupfergeld. Andererseits jedoch bietet es den Falschmünzern größere Möglichkeiten, bzw. es erleichtert den Betrug. Im allgemeinen läßt sich die Reinheit eines Metalls durch eine einzige Untersuchung feststellen. Bei einer Legierung dagegen kann sogar das erfahrenste Auge nur mit Schwierigkeit die einzelnen Bestandteile und ihr Verhältnis zueinander erkennen. Der sittliche Beweggrund, in keiner Weise Anlaß zur Verführung zum Verbrechen zu geben, mag durchaus eine große Rolle spielen; aber, wenn ein Land Banknoten herausgibt, die doch noch weit mehr Grund zur Versuchung bieten als derartige Münzen, läßt es sich nur schwer verstehen, warum darauf verzichtet wird, bequeme Geldstücke zu einem oder zwei Sous herauszugeben.

Es stimmt, daß oft die Regierungen selbst begründetes Mißtrauen einflößten; und vielleicht hat man deshalb, um sich vor den Mißbräuchen der öffentlichen Gewalt zu schützen, solche Münzen vom Handel ausgeschlossen, deren Feingehalt sich sehr leicht ändern läßt. Man konnte beobachten, daß in Piemont, in den österreichischen Staaten Italiens, im Vatikanstaat sowie auch noch in vielen anderen Staaten zunehmend versilberte Geldstücke von unbekanntem Feingehalt auftraten. Die Regierungen, die aus ihrer Münzprägung einen Profit von sechzig und sogar siebzig Prozent erzielten, erklärten diese mehr und mehr veränderten Münzen den ursprünglichen Münzen wertgleich. Die alten Münzen wurden nun eingeschmolzen oder exportiert; das Gold und Silber verschwanden, und die Zirkulation bestand schließlich nur noch aus Scheidemünzen von fiktivem Wert. Dieses Geld beruhte also weniger auf dem Vertrauen als auf dem Betrug. Die Öffentlichkeit wußte nichts von der Schmälerung des Feingehalts der Münzen, die nach wie vor dieselbe Prägung trugen und in ihrer neuen Form auch denselben Glanz aufwiesen. Es ist nicht verwunderlich, wenn sich das Volk darüber beklagt, daß die Regierungen nun selbst ein Verbrechen begingen, wofür man ansonsten die Falschmünzer bestraft. Falls man eine Wiederholung eines solchen skandalösen Mißbrauchs nicht anders verhindern kann, als durch den völligen Ausschluß aller Münzen mit niedrigem Feingehalt, dann sollte man nicht länger damit zögern. Aber es scheint doch, daß wir in einer Zeit leben, in der sich die Regierungen von den Grundsätzen der Vernunft und Gerechtigkeit leiten lassen und nicht wie Kinder behandelt werden müssen, denen man unschuldige Spiele verbietet, sobald diese dazu führen können, gefährlichere zu verdecken.

SECHSTES KAPITEL

VON DEN WECHSELN

Die Ausfuhr von Geld aus einem Land in ein anderes ist fast immer von mißtrauischen Regierungen verboten worden, weil diese, im Gold und Silber den ganzen Reichtum des Landes sehend, glaubten, sie würden sich ruinieren, sofern die Gold- und Silberstücke über die Grenzen hinausgelangten. Indessen weiß jeder Kaufmann, der einkauft bzw. seine Geldstücke gegen Waren tauscht, im allgemeinen ganz genau, was er tut. Man darf nicht annehmen, daß er bei seinen Käufen nur schlechte Geschäfte tätigt. Man ruiniert sich keineswegs, wenn man seine Schuld begleicht; und Geldstücke werden nur exportiert, um etwas dafür zu kaufen oder Waren damit zu bezahlen.

Dieses Geldausfuhrverbot, das im Mittelalter fast überall in Europa galt, beschleunigte die Erfindung von Wechselbriefen, die sozusagen das Geld des großen Weltmarktes geworden sind und deren Anwendung nicht weniger nutzbringend wäre, auch wenn man die Ausfuhr von barem Geld gestattet hätte. Der Bargeldtransport wäre immer eine kostspielige Art des Bezahlens gewesen, zudem stets noch vielen Gefahren ausgesetzt. Dagegen bieten die Wechselbriefe ein einfaches und sicheres Mittel zur Begleichung von Schulden, und zwar nicht nur zwischen zwei Ländern, sondern auch zwischen mehreren. Mit Wechseln lassen sich also die Geldgeschäfte viel leichter ausführen, als das mit Bargeld jemals möglich wäre.

Ein Kaufmann aus Bordeaux hat in Paris Weine verkauft und Tresse eingekauft. Dem Tresseverkäufer gibt er eine Anweisung auf den Weinabnehmer, so daß er auf diese Weise seine Schuld mit einem Guthaben abträgt. Dabei handelt es sich aber noch nicht um einen eigentlichen Wechsel, sondern vielmehr nur um eine einfache Übertragung eines Guthabens. Es war nun durchaus eine segensreiche Erfindung, diese Übertragung von neuem übertragbar zu machen, allein durch die Glaubwürdigkeit und die Unterschrift des Trägers. Diese Erfindung wird entweder den im zwölften Jahrhundert in Frankreich verfolgten Juden oder den im dreizehnten Jahrhundert in der Toskana grausam verfolgten Ghibellinen zugeschrieben. Die einen wie die anderen wollten ihr Eigentum vor den Übergriffen des Staates schützen, und das gelang ihnen dadurch, daß sie ihre Kreditbriefe in halb Europa zirkulieren ließen. Der Kaufmann aus Bordeaux, von dem wir annahmen, daß er seine Weine in Paris verkaufte und dafür nicht in bar bezahlt wurde, gab sein Pariser Guthaben, in Form eines Wechsels, zu bezahlen innerhalb einer bestimmten Zeit, an einen seiner Geschäftspartner weiter, oder aber er konnte sich dessen bedienen, um andere eigene Schulden zu begleichen. Sein Guthaben in Paris betrug zwölfhundert Francs; er benutzte dieses Guthaben, um eine ebensolche Summe zu bezahlen, die er einem Kaufmann in London schuldete. Dieser nun wiederum gibt denselben Wechsel, versehen mit der eigenen Unterschrift bzw. „indossiert", an einen Amsterdamer Kaufmann weiter, dessen Schuldner er war. Von dem Holländer gelangt der Wechsel in die Hände eines Deutschen, vom Deutschen an einen Italiener, und so macht er vielleicht die Runde durch ganz Europa, wobei er nacheinander ebensoviele Schulden von zwölfhundert Francs begleicht, bis er schließlich von jenem nach Paris zurückgesandt wird, der dort etwas zu bezahlen hat und seinen Pariser Gläubiger auffordert, sich die Summe aus den Händen des ersten Schuldners erstatten zu lassen.

In dieser gesamten Folge von Geschäften repräsentiert der Wechsel stets das Geld, das der erste Aussteller schuldet. Dabei ist es völlig unwichtig, ob dieses Geld der Gegenwert für ursprünglich gekaufte Waren ist, oder ob der Wechsel dazu dient, eine früher eingegangene Schuld, vielleicht aus einem anderen Wechsel herrührend oder aus deponierten Geldstücken bestehend, zu decken. Was dem Wechsel seinen Wert verleiht, ist einzig und allein die feste Überzeugung des Empfängers, daß jener, von dem der Wechsel ausgestellt worden ist, die Bereitwilligkeit und die Möglichkeit hat, ihn zu bezahlen, und daß, wenn das nicht der Fall ist, der Aussteller unbedingt dafür geradesteht. Diese Überzeugung, die man „Kredit" genannt hat, wird gefestigt durch jeden Indossanten, der gegenüber dem neuerlichen Abnehmer dieses Wechsels die Verpflichtung auf sich nimmt, den gesamten Wert des Wechsels mit den Kosten zu erstatten, sofern der Wechsel vom ursprünglichen Aussteller nicht bis zu seinem Verfallstag bezahlt wird.

Heute werden die meisten Geldtransaktionen Europas durch Wechsel vollzogen, so daß wahrscheinlich mehr Bezahlungen in dieser Form geschehen als in Form von Bargeld, zumindestens immer dann, wenn es sich um hohe Beträge handelt. Da die Wechsel innerhalb einer bestimmten Frist zu bezahlen sind und man sie deshalb vorher weitergibt, wird im allgemeinen von ihrem Wert die Höhe der Zinsen für die Zeit, die sie noch zu kursieren haben, abgezogen, was man Diskontieren nennt. Jemand, der einen Wechsel über zwölfhundert Francs, fällig in drei Monaten, ausgehändigt bekommen soll, erhält lediglich einen Wechsel über elfhundertfünfundachtzig Francs ausgestellt, da von der Gesamtsumme fünfzehn Francs als Zinsen bei fünf Prozent für eine Zeit von drei Monaten abgezogen werden. Er sieht sich also keineswegs genötigt, sich des Wechsels schnell zu entledigen, wie das beim Bargeld der Fall wäre; denn, während er den Wechsel in der Brieftasche aufbewahrt, bringt er ihm ebenso regelmäßig Zinsen ein, wie wenn er dieselbe Summe zum Zwecke der Zinsgewinnung verliehen hätte. So geschieht es auch, daß die meisten Geldkapitalisten, anstatt den Bankiers oder Handelskapitalisten Geld zu leihen, Wechselbriefe diskontieren. Außerdem ist das Wechselziehen für die Handelskapitalisten zu einer bequemen Art der Anleihe geworden. A stellt auf seinen Partner B einen Wechsel über drei Monate aus, den dieser akzeptiert und den der Geldkapitalist C dem Partner B, der Bargeld benötigt, diskontiert. Der Geldkapitalist C behält den Wechsel in seiner Brieftasche. B wiederum stellt einen gleichwertigen Wechsel auf A aus, für die gleiche Zeit, den ebenderselbe Geldkapitalist oder auch ein anderer in der gleichen Weise diskontiert und auch in der Brieftasche aufbewahrt. Dieser Vorgang läuft genau auf dasselbe heraus, als wenn A und B, jeder für den anderen haftend, von C den Wert ihrer zwei Wechsel über drei Monate geliehen hätten. Auf diese Weise bringen die Bankiers, wie sie es nennen, Geld in die Zirkulation, und ihr Kredit verwandelt sich für sie in ein Kapital.

Die Wechsel werden mit Geld gekauft und mit Geld eingelöst. Sie übernehmen die Aufgabe des Geldes und verdanken ihre Existenz ausschließlich dem Geld, mit dem sie eingelöst werden. Aus diesem Grunde hat man den Wechseln in der Regel die gleiche Schätzung entgegengebracht wie dem Gelde, das sie ersetzen. Das Vermögen eines Geldkapitalisten wird entweder in Geld oder in guten Wechselbriefen angegeben, als wenn beide ein und dieselbe Sache wären. Wollte man das Bargeld eines Landes veranschlagen, hat man fast immer die Angaben in der Menge der Wechsel gesucht, die die Geldkapitalisten aufbewahrten. Indessen ist nichts falscher als gerade diese Annahme. Es darf keinesfalls ein Verhältnis oder eine Beziehung zwischen dem zirkulierenden Gelde eines Landes und den Wechselbriefen desselben Landes, die eine fast analoge Funktion haben, hergestellt werden. Der Überfluß der einen Sache setzt niemals das reichliche Vorhandensein oder die Seltenheit der anderen voraus. Wechselbriefe repräsentieren lediglich ein Recht auf das Eigentum anderer. Dieses Recht kann durch jegliche Art von Eigentum, durch Waren, andere Kredite, sogar durch Immobilien genauso gut garantiert werden wie durch Geld selbst. Wenngleich ein Wechsel am Verfallstage mit Geld eingelöst wird, kann es vorkommen, daß dieses Geld am Vortage des Einlösens noch nicht in den Händen des Bezahlers war. Während der dreimonatigen Laufzeit des Wechsels hat das Geld, das letztlich den Wechsel bezahlt, vielleicht schon dreißig gleichlautende Wechsel eingelöst. Im allgemeinen sind Wechselbriefe lediglich Kredite wie alle anderen auch, nur daß sie sich leichter transferieren lassen. Da aber jeder Kredit eine Schuld voraussetzt, wie gleichermaßen jeder Kredit lediglich ein Teilhaberrecht auf materielles Eigentum darstellt, bleiben doch das wirkliche Kapital, d. h. die materiellen Reichtümer der Menschen, auch dann bestehen, wenn alle Kredite und Schulden wegfielen.

Ohne also Bestandteil der materiellen Reichtümer der Menschen zu sein, bilden die Wechselbriefe dennoch einen sehr wichtigen Bestandteil des Reichtums dieser oder jener Nation. Ein Genfer Kapitalist, ohne daß er sein kleines Territorium von zwei Meilen im Umkreis verläßt, kann trotzdem ein Eigentums- oder Teilhaberrecht auf die in Lagerhäusern Amsterdams deponierten Gewürze, auf die Leinenwaren der Indiengesellschaft von London, die Weine aus Bordeaux und die Seiden aus Lyon haben. Die Bestätigung dafür findet er in seiner Brieftasche in Form von ebensovielen Wechseln auf diese verschiedenen Orte. Gibt es angesichts dessen in Genf das entsprechende Bargeld, um alle diese Werte zu repräsentieren? Nichts weniger als das! Sind diese Werte durch Bargeld übermittelt worden, das aus Genf weggeschickt wurde? Letzteres noch weniger. Der Genfer Handelskapitalist ist Miteigentümer von einem materiellen, beweglichen, dem Handel dienenden Kapital in Amsterdam, London, Lyon und Bordeaux, und wir haben uns in den vorangegangenen Kapiteln bemüht, zu erklären, daß dieses Kapital keineswegs Geld ist. Der Genfer Kapitalist hat dieses Kapital vermittels der Wechselbriefe an die einzelnen Plätze gelangen lassen und besitzt es dort natürlich weiter in Form von Wechseln, und sobald er diese einlöst, wird er das Bargeld auf schnellstem Wege erneut in andere Wechsel umwandeln.

Wechselbriefe vollziehen im Handel zwei einander entgegengesetzte Umläufe. Sie werden in ein und derselben Stadt wie Waren gegen Geld verkauft; zum anderen werden sie von Stadt zu Stadt oder gar innerhalb der gleichen Stadt, wie Geld, als Bezahlung für Waren weitergegeben. Im ersten Falle erfordern die Wechsel eine größere Menge Bargeldes, um die Austausche zu vermitteln, deren Gegenstand sie sind. Im zweiten Falle wird ein Teil des Geldes, das sie ersetzen, für das Vollziehen der Austausche überflüssig. Diese zweite Wirkung scheint die weitreichendere zu sein; und es ist wahrscheinlich, daß ohne die Erfindung der Wechselbriefe für die Zirkulation des Handels eine weitaus größere Summe Bargeldes erforderlich gewesen wäre als man heute tatsächlich benötigt.

Wenngleich die Wechsel das Bargeld ersetzen und in gewisser Weise selbst das allgemeine Zahlungsmittel in der Handelswelt darstellen, so unterscheiden sie sich trotzdem wesentlich vom Geld. Und zwar durch ihre Bezahlung an einem Verfallstag, was sie zum Diskontieren geeignet macht und was infolgedessen dem Inhaber eines Wechsels stets Zinsen garantiert. Bares Geld, Banknoten und Papiergeld, wir werden bald darauf zu sprechen kommen, haben eine schnellere Zirkulation, weil ihr Besitzer den Wert der Zinsen verliert, solange er das Geld in der Kasse aufbewahrt. Der Wechsel dagegen hört gewöhnlich auf zu zirkulieren, sobald er sich in den Händen eines Kapitalisten befindet, der es für ebenso vorteilhaft ansieht, ihn bis zum Verfallstage aufzubewahren, als ihn zirkulieren zu lassen.

SIEBENTES KAPITEL

VON DEN BANKEN

Wegen der häufigen Verwechslung von Geld und Kapital wurde oft angenommen, daß sich das Nationalkapital durch irgendein fiktives Geld erhöhen ließe. Solches fiktives Geld indessen, das nicht das Ergebnis aufwendiger Arbeit ist, kann niemals wie das Gold und das Silber ein Äquivalent für die Werte darstellen, die es repräsentiert. Viele Länder haben sich deshalb auf Grund solchen Geldes, das zunächst an großen Reichtum glauben ließ, ruiniert.

Den Banken verdankt man den Gedanken des Papiergeldes, und die Erfindung bzw. Einrichtung von Banken wiederum ist das Ergebnis folgerichtiger Überlegungen und Beobachtungen. Vielleicht wird man die Beweggründe und auch die Illusionen besser verstehen, die in vielen Ländern unserer Tage dazu führten, das Hartgeld durch Papiergeld zu ersetzen, wenn man zunächst erst einmal aufmerksam die Art und Weise untersucht, in welcher eine der ältesten Handelsstädte Frankreichs mit einer nur geringen Menge an Geldstücken beträchtliche Geldgeschäfte vollzog.

In Lyon war es im Handel üblich, daß sämtliche Zahlungen nur zu vier bestimmten Zeiten des Jahres vorgenommen wurden, nämlich jeweils alle drei Monate im Anschluß an die damals berühmten Märkte. In den drei Tagen, die für die Zahlungen bestimmt waren, wurden sämtliche Geldgeschäfte der Stadt auf einmal geregelt. An solchen Tagen hatte ein jeder viel einzunehmen, aber auch gleichzeitig viel zu bezahlen. Bereits Tage vor den Zahlungen versammelten sich alle Kaufleute in der Börse, um die sogenannten „Übertragungen“ vorzunehmen; d. h., um gegenseitig die Summen zu errechnen, durch die die Rechnungen beglichen werden konnten. A schuldete B eine Summe, letzterer stand wiederum in der Schuld von C und dieser schuldete D einen Betrag, welcher seinerseits wieder der Schuldner von E war, der aber A etwas schuldete. Durch die „Übertragungen“ wurden nun Schuldbeträge ausgeglichen, ohne daß es überhaupt zu Zahlungen gekommen wäre. Schuldete E dagegen A nichts, wurde A durch eine Folge von Teilübertragungen beauftragt, E zu bezahlen; und durch diese einzige Barbezahlung wurden dann alle vier Rechnungen beglichen. Die Kaufleute, die ja nur kaufen, um wieder zu verkaufen, werden natürlich auch nur bezahlt, um selbst bezahlen zu können. Würde man es mit allen nur möglichen Schuldübertragungen auf die Spitze treiben, wäre man im Endergebnis erstaunt, wie wenig Bargeld überhaupt erforderlich ist, um große Geldgeschäfte zu erledigen.[1]

Natürlich sind die gegenseitigen Schulden keineswegs immer gleich, und die Restbeträge verursachen oft Schwierigkeiten und manchmal sogar Irrtümer bei den Übertragungen. Die Erfindung der Diskontbanken hat diesem Übelstand abgeholfen. Einige entstanden völlig selbständig und dienten jenen Handelskapitalisten, die sich ihnen anvertrauen wollten. Der Bankier war nichts anderes als der Kassenverwalter der Geschäftsleute, er regelte für sie die Einnahmen und Zahlungen. Leistete er diesen Dienst für sehr viele Kaufleute auf einmal, kam es nicht selten vor, daß er an sich selbst bezahlte. Er braucht also keineswegs alle Gelder, die seine Kasse enthalten müßte, tot liegenzulassen. Wenn ein Bankier bei jedem zu vermittelnden Geldgeschäft über hunderttausend Francs regelmäßig fünfzig-

[1] Nach Thornton* scheinen sich derartige Vorgänge täglich zwischen den Londoner Bankiers abzuspielen.

* Sismondi bezieht sich hier auf das dritte Kapitel von Henry Thorntons Buch „Inquiry into the nature and effect of the paper credit of Greatbritain“, London 1802.

tausend Francs an sich selbst zu bezahlen hat und diese Bezahlung vollzieht, indem er auf das Guthaben B die Summe überträgt, die vorher auf dem Guthaben A stand, kann er diese fünfzigtausend Francs, die für seine eigenen Bezahlungen nicht nötig waren, nutzbringender anwenden. Er vollzieht auf diese Weise nur mit der Hälfte des Bargeldes die Zirkulation für die Kaufleute und kann die andere Hälfte gegen Zinsen ausleihen. Wenn er es so einrichtet, daß er einen schnellen und leichten Rücklauf bei kurzfristigen Verfallsterminen hat, ist er sicher, seine Kunden nicht warten lassen zu müssen, auch dann nicht, wenn einmal durch außergewöhnliche Umstände während einer gewissen Zeit alle seine Zahlungen nicht an seine üblichen Kunden, sondern an andere geleistet werden. Von Thornton wissen wir, daß sich die Zahl der Bankiers in London auf siebzig beläuft und daß diese täglich Zahlungen über vier oder fünf Millionen Pfund Sterling vornehmen, im Jahr also mindestens eintausendfünfhundert Millionen umschlagen lassen. Ferner erfahren wir von Thornton, daß diese außerordentliche Zirkulation sich lediglich mit zwölf oder dreizehn Millionen Pfund Sterling in Geldstücken oder Banknoten vollzieht.[2]

Diese Geldgeschäfte überläßt man jedoch nicht ausschließlich den Bankiers; vielmehr sind sie in den meisten handeltreibenden Nationen von öffentlichen Einrichtungen, die mit Protektion der Regierung entstanden sind, übernommen worden. Je mehr ein Bankier seine Tätigkeit ausdehnte, um so mehr mußte er seine Zahlungen einschränken. Alle die Zahlungen, die noch von den siebzig Londoner Bankiers untereinander vorgenommen werden, würden sich erübrigen, sofern eine einzige Bank alle ihre Angelegenheiten ausführte.

2 Henry Thornton, „Inquiry into the nature and effect of credit", viertes Kapitel, S. 154.*

* Sismondis Quellenangabe ist hier ungenau. Gemeint ist Henry Thorntons Buch „Inquiry into the nature and effect of the paper credit of Greatbritain", London 1802.

Also ist man zu der Auffassung gelangt, daß große Mengen Bargeldes eingespart und beträchtliche Profite erzielt werden könnten, wenn man die einzelnen Bankiers durch eine einzige nationale Diskontbank ersetzte. Eine solche Bank gliche einem öffentlichen Büro, das ständig Übertragungen vornimmt. Jeder Kaufmann bezahlt bzw. nimmt ein auf Grund einer Eintragung in den Bankbüchern entweder auf Soll oder Haben seines Kontos, ohne daß auch nur das geringste Bargeld vonnöten wäre. Bei Kaufleuten, die alle einen offenen Kredit bei der Bank haben, ersetzt die Tätigkeit des Buchhalters auf die einfachste Art der Welt jene des Kassenverwalters, und keine Unklarheit über Restbeträge oder Verfallstermine hindert an wechselseitigen Übertragungen.

Wenn wir zuerst von der Praxis der Übertragungen sprachen und dann erst auf die Verrichtungen der Bankiers eingegangen sind, die nichts anderes als Kassenverwalter waren, so geschah dies eher des leichteren Verständnisses für derartige Operationen wegen als wegen der Darlegung der Tatsachen in ihrer wirklichen Aufeinanderfolge. Die ältesten Banken Europas in Genf, Venedig, Amsterdam und Hamburg sind nicht mit der Absicht gegründet worden, Übertragungen vorzunehmen, sondern lediglich deshalb, um Hinterlegungen aufzunehmen und diese in Form von Bargeld besser und sicherer aufzubewahren, als das die Kaufleute in ihren Häusern tun könnten. Ferner sollten die Banken das Vermischen von fremdem und abgenütztem Geld verhindern, wodurch sich besonders in kleinen Ländern stets der Wert des umlaufenden Geldes ändert.

Der öffentliche Bankier hatte sich feierlich verpflichtet, in seine Kassen die Gesamtheit des Geldes und der Edelmetallbarren, die von den Kaufleuten bei ihm hinterlegt wurden, um bei der Bank ein Guthaben zu haben, in natura aufzubewahren. Ferner ist ein solcher Bankier verpflichtet, diese Hinterlegungen sofort bei der ersten Aufforderung an jenen auszuliefern, auf den das Guthaben übertragen worden ist. Die Bank verzichtete auf den diesem Handel entspringenden natürlichen Gewinn. Sie kommt für die Kosten der Einrichtung durch eine Gebühr auf, die die Verleiher zahlen. Aber es scheint, daß man einer Einrichtung, die in direkter Abhängigkeit von der Regierung steht, zuviel guten Glaubens abverlangt, sofern man damit rechnet, daß sie auf einen so beträchtlichen Gewinn verzichtet, zumal er erzielt werden kann, ohne jemandem zu schaden. Die Amsterdamer Bank, die 1609 gegründet wurde, erfüllte zumindestens bis 1672 gewissenhaft ihre Verpflichtungen und bewahrte in ihren Geldschränken die großen ihr anvertrauten Einlagen unberührt auf. Dann zahlte sie ohne Schwierigkeit alle Hinterlegungen aus, die wegen des schnellen Nahens Ludwig XIV.* von allen Verleihern auf einmal gefordert wurden. Dieses Ereignis festigte ihre Glaubwürdigkeit und veranlaßte sie dazu, bis Mitte des folgenden Jahrhunderts davon Gebrauch zu machen. Von dieser Zeit an begann sie das Kapital, das bis dahin tot in den Geldschränken gelegen hatte, an die Indiengesellschaft, an holländische und westfriesische Provinzen sowie an die Stadt Amsterdam selbst zu verleihen. Zum Zeitpunkt des Einmarsches der Franzosen im Jahre 1794, als es galt, das lange bewahrte Geheimnis zu offenbaren, hatte die Bank an diese vier Kunden die Summe von zehn Millionen sechshundertvierundzwanzigtausendsiebenhundertdreiundneunzig Gulden verliehen. Diese vier Körperschaften waren zahlungsunfähig, und die Bank mußte ihren Bankrott erklären.

Die Hamburger Bank, die 1619 gegründet worden war, ist ihren ursprünglichen Zielen treuer gewesen. Die Einlagen, die das Geld der Bank darstellen, sind hier unberührt

* Ludwig XIV. von Frankreich (Regierungszeit: 1643–1715) führte mit den Niederlanden Kriege in den Jahren 1667–68, 1672–78, 1688–95 und 1702–13. Sismondi spielt hier auf den Feldzug Ludwig XIV. vom Jahre 1672 an, eine Kriegshandlung, die 1678 durch den Frieden von Nijmegen beendet wurde. In all diesen Kriegen ging es um die politische und ökonomische Vorherrschaft in Europa, und bei allen Kämpfen waren sowohl für Frankreich und Spanien als auch für England die Niederlande von großer Bedeutung.

aufbewahrt worden bis zur Nacht des 4. November 1813, wo sie auf Befehl des Marschalls Davoust benutzt wurden, um für die Belagerungskosten aufzukommen. Die Einlagen der Hamburger Bank beliefen sich damals auf sieben Millionen vierhundertneunundachtzigtausenddreihundertdreiundvierzig Mark.

Der Sturz der beiden berühmten Girobanken Europas zeigt, welchen Preis man in den modernen Zeiten für diese Macht des Kredits, auf die wir vielleicht zu stolz sind, zahlen muß und welche Gefahren selbst bei der gemäßigsten Anwendung damit verbunden sind. Eine Erfindung, die bald jener der Giro- und Diskontbanken folgte, vermehrte sowohl die Nutzung des Kredits als auch seine Gefahren über das Maß hinaus.

Eine Bank von der Art der Amsterdamer Bank dient nur jenen, die dort ein offenes Guthaben besitzen. Vielen Kaufleuten ist es nicht möglich, dort ein Konto zu haben und Abrechnungen vorzunehmen. Und alle jene, die nicht Kaufleute sind, haben fast niemals ein Konto dort, wenngleich sie auch zahlen müssen und Einnahmen haben. Um ihnen ebenfalls die Praxis der Übertragungen zu ermöglichen, erfand man die Zettelbanken oder Notenbanken, die in der Folge in ganz Europa üblich wurden. Die Noten sind Anweisungen auf die Bank, sofort an den Inhaber zahlbar. Durch das Zusammenlegen mehrerer Banknoten kann jeder seine Zahlungen selbst vornehmen, ferner hat er die Möglichkeit, die Banknoten in Geld umzutauschen. In den meisten Fällen erweist es sich aber am bequemsten, die Banknoten sofort weiterzugeben, so daß sich Geschäfte vollziehen, ohne daß überhaupt Geld berührt wird. Obwohl sich jeder in barem Geld auszahlen lassen könnte, denkt niemand daran, dies zu fordern. Da jeder überzeugt davon ist, sofern er es wollte, sofort ausgezahlt zu werden, wartet er damit bis zu einem späteren, ihm günstiger erscheinenden Zeitpunkt.

Bis hierher taten die Banken nichts weiter als die Zahlungen zu vereinfachen, unnötige Geldtransporte zu ersparen und die Zirkulation durch eine geringere Summe, als ansonsten erforderlich wäre, zu erleichtern. Es mußte aber doch irgendjemand aus dem Umstand profitieren, daß eine geringere Menge sterilen Geldes für den Handel benutzt wurde. Ein Teil eines Kapitals, das vorher keine Zinsen einbrachte, konnte in ein fruchtbringendes Kapital umgewandelt werden, und es muß jemanden geben, der den Nutzen davon hat. Bei der Einrichtung der Übertragung in Lyon profitierte jeder einzelne für sich im Handel; jeder brauchte nur viermal im Jahr, während dreier Tage, Geld in der Kasse zu haben; er gewann also die Zinsen für den Rest des Jahres. Da die Übertragungen alle Vorgänge vereinfachten, erfüllte eine geringe Geldsumme die Funktion einer weitaus größeren. In London und überall dort, wo sich Bankiers niedergelassen haben, um einfach nur die Kassenverwalter der Handelskapitalisten zu sein, profitieren diese Bankiers aus der Einsparung von Bargeld, die sich aus ihrer Tätigkeit ergibt; und darin besteht der Profit ihrer Geschäfte. In Amsterdam, Hamburg, Rotterdam und Nürnberg, wo es Girobanken gibt, wurde feierlich auf diesen Profit verzichtet; und das Bargeld, wenngleich es nicht zirkulierte, durfte dennoch nicht unbeweglich im Lande und ohne Zinsen bleiben. Nicht immer aber konnte diese Bedingung streng erfüllt werden. Neu eingerichtete Zirkulationsbanken gaben offen zu, daß sie aus den Zinsen profitierten und darin den zu erwartenden Profit sähen.

Die Banken gaben für den Handel Noten aus, die im Wert genau den geprägten Geldstücken entsprachen. Solche Noten konnten jederzeit und entsprechend dem Willen der Verleiher wieder in Geld umgetauscht werden. Infolgedessen forderten die Banken für die Noten ebenfalls die gleichen Zinsen wie für geprägtes Geld und bekamen diese natürlich auch anstandslos. Gewöhnlich gelangten die Banknoten durch das Diskontieren von langfristigen Handelswechseln in die Zirkulation. Der Inhaber eines Wechsels über drei Monate erhielt dann den entsprechenden Wert in Banknoten, abzüglich der Zinsen für diese drei Monate, ausgezahlt. Auf diese Weise tauschte er Papier gegen Papier, wobei allerdings das zuletzt erhaltene Papier bei Vorlage zahlbar ist, obwohl es in den meisten Fällen auch erst dann bezahlt wird, wenn der Wechsel eingelöst wird, gegen den es eingetauscht wurde. Die geprägten Geldstücke, die durch das Papier repräsentiert werden, gehören von nun an wirklich jenem, der seinen Wechsel abgegeben hat. In der Zwischenzeit lieh der Bankier, der damit rechnen konnte, daß dieses Guthaben nicht sofort eingefordert würde, das Geld an andere aus. Allein dieser Handlung entspringt sein Profit und in ihr besteht der Dienst, den er der Gesellschaft erweist.

Die Banken nahmen nicht die Zinsen des Geldes ein, das sie in Form von Geldstücken ausgaben, sondern von jenem Geld, von dem jeder Banknoteninhaber glaubte, es sofort umgetauscht zu bekommen, das aber in Wirklichkeit gar nicht in der Kasse vorhanden war. Das besondere Talent des Bankiers bestand darin, die jeweiligen Bedürfnisse des Marktes genau einzuschätzen, um stets eine dem täglichen Bedarf entsprechende Summe in der Kasse zu haben. Die Vorsicht forderte außerdem von ihm, daß er neben dieser Summe noch eine genügende Reserve für außergewöhnliche Nachfragen sowie regelmäßige, schnelle und sichere Rückläufe hatte, um bei einem zufälligen Vertrauensschwund, der die meisten Inhaber seiner Banknoten bewegen könnte, ihre Auszahlung zu fordern, diesen Forderungen zu entsprechen.

Immer wieder ist man darüber erstaunt, wie sich die menschlichen Bestrebungen und Leidenschaften in gewisser Weise vorausberechnen lassen, und, sofern es sich nicht um eine allzu große Anzahl von Menschen handelt, läßt sich leicht ein Durchschnitt ermitteln. Nichts scheint willkürlicher zu sein als die Absicht eines Unbekannten, der am nächsten Tag eine Note über tausend Francs in den Händen haben wird, diese in Geldstücke einzuwechseln bzw. nicht umzutauschen. Handelt es sich indessen um die Bestrebungen nicht nur eines einzelnen Menschen, sondern von zweitausend Personen, die sich in der gleichen Lage befinden, lassen sich diese Absichten vorausberechnen. Die Menge der notwendigen Geldstücke kann mit ziemlich großer Genauigkeit im voraus bestimmt werden.

Das gesamte vorhandene geprägte Geld durchläuft gleichzeitig mehrere Zirkulationskanäle. Nicht alle diese Kanäle können auch gleichzeitig mit Banknoten ausgefüllt werden. Banknoten sollen lediglich die Schwierigkeiten und Gefahren vermeiden helfen, die es bei der Prüfung und beim Transport von großen Summen gibt. Darin besteht der einzige Vorteil der Banknoten für den Handelskapitalisten, der sich ihrer bedient. Er bezahlt sicherer und besser mit Noten zu fünfhundert und tausend Francs, solche Noten lassen sich mit weniger Kosten transportieren und werden zudem noch schneller anerkannt. Sobald er jedoch zu Zahlungen in Form von kleineren Noten gezwungen ist, wird der Zeitverlust ungefähr jenem gleich, den die Anerkennung von Geldstükken verursachte. Die Gefahr von Fälschungen nimmt mit der Vielfalt der Stempel zu; auch die Gefahr des Zerreißens oder Verlierens von Noten wird größer. Eine gewisse Unruhe hinsichtlich des Wertes eines Äquivalents, das in keiner Weise echtes Unterpfand ist, belastet stets die Banknoten. Jeder wird Geldstücke zu zwanzig Francs gleichwertigen Banknoten vorziehen; d. h., es wird nur wenige geben, die eine Note über hundert Francs lieber annähmen als fünf Münzen zu zwanzig Francs. Solange eine Bank Noten bei offener Kasse umtauscht, bleiben nur äußerst wenige kleine Noten in Zirkulation.[3]

[3] Es muß an dieser Stelle gesagt werden, daß man in England, und noch mehr in Schottland, das Gegenteil beobachten kann. Die Gewohnheit hat über den Widerwillen, den eigentlich die schmutzigen und gefährlichen Papierfetzen im Vergleich zu Goldstücken erregen müßten, gesiegt. Die gewaltige Zirkulation der Provinzbanken vollzieht sich in Noten über ein Pfund Sterling (one pound notes), wenngleich die Armen weitaus mehr Gefahr laufen, die Noten zu verlieren oder gar durch Fälschungen betrogen zu werden, als wenn sie sich in Gold-

Nun sahen wir aber, daß ein einträgliches Geschäft stets da beginnt, wo ein Unternehmer Arbeit in Bewegung setzt, gleichgültig ob in der Industrie oder in der Landwirtschaft, und wo er den Arbeitern Lohn zahlt. Dieser Unternehmer, sei er Pächter oder sei er Fabrikant, kann sein Kapital sehr wohl in Banknoten eingenommen haben, aber er kann es nicht in dieser Form benutzen, um die Arbeiter zu bezahlen. Er wird es also sofort bei Erhalt zur Bank bringen und in geprägtes Geld umtauschen. Es ist also nicht angebracht, Banknoten in diesen Teil der Zirkulation einfließen zu lassen. Der sofortige Rücklauf der Noten würde den Banken Verluste verursachen, anstatt Profit zu bringen.

Der Arbeiter tauscht in Hellern und Pfennigen* Geld seines Lohnes gegen Unterhaltsmittel ein, so daß in diesen Teil der Zirkulation nicht eine einzige Banknote eintreten kann.

Der Lohn ist das Einkommen des Arbeiters; aber der Arbeiter ist nicht der einzige, dessen Einkommen in kleinen Bestandteilen verausgabt wird. Der Reicheste wie der Ärmste sorgt für seinen Unterhalt durch eine Folge von Käufen, die mit geprägtem Geld vorgenommen werden. Mag ein großer Grundbesitzer das Einkommen aus seinen Ländereien oder aus seinem Kapital auch in Banknoten erhalten und mag er sogar mitunter die Rechnungen an seine Lieferanten in Banknoten bezahlen, so ist die Zirkulation dieser Banknoten nicht sehr weitreichend; denn sowohl der Grundeigentümer als auch seine Lieferanten begeben sich auf schnellstem Wege zur Bank, um die Noten in Münzen umzutauschen. Es ist also nicht erforderlich, daß Banknoten in die Zirkulation der Einkommen einbezogen werden.

Die erzeugten Waren gelangen allerdings nicht unmittelbar an den Verbraucher: sie sind vielmehr Gegenstand von

münzen auszahlen ließen. Den an den Banken Interessierten ist es gelungen, ihren Landsleuten diese Gewohnheit, die erst kürzlich wieder zu ungeheuren Verlusten führte, anzuerziehen.

* Sismondi schreibt „par mailles et deniers". Unter „mailles" und „deniers" sind kleine Kupfer- bzw. Silbermünzen zu verstehen.

zwei oder drei Austauschen zwischen Kaufleuten verschiedener Länder. Diese Austausche vollziehen sich auf Kreditbasis, und die einzelnen Bezahlungen geben Anlaß zu einem neuen Handel, zu jenem der Wechselmakler, die man ebenfalls Bankiers nennt. Alle Austausche zwischen solchen Handelskapitalisten geschehen mit großen Summen. Jeder von ihnen nimmt ungefähr wertmäßig so viel entgegen, wie er zu bezahlen hat. Jeder hat in seiner Kasse eine Reserve bzw. ungefähr gleichgroße Werte in Noten und in Geldstücken, um seinen Zahlungen genügen zu können. Wenn nun keiner von ihnen Anlaß zur Beunruhigung hinsichtlich der Bank hat, ist es durchaus möglich, daß niemand daran denkt, seine Banknoten gegen geprägtes Geld umzutauschen. Hier wäre also ein Kanal der Zirkulation, der sich mit Banknoten ausstatten ließe, ohne daß es dabei Nachteile oder Grund zu Unruhe gäbe. Aus diesem Kanal fließen natürlich immer einige Banknoten zurück wegen vorzunehmender Kapitalanlagen bei den Kapitalisten und wegen Zinszahlungen bei den Bankiers. Bei allen übrigen kaufmännischen Angelegenheiten können die Banknoten, wie wir sahen, nicht in der Zirkulation bleiben; und solche, die zufällig in die Hände anderer Personen gelangen, kommen sofort zur Bank zurück, um eingelöst zu werden.

Außerhalb des Handels gibt es allerdings ebenfalls noch eine Zirkulation, die eine bestimmte Menge von Banknoten absorbiert. Sie betrifft Einnahmen der Regierung. Für die Regierung ist es bequem, daß sämtliche Einkommenzahlungen, die aus der Provinz in die Staatskasse eingehen, in Banknoten vorgenommen werden. Desgleichen ist es äußerst günstig, sich aller Zahlungen aus der Staatskasse an die Lieferanten der Regierung und an die Unternehmer öffentlicher Arbeiten in ebensolcher Form zu entledigen. Die Regierungen benötigen für ihren Dienst mehr Transporte geprägten Geldes als der gesamte Handel auf einmal. Es entsteht darum ein neuer Zweig im Bankhandel, in dem die Regierungen mit ebensoviel Vorteil Banknoten anwenden wie die Bankiers. Nach der Zirkulation großer Beträge gelangt das

Einkommen der Regierung aber schließlich auch an die Verbraucher. Um nun den Sold der Truppen oder die Tafel der Präfekten zu bezahlen, müssen die Banknoten in Geld umgetauscht werden; denn jetzt werden sie von allen, die eine Besoldung erhalten, als Einkommen angesehen.

Geschickte und vorsichtige Banken lassen ihre Banknoten natürlich nur in die zwei für sie in Frage kommenden Kanäle der Zirkulation einfließen. Sie diskontieren einmal solche Wechsel, welche gerade aus dem großen Austausch hervorgegangen sind, der sich im Handel zwischen den Handelskapitalisten und den Bankiers vollzieht. Ausgenommen die Fälle, wo es sich nur um fiktive Wechsel handelt oder wo es um eine Spekulation von in Bedrängnis geratenen und in ihren Unternehmungen zu weit gegangenen Leuten geht, die durch Wechsel wieder zu Geld kommen wollen, repräsentiert die Anzahl der Wechsel ziemlich genau die Menge des Geldes, das in großen Summen in den Händen der Handelskapitalisten zirkulieren muß und das dann auch durch Banknoten ersetzt werden kann.

Zum anderen diskontieren die Banken die Wechsel der Regierung und die Obligationen der Provinzbehörden. Dabei machen sie im allgemeinen bis zum Eingang dieser Wechsel einen leihweisen Vorschuß. Wird dieser Vorschuß für eine kurze Zeit gewährt, zum Beispiel für drei Monate, so kann es durchaus sein, daß sich während dieser Zeit die Banknoten in der Hand der Bevollmächtigten für die Staatskasse befinden, so daß während dieser Zeit keine Gefahr des Eintausches besteht. Aber es gibt fast keine Bank, die nicht mehr oder minder von der jeweiligen Regierung abhängig wäre und die die Regierungswechsel nicht für eine längere Zeit diskontierte, als die Zirkulation der großen Summen des öffentlichen Einkommens dauert. Daraus resultiert, daß ein Teil der so ausgegebenen Banknoten binnen kurzem zur Bank zurückkommt, um sofort in geprägtes Geld umgetauscht zu werden, sobald diese Banknoten in die Hände jener gelangt sind, die sie in kleineren Geldstücken benötigen. Die Bank von England, die für die Regierung die

Steuern diskontiert, war darum verpflichtet, als diese ihre Zahlungen in Münzen vornahm, ein Drittel bis zur Hälfte des Wertes ihrer Banknoten als Reserve in der Kasse aufzubewahren. Die Bank von Frankreich, obgleich sie nur Wechsel mit drei Unterschriften und mit einer Verfallszeit von höchstens drei Monaten diskontiert, muß dennoch eine ebenso beträchtliche Reserve in ihren Kassen aufbewahren, wahrscheinlich wegen der plötzlichen Änderungen, die auf dem Geldmarkt durch zahlreiche Spekulationen mit Staatspapieren eintreten können. Wäre dagegen eine Bank absolut sicher, lediglich Wechsel des Großhandels zu diskontieren, so würde sehr wahrscheinlich für die Stabilität dieser Bank bereits eine Reserve an geprägtem Geld genügen, die den zehnten Teil der gesamten Zirkulation ausmacht.

ACHTES KAPITEL

DER KREDIT BRINGT NICHT DIE REICHTÜMER HERVOR, ÜBER DIE ER VERFÜGT

Die Bankiers schienen allein durch ihren Kredit in der Lage zu sein, den Handelskapitalisten fast unerschöpfliche Kapitalien zur Verfügung zu stellen. Dieser Kredit ließ an eine schöpferische Kraft glauben, und die Spekulanten, die davon überzeugt waren, daß sie mit der Ausgabe einer Banknote für die Zirkulation ebenso den nationalen Reichtum vermehrten wie durch die Einfuhr einer bestimmten Menge Silbergeldes, gaben sich gefährlichen Träumereien hin, gefährlich sowohl für die eigene Person als auch für die Länder, die ihnen zu viel Vertrauen schenkten. Sie befürworteten die Gründung von Banken, um die Zirkulationsmittel des Handels zu vervielfältigen, den landwirtschaftlichen Unternehmen dienlich zu sein, überall Arbeit in Bewegung zu setzen, um letzten Endes das Nationalkapital zu vermehren und die Aktivität der Industrie zu verdoppeln.

Über die Theorie von den Banken ist seit Adam Smith gründlich geforscht worden, und man könnte nicht behaupten, daß dieser Zweig der ökonomischen Wissenschaft seit Smith auch nur irgendeine Neuerung erfahren hätte oder daß vielleicht überhaupt noch eine möglich wäre. Seit der Veröffentlichung seiner Schriften folgten indessen die unbedachten Kreditunternehmungen noch schneller aufeinander als zuvor. Derartige Unternehmungen führten nach und nach fast alle Nationen an den Rand des Abgrunds, was schreckliche Not und Verderben zur Folge hatte. Aber trotz dieser verhängnisvollen Erfahrung dauert es niemals lange, bis wieder ein Projekt entsteht, bei dem nicht die gleichen bedrohlichen Auswirkungen für die öffentliche Wohlfahrt zu befürchten wären. Da wir der Analyse von Adam Smith hinsichtlich der Bank- und Kreditoperationen nichts hinzufügen können, wollen wir wenigstens versuchen, seine Grundsätze klarer darzulegen.

Vor allem ist es wichtig hervorzuheben, daß der Kredit niemals neuen Reichtum schafft, daß er nichts zum Kapital der Gesellschaft hinzufügt und daß alles, was er vermag, darin besteht, einen Teil dieses brachliegenden Kapitals fruchtbringend zu machen. Im allgemeinen verschiebt der Kredit den Reichtum lediglich von einer Stelle auf eine andere. Er gibt dem einen die Verfügung über das, was einem anderen gehört, wobei jedoch jeder so reich bzw. arm wie vorher bleibt. Der Kredit bietet die Möglichkeit zu leihen. Man kann aber nicht leihen, ohne einen Verleiher zu finden, was nicht existiert, kann auch nicht geliehen werden. Ein Gesetz, das die Aufhebung der Schulden verkündete, würde zwar die Gesellschaft in Unordnung bringen, sie aber niemals ruinieren. Es käme zur allgemeinen Dieberei. Alle Gläubiger würden von sämtlichen Schuldnern ihres Eigentums beraubt werden; das Haben der Nation aber würde genau dasselbe wie vorher bleiben. Das Eigentum an allen materiellen Dingen wird heute im allgemeinen von zwei oder mehreren Personen geteilt. Der eine besitzt die Sache selbst, der andere das Recht darauf, wobei aber der Wert der Sache dann niedriger ist, wenn das Anrecht darauf höher ist. Wird das Anrecht auf die Sache aufgehoben, gewinnt diese den Gesamtwert zurück, der durch das Anrecht eingeschränkt war. Zwar würde die Aufhebung der Schulden wegen des erschütterten Vertrauens in das Eigentum den Geist der Ordnung und Sparsamkeit zerstören, ebenso wie dieses durch allgemeines Rauben und Plündern in einem Land geschehen würde, in dem die Regierung nicht den geringsten Schutz gegen die Gewalt bietet. Die Nation würde sich ruinieren auf Grund des Mißbrauchs, den die Diebe mit dem Reichtum übten, aber nicht deshalb, weil das Eigentum in einem Falle von den Bestohlenen an die

Diebe, im anderen von den Gläubigern an die Schuldner übergeht.

Es ist einleuchtend, daß, wenn jemand ein Feld im Werte von zwanzigtausend Francs schuldet, das Eigentum des Gläubigers und Schuldners zusammen immer nur zwanzigtausend Francs beträgt. Wenngleich die Analogie vollkommen ist, wollen wir dennoch nicht in gleicher Weise argumentieren, sofern es sich um Banken und öffentlichen Kredit handelt.

Mit den zirkulierenden Noten hat eine Bank tatsächlich ein neues Kapital in der Hand, über das sie auch verfügen kann. Allerdings gehört ihr dieses Kapital nicht, sondern jenen, die das Recht besitzen, das geprägte Geld, das sie der Bank zur Aufbewahrung anvertrauten, wiederzuverlangen. Um ein derartiges Vertrauen zu verdienen und zu erlangen, gab die Bank den Darleihern im allgemeinen ein Unterpfand. Die Bank von England deponierte als Unterpfand für den ursprünglichen Wert ihrer Aktien eine gleiche Summe Geldes. Als die Bank im Jahre 1694 gegründet wurde, belief sich dieser Wert auf eine Million zweihunderttausend Pfund Sterling. Das Bestreben der Bank bestand nun selbstverständlich darin, Geld in ihre Panzerschränke zu bekommen und keins ausfließen zu lassen. Dieser Garantiefonds wurde auch der Regierung geliehen. Es waren lediglich die Zinsen des Betrages, die den Abnehmern von Banknoten für eventuelle Verluste der Bank Sicherheit bieten sollten. Unter diesen Voraussetzungen hatte die Bank für mehrere Jahre besondere Vorrechte erworben. Mit jeder Erneuerung dieser Vorrechte erhöhte sie die ursprünglichen Einlagen, und im Jahre 1797 betrugen sie bereits elf Millionen sechshundertsechsundachtzigtausendachthundert Pfund Sterling.

Dieses Kapital der Bank, das die Grundlage ihres Kredits bildet, ist zwar die Ursache, aber nicht das Ergebnis des Kredits. Es setzt sich zusammen aus einem Teil des Vermögens der Aktionäre, und es darf keinesfalls mit dem Geld verwechselt werden, das in der Bank deponiert bleibt, bis es die Inhaber von Banknoten zurückfordern, jene Leute, von denen die Bank auf Grund des Kredits ihre Profite erzielt.

Dieser Profit ist der einzige Teil des Kapitals, den die Bank wirklich der Zirkulation hinzufügt. Es handelt sich dabei um jenes Geld, das ansonsten tot in den Kassen der Handelskapitalisten bliebe und das die Bank daraus hervorlockt, indem sie es durch Banknoten ersetzt und ihrerseits wieder verleiht. Die Bank leiht von dem einen, um an einen anderen weiterzuverleihen, sie leiht ohne Zinsen, um für Zinsen zu verleihen. Die Spekulation käme indessen der Schaffung neuer Reichtümer gleich, wenn sie unbegrenzt wäre. In Wirklichkeit beschränkt sie sich aber einzig und allein auf jene Summen, die tot in den Kassen lagern oder auf die stets nur im Block zirkulierenden Summen, die im Handel zwar nötig sind und dennoch einen Verlust für ihn darstellen. Es gibt einige Städte, wo es üblich war, Säckchen von eintausendzweihundert Francs nach Gewicht zu geben oder zu empfangen, ohne die Summe nachzuzählen. Diese Säckchen, die ganz gleich waren, gingen von Hand zu Hand, ohne jemals geöffnet zu werden. In sehr ähnlicher Weise wie bei der Weitergabe der niemals geöffneten Geldsäckchen kann eine Bank durch den Kredit Geld in ihre Kassen einfließen lassen und dann weiter verleihen.[4]

[4] Die Berichte der von den beiden Kammern des Parlaments ernannten Ausschüsse, datiert vom 1. Juni 1826, vermitteln genaue Angaben über die Zirkulation der Banknoten in diesen beiden Königreichen.
Allerdings scheinen die Ausschüsse zu glauben, daß der Kredit der Banken Kapitalien schafft, die die Industrie begünstigen. Desgleichen loben sie außerordentlich dieses System, „das", wie sie sagen, „so bewunderungswürdig dazu geeignet sei, Kapital zu ersparen, den Unternehmergeist anzustacheln und in der Nation die üblichen Moralauffassungen zu bewahren". Indessen geht aber aus den Berichten selbst hervor, daß die Banken Schottlands aus der einen Hand leihen, um an die andere zu verleihen, ohne daß dabei dem Kapital des Landes etwas hinzugefügt würde.

Die Veröffentlichung der Konten durch die Londoner Bank am 26. Februar 1797, anläßlich ihrer Zahlungseinstellung, versetzt tatsächlich in Erstaunen, weil sich dabei herausstellte, wie wenig wichtig eigentlich diese immer so hochtrabend angepriesene Quelle für den Handel ist. Die Bank der größten und reichsten Stadt der Welt, die Bank Englands und nicht etwa nur Londons, diskontierte damals jährlich nur für drei Millionen Pfund Sterling Handelswechsel. Die Bank war weitaus mehr damit beschäftigt, der Regierung anstatt der Öffentlichkeit zu dienen.

Indessen belief sich ihre gesamte Zirkulation in den letzten fünf Jahren, die der Zahlungseinstellung vorausgingen,

In Schottland gibt es zweiunddreißig Banken, von denen drei das sind, was die französischen Gesetze als Aktiengesellschaften bezeichnen. Die reichsten unter ihnen haben in kleineren Städten Nebengeschäftsstellen oder „Zweigfilialen“ eingerichtet. Insgesamt geben in Schottland hundertfünfundsechzig Banken Noten aus. Ihre Gesamtzirkulation belief sich zur Zeit des Berichts auf drei Millionen dreihundertneuntausend Pfund Sterling, davon zwei Millionen neunundsiebzigtausend Pfund Sterling in Noten unter fünf Pfund bzw. hundertfünfundzwanzig Francs. Um diese ungeheure Summe in Umlauf zu bringen, was in Schottland dazu führte, daß bis auf eine geringe Reserve jegliches andere geprägte Geld aus der Zirkulation verschwand, sind seitens der Bankiers drei Operationen erforderlich. Erstens das Diskontieren der Wechselbriefe gegen Banknoten; zweitens der Eingang der kleinen Einlagen, Spareinlagen von Arbeitern und kleinen Leuten, in gleicher Weise wie bei Sparkassen, und drittens schließlich die Eröffnung von Kreditkonten in kleinerem Umfang für strebsame Leute, selbst ohne Eigentum, wenn dafür ein durch zwei Unterschriften gesicherter Beleg geliefert wird. Die Gesamtsumme der Einlagen bei den Banken wird auf zwanzig bis einundzwanzig Millionen Pfund Sterling geschätzt. Dafür bezahlen die Banken vier Prozent Zinsen. Diese Summe wird in Form von Darlehen zu fünf Prozent wieder verliehen.
Man sieht, daß die Banken Schottlands auf Grund dieser doppelten Operation nichts anderes sind als eine Zentrale von

keinesfalls auf mehr als elf Millionen vierhundertsiebenundneunzigtausendfünfundneunzig Pfund Sterling. Zur gleichen Zeit befanden sich in ihren Panzerschränken, in Münzen bzw. in Barren, sechs Millionen zweihundertzweiundsiebzigtausend Pfund, so daß das gesamte Kapital, das die Londoner Bank durch ihren Kredit zur Zirkulation des Landes hinzufügen konnte, niemals mehr betrug als fünf Millionen zweihundertfünfundzwanzigtausendfünfundneunzig Pfund. Außerdem waren ihre Vorschüsse an die Regierung viel höher als das, was die öffentliche Zirkulation an Noten aufnehmen konnte, so daß die Noten, die sie ausgab, unaufhörlich zum Umtausch zurückkehrten. Als die Bank also

Anleihen und Darlehen, die dem Lande sehr nützlich wird, sowohl dadurch, daß sie kleinen Kapitalisten die Anwendung ihres Geldes ermöglicht, als auch dadurch, daß sie fleißigen Unternehmern durch Anleihen die ihnen notwendigen Geldsummen zur Verfügung stellt. Solche Geschäfte ließen sich allerdings ohne Banknoten ausführen. Die Differenz zwischen den erhaltenen und den gezahlten Zinsen würde genügen, um den Profit zu sichern. Wie dem auch sei, so hat gerade diese Darlehenzentrale dazu beigetragen, daß es den Banken Schottlands gelang, fast das gesamte geprägte Geld aus dem Lande zu bannen und gleichzeitig ihrer Nation zu dienen. Alle Darleiher, kleine und große, sowie alle jene, die Darlehen entgegennehmen, sind daran interessiert, ihren Kredit aufrechtzuerhalten. Sowohl die einen als auch die anderen lehnen es hartnäckig ab, Banknoten zu einem Pfund einem Goldstück, genannt „sovereign"* vorzuziehen, und als das Parlament von den heftigen Stößen alarmiert wurde, die nicht nur den Kredit der Banken, sondern auch den des gesamten englischen Handels erschütterten und das Gold wieder in die Zirkulation aufgenommen werden sollte indem man die Ausgaben von Banknoten unter fünf Pfund Sterling verbot, entrüstete sich ganz Schottland, als täte man ihm großes Unrecht, so daß die beiden Kammern des Parlaments beschlossen, alles beim alten zu belassen und die Reform der Banken auf England zu beschränken.

* Goldenes Zwanzigschillingstück.

ihren Kassenbestand senkte, sah sie sich bald gezwungen, ihre Zahlungen einzustellen.

Überschlagsrechnungen hinsichtlich der Bank von Frankreich führen zu einem Ergebnis, das ungefähr so lautet: Nur selten befinden sich gleichzeitig mehr Banknoten im Umlauf als im Wert von hundert Millionen Francs.

Die Bank von Frankreich verfügt demgegenüber über Rücklagen in geprägtem Gold von annähernd fünfundvierzig Millionen Francs. Das gesamte Kapital, das sie aus dem Handel zieht, um es ihm wieder in Form von Darlehen zu leihen, beläuft sich also im Höchstfalle auf fünfzig bis sechzig Millionen Francs. Das ist wahrscheinlich die oberste Grenze dessen, was sie der Öffentlichkeit überhaupt zur Verfügung stellen kann.[5]

Eine derartig wichtige Erfahrung, wie sie am Beispiel der beiden mächtigsten und am meisten Handel treibenden Länder der Welt gemacht werden konnte, hätte doch die Theoretiker erleuchten und davon überzeugen müssen, daß eine Bank keineswegs der Verteiler von neuen, unerschöpflichen Reichtümern ist, welche sie ganz nach Belieben zur Förderung der Industrieunternehmungen ausschütten könnte. Ferner müßte aus dieser Erfahrung erkannt werden, daß das Kapital, das eine Bank in Umlauf bringen kann, jenes Kapital, das sie aus den Säckchen nimmt, die niemals nachgezählt werden, sehr begrenzt ist und daß jede Anstrengung, irgendeinen anderen Teil des geprägten Geldes heranzuziehen, für die Bank selbst schädlich wäre, solange sie bei offener Kasse zahlte, für das Land dagegen sich als verderblich erwiese, sobald das Gesetz die Noten mit Zwangskurs versähe.

[5] Der Pariser Handel entspricht bei weitem nicht demjenigen Londons, und dennoch ist die Diskontsumme der Bank von Frankreich höher als diejenige der Londoner Bank. Diese Differenz ist wahrscheinlich zurückzuführen auf die siebzig Bankiers, die einen Teil der Operationen der englischen Bank übernehmen, sowie auf die zahlreicheren Bankiers, die außerdem noch in den Provinzen ähnliche Geschäfte betreiben.

Indessen ist die übertriebene Vorliebe für Leihbanken und Bodenkreditbanken, für Banken also, von denen behauptet wird, daß sie eine Hilfsquelle für die Industrie darstellen, indem sie dieser das zur Belebung nötige Kapital liefern, längst noch nicht überwunden. Tagtäglich tritt ein neuer Spekulant mit einem neuen riesigen Projekt auf. Er wird sich zusammen mit jenen ruinieren, die ihm Vertrauen schenken, was schon schlimm genug ist. Sollte es ihm aber sogar gelingen, den reichsten Kapitalisten der Nation in sein Unternehmen zu verwickeln, wird es vielleicht dahin kommen, daß aus seiner Spekulation eine nationale Angelegenheit entsteht. In einem solchen Falle schaltet sich nämlich dann zum Zeitpunkt, wo von allen Seiten die in Zirkulation befindlichen Noten zum Zwecke des Umtausches in Münzen zurückkommen, das Gesetz ein, um den Spekulanten vor dem Bankrott zu bewahren. Sehr wahrscheinlich greift man dann zu einem Mittel, das schon viele benutzten und das in dem gefahrvollen Ausweg besteht, den Noten einen Zwangskurs zu geben, was unweigerlich in den Abgrund des Papiergeldes führt.

Mögen die Unternehmer einer Bank, deren Bestimmung in der Unterstützung von Industrieunternehmen besteht, sich dessen wohl bewußt sein, daß ein Fabrikant, dem zehntausend Francs geliehen werden, diese nicht in einer oder zehn Zahlungen zu tausend Francs ausgibt, sondern daß er gezwungen ist, diese Noten gleich am nächsten Tage umzutauschen, um die Maurer, die seine Fabrik bauen, und die Arbeiter, die er arbeiten läßt, zu bezahlen. Ferner soll bedacht werden, daß wahrscheinlich die gesamten zehntausend Francs Anwendung finden, und zwar nicht in Goldstücken, sondern in kleinen Münzen und daß, selbst wenn die Bank Noten zu hundert Francs in Umlauf gebracht hat, das Bedürfnis besteht, diese umzutauschen, bevor der Fabrikant überhaupt sein Kapital in Waren umgewandelt hat. Es besteht also kein Vorteil darin, Banknoten aus Papier zu erhalten, die man erst anwenden kann, wenn man sie in geprägtes Geld umgetauscht hat. Alle Noten werden zur

Bank zurückgebracht, um wieder in Münzen umgetauscht zu werden, bevor sie überhaupt in die Zirkulation eines Industrieunternehmens einfließen, es sei denn, daß es sich um so kleine Scheine handelt, die die Münzen in allen häuslichen Belangen ersetzen, wovon aber zu hoffen bleibt, daß die Regierung solches niemals erlauben möge.

Die Unternehmer einer Bodenkreditanstalt sollten stets wissen, daß die großen Eigentümer von Grund und Boden, denen diese Banken Darlehen zu gewähren gedenken, leihen, um Boden nutzbar zu machen, zu bauen oder andere Schulden zu bezahlen. Sie fragen immer ein zirkulierendes Kapital nach, um dieses in fixes Kapital zu verwandeln. Sie befinden sich also gegenüber der Bank in einer noch ungünstigeren Lage als die Industrieunternehmer. Durch die Grundeigentümer zirkuliert das Geld nicht, es geht ein einziges Mal durch ihre Hände und fließt nicht mehr zu ihnen zurück. Ein Fabrikant, der in diesem Jahr hunderttausend Francs in geprägtem Geld eingenommen hat, wird auch wieder im kommenden Jahr sowie in allen folgenden Jahren hunderttausend Francs in Form von Münzen in der Hand haben. Der sorgfältigste und sparsamste Grundeigentümer dagegen, der in diesem Jahr hunderttausend Francs in landwirtschaftliche Arbeiten gesteckt hat, wird gut daran gehandelt haben, wenn er dieses Geld zu zehn Prozent angelegt und dadurch sein Einkommen um zehntausend Francs vermehrt hat, das er jährlich in Form von geprägtem Geld bezieht. Wenn also die Bodenkreditbank dem Grundeigentümer hunderttausend Francs in Banknoten gegeben hat, so wird dieser vom ersten Tage an die Banknoten in Geldstücke umgetauscht haben oder umtauschen lassen, um seine Arbeiter zu bezahlen; und wenn er in der Folge, vielleicht während eines Jahrhunderts, Schuldner der Bank bleiben müßte, so wird niemals mehr eine Banknote in die Zirkulation zwischen ihm, seinen Landarbeitern und dem Markt, auf dem er seine Produktion verkauft, treten.

Möge sich auch die Regierung stets dessen bewußt sein, daß sie als Behüterin des öffentlichen Vermögens zu verhindern hat, daß das geprägte Geld, das nationales Eigentum ist, nicht von zahlungsunfähigen Schuldnern geliehen wird. Die Tätigkeit einer Bank besteht immer darin, das im Lande zirkulierende geprägte Geld auszuleihen, d. h. an sich zu ziehen, dafür Noten auszugeben, die lediglich ein Versprechen auf Rückerstattung sind, und schließlich Geld an Ausländer zu verleihen, um dafür Zinsen einzunehmen. Jede für die Zirkulation zugelassene Banknote schickt Geldstücke im entsprechenden Wert über die Landesgrenzen hinaus. Die Bankiers, die Geld entliehen haben, um es weiterzuverleihen, können das sein, was man sehr zahlungsfähig nennt, d. h. sie können in der Lage sein, ein großes Immobiliarvermögen zur Erfüllung ihrer Verpflichtungen mit Hypotheken zu verpfänden. Trotz allem steht es einem Land nicht an, diesen Bankiers seine Existenz anzuvertrauen; denn es kann der Zeitpunkt kommen, wo sie selbst bei den größten Opfern keineswegs das geprägte Geld, das sie ausgeführt haben, wieder zurückfließen lassen könnten.

Wenn eine Gesellschaft von Aktionären, ganz ähnlich jener der Banken, nach der Ernte der Regierung erklären würde, daß in den Speichern ein Getreidevorrat gelagert wird, der erst nacheinander in sechs, acht, zehn und zwölf Monaten dem Verbrauch dienen soll und während der Zwischenzeit liegen bleibt, ohne Früchte zu tragen, ungefähr in der Weise, wie das Geld in den Kassen der Bankiers; wenn diese Gesellschaft ferner erklärte, daß in dem Falle, wo man ihr auf die Getreidevorräte leihen wollte, sie Gegenwerte in Form von guten Hypotheken auf jeden Speicher hinterließe, und wenn diese Gesellschaft sich außerdem verpflichtete, jeden Sonnabend genug Getreide für die Ernährung der Bevölkerung in der kommenden Woche auszugeben, dann wäre die Regierung gewiß nicht gescheit, wenn sie glaubte, immer genügende Sicherheiten zu haben, um einer derartigen Gesellschaft volles Vertrauen zu schenken. Sie wäre allerdings kaum klüger, würde sie einer Bodenkreditanstalt, auf deren angebotene Hypotheken sie sich verläßt, gestatten, alle Münzen ins Ausland auszuführen, mit dem

Versprechen, daß sie bei Bedarf wieder eingeführt würden. Das Geld kann in ruhigen und gewöhnlichen Zeiten durch ein Äquivalent repräsentiert werden; zur Sicherheit der Gesellschaft ist es jedoch wesentlich, daß es bei Bedarf in seiner ursprünglichen Form, das heißt in Münzen, erscheinen kann, sei es, um es für die nationale Verteidigung zu verwenden, wenn im Augenblick der Gefahr jede Note auf Vertrauensbasis unnütz wird, oder sei es, um lediglich als Maß aller Werte bei Transaktionen im Binnenhandel zu dienen. Der Wegfall des Pfandes zugunsten des Äquivalents im Handel setzt alle Partner den gefährlichsten Irrtümern aus und verwandelt sämtliche Eigentumstransmissionen in unsichere Geschäfte. Eine Nation, die kein geprägtes Geld mehr hat, weiß zum Schluß selbst nicht, was sie eigentlich besitzt. In Kriegszeiten muß sie zusehen, wie alles, was sie als ihre Reichtümer betrachtete, sich in nutzlose Fetzen umwandelt. Zu Friedenszeiten läuft sie Gefahr, ihren gesamten Handel mit dem Ausland auf trügerischen Rechnungen zu begründen und mit Verlust zu verkaufen, wenn sie zu gewinnen glaubt. Gerade in unseren Tagen lehrt uns das Beispiel Rußlands, Österreichs und Dänemarks, was einem Handel beschieden ist, dessen allgemeiner Maßstab ein stets veränderliches Papier ist.

Das Geld wird keineswegs durch Ausfuhrverbote im Lande zurückgehalten; es bleibt, wenn es nicht vertrieben wird, und es fließt zurück, sobald man es ausführt, wenn man es nicht durch Noten ersetzt. Sobald das Geld aber nutzlos wird, ist es unmöglich, es zurückzuhalten. Von den verschiedenen Kanälen, welche durch die Geldzirkulation gefüllt werden, läßt sich bald der eine und bald der andere überhäufen, so daß das Übermaß sofort nach außen abfließt. Im Gegensatz dazu lassen sich aber auch stets neue Kanäle öffnen. Es genügt dann, sie leer zu lassen, und im gleichen Augenblick fließt Geld von außen herein, um sie zu füllen.

Wir hatten festgestellt, daß einer dieser Kanäle überladen werden kann, indem an die Stelle der Geldsäcke, die stets voll und ungeöffnet blieben, Banknoten treten. Die

Regierung stimmt diesem Vorgang zu, sofern sie die Ausgabe von Noten zu tausend und fünfhundert Pfund bewilligt. Aber sie hält andererseits, durch das Verbot, kleinere Banknoten auszugeben, diese Bewegung auf. Dadurch verhindert sie, daß das geprägte Geld angegriffen wird, welches, um zirkulieren zu können, in kleineren Beträgen vorhanden sein muß. Mit dem Tage, wo die Regierung außerdem die Ausgabe von Noten zu hundert Francs erlaubt, autorisiert sie und zwingt sie sogar zur Ausfuhr von allem Geld, das in diesen kleineren Beträgen, ohne weitere Teilbarkeit, d. h. zu hundert Francs zirkulierte. Mit dem Tage schließlich, an dem sie die Erlaubnis für die Ausgabe von Noten zu fünf Francs gibt, billigt sie die Ausfuhr allen Silbergeldes. Es bleibt dann nur noch minderwertiges Metallgeld, Scheidemünzen, ergänzt durch Papiergeld. Solange die Zirkulation dieser kleinen Noten freiwillig ist, kann es vorkommen, daß sie niemand haben möchte und keine negativen Folgen zu bemerken sind. Indessen sollte es die Regierung nicht einmal auf den Versuch ankommen lassen. Wenn er nämlich scheitert, ruinieren sich die Bankunternehmer; gelingt er dagegen, wird die Nation ins Verderben gestürzt. Ist der Erfolg des Unternehmens zweifelhaft und wird durch den Eifer derjenigen, die von der Bank leihen wollen, eine halbe Zirkulation aufrechterhalten, nachdem bereits die einen und die anderen sich ruiniert haben, fühlt sich die Regierung schließlich verpflichtet einzugreifen, um den Kredit auf eine Art und Weise zu schützen, die sich immer als verhängnisvoll erwies.

Ricardo sagte von den Banken: „Eine Währung ist auf ihrem vollendetsten Stand, sobald sie nur noch aus Papiergeld besteht, aber aus Papiergeld von gleichem Wert wie das Gold, das es zu repräsentieren vorgibt. Der Gebrauch von Papiergeld anstatt von Gold ersetzt das teuerste durch das billigste Zirkulationsmittel und ermöglicht dem Land, ohne Verlust für irgend jemand, alles Gold, das vordem für diesen Zweck benutzt wurde, gegen Rohmaterial, Werkzeuge und Nahrungsmittel einzutauschen, durch deren Verwendung sowohl sein Reichtum als auch seine Annehmlichkeiten vermehrt werden."[6]

Auf seiner Reise durch China entdeckte der Admiral Anson, daß die Befestigungsbauten entlang dem großen Fluß von Kanton, die Respekt vor der chinesischen Macht einflößen sollten und die von weitem durchaus diesen Eindruck vermittelten, lediglich aus Pappmaché mit Kanonen aus Karton bestanden. Die Chinesen argumentierten in ähnlicher Weise wie Ricardo. „Durch den Gebrauch von Papier anstelle von Kupfer für die Geschütze wird ein sehr kostspieliges Material durch ein sehr billiges ersetzt, so daß das Land ohne den geringsten Verlust für den einzelnen das gesamte Kupfer, das vorher für Kanonen verwendet wurde, gegen Rohstoffe, Werkzeuge und Lebensmittel eintauschen und durch deren Anwendung gleichzeitig den Reichtum und den Wohlstand der Nation erhöhen kann". Im Frieden geht das sehr gut, aber im Kriegsfalle und bei der ersten Gefahr wird man feststellen, daß das Geld aus Papier und die Kanonen aus Pappe nicht den Wert derer aus Silber, Kupfer und Bronze haben und daß man die allgemeine Sicherheit einer knauserigen Sparsamkeit geopfert hat.

Den Vereinigten Staaten von Amerika war diese gefährliche Prüfung beschieden. Während des Unabhängigkeitskrieges wurde ihr Papiergeld schnell wertlos, und sie konnten sich dessen nur durch den völligen Bankrott entledigen. Dagegen lösten sie pünktlich die für Lieferungen in Zahlung gegebenen Gutscheine ein und verloren kaum etwas dabei. Das Vertrauen in ihre Regierung ist heute so vollkommen und die Prosperität derartig groß und schnell, daß die heutigen Banknoten, die die ehemaligen Noten ersetzt haben, kaum noch etwas davon zu spüren bekommen. Indessen gibt es große Unannehmlichkeiten in Verbindung mit

[6] David Ricardo, „On the Principles of political economy and taxation", London 1817, deutsche Übersetzung G. Bondi, „Über die Grundsätze der Politischen Ökonomie und der Besteuerung", Berlin 1959, 27. Kap., S. 354.

dem maßlosen Gebrauch der Banknoten. Die Bank der Vereinigten Staaten rückverwandelt auf Wunsch weiterhin ihre Noten in Geld, so daß man sie in keiner Weise als Papiergeld betrachten kann. Aber, obwohl diese Bank fast in allen Städten Zweigstellen besitzt, der Umtausch wird allerdings nur in den Landeshauptstädten erfolgen, betrachten es die Amerikaner als ein unveräußerliches Recht ihrer Freiheit, daß jeder Bürger seinerseits die Möglichkeit zur Gründung einer Bank und zur Ausgabe von Noten auf Kredit hat. In der ganz neuen Stadt Cincinnati im Staate Ohio, einer Stadt mit kaum zehntausend Einwohnern, gibt es bereits zwei durch Gründungsurkunde gesicherte Banken, eine dritte Bank ohne eine solche[7] und außerdem eine Zweigstelle der Staatsbank der Vereinigten Staaten. Diese vier Einrichtungen geben Noten aus, eine zum Ärger der anderen, und das durch Scheine von so geringem Wert, daß Noten, die in Frankreich sieben, dreizehn, sechsundzwanzig bzw. zweiundfünfzig Sous Wert wären, im allgemeinen Gebrauch sind. Sie haben das gesamte Hartgeld völlig verschwinden lassen, bis auf die Reserven von wenigen spanischen Piastern, die auch nicht mehr im ganzen erhalten sind, sondern von jedem nach Belieben in Hälften, Viertel und Achtel zerteilt werden. Es kommt auch sehr häufig vor, daß man Banknoten mit der Schere in zwei Hälften zerschneidet, wenn die Hälfte der Note genügt, eine Zahlung vorzunehmen.[8]

Gibt es schließlich Banknoten in Form so kleiner Scheine. dann hat man das Papiergeld, besonders in solchen Län-

[7] In den Banken mit Gründungsurkunde verpflichten sich die Bankiers ähnlich wie in einer Kommanditgesellschaft lediglich für ihre Einlagen, dagegen haften die Inhaber der Banken ohne Gründungsurkunde mit ihrer Person und ihrem ganzen Eigentum.

[8] Henry Bradshaw Fearon, „Fifth Report", S. 253.
In den Jahren 1817–1818 erschienen von Henry Bradshaw Fearon acht Berichte über Amerika (deutsche Übersetzung: Jena 1819).

dern, wo der Lohn eines gewöhnlichen Arbeiters fünf Francs nicht übersteigt.

Amerika erlitt bereits bei den ersten Kriegszeichen schreckliche Unannehmlichkeiten, die sich dann im Jahre 1812 noch sehr verschärften. Aber selbst im vollen Frieden und bei bester Prosperität beraubten sich die Vereinigten Staaten bei einer derartigen Geldpolitik der wertvollsten Garantien im Handel. Die Bankrotte der Bankiers sind häufig; und bei der ungeheuren Verschiedenheit der sich im Umlauf befindenden Noten läuft man stets Gefahr, wertlose Scheine zu erhalten oder plötzlich durch einen unvorhergesehenen Bankrott ruiniert zu werden. Da außerdem jede Note nur an dem Ort realisiert werden kann, wo sie ausgegeben wurde, verliert man bei seinen Noten entsprechend der Entfernung von der Ursprungsbank zwischen zehn und vierzig Prozent. Dadurch, daß man der Währung, die dazu bestimmt war, das Maß aller anderen Werte zu sein, jegliche Genauigkeit und Festigkeit genommen hat, wurden sämtlicher Handel und jede Art von Eigentum der ständigen Kursspekulation ausgesetzt. Dieses tägliche und allgemeine Spiel mit den Werten ist vielleicht eine der vielen Ursachen des Mangels, den alle Reisenden den Amerikanern vorwerfen, eine der Ursachen dieser Geschäftsgier, die alles nur auf Grund möglicher Profite einschätzt. Gewiß, die Banknoten sind ein sparsameres Mittel als das geprägte Geld zum Zwecke der Zirkulation, aber hinsichtlich der Sicherheit, Genauigkeit und Sittlichkeit sind Banknoten weit unterlegen, so daß ein Land sehr unklug handelt, wenn es durch derartige Sparsamkeit all das in Frage stellt, was eigentlich am wichtigsten wäre.

Übrigens ist der Grundsatz, daß das Gesetz keinen Einfluß auf die Entstehung von Privatbanken haben darf, völlig falsch. Diese Banken leihen Gelder, die öffentliches Eigentum sind, das sich unter Aufsicht der staatlichen Gewalt befindet und immer befinden sollte. Der Grund und Boden in einer großen Stadt hat einen beträchtlichen Preis; der Grund und Boden, auf dem sich die Straßen und öffentlichen Plätze befinden, besitzt einen großen Wert, den man in gleicher Weise als verloren betrachten kann wie den Wert des öffentlichen Geldes; weder aus dem einen noch dem anderen entsteht Einkommen. Wäre es indessen jedem erlaubt, unter den Straßen und unter den Plätzen zu graben, um hier Geschäftsräume zu bauen? Würde nicht in einem solchen Falle der Hüter der Sicherheit und des öffentlichen Eigentums einschreiten und alle Handlungen verbieten, die er nicht ausdrücklich autorisiert hätte? Muß er nicht, bevor er die Erlaubnis dazu erteilt, sich davon überzeugen, ob keine Gefahr entsteht und ob durch Einsturz die öffentlichen Wege beschädigt werden?

Das Geld ist die große Straße des Handels. Jede Privatbank, die das geprägte Geld durch Papier ersetzt, gräbt einen Stollen unter diese große Straße. Es gibt zwar Platzersparnis, aber gleichzeitig auch Verlust an Sicherheit; und die Regierung sollte niemals diese Usurpation erlauben, ohne sich davon überzeugt zu haben, daß die öffentliche Straße vor allen Einsturzgefahren geschützt ist.

Die Banken Nordamerikas würden nur sehr wenige Geschäfte machen, wenn sie sich lediglich auf das Diskontieren von Wechseln beschränken wollten; denn man wird verstehen, daß es in diesen entferntesten neuen Westkolonien nicht sehr viele Wechsel geben kann. Die Banken verleihen daher unter den verschiedensten Formen das Kapital, das sie auf Grund des öffentlichen Vertrauens erwerben. Auf diese Weise interessieren sie ihre Schuldner, dazu beizutragen, den Kredit der Bank zu festigen. Ferner stacheln die Banken durch derartig leicht erwerbbare Kapitalien zu waghalsigen Unternehmungen an, in die man sich mit eigenen Mitteln gar nicht eingelassen hätte. Dieser unvorsichtige Unternehmergeist und dieses Überhandnehmen aller Arten von Handel, wodurch die Bankrotte in den Vereinigten Staaten ständig steigen, ist ohne jeden Zweifel auf die Zunahme der Banken und auf die Leichtigkeit zurückzuführen, mit welcher ein trügerischer Kredit an die Stelle eines wirklichen Vermögens treten kann.

Nicht nur in Amerika, sondern auch in England und auf unserem Kontinent hat die allgemeine Erfahrung gezeigt, daß solche Banken, die glauben, Leihhäuser zu sein, unweigerlich ihrem Ruin entgegengehen, sobald sie ihren Kredit an die Stelle eines wirklichen Kapitals setzen wollen; denn man darf diese Banken keineswegs mit jenen Banken verwechseln, die ebenfalls wie die Pfand- und die Leihhäuser in Italien Geld für Zinsen weiterverleihen. Wenn sie dadurch, daß sie die Kapitalien von einer reichen in eine arme Provinz gelangen lassen, eine Zinsdifferenz gewinnen, kann das Unternehmen sehr einträglich sein, dagegen ist es nur barmherzig, wenn beabsichtigt wird, die Armen den Händen der Wucherer zu entziehen. Einige Notenbanken, jene von Schottland zum Beispiel, erwiesen sich diesbezüglich als vorteilhaft, wenngleich sie als Zirkulationsbanken äußerst ungeeignet waren. Sie gewannen als Zirkulationsbanken fast nichts, sie verloren wahrscheinlich auf ihre Noten. Sie gewannen aber, wenn sie armen Schotten Kapitalien für sechs Prozent zur Verfügung stellten, für die sie selbst in London nur vier Prozent bezahlten; und sie ermöglichten es, daß gleichzeitig der kleine schottische Unternehmer, der keinen Kapitalverleiher gefunden hätte, und dem Geldkapitalisten in London, dem der Ausleiher fehlte, zu gewinnen. Die Zirkulation ihrer Noten verbirgt lediglich die wirkliche Absicht ihres Geschäfts und täuscht vielleicht die Beteiligten. Gleiches kann man von einigen Banken sagen, die in verschiedenen Provinzen des Nordens* eingerichtet wurden.

Jedermann weiß aber, welche schrecklichen Auswirkungen das System von Law** im Jahre 1716 für Frankreich

* Gemeint ist der Norden Frankreichs.

** John Law (1671–1729), schottischer Bankier und Ökonom, gründete 1716 in Paris eine staatlich privilegierte Bank-Aktiengesellschaft (ab 1718 Staatsbank), die Papiergeld mit geringer oder gar keiner Metalldeckung ausgab, um die französischen Staatsschulden zu bezahlen. Er war Generalkontrolleur der Finanzen, und die von ihm ausgehende Aktienspekulation erreichte ungeheure Ausmaße. Im Jahre 1720 gehabt hat. Law hatte mit einer Zirkulationsbank, deren Noten einlösbar waren, begonnen, und er verkündete damals, daß er mit diesen Noten das Kapital Frankreichs verdoppeln würde, um Handel, Industrie und Landwirtschaft zu beleben. Auf den ersten, 1789 ausgegebenen Assignaten* war ausdrücklich vermerkt, daß sie einlösbar seien, doch man weiß, daß in Wirklichkeit dafür niemals die Mittel dagewesen wären. Die Wiener Bank, während des Siebenjährigen Krieges von Maria Theresia** gegründet, löste damals ihre Banknoten ebenfalls ein, und man glaubte, daß die Bank dadurch das in Zirkulation befindliche Kapital um zwölf Millionen Gulden vermehrt habe. Im Jahre 1797 war diese Bank gezwungen, eine Verordnung zu erlassen, die die Zahlungen in Metallwährung aufhob. Die Stockholmer Bank, entstanden 1657, machte sehr gute Geschäfte, solange sie sich damit begnügte, für vier Prozent zu leihen und gegen sechs Prozent zu verleihen. Als aber nach dem Tode Karls XII.*** eine zweite Bank hinzukam und als man begann, Noten auszugeben und der Regierung sowie dem Adel Darlehen zu gewähren, mußte die Bank sehr bald auf gesetzliche Maßnahmen zurückgreifen, um sich der Einlösungsverpflichtung zu entledigen. Tatsächlich hatte sie sich lediglich verpflichtet, ihre Noten mit Kupfergeld, dem üblichen Gelde des Königreiches, einzulösen. Im Jahre 1762 war jedoch sogar das Kupfergeld so stark reduziert, daß die Stockholmer Bank nur noch den sechsundneunzigsten Teil ihrer ursprünglichen Verpflichtungen zu erfüllen brauchte. Die erste Kopenhagener Bank, gegründet im Jahre 1736, die ihre Zahlungen 1745 einstellte, und die neue, 1791 gegründete Bank von Kopen-

führte eine Panik zum Sturz der Aktien und Banknotenkurse und damit zum Zusammenbruch seiner gesamten Unternehmungen.

* Anweisung auf die französischen Nationalgüter (1789–1796).

** Maria Theresia, von 1740 bis 1780 österreichische Kaiserin, führte von 1756–1763 um Schlesien den sogenannten Siebenjährigen Krieg gegen Preußen.

*** Karl XII. – schwedischer König von 1697 bis 1718.

hagen, die ebenfalls ihre Zahlungen wenige Jahre nach der Gründung einstellte, hatten beide die Verpflichtung übernommen, ihre Noten einzulösen. Beide Banken glaubten sich reich genug, um ihre imaginären Einlagen der Regierung sowie Privatpersonen zu leihen; und im Oktober 1813 bot man achtzehnhundert dänische Papiertaler für einen einzigen geprägten Taler. Die Bank, die 1768 in Rußland von Katharina II.* gegründet wurde und welche damals vierzig Millionen Rubel in Form von Assignaten ausgab, die bei Vorlage in Kupfergeld zahlbar waren, hielt sich mit genügender Klugheit achtzehn Jahre, ohne nochmals Noten auszugeben. Als die Zarin aber im Jahre 1786 die „Leihbank" schuf, die dazu diente, den Landeigentümern und den Eigentümern von Häusern in den Städten Assignaten auf Hypothek zu leihen, belief sich die Gesamtheit der in Zirkulation befindlichen Assignaten auf 100 Millionen Rubel, wovon 33 Millionen auf die Leihbank entfielen. Letztere lieh von den 33 Millionen zweiundzwanzig an die Großgrundbesitzer, was lediglich deren Luxus vermehrte, und elf an Bauunternehmer in den beiden Hauptstädten. Durch diese unpassenden Darlehen nahm weder die Industrie zu, noch vermehrte sich der Reichtum des Landes in irgendeiner Weise. Die Bank jedoch hörte nicht wieder auf, Noten auszugeben. Im Jahre 1810 hatte sie bereits eine Summe von 577 Millionen Rubel im Umlauf. Wenngleich vorausgesetzt wird, daß diese Bank stets bei offener Kasse in Kupfergeld auszahlen könnte, daß die Ausfuhr und das Einschmelzen dieses Geldes verboten ist und daß das Kupfergeld außerdem starke Reduzierungen erfahren hat, so ist der russische Rubel als Banknote dennoch nur ein Viertel des Silberrubels wert.[9]

* Katharina II., russische Zarin von 1762 bis 1796. Sie gab sich als aufgeklärte Monarchin und leitete im Interesse der herrschenden Klassen einige Reformen in Handel, Gewerbe und Verwaltung ein.

9 Über die Geschichte der Banken und vor allem über jene Rußlands gibt es eine ausgezeichnete Abhandlung von H. Storch. („Cours d'Économie politique").

So zahlreiche erschreckende Beispiele vom Los der Banken, sogar von solchen, die auf völlig freiwilliger Grundlage entstanden waren, könnten zu dem Entschluß führen, sie gänzlich abzuschaffen. Beschränken sich die Banken indessen auf die Tätigkeit, für die sie sich eignen, auf das Diskontieren von Handelswechseln auf kurze Sicht nämlich, so bieten sie einen rechtmäßigen Profit und erweisen dem Handel einen zuträglichen Dienst. Auf diese Weise tragen die Banken dazu bei, die Zinssätze zu senken sowie diese zu regeln und ihnen Einheitlichkeit zu verleihen. Alle Wechsel, die von einer Bank diskontiert werden, würden, sofern es diese Bank nicht gäbe, von verschiedenen Handelshäusern diskontiert werden. Allerdings wären in einem solchen Falle die Unternehmer niemals sicher, zum geeigneten Zeitpunkt einen Darleiher zu finden. Hinzu käme, daß ein Unternehmer bei einem einzelnen Darleiher ganz anderen Bedingungen unterworfen sein würde als bei einer Bank.

Indessen ist die Bank weitaus mehr eine große Maschine zum Gebrauch der Regierung als eine Stütze für den Handel. Die Bank allein ist in der Lage, die großen Vorschüsse zu leisten, die die Regierung sehr häufig benötigt, ferner die Obligationen der Empfänger in den Provinzen zu diskontieren, die Anleihebedingungen zu erleichtern und schließlich einen Mittelsmann zwischen den Staat und dessen Gläubiger zu setzen. Im Hinblick auf die öffentlichen Geschäfte hat eine Bank sehr große Bedeutung. Ein Finanzminister könnte nur schwer auf die Hilfe der Banken verzichten. Aber gerade weil die Bank eine Macht im Staate darstellt, kann sie auch gefährlich werden. Da die Banken dem Staate ungeheure Dienste leisten, ist die Regierung auch bereit, sie zu fördern. Es gibt kein Land, wo die Theorie der Politischen Ökonomie im allgemeinen, jene des Geldes im besonderen, weiter vorangeschritten wäre als in England; und trotzdem hat Pitt* im Jahre 1797 die Aufhebung der Ein-

* William Pitt der Jüngere (1759–1806) war als Mitglied des englischen Unterhauses (1781–1806) Gründer und Führer der

lösungspflicht von Banknoten gefordert. Das englische Parlament ist auf diese Forderung eingegangen und hat erklärt, daß die Banknote nichts von ihrem ursprünglichen Wert eingebüßt gehabt hätte, auch damals nicht, als sie fünfundzwanzig Prozent im Vergleich zum Goldwert verlor. Seither, seit vierundzwanzig Jahren, hat England anstelle von auf Vertrauen beruhenden Banknoten Papiergeld.

neuen Torypartei (1794), Schatzkanzler (1782–1783) und als zweimaliger Premierminister (1783–1801 und 1804–1806) ein einflußreicher englischer Politiker.

NEUNTES KAPITEL

VON KRISEN, DIE BANKNOTEN IN PAPIERGELD VERWANDELN

Für die Sicherheit jeglichen Eigentums ist es in Ländern mit staatlichen Zirkulationsbanken erforderlich, daß der schnelle Übergang vom Bankpapier zum Papiergeld sowie die zur Rechtfertigung dieses Übergangs dienenden Spitzfindigkeiten einer genauen Prüfung unterzogen werden. Die Regierungen hatten geglaubt, die Banken als offene Minen ansehen zu können, aus denen sich beliebig viel schöpfen ließe. Bei jedem neuen Bedürfnis seitens des Staates wurden weitere Banknoten herausgebracht. Sehr bald, erstaunt darüber, daß die Banknoten nicht mehr mit dem gleichen Vertrauen entgegengenommen wurden und daß sie bald nach Empfang zum Zwecke einer Zahlung wieder zur Bank zurückgelangten, trat, wie das bei Regierungen stets der Fall ist, an die Stelle der ökonomischen Realitäten die staatliche Machtbefugnis. Banknoten wurden nicht mehr eingelöst, statt dessen ordnete man an, daß man die ehemaligen Noten als bares Geld anzuerkennen hatte; die Banknoten waren zum „Papiergeld" erklärt worden. Ferner räumte man jedem Schuldner ein, seine Gläubiger mit diesem Geld zu bezahlen.

Das Geld eines jeden Landes steht in einem ganz bestimmten Verhältnis zum Reichtum dieses Landes und zum Umschlagen dieses Reichtums. Ferner dienen ein und dieselben Geldstücke im Verlaufe des Jahres zum Abschluß vieler verschiedenster Geschäfte. Nichtsdestoweniger gibt es eine notwendige Gleichung zwischen den Werten, die für Geld verkauft werden, und der Summe der Geldstücke zum Bezahlen der Werte, wobei letztere Summe mit der Geschwindigkeit der Zirkulation multipliziert werden muß. Werden in einem Jahr verschiedene Geschäfte für eine Summe von fünfhundert Millionen Francs getätigt, dann wandert diese Summe von den Käufern zu den Verkäufern, während gleichzeitig ein ebensolcher Wert in Form von Waren oder von Arbeit von den Verkäufern an die Käufer übergeht. Die Geldstücke jedoch, die für einen Handel dienten, finden auch in einem zweiten und dann einem dritten Geschäft Anwendung. Da sie nicht als Gebrauchswert fungieren, wandern sie von einer Hand zur anderen. Anders verhält es sich dagegen mit den Waren. Hat jedes Geldstück im Jahre bei zehn Geschäften gedient, ist es möglich, die Waren im Werte von fünfhundert Millionen mit fünfzig Millionen in Geldstücken zu kaufen. Dient jedes Geldstück sogar für fünfzig Geschäfte, läßt sich die gleiche Summe mit zehn Millionen bezahlen.[10]

Von keinem Land wüßte man genau zu sagen, wieviele

[10] Ich glaubte, zum besseren Verständnis, den Ausdruck dieser Gleichung vereinfachen zu müssen. In Wirklichkeit werden die Waren natürlich ebenfalls gekauft, um sie wieder zu verkaufen. Aber ein Stück Stoff gelangt innerhalb eines Jahres höchstens in die Hände von vier Personen, während ein Geldstück mitunter mehr als hundert Hände durchläuft. Der Wert aller verkauften Waren, geteilt durch die Anzahl der Geschäfte, deren Gegenstand sie vom Hersteller bis zum Verbraucher waren, ist gleich dem Wert der zum Kauf notwendigen Geldstücke, geteilt durch die Male, welche diese Geldstücke im gleichen Zeitraum weitergegeben wurden.
Die Wechsel verursachen ebenfalls eine gewisse Änderung der Gleichung. Alles, was mit Wechseln gekauft und bezahlt wird, darf nicht in diese allgemeine Rechnung der Geldzirkulation einbezogen werden. Es handelt sich vielmehr um einen unmittelbaren Austausch, so als würde man Tuche gegen Getreide tauschen. Werden die Wechsel allerdings mit Geld gekauft und wieder verkauft, was durch die Bankiers geschieht, dann erfüllen sie die Funktion von Waren und müssen auch als solche betrachtet werden. An anderer Stelle hatten wir gesagt, daß die Zirkulation von Wechseln, wenn diese als

Geschäfte jährlich abgeschlossen werden, wie hoch die Summe des dazu benötigten Geldes ist und mit welcher Geschwindigkeit sich die Geldzirkulation vollzogen hat. Man ist sogar sehr erstaunt festzustellen, in welchem Punkte die Vermutungen über die einzelnen Fragen auseinandergehen. Das ist eines von vielen Beispielen, die uns vorsichtig stimmen sollten gegenüber Schlußfolgerungen, die man aus dem zieht, was man politische Arithmetik nennt. Aber, ungeachtet der Größe dieser Summen, steht doch fest, daß sie in keiner Weise von der Menge des in einem Lande vorhandenen Geldes abhängig sind. Es wird niemals weder mehr oder weniger fertiggestellte oder nachgefragte Waren geben, nur weil das Geld oder das, was das Geld repräsentiert, im Überfluß vorhanden ist. Jene, die über Geld verfügen, fühlen sich wegen seines reichlichen Besitzes weder mehr oder weniger bedrängt, es schnell auszugeben, um damit zu verhindern, daß es als totes Kapital ohne Zinsen in ihren Kassen liegt.

Dieses Verhältnis, wie auch immer es sein mag, stellt sich mit Sicherheit her, ohne daß sich die Regierung einzumischen und ohne daß sie es überhaupt zu kennen brauchte. Wenn es in einem Lande zuviel Geld im Dienste der Zirkulation gibt, ist das noch lange kein Anlaß für jenen, der Geld in der Kasse liegen hat, dieses länger darin aufzubewahren.

Geld dienen, keineswegs so beschleunigt wird wie die Geldzirkulation, weil die Wechsel Zinsen tragen.
Nicht selten hört man ziemlich unwissende Leute über die Politische Ökonomie argumentieren, denen ebenfalls dieser Unterschied in der Zirkulationsgeschwindigkeit von Geld und Ware aufgefallen ist. Sie schreiben sogar über diesen Sachverhalt und, aufbauend auf diesem Irrtum, entstehen Bankprojekte, die die Welt bereichern sollen. Ihrer Meinung nach ist bzw. muß das Geld, das im Handel zirkuliert, gleich sein dem Wert all dessen, was es kauft. Indessen ist doch der Durchgang eines Geldstückes durch zehn Hände, während die Ware nur durch eine einzige Hand geht, eine so offensichtliche Tatsache, daß es zu ihrem Beweis genügt, sie auszusprechen.

Jeder unnötige Stillstand würde für ihn einen Zinsverlust bedeuten. Also wird er weiterhin darauf bedacht sein, das Geld in Bewegung zu halten, und er sucht, wenn er das Geld im eigenen Lande nicht nutzbringend anwenden kann, schleunigst nach einer Möglichkeit, es auszuführen. Ist die Geldausfuhr verboten, wird eine größere Menge toten Geldes so lange im Lande zurückgehalten, bis der Verlust jener, die das Geld nicht anwenden können, ziemlich beträchtlich geworden ist bzw. bis der Wert des Geldes so zu sinken droht, daß man sich zu Schmuggel entschließt. Gibt es derartig strenge Vorsichtsmaßnahmen, daß jegliche Ausfuhr völlig unmöglich ist, dann fällt der Preis des gesamten in Zirkulation befindlichen Geldes bis zu dem Punkte der Gleichung, der nicht überschritten werden kann; d. h. bis zum numerischen Wert aller im Jahr erfolgten Verkäufe und Zahlungen geteilt durch die Zirkulationsgeschwindigkeit.

Die Ausgabe von Papiergeld trägt nicht dazu bei, die bisher vollzogenen Käufe und Verkäufe zu vermehren. Ist indessen die Zirkulationsgeschwindigkeit des Geldes nur das Zehnfache von jener der Waren, würde es erforderlich sein, daß für jeden herausgegebenen Zehn-Francs-Schein zusätzliche Geschäfte für zehntausend Francs vollzogen werden müßten. Da dies keinesfalls geschieht, macht jeder Schein zu tausend Francs zweihundert Geldstücke zu fünf Francs unnütz. Diese Nutzlosigkeit führt dazu, daß man diese Geldstücke billig anbietet, was sich im Sinken des Wechselkurses bemerkbar macht. Wird das Pfund Sterling in Paris nur mit vierundzwanzig oder dreiundzwanzig Francs notiert, hat das zu bedeuten, daß die englischen Guineen, durch die Banknoten überflüssig geworden, in London billig sind und sich hier weniger verkaufen lassen, als das in Paris der Fall wäre. Es findet sich immer jemand, der die Differenz zwischen dem englischen Wechselkurs und dem Goldpreis in Paris berechnet, und genügt diese Differenz, um Schmuggel zu bezahlen und noch einen Gewinn zu erzielen, wird der Schmuggel nicht eher aufhören, bis nicht die letzte überzählige Guinee ausgeführt ist.

Diese Theorie von der Gleichung zwischen Geld und Ware war bereits von Adam Smith mit einer derartigen Klarheit dargelegt worden, daß es schien, es könnte keinen Zweifel mehr darüber geben. Indessen ist sie Ende des vorigen Jahrhunderts* von einem regierungstreuen Schreiber, dem Parlamentsmitglied Henry Thornton**, angegriffen. Thornton wollte beweisen, daß die Bank klug gehandelt habe, indem sie der Regierung ungeheure Kapitalvorschüsse leistete, daß das Parlament ebenfalls gut daran getan hätte, der Bank zu erlauben, ihre Barzahlungen einzustellen, und daß schließlich alle jene, die ihre eigenen Geschäfte gut abgeschlossen haben, dadurch einen großen Patriotismus unter Beweis gestellt hätten. Auf diese Weise glaubte Thornton, Adam Smith, den er mehrerer Irrtümer bezichtigt, siegreich zu widerlegen.

Thornton stützt sich auf die Tatsache, daß die Geldzirkulation keineswegs immer gleich schnell ist. Bei völligem Vertrauen wird jeder so wenig wie möglich Geld aufbewahren, um nicht die Zinsen eines toten Kapitals einzubüßen. Sobald jedoch das Vertrauen abnimmt, drängt sich das Geld, wie man so schön sagt, zusammen. Jeder zieht es dann vor, die Zinsen für eine bestimmte Summe zu verlieren und diese Summe in der Kasse aufzubewahren, anstatt Gefahr zu laufen, dann unversehens überrascht zu werden, wenn die Schuldner am Verfallstage nicht zahlen. Thornton schlußfolgert zu recht, daß bei gleichbleibender Warenbewegung und bei einer entsprechenden Bewegung des Geldes eine viel größere Menge von Geldstücken erforderlich sein wird, sobald Mißtrauen anstelle von Vertrauen im Handel herrscht. Die Gleichung, die wir bereits nannten, stimmt völlig mit dieser Vermutung überein.

Thornton fügt aber hinzu, daß es in Zeiten des Mißkredits

* Gemeint ist das 18. Jahrhundert (Sismondi schreibt im ersten Drittel des 19. Jahrhunderts).

** Henry Thornton ist der Autor von „Inquiry into the nature and effect of the paper credit of Greatbritain“, London 1802.

angebracht sei, neue Banknoten oder wie im Jahre 1793 Schatzscheine* (Regierungseffekten, ungefähr in der Art der Liquidationsscheine) auszugeben, um sie an die Stelle solcher Noten treten zu lassen, die von den Privatleuten zurückgehalten werden. Ich will nicht bestreiten, daß dies ein durchaus erfolgreicher, aber nichtsdestoweniger gefährlicher Ausweg in Krisensituationen sein kann.

Da es mehrere Ursachen für den Mißkredit gibt, muß dieser auch sehr unterschiedliche Auswirkungen haben. Wird der Mißkredit einzig von kommerziellen Schwierigkeiten verursacht, d. h. erfolgen z. B. viele Bankrotte Schlag auf Schlag, so daß man glauben muß, daß noch stehende Bankhäuser auch bald einstürzen werden, dann zieht man das Geld zurück und vergrößert die Reserve für unvorhergesehene Fälle. Da es aber nach wie vor keinen Grund gibt, an der Festigkeit der Regierung oder der Bank zu zweifeln, häuft jeder wahllos Banknoten, Schatzscheine oder Metallgeld in seiner Reserve auf. Eine neue Notenausgabe der Regierung zur Unterstützung des Handels, sofern sie lediglich die aus der Zirkulation verschwundenen Banknoten und Münzen ersetzen soll, wird das Vertrauen auf das Papier nicht weiter beeinträchtigen, kann aber die Handeltreibenden vor einer unheilvollen Krise bewahren.

Richtet sich jedoch das Mißtrauen gegen die Banken oder gegen die Regierung, ist aufgrund einer Revolution, einer kriegerischen Bedrohung von außen ein Staatsbankrott zu befürchten, lassen ferner unkluge Unternehmungen oder ungerechte Gesetze vermuten, daß man die Garantie für alle Rechte aufhebt und nicht mehr über die Erfüllung sämtlicher Verpflichtungen wacht, Verpflichtungen, die unter anderen die Bankiers eingegangen sind, treten alle diese Fälle ein, dann wird jeder bemüht sein, sich für den zu befürchtenden Einbruch eine Reserve zu schaffen, und zwar

* Schatzscheine oder Schatzanweisungen sind kurz- und mittelfristige Schuldverschreibungen, die bei vorübergehend erhöhten Geldbedürfnissen ausgegeben wurden.

eine Reserve in Metallgeld und nicht in Banknoten. Jeder hat das Recht dazu, weil das Goldgeld, das er in den Reserven der Bank hinterlegt hat, ursprünglich ihm zu eigen war. Unter solchen Umständen muß die Bank völlig auf den Gebrauch eines Kredits verzichten, den man ihr nicht länger gewährt. Sie ist gezwungen, sofern man es von ihr verlangt, alle Banknoten, bis zur letzten, in geprägtem Geld auszuzahlen, und darf nicht einen einzigen Wechsel mehr diskontieren. Ohne Zweifel wird das einige unangenehme Folgen für die Inhaber von Wechseln haben, aber dieser unglückliche Umstand läßt sich nicht vermeiden. Er wird keineswegs dadurch verschuldet, daß die Banken nur das ausleihen können, was man ihnen selbst leiht, sondern die Schuld dafür ist vielmehr bei den Geldkapitalisten zu suchen, die nicht über die genügenden Summen für die jeweiligen Geldbedürfnisse verfügen oder die glauben, daß die Sicherheiten, die man ihnen für diese Summen bietet, nicht groß genug sind. Die Bank handelt lediglich als Vermittler zwischen Ausleihern und Darleihern. Sie zu zwingen, ihren Kredit in den Dienst des Handels zu stellen, wenn dieser Kredit abnimmt, würde das gleiche sein, wie wenn man einen Wechselagenten zwingt, dann für Papiergeld geprägtes Geld zu finden, wenn überhaupt kein Metallgeld angeboten wird.

Die Bank hatte die Reserve, die früher jeder Handelskapitalist für unvorhergesehene Fälle in der Kasse aufbewahrte, durch ihre Noten ersetzt. Sobald aber jeder Handelskapitalist von neuem diese Reserve bilden möchte, hört der Dienst der Bank auf, und ihre Noten müssen eingezogen werden. Die Bank wendete das Geld, das man ihr überließ, bis es ihre Gläubiger zurückforderten, wertbringend an. Sobald das Geld zurückverlangt wird, gibt es für die Bank nur eine einzige Pflicht, sie muß es zurückgeben, ohne darüber nachzudenken, ob es jenen, denen sie es geliehen hätte, nützlich wäre oder nicht.

Indessen darf man nicht glauben, daß die Verringerung oder das Aufhören des Diskontierens an der Bank ein solches Übel wäre, daß die Klagen berechtigt wären, die man bald zu hören bekäme. Die Zahl der Handelskapitalisten, welche Inhaber von zu diskontierenden Wechseln sind, ist niemals groß genug, als daß ihr Elend beim Senken der Diskontsätze seitens der Bank ein öffentliches Übel wäre. Man arrangiert die Geschäfte dann so, wie an vielen Stellen des Handels, wo es gar keine Banken gibt; und ist das Papier, das zum Diskontieren angeboten wird, wirklich gut, dann läßt sich immer die Möglichkeit zur Überbrückung von zwei oder drei Monaten finden, die es zu warten gilt. Auch sind es nicht die Handelskapitalisten, die das laute Geschrei erheben, sondern jene, die damit gerechnet hatten, durch die Zirkulation von Wechseln Geld für neue Spekulationen zu gewinnen und denen nun die Möglichkeit, sich des Kapitals anderer zu bedienen, plötzlich genommen ist. Wird eine neue Anleihe getätigt, sei es im Lande selbst oder in einem anderen Lande, erschließt sich dem Handel irgendein neuer Absatzmarkt und bieten sich damit die Chancen für einen sehr hohen Profit, so kommt es stets zu einer großen Kapitalnachfrage. Die Armen wollen ebenso wie die Reichen aus einer scheinbar einträglichen Spekulation profitieren, und wenn es möglich ist, werden sie direkte Anleihen machen. Haben sie Kredit, werden sie sogar Wechsel auf ihre Geschäftspartner ziehen und von diesen wiederum die auf sie selbst ausgestellten Wechsel annehmen. Diesen Vorgang haben wir in einem der vorangegangenen Kapitel erläutert. Es wurde gezeigt, daß, wenn ein Geldkapitalist solche Papiere diskontiert, er im allgemeinen sein Geld bequem und sicher anlegt. Nicht so verhält es sich dagegen bei einer Bank. Ein Geldkapitalist nimmt eine ihm gehörende Summe, um sie zu verleihen, d. h. mit der Absicht, sie nacheinander zum Diskontieren von Wechseln zu verwenden. Eine Bank verleiht dagegen das, was ihr nicht gehört, was jeden Augenblick von ihr zurückverlangt werden kann und was entweder die Reserve oder die Zirkulation der großen Summen darstellt, die die Handelskapitalisten bei ihr hinterlegen. Dem Geldkapitalisten ist es gleichgültig, ob die von ihm auf einen Wechsel vorgeschossenen zehntausend Francs für zehn oder zehntausend Zahlungen dienen. Ebensowenig beeinträchtigt es seine Spekulation, wenn man das gesamte von ihm gelieferte Metallgeld in große Scheine umtauscht. Indessen ist es für eine Bank von Bedeutung, daß derjenige, der bei ihr leiht, nicht leiht, um seine Scheine in geprägtes Geld umzutauschen. Der Bank ist daran gelegen, das Diskontieren auf den einzigen Zirkulationskanal, für den ihre Noten bestimmt sind, zu beschränken. Sofern ein Wechsel, den man ihr vorlegt, nicht aus dem Handel herrührt, sofern darin also nur ein Ausweg zu sehen ist, in einem Augenblick zu borgen, wo jedermann borgen will, aber keiner leiht, muß die Bank ein derartiges Darlehen verweigern.

Diese Weigerung wird dann zwar dazu beitragen, Anleihen zu erschweren und die öffentlichen Effekten zu senken, was anders ausgedrückt aber bedeutet, daß deren wirklicher Wert, der sich aus ihrem Verhältnis zu den angebotenen Kapitalien ergibt, erhalten bleibt. Es ist keinesfalls ratsam, Wechsel an jene zu verkaufen, die nicht bezahlen können. Man sollte sie vielmehr solchen überlassen, die auf diese Weise einen ständigen Kredit einrichten wollen. Verringert eine Bank zu einem Zeitpunkt, wo sehr viele Anleihen vergeben worden sind, nicht ihre Diskonte, so kommen nicht nur innerhalb weniger Tage alle ihre Noten zum Umtausch in Münzen zurück, sondern außerdem werden auch alle jene, die bei dieser Bank geliehen haben und sich nach drei Monaten außerstande sehen zu bezahlen, die von ihnen übernommenen öffentlichen Effekten, wenn auch mit Verlust, verkaufen und so eine neue Erschütterung der Börse verursachen.

Wenngleich uns die abgeschaffte Einlösungsverpflichtung der Bank von England in Frankreich eigentlich nichts angeht, ist es doch sehr wichtig, die Spitzfindigkeiten näher zu untersuchen, derer man sich mit Erfolg bediente, um diese Aufhebung in einem Lande zu erreichen, in dem man sehr viel von Geldangelegenheiten versteht. Ähnlich gelagerte Fälle wird es in jedem Land mit Banken geben, und in jedem Land werden dann die Inhaber von zu diskontierenden Wechseln sowie die Bankiers, die nichts verlieren wollen, in der gleichen Weise argumentieren, wie es diejenigen Englands getan haben. Auch in Frankreich sind schon solche Fälle aufgetreten, und die Bank hat trotz aller Entrüstung im Handel einzig richtig gehandelt, indem sie sofort alle ihre Diskonte verringert hat. Die französische Bank nimmt nur Wechsel bis zu drei Monaten an, reduziert diese Zeit in Augenblicken der Bedrängnis auf anderthalb Monate und würde sie weiter auf einen Monat, zwei Wochen einschränken, um sie schließlich im Falle von andauerndem Mißkredit gar nicht mehr zu diskontieren. Die Inhaber von Wechseln können dabei in Schwierigkeiten geraten, was aber durch den Mißkredit und nicht durch die Aufhebung der Einlösungsverpflichtung seitens der Bank verursacht wird. Die Bank jedoch, die niemanden dazu veranlassen kann, Vertrauen in sie zu setzen, wenn sie keines verdient, käme dann wenigstens ehrenhaft ihren Verpflichtungen nach und würde, sobald wieder Ruhe und Überfluß herrschten, reichlich dafür entlohnt werden, alle Wechsel bis zum letzten bezahlt und damit bewiesen zu haben, daß diese selbst in der heftigsten Krise dem Geld gleichwertig blieben, das sie repräsentierten. Verführe man hingegen nicht in dieser Weise und verpflichtete man die Bank jemals, auch bei sinkendem Kredit und bei abnehmenden Reserven mit dem Diskontieren fortzufahren, und räumte man ihr einen bestimmten Aufschub oder irgendeine Ausweichmöglichkeit ein, um sie der Pflicht, Wechsel einzulösen, zu entbinden, dann würde das Papiergeld unvermeidbar werden.

Aber schließlich genügt es nicht, daß die Verpflichtung einer Bank, alle Wechsel einzulösen, ausdrücklich ist; daß die Aktionäre der Bank wegen der von ihr gegebenen Garantie alle ihre Güter verpfänden bzw. beträchtliche Kapitalien bei der Regierung hinterlegen; daß die Profite der Banken während der guten Zeiten nur gerechtfertigt sind durch die Gefahr, möglicherweise auch zu verlieren; daß die erstrebte Aufhebung der Einlösungspflicht völlig einem Bankrott gleichkommt – all das genügt sicher nicht, denn um die

Banken zu zwingen, ihre Verpflichtungen einzuhalten, muß vor allem noch geprüft werden, ob sie dazu überhaupt in der Lage sind. Das ist unbestreitbar eine Ursache für das Einschreiten der gesetzlichen Macht bei jeder Gründung einer Zirkulationsbank. Ferner bildet diese Tatsache den Anlaß dafür, daß den Bankiers nicht erlaubt wird, das Geld, das dem Publikum gehört, verschwinden zu lassen, sofern sie dafür nicht die Garantie geben, es im Gebrauchsfalle zurückzuerstatten. Es ist einzusehen, daß ferner keineswegs erlaubt werden darf, Noten für kleine Summen in Umlauf zu bringen, durch welche die letzte Goldmünze und bald sogar das letzte Silberstück aus dem Lande getragen würde. Letztlich bieten diese Tatsachen Grund genug dafür, daß alle die Provinzbanken, die in England so zahlreich geworden sind, verboten werden müssen.

Nichtsdestoweniger ist die Schwierigkeit, das Geld zur Einlösung von Banknoten zu beschaffen, in dem Augenblick, wo jeder die Banknoten in geprägtes Geld eintauschen will, längst nicht so groß, wie man im allgemeinen glaubt. Wir sahen, daß die Summe der in Zirkulation befindlichen Noten der Bank von Frankreich, die über die Reserven hinausging, niemals fünfzig oder sechzig Millionen Francs überstieg. In England ging sie nie über fünf bis sechs Millionen Pfund Sterling hinaus. Die Beträge sind beträchtlich, vergleicht man sie aber mit der jährlichen Edelmetallproduktion der amerikanischen Minen, die sich auf neun bis zehn Millionen Pfund Sterling beläuft, oder mit dem jährlichen Einkommen dieser oder jener Nation, oder gar mit dem jährlichen Steuereinkommen oder mit den Ausgaben, die der geringste kriegerische Konflikt verursacht, so wird man feststellen, daß es nicht schwierig ist, alle Noten einer Bank einzulösen, vorausgesetzt, man begeht nicht die Unklugheit, in Zeiten des Mißkredits zusätzlich noch neue Banknoten auszugeben.

Würde die Bank von England im Jahre 1797* in gutem

* Am 26. Februar 1797 hob die Bank von England die Einlösungsverpflichtung auf.

Glauben zu dieser Maßnahme gegriffen haben, hätte sie zu solchen Ankäufen zwar nicht ihre Noten, was nicht zulässig wäre, sondern einen Teil der öffentlichen Einlagen, über die sie verfügt, verwenden müssen. Die Käufer dieser Einlagen hätten zu deren Bezahlung Goldbarren vom Festland angefordert, die man ihnen sofort allein aufgrund ihres Kredits geschickt haben würde, ohne überhaupt daran zu denken, etwas als Gegenwert dafür zu fordern. Wer zweifelt daran, daß die Londoner Kaufleute allein wegen ihres Kredits auf den verschiedensten Märkten Europas über eine Summe verfügen, die über zehn bis fünfzehn Millionen Pfund Sterling liegt und daß diese Summe ihnen gewöhnlich von diesen Handelsplätzen geschuldet wird?

Es wäre genau das Gegenteil von dem eingetreten, was sich ereignet hat. Das Gold wäre in London zwei oder drei Prozent, vielleicht sogar fünf Prozent mehr wert gewesen als in Hamburg, Amsterdam und Lissabon, während sein Wert auf diese Weise um vier oder fünf Prozent niedriger lag. Im gleichen Augenblick, wo die Bank ihre Einlösungsverpflichtung aufhob, setzte ein sehr lebhafter Schmuggel ein, der trotz des Krieges* die Guineen von London nach Paris transportierte. Würde die englische Bank Gold und Silber gekauft haben, um ihre Noten einzulösen, hätten die Louisdors, die Napoléons, die spanischen Piaster und die Fünf-Francs-Stücke den umgekehrten Weg genommen und wären von Frankreich nach England gekommen. Weder die eine noch die andere Maßnahme hätte mehr Zeit oder mehr Mühe gekostet, und die Bank von England würde binnen kurzem alle ihre Angelegenheiten geregelt haben. Die englischen Kaufleute hätten mühelos ihre Schulden bei den Kaufleuten des Festlandes, die ihnen Geld auf Kredit gegeben hatten, begleichen können. Die Wechsel dieser Kaufleute, als Zahlung für ihre Vorschüsse, würden auf den ausländischen

* Gemeint ist der Krieg 1796/97, in welchem Napoleon den Austritt Österreichs aus der antifranzösischen Koalition erzwang (1. Koalitionskrieg).

Märkten um fünf Prozent gesunken sein, was genau dem fünfprozentigen Ausfuhrzoll jeder englischen Ware entspräche. Infolgedessen wären mehr Waren verkauft worden. Die Bank würde den Kaufleuten diese Differenz von fünf Prozent vergütet haben. In diesen fünf Prozent hätte ihr ganzer Verlust bzw. der Preis bestanden, für den sie ihr gesamtes Metallgeld hätte zurückkaufen können. Bei der Annahme, daß sie zehn Millionen Pfund Sterling über ihre Rücklage hinaus zu bezahlen hatte, handelte es sich für sie lediglich um einen Verlust von fünfhunderttausend Pfund Sterling, eine wirklich geringfügige Summe, verglichen mit ihrem Stammkapital oder dem erzielten Profit von drei Millionen achthunderttausend Pfund Sterling.

Was natürlich die Ausführung dieses Vorhabens erschwert und die Bank zweifellos davon abhält, ihren Verpflichtungen nachzukommen, ist die unbedingte Notwendigkeit, zunächst die Diskonte einzuschränken und das Diskontieren schließlich sogar so lange einzustellen, wie die Krise dauert. Sofern die Banknoten nicht in der Zirkulation bleiben, ist es für eine Bank angebrachter, in Talern oder Guineen zu diskontieren als in Noten. Beim ersten Diskontieren würde sie zwar nichts gewinnen, gewiß aber beim zweiten verlieren. Es ist wahrscheinlich, daß die Bank von England, bevor sie sich zur Aufhebung der Einlösungsverpflichtung entschloß, lange Zeit auf das Gold verlor, das sie pro Unze mit vier Pfund oder vier Pfund zwei Shilling aufkaufte, während sie es in Form von Guineen, im Werte von drei Pfund, siebzehn Shilling und zehneinhalb Pence in den Handel brachte; und ihr Verlust war sicherlich weit größer als die Summe, die nötig gewesen wäre, um alle in der Zirkulation befindlichen Noten einzulösen.

Die Kunst und Fähigkeit eines Bankdirektors besteht hauptsächlich darin, derartige Krisen im Handel beurteilen zu können. Werden diese Krisen durch zahlreiche Bankrotte im Handel verursacht, hören sie bald von selbst auf; sind sie dagegen die Auswirkung einer plötzlichen Nachfrage nach neuen Kapitalien, dann muß sich der Bankier dessen bewußt sein, daß er niemals diese neuen Kapitalien liefern darf und schon gar nicht jenen etwas leihen kann, die das Geld aus der Zirkulation ziehen. Seine Operationen müssen sich auf solche Geschäftspartner beschränken, die wirkliche und nicht fiktive Wechsel diskontieren lassen. Resultieren diese Krisen schließlich aus dem Mißtrauen gegen die politische Lage des Landes, muß sich der Bankier bis zur Behebung dieser Unruhe davor hüten, neue Noten auszugeben. Er selbst trägt mehr als jeder andere zur Beruhigung der Lage bei, wenn er schnell alle Verpflichtungen erfüllt.

Seit der Erstveröffentlichung dieses Werkes hat eine neue, noch heftigere Krise* als je zuvor die Bankangelegenheiten in England erschüttert. Mehr als die Hälfte der Provinzbankiers hat in ihrer Folge Bankrott gemacht, und alle anderen haben ungeheure Verluste erlitten, so daß letzten Endes die Regierung beschloß, wieder Metallgeld einzuführen und die Zirkulation kleinerer Noten zu verbieten. Dieses Vorgehen ist sehr klug, aber es gilt dabei, viele private Bestrebungen, eine Menge von Vorurteilen und Gewohnheiten zu bekämpfen, die noch mächtiger als das allgemeine Interesse sind.

Während der Aufhebung der Einlösungsverpflichtung seitens der Bank von England hatte die Zahl der Provinzbanken in England ungeheuer zugenommen. Da man allerorts nur Papiergeld zu sehen bekam, war man in den einzelnen Grafschaften geneigt, jenes der Bankiers, die man kannte, sogar dem Papiergeld der Staatsbank vorzuziehen. Durch Diskonte und Eröffnung von Konten war es den Bankiers gelungen, alle kleinen Kaufleute ausschließlich für ihr Papiergeld empfänglich zu machen, und als die Bank von England ihre Einlösungsverpflichtung wieder aufnahm, führten die Bankiers ihre Geschäfte mit Vorteil weiter. Ihre Banknoten, von denen die meisten für ein Pfund Sterling galten, bildeten fast ausschließlich die Zirkulation der Ver-

* Es handelt sich um die erste zyklische Wirtschaftskrise des Kapitalismus von 1825.

braucher, der Ladeninhaber und Handwerker; denn, obgleich ein Pfund Sterling annähernd den Wert von fünfundzwanzig Francs besitzt, ist in England alles so teuer, daß ein englischer Verbraucher eine „pound note", d. h. eine Pfundnote nicht höher schätzt als ein Franzose früher eine Anweisung auf fünf Francs. Daraus resultierte, daß sich die von Privatbanken ausgegebenen Noten auf eine Summe von acht Millionen beliefen. Während die Bank von England zwanzig Millionen Pfund Sterling im Umlauf hatte.

Diese ganz und gar in Papiergeld stattfindende Zirkulation hat so lange keine Klagen hervorgerufen, solange es Ruhe und Frieden gab. Die Banken, welche die Konten aller kleinen Geschäftsleute, wohlhabender Privatmänner und vieler landwirtschaftlicher Unternehmer führten und diesen jedesmal, wenn sie Geld benötigten, Papiergeld vorschossen, erschienen allen Beteiligten als eine äußerst bequeme Einrichtung. Viel zu schnell gewährten sie Kredite, sie begünstigten den Unternehmergeist bis zu einem oft gefährlichen Grade, und dadurch, daß sie allen das Gefühl eines großen Kapitalüberschusses einflößten, trieben sie den Handel zu jenen unvorsichtigen Spekulationen, zu jenem Spiel mit öffentlichem Vermögen, die schließlich so schreckliche Resultate gezeitigt haben. Jene aber, deren Leidenschaften durch das Entgegenkommen der Bankiers genährt wurden, spendeten auch dann noch Beifall, als diese Leidenschaften bereits ins Verderben zu führen drohten. Oft erlitten Bankiers Bankrotte, weil sie zu unvorsichtig mit dem ihnen entgegengebrachten Vertrauen umgingen, und trotzdem rückten sofort wieder andere an ihre Stelle.

Indessen hat das Spiel mit den öffentlichen Vermögen, das nahezu bis zum Wahnsinn betrieben wurde, und jenes Spiel mit den Aktien in den Bergwerken Amerikas plötzlich sämtliche Spekulanten ruiniert, zu dem Zeitpunkt nämlich, als es zu verkaufen galt, was zu teuer gekauft worden war. Die Spekulanten unterlagen natürlich erst dann, als sie ihren Kredit bei den Bankiers erschöpft hatten. Jeder durch Kursspekulationen verursachte Bankrott eines Privatmannes schadete infolgedessen irgendeiner Bank; denn jeder Bankrott erhöhte auch das Bedürfnis nach Geld und somit die an die Bankiers gerichteten Nachfragen, was wiederum zum Sturz vieler Bankiers führte. In solchen Augenblicken ist die Panik groß, jedermann will seine Noten gegen Gold eintauschen, jedermann verlangt sein Gold zurück, das ihm ja tatsächlich zu eigen ist, denn, wie wir festgestellt hatten, gehörte das Gold dem Inhaber der Banknote, der es dem Bankier lediglich zur Aufbewahrung anvertraut hatte.

Alles Gold jedoch, das nun zurückgefordert wird, ist unterdessen außer Landes. Es sofort zurückkommen lassen war unmöglich geworden. Die Bankiers bemühten sich durch die allergrößten Opfer den Forderungen der Kunden nachzukommen. Sie verkauften alles, was sie an englischen oder ausländischen öffentlichen Kapitalien besaßen, sämtliche Aktien dieser so unvernünftig vermehrten Gesellschaften, und auf diese Weise beschleunigte sie den Sturz dieser Effekten, die die Kursspekulationen so hoch getrieben hatten und welche heute weit unter ihren wirklichen Wert gefallen sind. In diesem Zusammenhang verloren die Bankhäuser der Hauptstadt und der Provinzen ungeheure Summen. Bei Verlusten von zwanzig bis fünfundzwanzig Prozent ihres Kapitals bemühten sich die Bankinhaber, oft sogar ihre Freunde, um im gegebenen Augenblick genug Metallgeld für die Einlösung aufbringen zu können. Der Umfang der Katastrophe läßt sich nicht allein durch die Anzahl der Bankrotte beurteilen; denn selbst jene, die widerstehen konnten, haben meistens ebensoviel verloren wie die Unterlegenen, wobei die einen sich bis zum letzten Heller verausgaben mußten, während die anderen noch über ein geringes Vermögen verfügten.

Betroffen wurden indessen alle Schichten der Gesellschaft. Die Bedrängnis, der Verlust und das Entsetzen waren nicht geringer als bei großen politischen Unruhen. Annähernd siebenhundert der reichsten Familien des Landes wurden ins Elend gestürzt. Alle Ersparnisse der Armen in Form von Noten der Provinzbanken wurden wertlos. Alle Reservefonds der Reichen, aufbewahrt für die laufenden Ausgaben im Geschäft, gingen mit einem Male verloren. Die meisten Industrieunternehmer sahen sich gezwungen, die Arbeit einzustellen, weil sie kein Geld mehr für die Zahlung der Löhne hatten. Angesichts dieses allgemeinen Übels war der Verlust des Nationalkapitals von acht oder zehn Millionen Pfund Sterling nur ein zweitrangiger Schaden.

Zweifellos wurde durch die Erfindung der Banken die Möglichkeit einer beträchtlichen Rationalisierung geschaffen, dem produktiven Kapital eines Landes wurde noch der gesamte Wert des Metallgeldes zugeschlagen. Welches sind hingegen die Vorteile dieser Ersparnis und der Steigerung der Produktion? Ist der Reichtum das Ziel der Gesellschaft oder das Mittel zum Erreichen des gesellschaftlichen Ziels? Wenn der Reichtum nur ein Mittel ist und einzig und allein dazu bestimmt ist, Glück zu kaufen, welch besseren Gebrauch kann dann die Gesellschaft davon machen als jenen, Sicherheit für alle und Festigkeit für sämtliche Vermögen zu erwerben? Das Metallgeld einer Nation ist die nützlichste aller Ausgaben und der vernünftigste Prachtaufwand. Man sagt, daß das Metallgeld nichts produziert; die weiten Parkanlagen, die die Engländer innerhalb Londons erhalten haben, produzieren ebenfalls nichts. Sie nehmen ein Terrain ein, das bewirtschaftet werden könnte und dann vielleicht einen Wert schaffen würde, der dem gesamten in London zirkulierenden Metallgeld entspräche. Indessen haben die Bewohner Londons erkannt, daß reine Luft, Spaziergänge und Freuden für die Augen ebenfalls Erzeugnisse sind und daß der Reichtum, welcher Gesundheit und Vergnügen verschafft, nicht unfruchtbar ist.

Sieht man das Wachsen des Reichtums für das Ziel der Gesellschaft an, wird man unaufhörlich den Zweck den Mitteln opfern. Die Zunahme der Produktion wird erkauft durch eine größere Bevölkerung und mehr Elend. Auf den Feldern wird mehr Getreide geerntet, die Bauern aber, die hier glücklich lebten und die Felder bestellten, wird man verlieren. In den Fabriken werden schönere und bessere

Tuche hergestellt, die Arbeiter jedoch, die sie herstellen, müssen sich für ihre Bekleidung mit um so gröberen Stoffen begnügen. Um die Industrie anzuregen, verwendet man alles Gold und Silber, das man durch Banknoten ersetzt, was jedoch dazu führen kann, daß man am Abend reich zu Bett geht und am anderen Morgen ohne eigene Schuld ruiniert aufwacht. Hört man Diskussionen über diese Verbesserungen auf nationaler Ebene, möchte man glauben, daß sich die Menschen zur Gesellschaft zusammengeschlossen haben, nicht um ihr Glück zu sichern, sondern um billigere Metallknöpfe oder billigere Baumwollgewebe zu produzieren.

ZEHNTES KAPITEL

VOM PAPIERGELD

Der wesentliche Unterschied zwischen dem Papiergeld und der Banknote besteht darin, daß sich die Zirkulation des ersteren gezwungenermaßen vollzieht, während die Zirkulation von Banknoten freiwillig vonstatten geht. Viele Regierungswechsel, zahlbar an den Inhaber, mögen sie Zinsen bringen oder nicht, wie z. B. die Schatzscheine in England oder die Liquidationsscheine in Frankreich, sind keineswegs Papiergeld, wenngleich man sie nirgends in Metallgeld einlösen kann; denn jederman nimmt sie freiwillig entgegen, in dem Glauben, daß sie einen bestimmten Wert repräsentieren. Solche Wechsel haben außerdem weder die beschleunigte Zirkulation des Geldes noch machen sie diesem Konkurrenz. Sie lassen sich direkt gegen bewegliche oder unbewegliche Güter tauschen, desgleichen wie man Getreide gegen Tuche oder ein Haus gegen eine Rente tauschen könnte. Für sie trifft jedoch nicht die große Gleichung zu, die wir aufstellten zwischen dem gesamten im Umlauf befindlichen Geld geteilt durch die Zirkulationsgeschwindigkeit und allen Waren der Warenwelt, die das Geld kauft, ebenfalls geteilt durch deren Umschlag. Diese Gleichung gibt den Wert des in einem Lande benötigten Geldes an.

Andererseits muß jedes Papier mit Zwangskurs als Papiergeld angesehen werden, selbst dann, wenn es in Metallgeld eintauschbar ist; denn eine solche Möglichkeit des Eintausches ist ohne Zweifel illusorisch von dem Augenblick an, wo man sich gezwungen sieht, es zu akzeptieren und sobald man weiß, daß es gesetzlich dem geprägten Geld wertgleich erklärt worden ist. In Rußland und Schweden lösen die Banken in der Tat das Papiergeld weiterhin ein, allerdings nur in Kupfergeld, was schließlich auch nur ein Geld mit Zwangskurs ist, dessen Wert außerhalb der Grenzen kaum realer ist als derjenige des Papiergeldes. Es ist nicht einmal erlaubt, dieses Geld einzuschmelzen oder auszuführen, so daß es also dem Papiergeld, gegen welches man es tauschen kann, keinen realen Wert verleiht.

Desgleichen läßt sich das Kupfergeld und das Geld aus minderwertigem Metall, das sich in Österreich und anderen Ländern im Umlauf befindet und einen weit höheren Kurs hat, als sein wirklicher Wert beträgt, als Papiergeld betrachten. Solches Geld ist lediglich ein Äquivalent, das seinen Wert durch das Gesetz erhält, ein Gesetz, das zur Annahme dieses Geldes zwingt. Alles, was wir vom Papiergeld sagen werden, trifft also auch für minderwertiges Metallgeld zu.

Durch jede neue Ausgabe von Papiergeld wird natürlich die entsprechende Menge geprägten Geldes überzählig, so lange jedenfalls, bis sämtliches Metallgeld aus dem Lande verschwunden ist. Würde es die Regierung dabei belassen, könnte die Zirkulation von Papiergeld aufrechterhalten werden. Es gäbe dann zwar immer ein gewisses Risiko, aber weniger Not und Elend. England befindet sich bereits seit achtzig Jahren in einer derartigen Lage. Es gab sich Papiergeld. Bedenkt man nun, welch kleiner Gewinn mit einer so großen Gefahr verbunden ist, so ist man erstaunt, daß dieser Fehler überhaupt begangen werden konnte. Allerdings war man sich von Anfang an der Gefahren einer großen Zirkulation bewußt und hütete sich davor, das Papiergeld über das Zirkulationsmaß hinaus zu erhöhen.[11]

Die anderen Regierungen sind weniger vorsichtig gewesen

[11] Als dieses Buch zum ersten Mal erschien, war die englische Bank noch von der Einlösungsverpflichtung befreit. Indessen wurde der Aufruf des Parlaments zur Wiederaufnahme der Einlösepflicht bereits seit Februar 1819 diskutiert und zwei Jahre später verwirklicht. Dennoch vollzog sich die Zirkulation bis zum heutigen Tage fast ausschließlich mit Papiergeld.

bzw. sie hatten gegen schwierigere Bedingungen anzukämpfen. Indessen gibt es keine unter diesen Regierungen, die nicht den augenblicklichen Bedürfnissen die Sicherheit in der Zukunft und die ihren Untertanen schuldige Gerechtigkeit opfern würde. Jede von ihnen würde das Papiergeld bedenkenlos so weit erhöhen, daß es den nominalen Wert des Geldes zwei- und dreimal, oft sogar zehn- und zwanzigmal überstiege. Abgesehen von jenen Ländern, von welchen wir anläßlich der Banken bereits sprachen, gibt es auch in Spanien noch Papiergeld, und zwar unter dem Namen „vales-reales“*. Im Jahre 1815 befanden sich davon für hundertzwanzig Millionen Piaster im Umlauf bei einer Wertminderung von achtundfünfzig Prozent. Da es 1819 bereits eine Einbuße von achtundachtzig Prozent gab, muß man annehmen, daß sich zu diesem Zeitpunkt mindestens für zweihundertachtzig Millionen „vales-reales“ in Zirkulation befanden. Auch auf Sardinien, im Vatikanstaat und in Neapel gab es Papiergeld, das jedoch im Verlaufe der Revolution abgeschafft wurde.

Trotz des allgemeinen schlechten Rufs des Papiergeldes ist niemand jemals sicher, daß eine Regierung der Versuchung widerstehen wird, eine Steuer zu erheben, von der der Bürger zunächst gar nicht merkt, daß er sie zahlt und daß er dagegen infolgedessen keinen Widerstand leistet. Sobald es im Lande kein auszuführendes Geld mehr gibt, wird diese Steuer bei jenen erhoben, die zum Zeitpunkt einer neuen Papiergeldausgabe Papiergeld besitzen. Beläuft sich die Zirkulation eines Landes auf fünfzig Millionen Francs und gibt die Regierung noch weitere fünfundzwanzig Millionen aus, so haben diese fünfundsiebzig Millionen jetzt genau den gleichen Wert wie zuvor die fünfzig Millionen Francs.

Alle jene, die über Papiergeld verfügen, büßen ein Drittel des Wertes ein, dessen sich die Regierung bemächtigt. Da aber der Marktpreis sich nicht sofort in entsprechender Weise

* wirkliche Gutscheine

ändert, gehen diese Scheine noch von Hand zu Hand, zweifellos bereits mit Verlusten, aber noch nicht auf ihren eigentlichen Wert reduziert, so daß keiner der Verlierer seinen Verlust unmittelbar gleich bemerkt. Die Illusion bleibt einige Zeit erhalten, wirre Köpfe und bezahlte Autoren tragen noch dazu bei. Man schreibt den Verlust Kursspekulationen und mangelndem Vertrauen zu, während doch das blinde Vertrauen es überhaupt erst ermöglicht, daß Scheine entgegengenommen werden, deren nominaler Wert über dem wirklichen liegt. Eine zweite und dann eine dritte Ausgabe von Papiergeld vermindert den wirklichen Wert meistens noch weiter, bevor es in seiner Entwertung den Stand erreicht, den es schon bei der ersten Ausgabe hätte haben sollen.

Die Zirkulation von Papiergeld ist indessen stets einem allgemeinen Bankrott gleichzusetzen. Überall konnte man beobachten, daß das Papiergeld von Tag zu Tag sank im Verhältnis zum wirklichen Geld oder zu den Waren. Die Inhaber von Papiergeld, welche bemerkten, daß sie mit diesem Äquivalent keineswegs ein Unterpfand für die Werte der Warenwelt in der Hand hatten, fürchteten eine weitere Entwertung dieses Geldes und waren bestrebt, sich dessen schnellstens zu entledigen. Jeder verlor und bildete gleichzeitig den Anlaß zu neuen Verlusten. Da niemand mehr ein allgemeines Maß der Werte besaß, konnte man bei Geschäften den Gewinn nicht mehr vom Verlust unterscheiden, man verkaufte aber dennoch weiter, um sich dabei schließlich zu ruinieren. In der Zwischenzeit verschwand sämtliches geprägtes Geld, die Waren selbst wurden ohne Rücklauf exportiert, und das Papiergeld, das Ausweichmittel, das ungeheure Reichtümer hervorbringen sollte, schuf nur Verwirrung und stürzte alle ins Verderben.

Das zirkulierende Kapital* Frankreichs ist zweimal fast völlig durch das Papiergeld zerstört worden, das erste Mal

* Gemeint ist hier natürlich nicht das zirkulierende Kapital im streng wissenschaftlichen, Marxschen Sinne, sondern allein das im Umlauf befindliche Edelmetallgeld.

durch die Bankpolitik von Law*, das zweite Mal durch die Assignaten**. Zur Zeit der Abwertung des Papiergeldes verkaufte man niemals, ohne daß man das Verkaufte nicht hätte verteuert wiederkaufen müssen. Es gab keinen Austausch ohne Verlust. Die gesamte, in den vorausgegangenen Jahren vergegenständlichte Arbeit, die nach und nach einem ähnlichen Austausch anheimfiel, verflüchtigte sich schließlich. Jeder war seither bemüht, jeden wirklichen Wert dieser ständigen Abwertung zu entziehen. Man konnte sehen, daß während der Assignatenzeit alles, was sich nur irgend für den Verkauf eignete und bis dahin vielleicht als sonderbar für diesen Zweck erschienen wäre, nun zum Exportgegenstand wurde. Alle Warenlager von Kaufleuten verschiedenster Art, sogar die Buchgeschäfte, wurden geleert. Desgleichen wurden alte Möbel ins Ausland verkauft. Der Handel erzielte dadurch eine trügerische Aktivität. Das Land schien viel zu verkaufen, wurde jedoch für seine Verkäufe nur mit wertlosem Papier bezahlt. Schließlich waren alle materiellen Reichtümer gegen fünfundvierzig Milliarden fünfhundertneunundsiebzig Millionen Francs in Assignaten getauscht worden, von denen zum Zeitpunkt ihrer Aufhebung, am 7. September 1796, hundert Francs nur noch für drei Sous und sechs Heller verkauft wurden.

Ein Export ähnlicher Natur ist die Folge des Wertverlustes beim österreichischen Papiergeld gewesen. Dieser Export, der Anlaß für eine falsche Aktivität der Industrie war, wurde gleichzeitig zum Haupthindernis für die Entwicklung des Landes, eines Landes, das alle ökonomischen Vorteile zu vereinigen scheint, ihrer aber durch eine schlechte Administration verlustig geht. Der Irrtum über den Wechsel-

* John Law, schottischer Bankier und Ökonom, hatte 1716 in Paris eine staatlich privilegierte Bank-Aktiengesellschaft (ab 1718 Staatsbank) gegründet. Diese Bank gab Papiergeld mit geringer oder gar keiner Metalldeckung aus, um die französischen Staatsschulden zu begleichen.

** Anweisungen auf die französischen Nationalgüter in der Zeit von 1790–1796.

kurs, dem die russischen Kaufleute verfielen, veranlaßte diese ebenfalls zum Verkauf mit Verlust. Storch* beweist anhand einer sehr interessanten Aufstellung von Waren, die nach Petersburg exportiert wurden, daß, während sich die nominalen Kaufpreise in Form von Assignaten im Zeitraum von 1803 bis 1811 verdoppelt zu scheinen haben, die Kaufleute in Wirklichkeit fast alle Artikel im zweiten Jahr um ein Drittel billiger verkauften, was bedeutet, daß sie sie mit Verlust verkauften.

Es ist sehr wahrscheinlich, daß die englische Regierung, als sie auf der Aufhebung der Einlösepflicht von Banknoten bestand und auf diese Weise das Land dem gefährlichen Einfluß des Papiergeldes aussetzte, das geheime Ziel verfolgte, eine beträchtliche Ausfuhr anzuregen, erkauft durch ein nationales Opfer, dem das Parlament wohl kaum beigestimmt hätte, würde man ihm darüber reinen Wein eingeschenkt haben. Der Zwangskurs der Banknoten hielt den Wechselkurs Englands stets unter Pari. Den ausländischen Käufern wurde auf alle Waren, die sie aus England bezogen, ein Preisnachlaß von zwei bis fünf Prozent geboten. Zweifellos stieg durch diesen Nachlaß, der genau den Charakter einer Prämie hatte, die Nachfrage. Er war ein Opfer, das die Nation brachte, damit die Kaufleute weiterhin gewinnen bzw. verkaufen konnten.[12]

* Vgl. dazu H. Storchs dreibändigen „Cours d'économie politique", in welchem die Geschichte der europäischen Banken, insbesondere der russischen, beschrieben wird.

12 Ohne Zweifel gab es noch einen anderen Beweggrund, der weit mehr Einfluß auf die Direktion der Banken ausübte. Da dieser aber ganz persönlicher Natur war, blieb er sehr wahrscheinlich das Geheimnis des Ministeriums. Die Bank, die der Pflicht enthoben war, eine Reserve in ihren Kassen aufzubewahren, hatte ihre Profite und damit ihre Dividenden um die gesamten Zinsen dieser Reserve erhöht. Wir hatten festgestellt, daß sich diese Reserve gewöhnlich auf sechs Millionen Pfund belief, so daß also die Aktionäre bei Aufhebung der Einlösepflicht jährlich dreihunderttausend Pfund Sterling gewannen.

Hat eine Nation das Pech gehabt, dem Papiergeldsystem zu verfallen, kann sie sich davon nur durch eine große Erschütterung befreien. Alle nur oberflächlich wirkenden Abhilfen verlängern und verschlimmern nur den Übelstand. Das Papiergeld muß erst vollends entwertet werden; und es ist nicht anzunehmen, daß das Edelmetallgeld sofort von überall herbeiströmt, um die Lücken zu füllen, die das Papiergeld in der Zirkulation hinterlassen hat. Gleichzeitig ist die Regierung verpflichtet, das von ihr verursachte Unrecht, das sie ausüben ließ, wiedergutzumachen. Das Papiergeld ist zur Schuld der Regierung geworden. Diese Schuld ist geheiligt wie jegliches privates Eigentum überhaupt, denn es handelt sich ja um privates Eigentum, dessen man sich für nationale Bedürfnisse bemächtigt hatte. Es steht allerdings fest, daß die Regierungen nicht in der Lage sind, diese Schuld zu bezahlen, ausgenommen in England, wo die Ausgabe von Papiergeld stets in Grenzen gehalten wurde und wo ein schon geringes Opfer genügte, die Bank zu befähigen, ihrer Einlösepflicht nachzukommen. Jede Regierung kann aber die Schuld anerkennen und Zinsen darauf zahlen. Greift eine Regierung nicht zu dieser Maßnahme, verletzt sie das öffentliche Vertrauen. Mag eine derartige Nichteinhaltung der Verpflichtungen und Verletzung der nationalen Ehre im einzelnen auch noch so hart treffen, das Fortdauern der Zirkulation eines Papieres, das von Tag zu Tag mehr in Verruf gerät, ist in jedem Falle ein noch viel größeres Übel. Frankreich erholte sich schnell von dem Schlag, den es am 7. September 1796 mit der Aufhebung der Assignaten erlitt. Die Zirkulationsdauer der Assignaten hatte aber bereits in allen Familien Verheerungen angerichtet und den Ruin allen Eigentums herbeigeführt.

Die zweite Aufgabe der Regierung besteht darin, durch eine stufenweise Abwertung den Wert der Verpflichtungen zu regeln, die mit dem trügerischen Papiergeld eingegangen worden sind. Fast immer wurde es gesetzlich gebilligt, sich der in Metallgeld gemachten Schulden durch Papiergeld zu entledigen, so daß das Gesetz auf diese Weise an allen privaten Bankrotten und allen zweifelhaften Zahlungen, die die notwendige Folge des Ersetzens eines wirklichen Wertes durch einen fiktiven Wert in der Zirkulation sind, beteiligt ist. Sehr wahrscheinlich würde es jedoch außerhalb der gesetzlichen Macht liegen, in nominalen Werten eingegangene Verpflichtungen plötzlich in wirklichen Werten zu bezahlen. Man kann zwar einen Gläubiger zwingen zu verlieren, niemals aber den Schuldner, etwas zu bezahlen, wenn er nichts hat. Wäre letzteres dennoch möglich, würde die Ungerechtigkeit dem erstgenannten Zwang gleichkommen und der allgemeine Schaden würde dabei wahrscheinlich noch größer werden. England hat davon die ersten Anzeichen beim kontinentalen Frieden von 1813* zu spüren bekommen. Es war damals noch nicht genug davon überzeugt, daß sein Zirkulationsmittel tatsächlich das Papiergeld war. Der Verkauf und die Ausfuhr von Gold waren verboten; indessen hatte die Masse der Bevölkerung die Wertminderung bis dahin noch gar nicht bemerkt, ein Umstand übrigens, der generell beobachtet werden kann. Der Wert des Papiergeldes wurde als unveränderlich angesehen, dem Wertverlust bei Wechselgeschäften mit dem Ausland wurde keine Aufmerksamkeit geschenkt, man glaubte lediglich, daß alles teurer geworden wäre. Alle Verpflichtungen wurden entsprechend der Preissteigerungen für materielle Güter abgeschlossen. Der Pächter zahlte als Pacht für ein Grundstück nunmehr hundertfünfundzwanzig Pfund Sterling, wenn er zuvor hundert bezahlt hatte, und so verhielt es sich mit allen anderen Verträgen. Die Banknoten, die in ihrer Menge durchaus nicht sehr die Bedürfnisse der Zirkulation überstiegen, erreichten fast wieder Pari, als der allgemeine Frieden das Vertrauen erneut belebte. Es wurden vor allem die hohen Subsidien** ein-

* Im Oktober 1813 brach mit der Völkerschlacht bei Leipzig die „Große Armee“ Napoleons endgültig zusammen, so daß die Kriege Frankreichs gegen die europäischen Völker ein Ende fanden.

** Subsidien sind Hilfsgelder, die dem Staate von einem Verbündeten zur Kriegsführung gezahlt werden.

gestellt, die England an den Kontinent gezahlt hatte. Dem Kursanstieg, der keineswegs an die Abschaffung des Papiergeldes geknüpft war, folgte nicht ein Einschreiten des Gesetzes, um etwa die zuvor abgeschlossenen Verpflichtungen den neuen Verhältnissen anzupassen, d. h. um einen allgemeinen Abwertungssatz festzusetzen. Jener, der versprochen hatte, hundertfünfundzwanzig Pfund in Papier zu zahlen, die damals in Silber hundert Pfund wert waren, wurde nun angehalten, hundertfünfundzwanzig Pfund in Papier, mit dem neuen Wert von hundertdreiundzwanzig oder hundertvierundzwanzig Pfund in Silber, zu zahlen. Gegen ein so schreiendes Unrecht, das nicht einmal von jenen, die darunter litten, begriffen werden konnte, gab es also keine Zuflucht zum Gesetz. Andererseits wäre natürlich auch keine Macht fähig gewesen, einem fleißigen Manne ein Kapital zu nehmen, das dieser in den meisten Fällen gar nicht einmal besaß. Im Verlaufe von zwei bis drei Jahren machten fast alle Pächter sowie alle Eigentümer, die gezwungen waren, die Pacht für ihre Güter herabzusetzen, Bankrott. Die Landwirtschaft erlitt in dieser Zeit einen Schlag, von dem sie sich lange nicht wird erholen können. Ein Staat setzt also das öffentliche Vermögen aufs Spiel, indem er den Maßstab zum Messen aller anderen Werte variabel gestaltet. Alles das ist jedoch unvermeidbar, solange man geprägtes Geld durch Papiergeld ersetzt, und es ist selbst dann verhängnisvoll, wenn der Kurs des Papiergeldes einen Gewinn ausweist.

Sechstes Buch

VON DER STEUER

ERSTES KAPITEL

WER MUSS STEUERN ZAHLEN?

Der Hauptzweck jeglicher Volkswirtschaft liegt im Wachstum des nationalen Reichtums. Das Ziel aller Regierungen, sofern sie ihr Augenmerk auf die ökonomische Wissenschaft lenken, besteht darin, an diesem Reichtum teilzuhaben und über einen möglichst großen Teil des jährlichen Nationaleinkommens zu verfügen. Die ständig zunehmenden Bedürfnisse der Regierungen und die unermeßlichen Kriegsausgaben zwangen die Herrschenden zu allen Zeiten, ihren Untertanen das denkbar schwerste Joch aufzuerlegen. Die Steuer, die an sich schon den Widerwillen der Untertanen herausfordert, ist in steigendem Maße zu einer unerträglichen Last geworden. Es läßt sich jedenfalls nicht leugnen, daß die Steuer als äußerst bedrückend empfunden wird. Die Regierungen sind indessen nicht verpflichtet, diesbezüglich Wohltaten zu vollbringen, was sie jedoch tun müssen, das ist, sich für das geringstmögliche Übel einzusetzen.

Die Ökonomen der Quesnayschen Schule*, die im Ertrag

* Francois Quesnay (1694–1774) ist einer der bedeutendsten Vertreter der physiokratischen Schule in Frankreich. Um einen der wichtigsten Grundsätze der physiokratischen Lehre handelt es sich, wenn die Physiokraten den Grund und Boden zum alleinigen Schöpfer eines Mehrprodukts erklären und wenn sie daraus die Schlußfolgerung ableiten, daß vermittels einer einzigen Steuer dieses Mehrprodukt unmittelbar besteuert werden kann.

des Bodens die einzige Quelle des Reichtums sahen, konnten aufgrund ihres theoretischen Ausgangspunktes an den Vorteil einer einzigen Steuer glauben. Sie behaupteten zu Recht, daß sich die Regierung direkt an jenen wenden soll, der die Steuer letzten Endes immer zu bezahlen hat. Wird diese Steuer nämlich dort erhoben, wo sie auf einen anderen abgewälzt werden muß, der seinerseits wiederum die Steuer weiterzuwälzen gezwungen ist, so ergibt sich in unserem Beispiel, daß drei Personen anstatt einer durch die Bezahlung belästigt werden und daß es die dritte Person um so mehr wird, als sie ihren beiden Vorgängern auch noch Zinsen für das als Steuern vorgeschossene Geld zu zahlen hat. Aus eben diesem Grunde bezeichneten die Ökonomen der physiokratischen Schule jene Steuer als „direkte Steuer“, die unmittelbar auf das Einkommen aus dem Boden erhoben wurde. Alle anderen Steuern nannten sie „indirekte Steuer“, weil sie letztlich immer doch, aber nur mittelbar, zu jenem gelangte, der sie in jedem Falle bezahlen mußte. Das Quesnaysche System und seine Definitionen sind überholt; seine Begriffe indessen sind im allgemeinen Sprachgebrauch erhalten geblieben.

Was uns betrifft, so hatten wir die Arbeit als die einzige Quelle des Reichtums erkannt, was allerdings nicht bedeutet, daß es nur eine einzige Klasse von Bürgern gibt, welcher die aus der Arbeit entstandenen Einkommen zufließen. Diese Einkommen verteilen sich auf alle Klassen einer Nation und begegnen uns in den verschiedensten Formen. Infolgedessen ist es nur gerecht, daß die Steuer den gleichen Weg nimmt und allen diesen Einkommensverästelungen folgt. Der Bürger muß die Steuer als ein Entgelt für den Schutz ansehen, den die Regierung seiner Person und seinem Eigentum angedeihen läßt. Es ist also gerechtfertigt, daß jeder Steuern zahlt entsprechend den Vorteilen, die ihm die Gesellschaft gewährleistet, und entsprechend den Ausgaben, die die Gesellschaft für ihn tätigt.

Der größte Teil der von der gesellschaftlichen Ordnung aufgewendeten Kosten dient der Verteidigung des Reichen gegen den Armen. Würde man nämlich jeden nach seinem Belieben handeln lassen, dauerte es nicht lange und der Reiche wäre ausgeraubt. Es ist also durchaus gerecht, daß der Reiche nicht nur gemäß seinem Vermögen, sondern sogar darüber hinaus dazu beiträgt, die ihm so nützliche Ordnung zu stützen. Desgleichen ist es recht und billig, vom Überfluß des Reichen und nicht vom unbedingt Notwendigen des Armen zu fordern. Nichtsdestoweniger findet auch der Arme Schutz in der sozialen Ordnung. Sobald er im Besitz von Eigentum oder irgendeines Einkommens als Produkt seiner geleisteten Arbeit ist, genießt er den Schutz der Regierung. Die Steuer, die er zahlt, ist für ihn ein Entgelt für gewährleistete Freiheiten. Er erwirbt ein Anrecht auf die politische Ordnung, zu deren Aufrechterhaltung er beiträgt. Auf diese Weise ist die Einschränkung, die ihm durch seinen Steuerbeitrag auferlegt wird, ein gerechter Preis für den Vorteil, den er aus der allgemeinen Ordnung zieht.

Gewiß, die meisten öffentlichen Arbeiten, der größte Teil der Verteidigungskosten sowie der Justizausgaben werden, im Vergleich zum beweglichen Eigentum, zugunsten des Grundeigentums geleistet. Infolgedessen ist es nur gerecht, daß der Bodeneigentümer verhältnismäßig höher mit Steuern beauflagt wird als andere Eigentümer. Zieht indessen bereits der Arme Vorteile aus der sozialen Ordnung, so trifft das in noch viel größerem Maße für den reichen Geldkapitalisten, den reichen Kaufmann und den reichen Fabrikanten zu. Womöglich sind letztere dem Neid des Armen noch stärker ausgesetzt als die Bodeneigentümer, und in Augenblicken der Anarchie würde ihr Eigentum sogar noch schneller zerstört werden. Um dieses Eigentum zu schützen und nutzbar zu machen, befinden sich also die Kapitalisten, gleichgültig ob in eigener Person oder vertreten durch ihre Agenten oder die von ihnen Abhängigen, in stetem Kampf gegen die Armen, denen sie Arbeit geben. Die Arbeitsbedingungen der Armen sind sehr schlecht und häufig sogar vernunftswidrig hart. Zur Einführung und Aufrechterhaltung solcher Bedingungen würde den Kapitalisten die eigene Macht nicht genügen, sie rufen die Gesellschaft zu Hilfe. Die Industrie, aus der sie alle, direkt oder indirekt, ihre Einkommen beziehen, könnte nicht bestehen, wenn die Regierung, welche in den meisten Fällen die bestehende Ordnung schützt, ohne überhaupt die Rechte der einzelnen Parteien zu untersuchen, nicht unaufhörlich die Reichen gegen die Besitzlosen unterstützen würde. Die Grundeigentümer sind verpflichtet, entsprechend der Höhe ihres Einkommens Steuern zu zahlen, um die zu ihren Gunsten gemachten Ausgaben auszugleichen, die Industriellen aber wurden ebenfalls dazu angehalten, über dieses Maß hinaus einen Beitrag zu leisten an eine Regierung, der sie letzten Endes sogar ihre Existenz verdanken.

Von diesen eben dargelegten Abweichungen abgesehen, gilt also allgemein die Regel, daß jeglicher, entsprechend der Höhe seines Einkommens, zur Erhaltung der Gesellschaft beitragen muß. Von den zahlreichen Bestandteilen des Reichtums darf allein das Einkommen besteuert werden; denn die Regierung wendet die Steuern in unproduktiver Weise an. Steuern werden stets im konsumtiven Bereich verausgabt, so daß die Gesellschaft verarmen würde, wenn nicht alle diese Ausgaben von Mitteln bestritten würden, die immer wieder neu entstehen und die lediglich zum Ausgeben bestimmt sind. Jener Teil des Reichtums, den die Regierung in Form von Steuern einnimmt, würde zweifellos Einkommen für den einen oder Kapital für den anderen geworden sein, denn wir hatten festgestellt, daß sich diese beiden Erscheinungsformen des Reichtums unabläßlich gegenseitig ersetzen. Wichtig ist aber, daß die Regierung die Steuer jenem abverlangt, für den ein bestimmter Teil des Reichtums gerade Einkommen darstellt, und nicht von jenem, der diesen als Kapital ansieht. Es wird damit erreicht, daß der erstere mit dem übrigen Einkommen sparsam umgeht und daß andererseits nicht das angegriffen wird, was für die Reproduktion bestimmt ist.

Die Steuern kommen für die jährlichen Ausgaben des Staates auf; und für jeden einzelnen Steuerzahler bedeutet die Entrichtung der Steuer die Beteiligung an einer Ausgabe, die gemeinsam von ihm und den anderen Mitgliedern der Gesellschaft gemacht wird. Diese Ausgabe weicht im Wesen nicht stark von anderen Ausgaben ab. Der Zweck des Reichtums ist stets der Verbrauch. Während ein jeder sein Kapital dazu anwendet, um neue Reichtümer zu schaffen, so wird und muß das Einkommen dazu angewendet werden es auszugeben, es zu verbrauchen und sich damit Genüsse zu verschaffen. Jeder Steuerzahler erkauft sich nun aber auch durch die Steuer Vorteile und Genüsse, wie z. B. die öffentliche Ordnung, die Justiz, den Schutz der eigenen Person und des Eigentums, ferner die öffentlichen Arbeiten, die für bequeme Wege, weitläufige Promenaden und sauberes Wasser sorgen, desgleichen die Volksbildung, welche sich unter der Bezeichnung Erziehung mit den Kindern beschäftigt und sich unter dem Namen Bildung an die Erwachsenen richtet und schließlich, als Ergänzung aller anderen Vorteile, die nationale Verteidigung. Als Gegenleistung ist der Staat verpflichtet, den Bürgern alle diese Genüsse und Vorteile zu garantieren.

Die Steuer ist also nur insofern ein Übel, als wir die Dinge, die wir benötigen oder erstreben, durch ein Opfer erkaufen müssen; aber selbst hier ist das Übel noch etwas Gutes, nämlich dann, wenn die Notwendigkeit oder das Erstrebte für uns mehr bedeuten und uns größere Genüsse verschaffen, als das Opfer, das diese Dinge ermöglicht, uns kostet. Wäre die Gesellschaft immer gut organisiert, müßte es sich stets so verhalten, denn es müßte dann das Bestreben dominieren, für einen gemeinsamen Zweck die Anstrengungen der Mehrheit ökonomisch zu vereinen, anstatt das Ziel durch eine Folge individueller Kraftaufwände erreichen zu wollen. Dabei sollte jeder für sein entrichtetes Geld mehr Nutzen aus den Straßen, Kanälen, Wasserleitungen, dem Schutz seiner Person sowie aus der ihm zuteil werdenden Bildung ziehen, als wenn er versucht hätte, sich alle diese Dinge auf eigene Kosten zu verschaffen. Das Geld, das er in Form von Steuern ausgibt, wird also gut angewendet, wenn einerseits alles, was im Namen des allgemeinen Vorteils eingezogen wird, auch wirklich sozialen Zwecken dient, und wenn es nicht verwendet wird, um irgendwelche Bestrebungen der Regierenden zu begünstigen und zu ermöglichen. Ferner muß gewährleistet sein, daß jene, denen man diese Vorteile gewähren will, auch tatsächlich in der Lage sind, sie sich aufgrund der Höhe ihres Einkommens zu leisten. Für mehr als einen Bürger würde eine Kutsche vorteilhaft sein; er muß indessen darauf verzichten, weil sein Einkommen zu klein ist und weil, sofern er sein Kapital angreifen würde, die Quelle aller seiner zukünftigen Einkommen zerstören würde. Desgleichen wäre wahrscheinlich ein schöner Theatersaal etwas sehr Erstrebenswertes für alle Bürger eines Staates. Sie müssen aber ebenfalls darauf verzichten, wenn sie deswegen, auf dem Wege zu höheren Steuern, ihre Kapitalien angreifen müßten und infolgedessen zugunsten eines augenblicklichen Genusses auf ihre zukünftigen Unterhaltsmittel verzichteten.

Der Maßstab für die Bedürfnisse des einzelnen soll immer das eigene Einkommen sein, desgleichen wie sich die Teilnahme an den allgemeinen Vorteilen, welche die Steuer allen ermöglicht, stets nach dem Einkommen der Bürger richten muß.

ZWEITES KAPITEL

DIE UMLEGUNG DER STEUER AUF DAS EINKOMMEN

Es läßt sich nicht bestreiten, daß die Steuer einzig und allein vom Einkommen erhoben werden soll und sich in ihrer Höhe nach der des Einkommens richten muß. Aber selbst bei Beachtung dieses Grundsatzes ist es äußerst schwierig festzulegen, was steuerpflichtiges Einkommen denn eigentlich ist und in welcher Weise die Steuer in einer richtigen Staffelung auf dieses Einkommen umgelegt werden kann.

Wir sahen im zweiten Buch, daß das Einkommen zum Wachstum der Reichtümer beiträgt, daß es aus dem Boden und der menschlichen Arbeit hervorgeht und daß es verbraucht werden kann ohne Reproduktion, ohne daß deswegen der ursprüngliche Reichtum abnimmt. Desgleichen hatten wir festgestellt, daß der Verbrauch das Einkommen übersteigen würde und das Kapital angegriffen werden müßte, wenn der landwirtschaftliche Anbau zurückginge, wenn man die vergegenständlichten Arbeiten nicht entsprechend dem Verbrauch durch gleichwertige Arbeiten ersetzen würde oder wenn schließlich die Menschen, die ja von ihrer Arbeit leben, nicht mehr in der Lage wären, stets von neuem die gleiche Arbeit aufzunehmen und auszuführen.

Ein Teil des jährlichen Produkts muß also dazu verwendet werden, den Boden stets im gleichen Wertzustand zu erhalten. Ein anderer Teil dient zur ständigen Erneuerung der vergegenständlichten menschlichen Arbeit, und ein dritter Teil des jährlichen Produkts sorgt für den Lebensunterhalt aller arbeitenden Menschen einer Nation, zum Zwecke der Erhaltung der Arbeitskraft. Wollte man irgendeinen Teil aus dieser notwendigen Aufteilung des jährlichen Produkts herausnehmen, würde die Nation schnell verarmen, sich ruinieren und untergehen.

Es ist also wesentlich, daß weder jener Teil des Bruttoprodukts, der der ständigen Bodenaufbereitung dient, noch jener, der zur Erneuerung der fixen und zirkulierenden Kapitalien* aufgewendet wird (alle Arbeiten werden dadurch überhaupt erst möglich), oder gar jener Teil, von dem alle jene leben, die diese Arbeiten vollziehen, mit dem Einkommen verwechselt werden darf. Noch viel weniger darf man diesen Teil natürlich verschwenden oder gar besteuern.

Hat man sich nicht angewöhnt, als Einkommen lediglich die Bodenrente, das Nettoprodukt der Landwirtschaft sowie den Geldzins, das Nettoprodukt der Kapitalien, zu betrachten? Letzteres hieße jedoch, den mit Steuern zu belegenden Sektor zu sehr einzuschränken und zahlreiche Schichten der Bevölkerung, denen der Staat Vorteile und Genüsse garantiert, von der Pflicht zu befreien, ihren Beitrag zu den Ausgaben des Staates zu leisten. Der Pächter genießt nicht weniger als der Grundeigentümer, der Handelskapitalist nicht minder als der Geldkapitalist, den Schutz der Gesetze und das allgemeinnützige Wirken des Staates. Selbst der Tagelöhner fordert seinen Anteil von allen diesen öffentlichen Einrichtungen; und gleichermaßen für ihn wie für jeden anderen Bürger wird für Gerechtigkeit gesorgt, verteidigt man die nationale Ehre, tragen die öffentlichen Arbeiten zur Verbesserung der sanitären Anlagen und des Wohlstandes im Lande sowie zur Mehrung der Vorteile und Genüsse aller Bürger bei.

* Sismondi vermag hier wie auch an anderer Stelle die Einteilung des Kapitals vom Standpunkt des Umschlages und hinsichtlich der Verwertung nicht klar zu unterscheiden. Diese Erkenntnis war Marx vorbehalten. Sismondi rechnet daher zum zirkulierenden Kapital lediglich die Arbeitsgegenstände. Wir wissen jedoch, daß zum zirkulierenden Kapital ebenfalls der Wert des in Form des Lohnes zur Bezahlung der Arbeitskraft verausgabten Kapitals gehört.

Die Arbeit ist die Quelle allen Reichtums; aus der Arbeit entsteht das Einkommen, und die jährliche Zunahme des Reichtums beschränkt sich keineswegs nur auf jenen Teil, der den Grundeigentümern oder Geldkapitalisten in Form von Rente bzw. Zinsen zufällt. Die Einkünfte des Pächters bzw. der Profit, den er aufgrund seines Fleißes erzielt, können ebenso beträchtlich sein wie jene des Grundeigentümers, dessen Boden er bewirtschaftet. Die Profite eines Handelskapitalisten sind in der Regel höher als die Einkünfte des Geldkapitalisten. Das Geld des letzteren kann ja erst im Handel fruchtbringend angewendet werden. Selbst die Löhne vieler Arbeiter, besonders wenn sie bestimmte Fähigkeiten erworben haben oder wenn sie gehobeneren Berufen nachgehen, wie z. B. den schönen Künsten oder wissenschaftlichen Tätigkeiten, genügen, um diesen ein Leben in bescheidenem Wohlstand zu ermöglichen. Diese Angehörigen verschiedenster Gesellschaftsschichten stellen sich in keiner Weise geldlichen Opfern entgegen, sofern sie sich dadurch irgendwelchen Luxus verschaffen können. Warum sollten sie sich dann weigern, einen Beitrag zum wesentlichsten aller Vorteile und Genüsse, dem der Ordnung, der Gerechtigkeit und der Sicherheit, zu leisten?

Es ist leider wahr, daß in den meisten Ländern die Löhne der arbeitenden Klasse auf das zum Leben unbedingt Notwendige eingeschränkt worden sind; denn alles, was sich nur irgendwie von der Bezahlung der Arbeitskräfte abzweigen läßt, stellt ja bereits wieder Profit dar. Es gibt Autoren, die das einzige Ziel der Gesellschaft im Mehrprodukt zugunsten der Reichen sehen und in deren Augen die Arbeiter lediglich ein Mittel zur Herstellung von Reichtümern sind, auf die man sofort verzichten würde, sofern sie in dieser Hinsicht unnütz sein sollten. In einer solchen erbärmlichen sozialen Ordnung, in der man die am wenigsten Kosten verursachende Nahrung errechnet und Überlegungen darüber anstellt, wo die Grenzen der Arbeit liegen, die man täglich vom Arbeiter fordern kann, ohne daß seine körperlichen Kräfte völlig versagen, in einer solchen Gesellschaft wäre es ohne Zweifel der reine Hohn, vom verarmten Arbeiter, der nicht den geringsten Vorteil oder Genuß kennt, zu verlangen, daß er für die Annehmlichkeiten einer Ordnung und einer sogenannten Gerechtigkeit, die ihn in keiner Weise schützt, sowie für eine nationale Ehre zahlt, die ihm völlig gleichgültig ist. Aber nicht die Forderung, daß auch der Arme von seinem Einkommen zu den öffentlichen Ausgaben beiträgt, ist beklagenswert, sondern vielmehr der Umstand, daß er in eine Lage gedrängt wurde, in der sein Einkommen gerade nur für den notwendigen Unterhalt ausreicht.

Übrigens erfolgt die Einteilung der Bürger in Arme oder Reiche nicht nach der Art der Entstehung ihres Einkommens. Gibt es einerseits viele Arbeiterfamilien, deren Lohn gerade zum Leben reicht, so gibt es andererseits durchaus auch viele Familien armer Grundeigentümer und Geldkapitalisten, die aus ihren Ländereien bzw. aus ihren Kapitalien eben nicht mehr Rente oder Zinsen erzielen, wie die Arbeiter durch ihre Arbeit verdienen. Würden die einen völlig von der Steuer befreit, bestünde der Zwang, die anderen um so stärker zu belasten. Die Steuer kann hier wie dort vom zum Leben unbedingt Notwendigen abgezogen werden, sei es, daß sie das Mehrprodukt oder den Arbeitslohn trifft; und es wäre gleichermaßen grausam und ungerecht, Grundeigentümer oder Lohnarbeiter Hungers sterben zu lassen.*

Es sollte also die gesamte jährliche Vermehrung des nationalen Reichtums, sofern sie für den Verbrauch bestimmt ist und nicht der Reproduktion dient, besteuert werden. Dieser Zuwachs des nationalen Reichtums wird völlig verausgabt, wobei jedoch darauf zu achten ist, daß jede Ausgabe in einem ganz bestimmten Maße zur Sicherung sämtlicher Ansprüche beitragen muß. Das Nationaleinkommen geht hervor aus der gemeinsamen Aktion von vier Menschengruppen, den Grundeigentümern, den Geld- und Industriekapi-

* Sismondis Humanität scheint hier fehl am Platze. Immerhin würden ja selbst diese „armen Grundeigentümer und Geldkapitalisten" vom Mehrwert leben und nicht von ihrer Hände Arbeit.

talisten und den Lohnarbeitern. Das Nationaleinkommen verteilt sich auf diese Gruppen in Form von Rente, Zinsen, Profit und Lohn. Bei allen ist das Einkommen für den Verbrauch* bestimmt, überall muß es darum gleichermaßen zum gemeinsamen Vorteil der öffentlichen Ordnung beitragen. Ferner muß gelten, daß in jedem Falle das Einkommen entsprechend den Möglichkeiten und Annehmlichkeiten, die es dem einzelnen verschafft, besteuert wird. Das bedeutet, daß die Erhebung der Steuer schonend und maßvoll geschehen soll. Sofern die Steuer das zum Leben unbedingt Notwendige angreift und dem Steuerzahler nichts für den unmittelbaren Lebensunterhalt läßt, ist sie verwerflich.

Ist es also einerseits im Hinblick auf die Menschlichkeit entscheidend, die Steuer dergestalt vom Einkommen zu erheben, daß dem Steuerzahler nicht ein Teil seiner notwendigen Unterhaltsmittel genommen wird (es wäre ja absurd, einem Menschen von den Vorteilen der öffentlichen Ordnung zu sprechen, während diese ihn zwingt, Hungers zu sterben), so ist es andererseits nicht weniger wesentlich festzustellen, daß es bei jeder der einzelnen Einkommensarten einen Teil gibt, der nicht angegriffen werden darf und den die Steuer nicht treffen kann, ohne dem steuerpflichtigen Teil zu schaden und ohne sich der eigenen zukünftigen Einnahmequellen zu berauben.

Dieser unbedingt notwendige und unantastbare Teil des Einkommens, der allein jeglichem Besitztum Wert verleiht und seinen Inhaber anhält, ihn zu bewahren, zu vergrößern und zu reproduzieren, ist nicht bei jedem Reichtum der gleiche. Das heißt auch, der Mißbrauch der Steuer hat nicht überall die gleichen verhängnisvollen Folgen.

Das Einkommen aus dem Boden ist unter allen Einkommen jenes, das für seine Entstehung die Aktivität seines Eigentümers am wenigsten erfordert. Es ist ferner auch jenes Einkommen, von dem die Regierungen am wenigsten glau-

* Sismondi übersieht hier, daß stets ein Teil des Mehrwerts für die erweiterte Reproduktion aufgewendet wird.

ben, es schonen zu müssen. In der Tat, wie betroffen die Grundeigentümer auch sein mögen, sie können ihren Boden weder in ein anderes Land transportieren noch ihn zerstören. Die einzige Reaktion auf ihre Bedrückung kann darin bestehen, daß sie aufhören, ihre Besitzungen zu bewirtschaften. Keine andere Klasse der Bevölkerung ist derartig der Steuer ausgeliefert wie diese. So haben beispielsweise die despotischen Regierungen Asiens die Grundeigentümer völlig ausgeraubt, indem sie den Besitz am Boden schließlich an sich rissen. Aber auch schon in vielen Teilen Europas ist die Steuerlast derartig groß, daß die Grundeigentümer eigentlich nur noch die Pächter der Steuerbehörde sind.

Eine noch so despotische Regierung würde niemals in gleicher Weise mit dem Einkommen der Geldkapitalisten verfahren. Diese Kapitalisten haben fast zu jeder Stunde die Möglichkeit, ihr Vermögen drückenden Steuern zu entziehen, so daß die Steuerbehörde, selbst wenn es ihr gegeben wäre, alle Einkommensquellen zu kennen, was übrigens äußerst schwierig ist, dennoch nach dem Grundsatz handeln müßte, niemals einen zu großen Teil davon zu erheben, um zu verhindern, daß die Geldkapitalisten auf den Gedanken kommen, ihre Reichtümer auszuführen.

Handelskapitalisten, Industriekapitalisten und Pächter, alle jene, die die Kapitalien wertbringend anwenden, sind weitaus mehr an das Territorium gebunden als die Geldkapitalisten. Zumindestens den beiden letzteren würde es schwer fallen, das Land zu verlassen. Die Profite bilden den einzigen Anreiz für ihre Arbeit, und hätte die Steuer Wege und Mittel, sich einen übermäßigen Teil der Profite aus Handel, Industrie und Landwirtschaft anzueignen, so daß der Rest lediglich genügte, das Risiko dieser Berufe zu entlohnen, so würde zunächst die Wirtschaft sehr langsam gehen und schließlich völlig zum Stillstand kommen. Unter den Ministern Karls V.* und seiner Nachfolger verödeten

* Karl V. (1500–1558) war von 1516 bis 1556 König von Spanien und von Neapel-Sizilien. Unter seiner Regierung wurde

ganze Landstriche, die früher einmal sehr fruchtbar und bedeutend gewesen waren; das Nichtstun trat an die Stelle fleißiger Arbeit. Wer aber möchte mit Fleiß und Anstrengung arbeiten, wenn seine Arbeit, anstatt seinen Wohlstand zu erhöhen, lediglich dazu führt, das wenige, was ihm bleibt, aufs Spiel zu setzen?

Wenn es einen Teil des Nationaleinkommens gibt, an den die Steuer nur mit äußerster Vorsicht rühren darf, mit der Befürchtung, jenen Teil anzugreifen, der zur Reproduktion des Nationaleinkommens dient, so sind es die Löhne bzw. das Einkommen aller jener, die von ihrer Arbeit leben. Dieses Einkommen muß von den Arbeitern verbraucht werden, und zwar ausschließlich nur zum Zwecke der Selbsterhaltung, d. h. zur Erhaltung jener, die das lebende Kapital einer Nation darstellen.

Der Lohn ist also über ein unbedingt notwendiges Maß hinaus unangreifbar. Er dient dazu, Leben, Kraft und Gesundheit der Arbeiter zu erhalten, damit diese weiterhin ihre Arbeit verrichten können. Dieses Einkommen dient jedoch ferner dazu, für die Kapitalisten Kapital zu sein, den Kapitalisten die so sehr erhofften Früchte einzutragen und von Jahr zu Jahr die soziale Maschine in Bewegung zu halten. Regierungen, die es wagen, an diesem Teil des Lohnes zu rühren, handeln verhängnisvoll, denn sie opfern damit sowohl die Menschen als auch die Hoffnung auf zukünftige Reichtümer.

Diese Erwägungen haben gezeigt, wie falsch die Politik von Regierungen ist, die den Lohn der arbeitenden Klassen auf das Minimum herabsetzten, um dadurch die Einkommen der Industriekapitalisten, Handelskapitalisten und Grundeigentümer zu erhöhen. Die Steuer sollte sich keines-

Spanien zur Weltmacht, besonders durch die Besitzungen im mittel- und südamerikanischen Kolonialreich. Im Innern des Landes jedoch kam es zu krisenhaften Erscheinungen, die unter anderem auch den Ruin der Masse der spanischen Bauern bewirkten. Unmittelbarer Nachfolger Karls V. war Philipp II., der von 1556 bis 1598 regierte.

wegs auf die Einkünfte dieser drei Bevölkerungsschichten beschränken, sie sollte vielmehr von jedem Bürger fordern, daß er einen Teil seiner „Genüsse" abzweigt, entsprechend der Höhe seines Einkommens, zum Zwecke des Vorteils von öffentlicher Ordnung und Gerechtigkeit sowie für die Erhaltung der nationalen Ehre. Was soll die Steuer aber von jenem verlangen, dem man nichts mehr gelassen hat? Und ferner: sollte man einmal die gesamte Arbeit des Landes durch Maschinen bzw. durch zu Maschinen gewordene Menschen ausführen lassen, wo sollte man dann eine Steuersumme finden, die früher von einer großen Klasse der Nation erhoben wurde, deren Vernichtung man zuließ?

Alle unsere Beobachtungen haben uns jedoch noch in keiner Weise zu der Erkenntnis verholfen, wie man im einzelnen gerechte Auflagen vornehmen sollte, und noch weniger können wir behaupten, Mittel und Wege gefunden zu haben, dieses Ziel mit der Steuer zu erreichen. Indessen können wir aus dem Gesagten einige wenige Regeln ableiten, die uns eine Beurteilung der verschiedenen Steuerformen ermöglichen.

1. Jede Steuer muß vom Einkommen erhoben werden und darf nicht das Kapital treffen. Im ersteren Falle gibt der Staat lediglich das aus, was beim Steuerpflichtigen ebenfalls für den Verbrauch bestimmt war. Im zweiten Falle würde er etwas zerstören, nämlich das Kapital, von dem sowohl der einzelne Bürger als auch der Staat leben sollen.
2. Bei der Veranlagung der Steuer darf keinesfalls das jährliche Bruttoprodukt mit dem Einkommen verwechselt werden; das Bruttoprodukt umfaßt außer Einkommen das gesamte zirkulierende Kapital. Ein Teil dieses Bruttoprodukts muß erhalten bleiben, um alle fixen Kapitalien, alle akkumulierten Arbeiten und den Lebensunterhalt aller produktiven Arbeiter zu sichern und zu erneuern.
3. Da die Steuer der Preis ist, den der Bürger für Vorteile zahlt, dürfte man sie nicht von jenen fordern, die sich

überhaupt keiner Vorteile erfreuen. Infolgedessen darf die Steuer niemals den Teil des Einkommens treffen, der unbedingt für den Unterhalt des Steuerzahlers notwendig ist.

4. Die Steuer darf niemals den Reichtum, den sie treffen soll, vertreiben. Sie muß also um so niedriger sein, je mehr der Reichtum zur Abwanderung aus dem Lande neigt. Sie darf niemals den Teil des Einkommens treffen, der letzten Endes zur Erhaltung dieses Einkommens erforderlich ist.

DRITTES KAPITEL

DAS EINKOMMEN ALS GRUNDLAGE EINER EINZIGEN STEUER

Es ist das natürliche Bestreben des menschlichen Geistes, alle Überlegungen auf die einfachste Formel zu bringen, alles zu verallgemeinern und in einem einzigen, einfachen Vorgang alles das zu vereinen, was an sich mehrere, komplizierte Abläufe erfordern würde. Dieses Bestreben, alles zu vereinfachen, zu klassifizieren, zu verallgemeinern, ist zweifellos die Ursache für die bedeutendsten Fortschritte vieler Wissenschaften. Indessen sollte man sich einem derartigen Bestreben nicht bedenkenlos hingeben; denn es wird mitunter viel aus unserer Schwäche und nicht aus unserer Stärke geboren; Abstraktionen liegen weniger in der Natur der Sache als in den Grenzen unseres Verstandes.

So hat man, auf der Suche nach einer einzigen Steuer, für die Gesellschaft zumeist mehr Bedrückungen als Erleichterungen verursacht. Ohne Zweifel ist es vorteilhaft, die Beziehungen zwischen Steuereinnehmer und Steuerzahler zu vereinfachen. Zweifelsohne wäre es wünschenswert, an die Stelle von Willkür eine unveränderliche Bestimmung zu setzen. Ganz sicher würde allen Bürgern, die entsprechend ihrem Einkommen zu den nationalen Ausgaben beitragen müssen, eine einzige Steuer, ebenfalls auf das Einkommen umgelegt und gleich hoch für alle, sowohl gerechter wie auch einfacher erscheinen als die bunte Vielheit der Steuern, welche sich die Finanzkunst hat einfallen lassen. Indessen wären die meisten der Regeln, die wir gerade hinsichtlich der Steuern aufstellten, auf eine einzige Steuer nicht anwendbar. Der größte Teil der Einkommen, die wir der

Schonung für nötig erachteten, würde von einer einzigen Steuer keineswegs geschont werden. Je starrer eine Bestimmung ist, um so mehr müßte man ihre strenge Befolgung beachten, um auch wirklich alle Betroffenen gerecht zu behandeln. Aber gerade die einzige Steuer, wäre sie überhaupt denkbar, brächte zunächst viel weniger ein und verursachte zum anderen weit mehr Leid und Elend als die verschiedenen Steuerarten, die von den einzelnen Reichtumsarten erhoben werden.

Wir betonten: wenn eine einzige Steuer überhaupt denkbar wäre! In der Tat, der erste Zweifel ergibt sich bereits daraus, daß es fraglich ist, ob sämtliche Einkommen durch eine einzige gesetzliche Maßnahme, durch eine proportionale Steuer auch wirklich getroffen werden können. Dazu wäre es erforderlich, entweder das Einkommen direkt bei seiner Entstehung zu erfassen, d. h. in dem Augenblick, wo es dem einzelnen zufällt, oder aber zum Zeitpunkt seiner Verwandlung in Verbrauch, d. h. wo es ausgegeben wird. Beide Methoden liefen ungefähr auf das gleiche hinaus, denn die Ausgaben sind das genannte Maß für das Einkommen. Geben einige Geizhälse weniger bzw. einige Verschwender mehr aus, als sie an Einkommen beziehen, so sind diese geringen Unterschiede völlig bedeutungslos für die gesamte Gesellschaft. Sind jedoch, wie ich glaube, beide Wege gleichermaßen nicht gangbar, so bleibt eben nur der bereits im allgemeinen beschrittene Weg übrig: nämlich die Steuern auf jede Art von Reichtum zu verteilen und durch ihre Verschiedenheit die Ungleichheit der Reichtumsarten auszugleichen.

Der erste Versuch mußte darin bestehen, die Einkommen im Augenblick ihrer Entstehung zu treffen. Diesem Vorgehen wollen wir uns in diesem Kapitel widmen. In den beiden nächstfolgenden Kapiteln soll dann über Steuern, die auf besondere Einnnahmequellen erhoben werden, gesprochen werden. Im sechsten Kapitel werden wir noch einmal auf eine einzige allgemeine Steuer, erhoben entsprechend den Ausgaben oder dem Verbrauch, zurückkommen. Wir werden beweisen, daß eine solche, sofern man nur sie anzuerkennen gewillt ist, gleichermaßen sowohl ungerecht als auch undurchführbar ist.

Nehmen wir an, daß hinsichtlich der privaten und öffentlichen Ausgaben jedem Bürger neun Zehntel seines Einkommens für seinen Konsum gelassen werden, während man ihn andererseits beauflagt, mit dem restlichen Zehntel zu den Vorteilen beizutragen, die ihm die öffentliche Ordnung verschafft. Es muß dann also von jedem in der Gesellschaft entstandenen Einkommen, gleichgültig auf welche Art und Weise es entstand, ein Zehntel der Steuer gezahlt werden. Wie wird es möglich sein, dieses Zehntel bei den verschiedensten Reichtumsarten zu treffen?

Das erste Einkommen, so hatten wir festgestellt, ist jenes des Grundeigentümers. Dieses Einkommen verursacht keine größeren Schwierigkeiten, zumindestens nicht, wo das Pachtsystem herrscht. Es unterscheidet sich sehr deutlich vom Kapital, von den jährlichen Vorschüssen und von jedem anderen Bestandteil des Reichtums. Der Vertrag, aus dem dieses Einkommen hervorgeht, ist meist leicht zu überschauen. Selbst wenn man zu verschleiern trachtet, so kann doch niemals der Boden der ständigen Beobachtung entzogen werden. Und tatsächlich sind die Grundeigentümer nur selten von den Regierungen geschont worden. Fast alle Regierungen forderten gleich hier bei der Entstehung dieses Einkommens ihren Teil und überschritten nicht selten das Zehntel, das wir als den zu fordernden Satz ansahen.

Das Einkommen, das aus den fixen Kapitalien, aus den Maschinen und Fabrikgebäuden aller Arten hervorgeht, ähnelt in starkem Maße dem Einkommen des Grundeigentümers, und es ist keineswegs schwierig, es mit Steuern zu belegen, wenngleich auch das Ersetzen des ursprünglich verbrauchten Kapitals hier häufig mit dem Einkommen verwechselt wird. Die Eigentümer eines solchen Kapitals sind dem Mißbrauch seitens der Steuerbehörden weitaus mehr ausgesetzt als die Grundeigentümer. Und je mehr man gerade sie steuermäßig belastet, um so mehr schadet man der

Nation, weil man ja auf diese Weise die Reproduktion der Reichtümer behindert. Dennoch ist es keineswegs schwierig, Einkommen aus fixen Kapitalien zu treffen.

Viel größere Schwierigkeiten bestehen bereits, sofern es sich um die Einkommen handelt, die aus den zirkulierenden Kapitalien* hervorgehen. Diese zerfallen, wie wir sagten, in zwei Teile. Der eine Teil gelangt unter der Bezeichnung Zins zu jenem, der das Kapital vorgeschossen hat; der andere Teil bleibt als Profit jenem, der das Kapital angewendet hat, sei er nun Unternehmer, Pächter, Fabrikant oder Kaufmann. Um von solchen Einkommen Steuern zu erheben, muß man sie zunächst überhaupt erst einmal feststellen, erst danach kann man veranlassen, daß, entsprechend der Proportion, Steuern gezahlt werden.

Beim Zins handelt es sich um eine feste Größe, in den meisten Fällen gleich hoch bei allen ähnlich gelagerten Geschäften, völlig unabhängig von äußeren Ereignissen und wegen der scheinbaren Ähnlichkeit mit der Bodenrente besonders geeignet, mit Steuern belegt zu werden. Aber, die Übertragung von Kapitalien geschieht keineswegs öffentlich, eine Aufdeckung ist dem Staat nur selten möglich, selbst wenn er vor drastischen Maßnahmen nicht zurückschreckt. Der Staat könnte auch keine Schätzung vornehmen, ohne die Zahl simulierter Geldgeschäfte noch in die Höhe zu treiben bzw. zu Schmuggel und anderen Auswegen aller Art anzuregen, wodurch, bloß um der Besteuerung zu entgehen, die Ruhe der Familien und der Schutz jeglichen Eigentums in Gefahr gerieten. Schließlich würde die Verfolgung solcher Kapitalgeschäfte seitens des Staates zur Folge haben, daß ein großer Teil der Kapitalien ins Ausland abflösse.

Beim Profit aus Kapitalien handelt es sich um einen noch weitaus flüchtigeren Bestandteil des Reichtums. Das gleiche Unternehmen, der gleiche Handel, die im vergangenen Jahr Profit brachten, können im folgenden Jahr Verlust bringen.

* Wie schon im vorangegangenen Kapitel bedient sich Sismondi auch hier wieder seiner unscharfen Bestimmung des zirkulierenden Kapitals (siehe die diesbezügliche Fußnote im Kap. II).

Betrachtet z. B. ein Handelskapitalist seinen gesamten Profit als Einkommen, d. h. fügt er davon in den guten Jahren absolut nichts seinem Kapital bei und bestreitet er allein von diesem Kapital die Verluste der schlechten Jahre, so wird er bald ruiniert sein. Das wirkliche Einkommen besteht also hier immer aus einem Durchschnitt zwischen guten und schlechten Jahren. Diesen Durchschnitt kennt er aber selbst nicht einmal, um wie vieles schwerer muß es also für den Staat sein, ein solches Einkommen zu überwachen und genau festzustellen! Übrigens, wenn andere Steuerzahler bestrebt sind, ihr Einkommen lediglich zu verbergen, um den Forderungen der Steuerbehörde zu entgehen, so haben beispielsweise die Handelskapitalisten einen ganz bestimmten Grund dafür. Mag ihr Vermögen noch so gut fundiert sein, sie bedürfen dennoch ständig des Kredits. Ihr Ruin würde unter diesen Voraussetzungen also stets von der Gnade oder Ungnade ihrer Konkurrenten abhängen, wenn diese nämlich, aufgrund der Kenntnis der Einnahmequellen und der geplanten Transaktionen, in die Lage versetzt wären, den kritischsten Augenblick herauszufinden, um Kredite zu verweigern oder Zahlungen einzufordern. Der Handel kennt keine Rücksichten. Die gegenseitige Abhängigkeit des einen vom anderen ist meist so groß, daß die Gefahren lediglich durch Geheimhaltung in Grenzen gehalten werden können. Jede Steuer dagegen ist ihrem Wesen nach öffentlich; eine Steuer auf das Einkommen, den Handelsprofit z. B., würde der Öffentlichkeit die Größe der Vermögen offenbaren, es geschähe also etwas, was am meisten gefürchtet werden muß. Im allgemeinen würde man nicht zögern, sich eher den willkürlichen Auflagen zu unterwerfen, als sich einer Nachforschung hinsichtlich des Vermögens auszusetzen, die die Geschäftslage an den Tag brächte.

Wir kommen schließlich zur letzten Einkommensquelle, zu jener, die die größte Anzahl der Bürger betrifft, zu jener, die gleichzeitig den größten Anteil des Nationaleinkommens darstellt. Wenngleich der Steueranteil jedes einzelnen hier sehr klein ist, so kann man doch auch bei dieser Einkommensquelle, dem Lohn für jegliche Art von Arbeit, keineswegs auf eine Beauflagung verzichten, wollte man sich nicht der wichtigsten Steuereinnahmequelle berauben. Ein Teil des Lohnes vermischt sich unablässig und auf die verschiedenste Art und Weise mit den anderen Einkommensarten. Dem selbst wirtschaftenden Bodeneigentümer muß der Boden gleichzeitig Rente, Profit und Lohn bringen; dem Pächter Profit und Lohn; dem Tagelöhner schließlich nur den Lohn. Auf diese Weise wird der Lohn bei jedwedem, der Bodenprodukte hervorbringt, zum Bestandteil des Einkommens. In Frankreich gehören allein fünf Sechstel der Bevölkerung zum landwirtschaftlichen Sektor. Die meisten Handwerker in den Städten hingegen vermischen in ihrem Einkommen den Profit aus einem kleinen Unternehmen mit ihrem eigenen Lohn. Der Fabrikeigentümer, der Handelskapitalist sowie alle Angestellten beziehen also gleichermaßen Lohn für ihre Anstrengungen und ihre Intelligenz sowie unter Umständen Profit. Der nicht selbst produzierende Arbeiter schließlich, welcher Klasse er auch angehören und durch welchen Kanal er sein eigenes Einkommen aus den Einkommen der anderen beziehen mag, findet sein Einkommen ausschließlich im Lohn.

Wie aber sollte es angesichts dessen möglich sein, den Lohn in direkter Weise als Einkommensquelle steuermäßig zu erfassen? In welchem Augenblick sollte man ihn besteuern? In welche Not und Bedrängnis schließlich würde man den armen Tagelöhner bringen, forderte man täglich ein Zehntel seines Lohnes? Würde man ihn andererseits nicht dem sicheren Verderben aussetzen, betrachtete man den Lohn, den zu erhalten er nur von Tag zu Tag sicher ist, als jährliches Einkommen, so daß er beispielsweise jährlich fünfzig Francs zahlen müßte, wenn er in der Woche zehn Francs verdient? Ferner ist folgendes zu berücksichtigen: Würde man nämlich die Steuer entsprechend der Aktivität und Geschicklichkeit, die in der Tat die Löhne der Arbeiter erhöhen, heraufsetzen, so würde man Gleichgültigkeit und Laster anstelle von Ordnung und Fleiß fördern!

Aus alledem folgt, daß sich nur das Einkommen, das aus dem Boden, den Häusern, den Fabriken und anderen fixen Kapitalien erzielt wird, direkt besteuern läßt. Jedes andere Einkommen entzieht sich, zum Zeitpunkt seines Entstehens jedenfalls, der Kontrolle. Erst zu einem anderen Zeitpunkt seines Bestehens kann der Staat damit rechnen, einen Teil dessen zu erhalten, was er tatsächlich nur so lange schützt, wie er in Form der Steuer daran beteiligt ist.

Die Folge davon war, daß sich die Regierungen gezwungen sahen, die Steuer vielfältiger zu gestalten. Jede einzelne Steuer sollte weniger belastend sein, statt dessen aber sollten andere Steuern bestehen, wovon immer eine, sofern eine andere versagte, ihren Zweck erfüllen würde. Auf diese Weise wurden einerseits die Einnahmen durch direkte Steuern belastet, die Ausgaben andererseits mit Verbrauchssteuern belegt. Die Steuer nahm also überall dort, wo es etwas zu nehmen gab; unmöglich war es jedoch, genau festzulegen, wieviel von jeder einzelnen Bevölkerungsklasse eingefordert werden durfte, und infolgedessen war es unmöglich, Gleichheit und Gerechtigkeit aufrechtzuerhalten. Indessen ziehen die Steuerzahler es vor, dieses Übel hinzunehmen, anstatt sich der Verpflichtung auszusetzen, Rechenschaft über das erzielte Einkommen abzulegen, was übrigens häufig nicht einmal sich selbst gegenüber getan wird.

Auf diese Weise wird fast blindwütig aller Reichtum belastet, wo nur immer er sich befindet. Bei derartig üblichen Praktiken sollte man sich jedoch einiger Regeln besinnen, die Adam Smith bezüglich der Steuer aufstellte.* Diese Regeln sollte jede Regierung befolgen, sofern sie das große Übel, das die Steuer an sich verursacht, nicht noch verschlimmern will und sofern sie nicht Gefühle des Grolls wecken will, die längst nicht mehr im Verhältnis zu dem Gewinn stehen, der aus der Steuer resultiert.

Eine Steuer ist als um so schlechter zu bezeichnen, je

* Vgl. hierzu Adam Smith, „Reichtum der Nationen“, Waentig, Jena 1923, Bd. 3, 2. Kap., S. 186 ff.

mehr sie dem Volk über das dem Staate schuldige Maß hinaus kostet; sie ist dagegen um so besser, je schonender ihre Erhebung erfolgt. Sie ist schlecht, wenn der Zeitpunkt der Erhebung dem Steuerzahler Unannehmlichkeiten verursacht, sie ist um so besser, je mehr man sich Gedanken darüber macht, wann es dem Steuerzahler am leichtesten sein wird, sie zu entrichten.

Steuern sind schlecht, sofern durch ihre Erhebung lästige Untersuchungen erforderlich werden, die die Freiheit der Bürger beeinträchtigen. Sie sind gut, wenn sie keinen Anlaß zum Betruge bieten, geringe Überwachung erfordern und wenn ihre Bezahlung den Anschein der Freiwilligkeit erweckt.

VIERTES KAPITEL

DIE BODENSTEUER

Das von der Steuer am einfachsten zu erreichende Einkommen ist das vom Boden herrührende; denn solchen Reichtum kann man in keiner Weise verbergen. Außerdem läßt sich seine Höhe ohne unmittelbare Angaben des Grundeigentümers veranschlagen, und schließlich hat man zum Zeitpunkt der Ernte, sofern Bodenbeschaffenheit und Wetter diese ermöglichten, die Gewißheit, daß der Grundeigentümer bereit ist, Steuern zu zahlen. Allerdings sind die Ökonomen über die Art und Weise, wie diese Steuer erhoben werden soll, geteilter Meinung. Die einen wollen sie in natura vom Bruttoertrag, die anderen in Form von Geld vom Nettoertrag einziehen. Sehr häufig wurden in Europa diese beiden Methoden gleichzeitig praktiziert, und zwar unter der Bezeichnung „Zehnt“ bzw. „Grundsteuer“. Wir treffen auf diese beiden Steuerarten bereits im Altertum sowie bei allen Agrarvölkern, die die Autorität einer Regierung anerkennen.

Der Zehnte ist eine Steuer, die zur Zeit des Überflusses erhoben wird, noch bevor der Erzeuger überhaupt sein Eigentum in Besitz genommen hat. Die Regel, nach welcher der Zehnte aufgestellt wird, sofern er sich nur auf die Hauptemten bezieht, ist so einfach und allgemeingültig, daß es zu Auseinandersetzungen oder starken Belastungen schwerlich kommen kann, was ihm den Anschein von Gerechtigkeit verleiht. Die Erhebung in natura erfordert eine größere Anzahl von Beamten und Lagerhäusern als die Einziehung in Form von Geld; ihre äußerste Einfachheit macht ihn indessen wenig kostspielig. Übrigens wäre es angebracht, die Regierung beim Verbrauch nicht zu sehr zu drängen, denn die Lagerung der landwirtschaftlichen Produkte bis zu einem günstigen Verkaufszeitpunkt bzw. ihre Nutzung durch Pächter würde der Regierung sichere Vorteile einbringen. Der Zehnte ist bekanntlich aufgrund seiner Einfachheit die Steuer, die sich am leichtesten in Pacht geben läßt. Landwirte dagegen, die beauflagt sind, ihre Steuern in Geld zu bezahlen, verkaufen fast ihre gesamte Ernte außer der Zeit. Regierungen, die den Pächtern des Zehnten Aufschub gewähren, werden vielleicht allein durch diese Zeitvorgabe alle Einzugskosten decken können.

Von diesen Vorteilen beeindruckt, empfahlen zahlreiche Politiker, den Zehnten zur nationalen Steuer zu erheben. Außerdem wurde er mit großer Beharrlichkeit von jener großen Macht im Staate, der Kirche, verfochten, die ihn im allgemeinen einzog. Die Kirche also, die von den jüdischen Einrichtungen nur jene wieder entstehen ließ, die völlig ihren Interessen entgegenkamen, während sie alle anderen dem Vergessen preisgab, hat häufig genug den Zehnten als ein unveräußerliches Recht, beruhend auf den Gesetzen Gottes, beansprucht. Im Gegensatz dazu hat sie niemals auf der Erneuerung anderer göttlicher Vorschriften, wie z. B. der religiösen Reinigung oder dem Sühneopfer, bestanden. Andererseits ist der Zehnte natürlich mit größter Bitterkeit von den Gegnern des Klerus angegriffen worden, so daß seine Wiedereinführung bzw. Aufhebung fast immer zum Streitobjekt gegensätzlicher Interessengruppierungen wurde.

Durch eine seltsame Mischung von Gier und jüdischem Aberglauben wurde der Zehnte in allen jenen Ländern, in denen man zwischen großem und kleinem Zehnten unterschied, entstellt. Ohne große Schwierigkeit läßt sich der Zehnte anwenden auf die jährlichen Felderträge, auf die Heuernte, auf die Getreide- und Weinernte, denn diese Ernten fallen alle zur gleichen Zeit an und geschehen vor den Augen des Zehntherrn.

Der Zehnte jedoch, der von späteren Ernten, von tierischen Produkten, vom Obst, von Gartenerzeugnissen, von Geflügel und von Milchprodukten erhoben werden soll, in England geschieht das durch den geistlichen Stand der Vikare, dieser Zehnte bietet steten Anlaß zu unvermeidlichen Streitigkeiten, Bedrückungen und Bitternissen. In den einzelnen Gemeinden ist es wohl deswegen zu einem regelrechten Krieg zwischen dem Vikar und seinen Pfarrkindern gekommen. Außerdem ist dieser Zehnte einer der Hauptgründe für das Zunehmen der der herrschenden Kirche feindlich gesinnten Sekten.

Der große Zehnte, wird er an den Staat entrichtet, könnte zweifellos eine sehr nützliche Steuer sein, die sich leicht erheben läßt, ohne weder viel Unzufriedenheit zu stiften noch große Kosten zu verursachen. Diese Vorteile werden jedoch mehr als genug durch die tatsächliche Ungleichheit dieser Steuer wett gemacht und wieder aufgehoben durch die Hemmnisse, die sie für die Produktivität bedeuten.

Ricardo vertritt diesbezüglich ganz andere Ansichten. Er sieht den Zehnten als eine gleichmäßige Steuer an, die ganz und gar vom Verbraucher bezahlt wird und die sich keineswegs schädlich auf den allgemeinen Fleiß auswirkt. Da das Ansehen Ricardos seit der Veröffentlichung der ersten Ausgabe dieses meines Werkes unendlich gewachsen ist, erachte ich es für notwendig, seine diesbezüglichen Überlegungen und Behauptungen genauer zu untersuchen und zu widerlegen.

Die Grundsätze, gemäß derer Ricardo behauptet, daß „der Zehnte voll und ganz den Konsumenten trifft“ und daß „der Boden von schlechtester Qualität ebenso den Zehnten zahlt wie der von bester Qualität, und zwar genau im Verhältnis zu der auf ihnen erzielten Produktenmenge“ und daß „Zehnte daher eine gleiche Steuer sind“[13], werden keineswegs in dem Kapitel dargelegt, das dieser Steuer gewidmet

[13] David Ricardo, „On the Principles of Political Economy and Taxation“, London 1817, deutsche Übersetzung G. Bondi, „Über die Grundsätze der Politischen Ökonomie und der Besteuerung“, Berlin 1959, XI. Kap., S. 165.

ist.* Infolgedessen erscheint mir dieses Kapitel nahezu unverständlich. Die Erläuterungen vorangegangener Kapitel lassen darauf schließen, daß Ricardo es ausschließt, daß ein Grundeigentümer den Zehnten zahlen kann, denn er sieht in der Rente lediglich den Unterschied zwischen einem besseren und einem schlechteren Boden verkörpert, ein Unterschied, den der Zehnte nicht ändert. Diese Überlegung erscheint mir doppelt falsch, weil die Rente, wie wir an anderer Stelle sagten, etwas anderes als diesen Unterschied darstellt** und weil der Zehnte diesen Unterschied durchaus sehr beträchtlich zuungunsten der schlechten Böden vergrößert.

Ricardo glaubt außerdem, daß auch der Pächter nicht den Zehnten zahlen könnte, weil „Steigt der Preis der Rohprodukte nicht in dem Maße, daß der Farmer für die Steuer entschädigt wird, so verläßt er natürlich einen Erwerbszweig, in dem sein Profit unter das allgemeine Niveau gedrückt wurde. Das wird so lange eine Verringerung des Angebots verursachen, bis die unverminderte Nachfrage einen solchen Preisanstieg der Rohprodukte bewirkt hat, daß deren Anbau ebenso profitabel wie die Anlage von Kapital in irgendeinem anderen Zweige wird."***

* Sismondi gibt das IX. Kapitel der englischen Originalausgabe an.

** David Ricardo, „On the Principles of Political Economy and Taxation", London 1817, deutsche Übersetzung G. Bondi, „Über die Grundsätze der Politischen Ökonomie und der Besteuerung", Berlin 1959, IX. Kap., S. 144.

*** Natürlich ist Sismondi im Recht, wenn er gegen Ricardo polemisiert, insofern dieser das Vorhandensein einer absoluten Grundrente, die auch für den schlechtesten Boden noch abfällt, bestreitet. Allerdings ist Sismondi andererseits weit davon entfernt zu erfassen, wie subtil die arbeitswerttheoretischen Überlegungen Ricardos waren, die ihn zu diesem Irrtum veranlaßten. Sismondi ist hingegen nicht bestrebt, die eigenen Überlegungen über die Rente mit der Arbeitswerttheorie in Einklang zu bringen.

Ich dagegen habe erklärt, daß es überhaupt keine Durchschnittsprofite gibt, wenngleich alle Produktionszweige bemüht sind, sich ihnen anzunähern. Das kommt daher, daß die Profite in jedem Erwerbszweig sich jährlich ändern, während es zwanzig oder dreißig Jahre bedarf, um eine Produktion aufzugeben, in welche man fixes Kapital gesteckt hat und für welche sowohl der Unternehmer als auch die Arbeiter eine lange Lehrzeit benötigten. Ich habe nachgewiesen, daß insbesondere die Landwirtschaft ein Produktionszweig ist, der sich nicht ins Gleichgewicht mit einem anderen bringen kann, weil sämtliches Kapital, das hineingesteckt wurde, sei es fix oder zirkulierend, niemals in einem anderen Industriezweig angewendet werden könnte; weil ferner die Landarbeiter niemals in die Berufe der Stadt überwechseln könnten und weil schließlich die Pächter selbst unfähig wären, irgendwelchen anderen Geschäften nachzugehen. Sie können zwar jeweils das Land verlassen, aber niemals den Beruf wechseln. Und da die Zahl der in der Landwirtschaft tätigen Menschen viel größer ist als jeder andere Berufszweig für sich genommen, sind die Profite der in der Landwirtschaft angewendeten Kapitalien stets geringer als jene aus den in jeder Industrie, bei gleichen Gewinnchancen, angewendeten Kapitalien.

Ricardo spricht in seinem ganzen Buch nur vom Getreideanbau, als wenn das Getreide das einzige Produkt des Bodens wäre, während es doch in der Landwirtschaft niemals nur darum geht, entweder Getreide zu erzeugen oder den Boden unbebaut zu lassen, sondern es sich vielmehr darum handelt, die richtige Auswahl unter den vielen Möglichkeiten der landwirtschaftlichen Produktion zu treffen, von denen die einen viel mehr Vorschüsse fordern als der Getreideanbau, andere wieder weitaus weniger, wobei der Zehnte sie doch alle gleich trifft. Selbst die Kosten der Getreideproduktion lassen sich vom Erzeuger nur schwerlich schätzen. In einem vierjährigen Ernteablauf, wo nacheinander Korn, Rüben, Hafer und Klee angebaut wurden, sind die vier Ernten durch die Bearbeitung und die Düngung des

Bodens zustande gekommen, wobei sie sich aber weder nur dem einen oder nur dem anderen allein zuschreiben lassen.

Der Pächter indessen, von dem man in diesem Jahr den Zehnten fordert, den er nicht gewöhnt war, im voraus zu zahlen, macht seine Abrechnung. Er kann nicht damit rechnen, vom Grundeigentümer einen entsprechenden Nachlaß gewährt zu bekommen. Seine Pachtverträge laufen über eine lange Zeit, und es werden deshalb mehrere Jahre vergehen, bevor er überhaupt wieder mit dem Grundherrn zu verhandeln hat.

Der Pächter hat nicht die Möglichkeit, sich den Zehnten in dem Umfange, wie dieser die Ernte verringert, vom Verbraucher ersetzen zu lassen. Da er den Zehnten vom Heu zahlen muß, das weniger Vorschüsse verlangt als Getreide, und vom Hopfen, der wiederum mehr erfordert, geschieht das Herabsetzen der Aussaat nicht, um dem Zehnten zu entgehen, sondern vielmehr mit der Absicht, sowohl sein Kapital als auch sein Einkommen nicht dem Zehnten auszusetzen. Die jährliche Ernte muß ihm in der Tat das Saatgut, den Dung und die Arbeitszeit, welche die Ernte erst hervorbrachten, ersetzen, ferner muß die Ernte für den Verschleiß an Gespannen und sonstigen landwirtschaftlichen Geräten aufkommen, sie muß die Miete für Speicher und Scheunen einbringen sowie die Pacht an den Grundeigentümer zahlen und schließlich den eigenen Profit abwerfen. Von alledem wird ihm der zehnte Teil abverlangt. Würde er nur über Wiesen verfügen, könnte man von ihm keinesfalls auf Saatgut, Dung, Bearbeitungskosten, Geräte, Speicher und Scheunen Steuern verlangen, aber er hat diese gesamte landwirtschaftliche Ausrüstung nun einmal erworben. Benutzte er sie nicht, ginge ihm damit mehr verloren, als der Zehnte dafür verlangt. Er zieht es also vor, verfallen zu lassen anstatt zu erneuern. Die Produktion nimmt ab, wenn auch langsam. Er benötigt weniger Arbeitskräfte, die Löhne in der Landwirtschaft sinken, während andererseits der Getreidepreis steigt. Auf diese Weise wird der zunächst vom Pächter vorgeschossene Zehnte von diesem nacheinander auf den Landarbeiter, dessen Lohn dadurch abnimmt, auf den Verbraucher, dessen Lebensmittel teurer werden, und schließlich auf den Grundeigentümer abgewälzt, der ehemals aus seinem Boden einen Monopolpreis erzielte und sich nun aufgrund dessen, daß dieses Monopol zurückgeht, mit einer geringeren Rente begnügen muß. Der Anteil, den jeder zu tragen hat, ist ungleich und läßt sich kaum im voraus veranschlagen.

Indessen wird die Landwirtschaft durch den Zehnten ebenso ungerecht wie ungleich getroffen. Steuern dürfen nur vom Einkommen erhoben werden, während der Zehnte dagegen sowohl das Einkommen als auch das in der Landwirtschaft aufgewendete Kapital trifft. Der Zehnte greift also nicht nur den Profit des Pächters und die Rente des Grundeigentümers an, sondern auch alle Vorschüsse, die der Pächter in bezug auf die künftige Ernte gemacht hat, werden mit dem Zehnten beauflagt.

In guten Jahren und bei guten Bodenverhältnissen können zwei von zehn Garben als Vorschuß genügen; in schlechten Jahren bzw. bei schlechten Bodenverhältnissen reichen oft nur mit Mühe acht von zehn Garben aus. Nicht selten kommt es vor, daß nicht einmal die gesamte Ernte genügt, um die Unkosten zu decken. Auf die Eintreibung des Zehnten wird jedoch in keinem dieser Fälle verzichtet. Beim ersten Beispiel beträgt er ein Achtel vom Einkommen aus den Feldprodukten, im zweiten die Hälfte und im dritten Falle, wo nichts vorhanden ist, greift er nach dem Kapital, aus dem die folgende Ernte entstehen soll. Die Ungleichheit des Zehnten ist besonders deshalb so hart, weil sie immer den Armen niederdrückt und außerdem stets dort mehr und zuviel nimmt, wo größere Schonung angebracht wäre.

Außerdem, je produktiver eine Kultur sein soll, um so mehr Vorschüsse an Arbeit und Saatgut verlangt sie. Der Zehnte, der nur der siebente oder achte Teil vom Einkommen aus einer Wiese sein kann, wird bei einem Getreidefeld bereits ein Fünftel, ein Drittel beim Weinanbau, die

Hälfte beim Hopfen, Hanf oder Tabak und bereits alles bei Gartenprodukten ausmachen. Während das nationale Interesse darin besteht, das Bruttoprodukt unaufhörlich durch zunehmende Vorschüsse an Arbeit und Saatgut zu erhöhen, veranlaßt der Zehnte, unter den eben dargestellten Umständen, die Produzenten in der Landwirtschaft dazu, ihre Vorschüsse mehr und mehr einzuschränken und solche Kulturen zu bevorzugen, die dem Staate am wenigsten einbringen, sie selbst aber nicht dem Risiko aussetzt, gewissermaßen für ihren Fleiß bestraft zu werden.

Ein Landwirt, der den Zehnten zahlen muß, ist jedesmal, wenn er sein Feld einer produktiveren Kultur widmen will, verpflichtet, sich vorher mit dem Zehntherrn zu verständigen, um diesen, anstelle des Zehnten aus der Ernte, eine feste Rente akzeptieren zu lassen. Diese feste Rente entspricht genau der Bodensteuer. Damit sie dem Zehnten gleich ist, muß sie von einem Fünftel bis zu einem Viertel des Nettoeinkommens erhoben werden; denn die Wiederverwendungen seitens der landwirtschaftlichen Erzeuger, die sogenannten Reprisen, wie es die Ökonomen nennen, verschlingen mindestens die Hälfte des Bruttoertrages.

Die Bodensteuer ist eine Steuer, die nur der Grundeigentümer von seinem Einkommen zu zahlen hat, so daß sie im allgemeinen nur ihn allein betrifft. Da die Bodensteuer auf einer pauschalen Schätzung des Bodens beruht und ihr manchmal eine Eintragung im Grundbuch zugrunde liegt, ist jeder Pächter im Namen des jeweiligen Grundherrn verpflichtet, einen Vorschuß in Form eines bestimmten Teiles vom Nettoertrag, entsprechend der vorausgegangenen ersten Schätzung, zu leisten. Eine solche Schätzung ist und bleibt aber unverändert, und je mehr Rente der Pächter an die Steuer zahlt, um so weniger kann er dem Grundeigentümer davon erstatten. Diese ein für allemal gültige Festlegung erlaubt es dem Pächter sogar, Nutzung und Anbau auszudehnen, den Boden, den er ausbeutet, zu verbessern, ohne daß der Staat von ihm verlangen kann, die Einkommen aus Vorschüssen, die niemand als er selbst geleistet hat, zu teilen. Aus dem gleichen Grunde wird es wenig aufwendig, diese Steuer einzutreiben. Jeder Erzeuger weiß genau, wieviel und wann er zu zahlen hat. Es besteht keine Möglichkeit, der Steuer zu entgehen, und es gibt auch keinen Ausweg über irgendwelche Kunstgriffe, um die Steuereinnehmer zu täuschen.[14]

[14] Ricardo, der immer wieder von den gleichen Grundsätzen ausgeht, behauptet, daß die Bodensteuer nur insoweit vom Einkommen der Grundeigentümer gezahlt wird, wie sie entsprechend der Pacht sich ändert; ansonsten muß sie vom Verbraucher bestritten werden. „Wenn Nr. 3", sagt er, „der zuletzt kultivierte Boden ist" (d. h., wenn ein Boden dritter Qualität bebaut wird, weil die Böden erster und zweiter Qualität nicht genügen, um die Nation zu ernähren), „so kann er nicht, obwohl er keine Rente abwirft, nach Einführung der Steuer bebaut werden und die allgemeine Profitrate abwerfen, sofern nicht der Preis des Produktes so hoch steigt, daß die Steuer aufgewogen wird ..., falls Kapital auf solchen Boden bereits angelegt ist, wird es abwandern, um eine günstigere Anlage zu suchen. Die Steuer kann nicht auf den Grundeigentümer überwälzt werden, denn entsprechend unserer Voraussetzung erhält es keine Rente." (Ricardo, „On the Principles of Political Economy and Taxation", London 1817, deutsche Übersetzung: G. Bondi, „Über die Grundsätze der Politischen Ökonomie und der Besteuerung", Berlin 1959, Kap. XII, S. 169.)
Sollen diese Überlegungen richtig sein, muß man glauben, ebenfalls wie der Autor, daß die Wiesen keine Pacht einbringen, daß desgleichen auch die besäten Böden von schlechtester Qualität keine Pacht abwerfen, daß der Grundeigentümer weder für sein Eigentumsrecht noch für alle seine Kapitalien, die er zur Aufbereitung des Bodens ursprünglich einmal angewendet hat, eine Entschädigung zu erwarten hat. Ferner gilt es zu glauben, daß die einzelnen Böden nacheinander, genau in der Reihenfolge, in der sie ertragreicher sind, unter Kultur gesetzt wurden, daß sämtliche Profite der Pächter sich gleichmäßig aufteilen und daß die Profite der Landwirtschaft völlig mit denen jedes anderen Industriezweiges übereinstimmen. Schließlich müßten wir annehmen, um Ricar-

Andererseits zwingt die Bodensteuer den Steuerzahler häufig, sie in Geld zu entrichten, in einem Augenblick, wo er gar keines hat. In einem solchen Falle muß der Grundeigentümer oder der Pächter Getreide oder andere Bodenprodukte verkaufen, um dieses Geld zu erhalten, und das wahrscheinlich zu einem denkbar ungünstigen Zeitpunkt. Auf diese Weise trägt die Bodensteuer dazu bei, die Märkte unmittelbar nach der Ernte zu verstopfen und gegen Ende des Jahres Mangelerscheinungen zu verursachen. Diesbezüglich wäre die Gesetzgebung der Toskana nachahmenswert. Anstatt die Bodensteuer sofort zu verlangen, was alle landwirtschaftlichen Erzeuger zwänge, gleichzeitig zu verkaufen, bzw. anstatt von Monat zu Monat Steuern zu erheben, was ebenfalls Geld erforderlich machte, sowohl in den Zeiten der Vorschüsse wie denen der Erträge, wird in der Toskana die Bodensteuer dreimal eingezogen, in aufeinanderfolgenden Abständen, die den drei Hauptemten des Landes entsprechen: Getreide, Wein und Öl, d. h. im August, November und Februar. Wer die Jahressteuer bereits im März, wo sie festgelegt wird, zahlt, erhält einen Abzug von 5 %. Wer dagegen nicht bis zum Verfallstag be-

dos Überlegungen beizupflichten, daß es für einen Pächter ebenso leicht sei, Seidenfabrikant zu werden und seine Rinder, Ackergeräte und Scheunen anzuwenden, um Samt oder Satin herzustellen, wie es für einen Schneider einfach ist, Fräcke zu nähen, wenn die französische Kleidung aus der Mode kommen sollte. Es sind immer wieder die gleichen Abstraktionen, deren Seichtheit man erkennt, wenn man die Dinge in ihrem wirklichen Ablauf betrachtet und nicht so sieht, wie sie auf geduldigem Papier beschrieben werden.
Um darzustellen, wie das Kapital dem Pächter verhilft, Fabrikant zu werden, genügt es keinesfalls zu sagen, daß er seinen Viehbestand, die Ackergeräte und die Scheunen verkauft, denn um sie zu verkaufen, ist ein Käufer erforderlich, der sie weiterhin für die Landwirtschaft verwendet. Zwar ändert sich dabei die Person, nicht aber der Verwendungszweck des Kapitals.

zahlt hat, kann zwar bis zum Ablauf des folgenden Jahres nicht belangt werden, aber sobald der letzte Tag jedes festgelegten Zeitabschnittes, d. h. der letzte des Monats, überschritten wurde, wird die Schuld um zehn Prozent der bis zum Termin nicht bezahlten Summe erhöht. Dieses Strafgeld ist ein Gewinn für den Steuereinnehmer, aber es kommt kaum einmal vor, daß es jemals ein Grundeigentümer zahlen müßte.

Die Bodensteuer wird um so belastender und verursacht um so mehr Unordnung auf den Märkten und in der gesamten Landwirtschaft, sofern der Bodenbebauer oder der Grundeigentümer gezwungen werden, um sich das notwendige Geld zu verschaffen, um jeden Preis zu verkaufen. Gleichzeitig führt eine solche Bodensteuer zu einer gewissen Entfremdung vom Eigentum, ferner raubt sie den Bebauern bzw. Grundeigentümern sowohl die Lust als auch die Möglichkeiten, dauerhafte Vorschüsse zu leisten, die mehreren Generationen eine Erhöhung der Bodenproduktion sicherten.

Die erste Schätzung, auf der die Besteuerung des Bodens beruht, kann ungerecht und ungleich sein; und wenn sie es nicht wäre, so kann doch selbst innerhalb einer sehr kurzen Zeit ziemlich große Ungleichheit entstehen, entweder in dem einen Gebiet aus dem beträchtlichen Aufschwung der Landwirtschaft oder in einem anderen Landstrich wegen ihres Niedergangs oder gar in noch anderen Gebieten wegen des Baus neuer Straßen, Kanäle, Häfen bzw. durch eine Verschiebung in der Bevölkerung, was alles zur Eröffnung und Erschließung neuer Märkte führt. Wenn also zunächst alles als äußerst recht und billig erschienen war, so wird ein bestimmtes Gefühl bald nach einem neuen Kataster und einer gerechteren Verteilung verlangen. Die Bodensteuer stellt indessen hinsichtlich der Gleichheit nicht dieselben Anforderungen wie andere Steuerarten.

Sobald in einem Land, das vorher keine Bodensteuer kannte, eine Bodensteuer erhoben wird, ist das Übel jener, die davon betroffen werden, noch weitaus größer, als es diese selbst empfinden; denn durch die Bodensteuer nimmt man ihnen nicht nur das Einkommen eines Jahres, sondern außerdem noch das Kapital, das dieses Einkommen repräsentiert. Legt man die Steuer auf ein Fünftel des Nettoeinkommens fest, so bedeutet das, daß der fünfte Teil des Bodens zugunsten des Staates konfisziert wird. Damit bekommt schließlich jeder Pächter zwei Herren; den Grundherrn aufgrund der vier Fünftel des Einkommens und den Staat wegen des restlichen Fünftels. Hat der Grundeigentümer nun seinerseits die Absicht, seinen Pächter zu wechseln, Anleihen auf seinen Boden aufzunehmen oder ihn zu verkaufen, will er gar den Boden unter seine Kinder aufteilen, so bleibt in jedem Falle der an die Steuer abzuführende Teil gleich groß, so daß er stets nur über die vier restlichen Fünftel verfügen kann.

Zweifellos läßt sich eine derartig drastische Beschneidung des Eigentums schwer ertragen, wir finden sie aber bereits in weit zurückliegenden Zeiten. In Europa gibt es kaum ein Land, das bis heute von der Bodensteuer und gleichzeitig vom Zehnten verschont geblieben wäre. Beide verfolgen denselben Zweck, und der Anspruch der Steuerbehörde auf ein Fünftel des Bodenertrages ist ein altes Gesetz.

Worin bestände demzufolge eine Richtigstellung des Katasters? Würde sie gerechter sein? Würde sie gleicher sein? Zwei Domänen wurden, eine wie die andere, auf eine Bodensteuer von tausend Francs pro Jahr geschätzt; die eine indessen bringt nur einen Ertrag von dreitausend Francs, während die andre zwölftausend einträgt, was bedeutet, daß die eine ein Drittel, die andere ein Zwölftel vom Nettoertrag bezahlt. Die Ungleichheit scheint zu schockieren; aber die eine Domäne ist infolge dieser Ungleichheit verkauft bzw. vererbt worden zum Preise von vierzigtausend Francs, während die andere Domäne für zweihundertzwanzigtausend Francs weitergegeben wird, alle beide also zum Zwanzigfachen der Nettorente. Wem soll man nun aber volle Gerechtigkeit widerfahren lassen, dem Boden oder dem Menschen? Gebührt sie dem Boden, so kann kein Zweifel darüber bestehen, daß bei einer Einschätzung beider Domänen auf ein Fünftel ihres Nettoeinkommens die Bodensteuer der ersteren auf sechshundert Francs herabgesetzt werden muß, während sie sich bei der zweiten auf zweitausendvierhundert Francs erhöht. Das käme beim Eigentümer der ersten Domäne einem Kapitalgewinn von achttausend Francs gleich, den er keineswegs weder durch den Kauf des Bodens noch durch die Erbschaft seines Vaters oder aus der Erbschaftsteilung mit den Brüdern erworben hat. Der zweite Grundeigentümer verliert dabei gleichzeitig ein Kapital von achtundzwanzigtausend Francs, das er bezahlt bzw. durch Erbschaft oder Erbschaftsteilung erhalten hatte und auf welchem vielleicht sogar Hypothekenschulden zugunsten seiner Brüder oder der Verkäufer lasten.

Soll das Gesetz andererseits dem Menschen volle Gerechtigkeit angedeihen lassen, so darf dieses Gesetz keinesfalls die Eigentumsteilung, an die jeder beim Verkauf oder Vertragsabschluß glaubte, ändern. Jener, dem durch eine Katasterberichtigung ein Teil seines Eigentums genommen wird, erfährt eine schlimme Ungerechtigkeit, und diese Ungerechtigkeit wird keineswegs durch den unerwarteten Profit eines anderen aufgehoben. Es liegt kein höherer Sinn darin, dem einen etwas zu geben und dem anderen etwas zu nehmen. Die gleichmäßige Aufteilung des Eigentums hinsichtlich der Steuer unter Miteigentümern ist kaum besser begründet als eine gleiche Aufteilung allen anderen Eigentums.

Nicht aus Gerechtigkeitserwägungen, sondern als politisches Motiv könnte man hinzufügen, daß eine gleichmäßige Verteilung wahrscheinlich, anstatt die Grundeigentümer zufriedenzustellen, zu allgemeinen Einwendungen herausfordern würde, denn jeder wird der Meinung sein, daß der Gewinn von tausend Francs längst nicht so große Freude verschafft, wie deren Verlust Kummer bereitet. Jene, die sich bis dahin betroffen fühlten, würden längst nicht die von ihnen erhoffte Erleichterung verspüren, und jene, die dagegen höher belastet würden, würden glauben, sich nach dieser Neuverteilung entsetzlich bedrückt fühlen zu müssen.

Mit einer allgemeinen Maßnahme kann also keineswegs ein Ausweg aus dieser Ungerechtigkeit, über die man sich beklagt, gefunden werden. Allein, da man die Verpflichtung, das notwendige Einkommen zu respektieren, um den Eigentümer nicht gleichgültig gegenüber seinem Eigentum werden zu lassen, nicht aus den Augen verlieren darf (wir sprachen davon in einem anderen Kapitel), muß die Regierung durch teilweise Steuernachlässe jenen zu Hilfe kommen, die wirklich stark bedrückt werden. Die Regierung muß ferner die Gleichheit zwischen den Bodensteuerpflichtigen mit derselben Langsamkeit und Schonung wiederherstellen, wie sie sich bemüht, die ungeheure Kluft zwischen ihren Staatsbürgern hinsichtlich größten Reichtums und äußerster Not zu überwinden.

FÜNFTES KAPITEL

DIREKTE STEUERN AUF ANDERE EINKOMMENSQUELLEN

Die Bodensteuer trifft nur eine einzige Einkommensart, und alle anderen Steuern, die die Bürger entsprechend ihren Aufgaben zahlen müssen, treffen abermals die Grundeigentümer. Solche Steuern, die für die Übertragung von Grundeigentum erhoben werden, die aber nicht vom Einkommen, sondern von den nationalen Kapitalien eingezogen werden, lasten auf den unbeweglichen Gütern noch fünf- oder sechsmal schwerer als auf den beweglichen. Auf diese Weise zahlen die Grundeigentümer dreifach, während die anderen Bürger nur einmal zahlen, und überblickt man einmal die verschiedenen Arten des Steuerzahlens, so wird man im allgemeinen feststellen, daß die Grundeigentümer bis zu einem Drittel ihres Einkommens zahlen, während alle anderen kaum ein Dreißigstel zu entrichten haben.

Zwar hatten wir gesehen, daß es durchaus Gründe dafür gibt, daß die Grundeigentümer ein weniger mehr als die anderen Bürger zur Unterstützung der Regierung beitragen, da diese wiederum mehr für sie verausgabt, aber es besteht natürlich keinesfalls Anlaß zu derartig großen Unterschieden. Könnte man die Geld- und Industriekapitalisten ebenso leicht erreichen wie die Grundeigentümer, wäre es auch gerecht, sie direkt zum Unterhalt einer Regierung zu verpflichten, die ihr Eigentum schützt. In großen Staaten hat man derartiges nur selten versucht. Man hat erkannt, daß man das Vermögen jedes einzelnen Bürgers nur durch lästige Untersuchungen ermitteln könnte, wobei es zu befürchten gäbe, daß die Kapitalien ins Ausland abflössen und der

Industrie die notwendige Stütze genommen würde. Nur zu gern würde man den Betrieb eines Bergwerkes, dessen Ausbeutung sich kaum noch lohnt, einstellen. In Europa entstanden aber, und das vor allem im Mittelalter, an der Seite der Ländereien zahlreiche kleine Handelsrepubliken, die zwar von der Landwirtschaft ernährt wurden, diese jedoch völlig unabhängig von sich ließen. Die freien Reichsstädte und Hansestädte sowie die Republiken in Italien und in der Schweiz wurden und waren das Zentrum eines ausgedehnten Handels, der Aufenthaltsort reicher Geldkapitalisten, deren Schätze die Gier der Nachbarn steigerten. Diese Städte, die sich gegen die mächtigen Fürsten verteidigen mußten, hätten niemals die Möglichkeit gehabt, ein ausreichendes Einkommen von der kleinen Bannmeile, die von ihnen abhing, zu erheben. Übrigens bildeten gerade ihre beweglichen Reichtümer, die es zu verteidigen galt, häufig den Anlaß ihrer Gefahren. Jene, die sich hier einer gewissen Freiheit und Bedeutung erfreuten, die sie anderswo nicht genossen, mußten ihr Stadtrecht bezahlen. Diese Republiken waren darauf aus, die Einkommen der Reichen direkt zu treffen, wobei sie aber gleichzeitig die Freiheit und die Absatzmöglichkeiten des Handels respektierten.

Die meisten begnügten sich mit der Erklärung, die jeder von seinem Vermögen abgab; andere gingen sogar so weit, nicht einmal nach der Größe des Vermögens zu fragen. Sie verlangten lediglich, daß jeder Bürger, seine private Rechnung gemacht, an die Staatskasse das zahle, was er glaubte zahlen zu müssen, ohne daß jemals die Höhe der Summe bekannt geworden wäre. Im Hamburg verfuhr man so, daß die von jedem Bürger zu hinterlegende Summe ein Viertelprozent seines Kapitals betragen sollte; dies beruhte auf eidesstattlicher Erklärung. In Genf wird die Steuer, die man hier „gardes"* nennt und die sich mit gewissen Modifikationen auf ein Promille des Kapitals beläuft, ebenfalls dem Gutdünken der Bürger überlassen. Jeder macht seine Rech-

* „garde" ist hier im Sinne von Aufbewahrung gemeint.

nung ohne Zeugen und zahlt seinen Anteil in den Staatsschatz, ohne daß jemand das Recht hätte, das Geld zu sehen. Anschließend unterzeichnet man eine Erklärung, daß man seinen Anteil entrichtet hat. In den ersten Jahren nach der Einrichtung einer solchen Steuer verlangte man den Bürgern noch nicht einmal eine Eideserklärung ab.

Diese Art des Steuerzahlens kann es nur in Republiken geben, und sie können es sich zur Ehre anrechnen, sofern ihnen auch die Aufrechterhaltung gelingt. Schon aus diesem Grunde ist es erforderlich, daß die Steueransprüche sehr mäßig sind. In Genf zahlt der Geldkapitalist kaum ein Fünfzigstel seines Einkommens, während der Grundeigentümer mindestens ein Zwanzigstel entrichten muß. Zweifellos ist dieses Verhältnis nicht gerecht, aber es ist das einzig mögliche; denn die erste Bedingung für die Steuer besteht in der Möglichkeit, sie überhaupt einnehmen zu können.

In großen Ländern gibt es eine Schicht von Geldkapitalisten, die sehr große Vermögen besitzen. Diese sind die Rentiers des Staates. Wir werden noch einmal auf sie zurückkommen, sobald wir von den Anleihen sprechen. Aufgrund ihres Vermögens sind sie ganz und gar an der Erhaltung der Gesellschaft interessiert und mehr als jeder andere bestrebt, sie zu verteidigen. Es ist daher mehr als gerecht, daß diese Kapitalisten dazu ihren Beitrag leisten, denn sie sind häufig die wahren Eigentümer fast des gesamten nationalen Reichtums. Hinzu kommt, daß es leichter und weniger aufwendig ist, derartige Steuern einzuziehen, da es bereits genügt, einen Teil dieses Einkommens, über den der Staat schon verfügt, einfach einzubehalten.

Aber gerade die Leichtigkeit, Rentenanteile einbehalten zu können, macht die Angelegenheit noch gefährlicher. Es wird kaum eine verschuldete Regierung geben, die damit nicht Mißbrauch getrieben hätte. Da nun aber die Regierung gleichzeitig Schuldner und Gesetzgeber ist, fällt es nicht leicht zu entscheiden, wo die Besteuerung aufhört und wo der Bankrott beginnt, oder besser ausgedrückt, jedesmal, wenn die Regierung unter dem Vorwand, das Einkommen ihrer Schuldner zu besteuern, sich nicht nach den Abmachungen richtet, ist sie wirklich bankrott.

Indessen glaube ich nicht einmal, daß es in den Ländern, wo das Bürgerrecht keine leere Phrase ist, sondern wirkliche Vorrechte beinhaltet, die den Ehrgeiz anstacheln, unmöglich wäre, von den Rentiers einen freiwilligen Beitrag zu verlangen, der eine beträchtliche Geldquelle darstellen würde. In Frankreich ist jeder Bürger, der dreihundert Francs direkte Steuern zahlt, wahlberechtigt; wer dagegen tausend Francs zahlt, ist bereits in die Volksvertretung wählbar. Diese Funktionen sind sehr ehrenvoll und werden es in noch größerem Maße werden. Warum sollte man dem Staatsrentier nicht das Recht einräumen, seine Kreditbriefe zu fünf Prozent auf vier Prozent eintragen zu lassen? Der Eigentümer einer Rente von eintausendfünfhundert Francs, der durch diese Umschreibung freiwillig auf eintausendzweihundert Francs herabgesetzt würde, wäre bereits wahlberechtigt. Der Eigentümer einer Rente von fünftausend Francs, freiwillig auf viertausend Francs zurückgetreten, würde dadurch wählbar. Die zu vier Prozent eingetragenen Renten würden gleichermaßen wie alle anderen Renten übertragbar sein, und mit ihrem Besitz setzen sich auch sämtliche Bürgerrechte fort.

Zum Zeitpunkt selbst, wo ein derartiges Gesetz erlassen würde, gäbe es wohl kaum viele freiwillige Rückstufungen; aber mit dem Herannahen von Wahlen nähmen sie gewiß zu, wobei alle diese Reduzierungen dann für immer unwiderruflich bleiben und die Schuld ohne Kosten erlöschen lassen. Sämtliche Rückstufungen würden gleichzeitig den Vorteil bringen, die Schuld früher einzuordnen, sie auf die Departements übergehen zu lassen, die große Masse der Bevölkerung dafür zu interessieren sowie den Neid zu beseitigen, welchen natürlicherweise die Steuerzahler in der Provinz gegen jene der Hauptstadt oder des Auslands empfinden. Die politische Wirkung der Zulassung dieser neuen Schicht von Wählern wäre ebennfalls günstig hinsichtlich der Ordnung und der Freiheit. Bürger, die dem Staat ihre Vermögen anvertrauen, haben keineswegs die Absicht, diesem Staate zu schaden; vielmehr sind sie zuverlässige Verfechter der Ordnung, der Sparsamkeit, des festen Glaubens an den Handel und der Respektierung der Rechte aller, auf welcher sämtliches Vertrauen beruht. Kaum verdient es jemand, mehr Bürger genannt zu werden als die Gläubiger des Staates, die freiwillig zur Minderung der Staatsschulden beitragen.

Außerdem hat man versucht, die Einkommen aus Handel und Industrie direkt zu besteuern, indem man die in diesen Wirtschaftszweigen Tätigen in Steuerklassen einteilte und jeden von ihnen verpflichtete, entsprechend seiner Steuereinstufung zu zahlen. So hat man in Frankreich die Gewerbesteuer eingerichtet, die nicht nur den Handel und die Industrieunternehmen trifft, sondern auch die meisten Kleingewerbe. Man gelangt also so zu einer Beteiligung des Staates an den Einkünften, hervorgegangen aus den tatsächlichen Profiten, und aus jenen Einkommen, die angestrebt waren. Es gibt aber derartig große Unterschiede zwischen den Möglichkeiten des Verdienstes aus einem Gewerbe und einem sicheren Gewinn, so daß es ungerecht wäre, jemanden danach zu besteuern, was er hätte verdienen können und was er möglicherweise sogar verlieren wird. Trotz der Erfindung der Verhältnissteuer, die sich nach den Einnahmen aus Gebäudemieten richtet, da man in dieser einen sicheren Anhaltspunkt für die Höhe des Vermögens zu sehen glaubt, gibt es keine Gleichheit zwischen dem Anteil aus den Profiten, die ein Handelskapitalist an den Staat entrichtet, und dem Anteil seiner Pachteinnahmen, die ein Grundeigentümer zu zahlen hat. Desgleichen gibt es auch keine Gleichheit zwischen den jeweiligen Produkten. Die Gewerbesteuer bringt nicht ein Fünfzehntel von dem ein, was die Bodensteuer einträgt.

Die Steuerbeträge auf die Person und auf die beweglichen Güter beruhen auf so willkürlichen Grundlagen, daß es eine Vielzahl großer Städte vorgezogen hat, diese durch eine Verbrauchssteuer zu ersetzen.

Auf diese Weise werden die Einkünfte aus Kapitalien, aus Handel und Industrie bisher nur in sehr geringem Maße von allen direkten Steuern getroffen. Einkünfte dagegen, die unmittelbar aus der Arbeit hervorgehen, sind überhaupt noch nicht in Betracht gezogen worden; denn man hat erkannt, daß man den Arbeiter, wollte man ihn aufgrund des Lohnes, den er je verdienen könnte, besteuern, ihn entweder des notwendigsten Lebensunterhaltes beraubte oder ihm die Möglichkeit gäbe, eine Lohnerhöhung zu erhalten, was wiederum die Preise aller Produkte steigen ließ und einen Verkaufsstopp bedingen würde. Übrigens, einen Menschen, der aufgrund seiner Geschicklichkeit mehr verdient, deshalb höher zu besteuern, wäre gewissermaßen eine Bestrafung für seine Aktivität, Intelligenz und seine Vorzüge, durch welche er andern überlegen wird. Es muß eine indirektere Art gefunden werden, will man diesen Menschen nicht entmutigen, um von ihm einen Beitrag seines Einkommens zu erhalten, das er kraft seiner vielseitigen Fähigkeiten erzielt. Man hat es für einfacher erachtet, die Fenster zu zählen, anstatt sich auf eine ehrliche Mietpreiserhöhung zu verlassen.

Fast alle Regierungen haben Erbschaften, Verkäufe sowie alle Eigentumsänderungen mit beträchtlichen Steuern belegt. Wenngleich sie so das Kapital und nicht das Einkommen treffen, setzen sie die Wachstumskraft des Reichtums herab, ungefähr in der Art, als wenn sie den Zehnten vom Saatgut verlangten, anstatt ihn von der Ernte zu erheben. Da diese Steuer indessen im allgemeinen gerade dann erhoben wird, wenn sie sich am leichtesten zahlen läßt, da sie vom Betroffenen nur selten mehr als einmal auf das gesamte Vermögen zu zahlen ist und da es einfach ist, jegliche Willkür bei der Erhebung auszuschalten, verursacht der Großteil dieser indirekten Steuern, welche die einträglichsten Steuern Frankreichs sind, keinesfalls so viele Reklamationen wie andere, weitaus weniger drückende Steuern. Außerdem ist es wahrscheinlich, daß es jenen, denen man auf einmal einen Teil ihres Kapitals abverlangt, stets gelingt, durch

Sparsamkeit einen der verlorengegangenen Summe gleichen Betrag aus dem verbleibenden Kapital wieder aufzubringen; so daß die Wirkung hinsichtlich des nationalen Reichtums ungefähr dieselbe ist, wie wenn das Einkommen selbst besteuert worden wäre. Die Steuer auf Anleihen über Hypotheken und die Stempelgebühren für gerichtliche Handlungen aber verdienen keinesfalls die gleiche Nachsicht, denn diese werden erhoben für Erscheinungen, die man für Anzeichen von Armut oder zumindestens der Verlegenheit, aber nicht als Ausdruck des Reichtums, ansehen kann. Steuern auf Schulden oder Gerichtsprozesse eines Menschen zu erheben, erscheint kaum weniger unangebracht, als Steuern auf Krankheiten einzuziehen.

So ist es den Finanzbeamten trotz ihres Eifers, ihrer ständigen Aktivität, ihrer Erfindungsgabe und der Schnelligkeit, mit welcher sich ein neues Verfahren, in welchem Lande auch immer ausgeklügelt, sofort im gesamten zivilisierten Europa verbreitet, nicht gelungen, den größten Teil der Einkommen direkt zu besteuern. Da dies aber nicht geglückt ist, hat man versucht, den Ausgaben wenigstens eine verhältnismäßige Steuer aufzuerlegen.

SECHSTES KAPITEL

DIE VERBRAUCHSSTEUER

Einkommen verschiedenster Art, die bei ihrer Entstehung nicht eingeschätzt, also auch nicht besteuert werden können, dienen sämtlichst dem Verbrauch. Der Verbrauch wäre nun jener Augenblick, in dem, so glaubt man, die Steuer die Einkommen am einfachsten treffen könnte. Wird eine jegliche Ware, zu deren Kauf in jedem Falle Reichtum aufgewendet werden muß, besteuert, so ist man sicher, daß auf diesen Reichtum Steuern entrichtet werden, ohne daß es nötig wäre zu wissen, wem er gehört. Bei einer derartigen Steuer bedarf es keiner Vermögenserklärung, keiner unnötigen Nachforschungen noch irgendwelcher Sonderregelungen für Arme und Reiche. Diese Steuer ist nicht auf die Arbeit gerichtet und straft nicht jenen, der es verdiente gefördert zu werden. Übrigens entrichtet jeder Steuerzahler die Verbrauchssteuer gewissermaßen freiwillig, nämlich im Augenblick, wo er über Geld verfügt und sich dadurch in der Lage befindet, die mit einer Steuer belegten Dinge zu kaufen. Der Verbraucher erstattet dem Verkäufer der Waren zurück, was dieser vorgeschossen hat, und er bemerkt kaum, daß er eine Steuer zahlt.

Indessen werden die Einkommen, über die Ausgaben, längst nicht proportional durch die Verbrauchssteuer getroffen. Wollte man zum Beispiel, daß jedes Vermögen, jeder vom Staat geförderte Industriezweig zehn Prozent des erzielten Einkommens zahlt, wäre dafür erforderlich, erstens, daß jeder einzelne Bürger zehn Prozent von der Miete seiner Wohnung zahlte, gleichgültig, ob sie ihm gehört oder ob er sie gemietet hat. Die Wohnung ist der langsamste aller Verbrauche; da sie indessen einen Verbrauch darstellt, repräsentiert die Miete den jährlichen Wert dieses Verbrauchs. Die Erhebung einer Steuer auf die Miete der Häuser gleicht aber in keiner Weise allen übrigen Verbrauchssteuern; denn sie weist nicht einen einzigen Vorteil der üblichen Verbrauchssteuer auf. Die Auflage auf die Miete erfordert eine widerwärtig genaue Nachforschung, und um davon Abstand zu nehmen, hat man die Steuer auf die Fenster und Türen, die Kaminsteuer und andere derartige Steuern erfunden. Im allgemeinen ist man indessen weit unter dem angestrebten Verhältnis geblieben, und es ist nicht gelungen, diesen Teil der Ausgaben auf die gleiche Stufe zu stellen wie die anderen.

Zweitens. Außerdem müßte jeder Bürger den zehnten Teil dessen an die Steuer abführen, was er an Lohn für seine Hausangestellten und für die Bezahlung unproduktiver Arbeiter verausgabt. Die durch unproduktive Arbeiter verrichteten Dienste müssen als schneller Verbrauch angesehen werden, der unmittelbar bei der Produktion erfolgt; aber, wenngleich die unproduktiven Arbeiten keine zu besteuernden Waren hervorbringen, handelt es sich doch um von der Gesellschaft gewährleistete Genüsse, so daß, wer sie genießt, der Gesellschaft die Kosten für deren Gewährleistung erstatten muß. Zahlten selbst die unproduktiven Arbeiter ihrerseits eine Steuer auf einen Teil ihrer Einkünfte, gäbe es dennoch keine doppelte Besteuerung; denn, ebenso wie die anderen Bürger, würden sie nur aufgrund ihrer Genüsse zahlen.

Drittens. Auch andere Dinge, die man niemals zu den Waren zählte, die aber einen Teil der Ausgaben des Reichen und seiner Genüsse ausmachen, müssen ebenfalls besteuert werden. Es sind einerseits die Hunde, Pferde und Kutschen, andererseits alle Kunstgegenstände wie Gemälde und Statuen sowie schließlich alles, was der Reiche zu seinem Vergnügen kauft und bezahlt.

Viertens. Jede für den Gebrauch des Menschen bestimmte

Ware, gleichgültig welcher Art, müßte gleichermaßen der verhältnismäßigen Auflage von zehn Prozent unterstellt werden, ob sie nun aus dem Ausland stammt, im Inland hergestellt worden ist oder gar das Produkt einer Heimindustrie ist. Man könnte aber auch die ausländischen Waren beim Grenzübertritt mit einer Steuer belegen, so daß man es mit einer durchaus genau bestimmten steuerpflichtigen Materie zu tun hätte. Wenngleich die Erhebung von Zöllen sehr aufwendig und oft sehr drückend ist, sollte man sich dennoch fügen. Dagegen kann man sich nur sehr schwer den Grad von Willkür vorstellen, derer es bedürfte, um die Zirkulation jeder einzelnen Manufaktur bzw. der gesamten Industrie des Landes so lange aufzuhalten, bis diese ihre Steuer bezahlt hätten. Das wäre außerdem nicht alles. Man müßte darüber hinaus die einzelnen Haushalte überwachen, damit diese für jedes Kleidungsstück und für jeden Stoff, welchen sie sich für den eigenen Gebrauch hergestellt haben, Steuern zahlen. Das jedoch nicht nur deswegen, weil die Kleidung und Stoffe einen Teil der Ausgaben und Genüsse jedes Individuums darstellen, sondern auch deshalb, weil man es bei Vernachlässigung dieses Teils jedem überlassen würde, sich selbst zu versorgen, zum großen Schaden der Industrie, des Handels und der Arbeitsteilung, die so außerordentlich zur Steigerung der Produktionsmöglichkeiten beiträgt.

Fünftens. Alle Lebensmittel, die dem Verbrauch und dem Unterhalt des Menschen dienen, müßten schließlich in der gleichen Weise besteuert werden, sei es auf dem Lande oder sei es in den Städten, sei es beim Kauf oder Verkauf oder sei es gar, daß sie der Verbraucher auf seinem eigenen Feld, in seinem Weinberg oder Garten produziert hat. Wollte man eine derartige Steuer erheben, gäbe es keinen einzigen Bürger mehr, der auch nur eine Stunde des Tages vor den Belästigungen der Steuerbehörde sicher wäre.

Indessen lassen sich alle diese Arten von Ausgaben, die wir soeben nacheinander anführten, bei weitem nicht so genau und direkt treffen, daß man behaupten könnte, die Verbrauchssteuer wäre wirklich eine dem Einkommen proportionale Steuer. Jede der Ausgaben, die man übersieht, stellt eine sehr ungerechte Ungleichheit zwischen den einzelnen Verbrauchern her. Beim gegenwärtigen Stand unserer Zivilisation gelang es den Finanzleuten bei allem Einfallsreichtum, lediglich vier Arten von Auflagen auf den Verbrauch zu erfinden: die Salzsteuer, den Zoll, die Akzise und die städtische Eingangssteuer. Die Salzsteuer betraf jene Waren, deren Monopol sich die Steuerbehörde reserviert hatte, wie beim Salz und Tabak. Salz und Tabak werden auf Kosten des Staates hergestellt, und er allein verkauft sie durch seine Agenten und Pächter zu einem hohen Preis. Alle jene, die diese Produktion oder ihren Handel mit der Finanzbehörde teilen wollen, werden mit strengen Strafen verfolgt. Die Zollbehörde erhebt ferner eine proportionale Auflage, den Zoll, auf die aus dem Ausland eingeführten Waren.

Die Akzise schließlich trifft eine sehr beschränkte Anzahl von inländischen Industrieerzeugnissen, die bereits bei der Herstellung mit einer Auflage belegt werden. In Frankreich erstreckt sich die Akzise lediglich auf die Getränke, bekannt unter der Bezeichnung „droits réunis". Die städtische Eingangssteuer an den Stadttoren stellt eine Steuer auf die landwirtschaftlichen Produkte dar, sobald diese an die städtischen Verbraucher gelangen.

Aus dem soeben Erörterten wird man also erkennen, daß auf Ausgaben, die ein Reicher tätigt und die sich nicht in die beiden Klassen von Lebensmitteln und Industriewaren einordnen lassen, keine Verbrauchssteuer erhoben werden kann. Das heißt, daß man für sämtliche außerhalb der Stadt verzehrten Waren, ausgenommen das Salz und die Getränke, sowie selbstverständlich auch für alle Waren eigener Produktion nicht die geringste Steuer zu zahlen hat. Außerdem bleiben fast alle anderen, im Lande produzierten Waren auflagefrei, was wegen des gegenwärtig überall üblichen Protektionismus* den größten Teil betrifft. Sogar unter den zoll-

* Zu dem Zeitpunkt, zu dem Sismondi schreibt, hatte sich zumindest für Frankreich der Protektionismus durchgesetzt. Es

pflichtigen Waren sind die für den Verbrauch der Reichen bestimmten Waren, da diese bei gleichem Volumen einen viel größeren Wert darstellen als jene, die von den Armen verzehrt werden, mit einem äußerst niedrigen Zoll belegt, um zu verhindern, daß sie durch Betrug völlig der Steuer entgehen oder daß sie im Falle von Zurückweisung durch Schmuggel ins Land gelangen. Veranschlagt man in diesem Zusammenhang Einkommensbestandteile der Reichen, die auf diese Weise der Steuer entgehen, wird man nicht fehlgehen anzunehmen, daß diese höchstens auf den zehnten Teil ihrer Ausgaben irgendeine Verbrauchssteuer zahlen. Man wird ferner erkennen, daß diese Steuern immer mehr zunehmen, je tiefer man die Stufenleiter der sozialen Schichtung hinabgelangt, und daß die unglücklichste Klasse von allen, die Fabrikarbeiter, deren Ausgaben sich fast ausschließlich auf die von den Städten eingeführten und gekauften Lebensmittel beschränken, auf diese Weise mit keinem einzigen Teil ihres Einkommens der Steuer entgeht.

Jener oft wiederholte Vorschlag, alle direkten Steuern aufzuheben und sämtliche Einkommen im Lande mit der Verbrauchssteuer zu belegen, erweist sich also als sehr ungerecht und äußerst unmenschlich; denn eine solche Forderung liefe schließlich darauf hinaus, den Reichen fast alle Steuern zu erlassen und solche nur noch von den Armen zu verlangen. In verschiedener Hinsicht würde das eine Rückkehr zum alten Feudalsystem bedeuten, wo der Adlige nichts zu zahlen hatte; aber selbst in dieser Neuerung gäbe es hinsichtlich der Bevorzugten noch größere Ungerechtigkeiten, denn es genügt jetzt, reich zu werden, um gleichzeitig von der Steuer befreit zu werden.

Es scheint, daß allein schon der Vorschlag, die Verbrauchs-

handelt sich dabei um eine Politik der wirtschaftlichen Abschirmung vor dem Ausland mit Hilfe von Zöllen, Einfuhrverboten u. ä.. Die französische protektionistische Wirtschaftspolitik richtete sich vor allem gegen die übermächtige englische Konkurrenz. England selbst konnte in dieser Zeit auf eine protektionistische Wirtschaftspolitik verzichten.

steuer in solcher Höhe zu erheben, daß sie sämtliche öffentlichen Ausgaben deckt, in Frankreich zum Beispiel bedeutete das eine Steigerung von 220 Millionen auf 800 Millionen, sehr viele Schwierigkeiten mit sich bringen würde, selbst dann, wenn alle bisherigen Arten der Verbrauchssteuer bestehen blieben. Indessen hat eine außerordentliche Zusammenkunft von begabten und klugen Männern, die in anderer Hinsicht gewiß große politische Kenntnisse unter Beweis stellten, ein System gebilligt und angenommen, das eine einzige Steuer auf den Verbrauch als ausreichend für alles ansieht, sofern diese Steuer den häufigsten Verbrauch, jenen des Brotes, trifft. Eine leichtfertige Rechnung hat diese Männer in die Irre geführt. Man zählt in Frankreich dreißig Millionen Einwohner, von denen angenommen wird, daß jeder dreihundert Pfund Brot im Jahr verzehrt, also insgesamt neun Milliarden Pfund Brot. Eine Brotsteuer von zwei Sous je Pfund ergäbe neunhundert Millionen, von denen man hundert Millionen für die Steuereinzugskosten abzöge, so daß man schließlich die erforderliche Summe erzielen würde.

Diese Rechnung ist jedoch falsch und in allen ihren Bestandteilen unanwendbar. Ausgehend von der Basis müßte also jeder Bürger, ob Mann, Frau oder Kind, ob reich oder arm, ob er Unterhaltsmittel hat oder im größten Elend lebt, dem Staate, um existieren zu dürfen, sechshundert Sous* oder dreißig Francs jährlich zahlen. Gleichgültig, ob diese Steuer Sou für Sou oder auf einmal eingezogen wird, die Gleichheit der Steuer unter so ungleichen Zahlern verringert dabei in keiner Weise die schreiendste aller Ungerechtigkeiten.

Schon die Salzsteuer, wenngleich längst nicht so drükkend, war gekennzeichnet durch ihre Ungleichheit und das Elend, in welches sie die Armen stürzte. Desgleichen ist diese sogenannte Verbrauchssteuer eine Art von Kopfsteuer ge-

* Der Sou war zu Sismondis Zeiten eine französische Kupfermünze. Ein Sou entsprach fünf Centimes, wobei der Centime den hundertsten Teil eines Franc ausmachte.

worden, die auf allen Untertanen lastet, ungeachtet des Vermögens des Steuerzahlers oder seiner Zahlungsmöglichkeiten überhaupt. Der ärmste Haushalt verbraucht ebensoviel Salz wie der reichste, wobei aber der Arme das Geld für das Salz vom Allernötigsten abzweigt, während der Reiche diesen Betrag bei all seinem Überfluß kaum bemerkt.

So ungerecht die Salzsteuer auch gewesen sein mag, ließ sie sich dennoch eintreiben; bei der Brotsteuer dagegen wäre das unmöglich. Hat man bedacht, daß fünf Sechstel der Bevölkerung Frankreichs gar kein Brot kaufen, sondern Brot aus der eigenen Ernte oder das Brot ihrer Herren essen? Das trifft also zu für alle Bauern, sämtliche Eigentümer von Grund und Boden sowie deren Bedienstete; letztere beiden Personengruppen stellen mindestens die Hälfte der Bevölkerung kleiner Städte dar. Außerdem müssen von der Brotsteuer noch ausgenommen werden alle jene Arbeiter, die von solchen Herren ernährt werden, die gleichzeitig Handwerksmeister und Grundeigentümer sind. Und diese Bevölkerungsschicht ist größer, als man glaubt. Es bleiben also die Bewohner einiger großer Städte, dann die allerärmsten unter den Proletariern, zusammen vielleicht fünf Millionen Einwohner, die täglich ihr Brot beim Bäcker kaufen.

Wie sollte man aber vorgehen, um die Kopfsteuer von dreißig Francs pro Person von den verbleibenden fünfundzwanzig Millionen zu erheben, eine Kopfsteuer, die sich bei einer armen Halbbauernfamilie der Auvergne oder des Poitou, wo die Bauern nur ganz selten einmal ein Fünffrancsstück zu sehen bekommen, auf die gewaltige Summe von hundertachtzig bis zweihundertvierzig Francs beliefe; denn eine Familie besteht mindestens aus sechs bis acht Personen, besonders unter den Bauern, die in der Regel zahlreiche Kinder in niedrigem Alter verlieren. Aus eben diesem Grund sind mehr als die Hälfte, vielleicht sogar mehr als zwei Drittel der Bevölkerung nicht im arbeitsfähigen Alter, und das restliche Drittel setzt sich zu gleichen Teilen aus Frauen und Männern zusammen. Von diesen armen und unglücklichen Menschen müßte man also das Geld fordern, über welches sie überdies überhaupt nicht verfügen. Man würde ihnen zweifellos beim Mahlen ihres Getreides entgegentreten, ihr Getreide einbehalten und ihnen sagen: „Ihr werdet nicht essen, wenn ihr nicht bezahlt", wobei man sich nicht im geringsten darum kümmerte, ob das Einkommen dieser armen Bauern überhaupt die geforderte Steuer zuläßt, ob sie überhaupt die Möglichkeit haben, einen Teil ihres Einkommens in Geld umzutauschen und ob sie noch leben können, wenn sie auch nur den geringsten Teil davon entbehren müßten.

Zwei Sous pro Tag sind in den Augen des politischen Rechners ein so kleiner Betrag, daß er es kaum für möglich hält, daß zumindest alle jene, die ihr Brot beim Bäcker kaufen, diese geringe Auflage ohne bittere Klagen nicht bezahlen könnten; jedoch diese zwei Sous werden für das Familienoberhaupt acht, zehn und zwölf Sous. Unter den fünf Millionen Franzosen jedoch, die ihr Brot beim Bäcker kaufen, sind vielleicht die Hälfte Fabrikarbeiter. Der elende Lohn der Tucharbeiter in der Dauphiné und den Baumwollspinnereien im Norden ist nicht höher als acht Sous, und es ist zweifelhaft, ob sie von einem so niedrigen Lohn überhaupt leben können. Wäre das Brot durch eine Steuer von zwei Sous pro Pfund verteuert, ist es gewiß, daß sie sterben müßten.

Es ist also absurd, alle Steuern auf eine einzige Steuer, und im konkreten Falle auf den Getreideverzehr, zurückzuführen. Es ist ferner unmöglich, alle Einkommen proportional durch die Verbrauchssteuer, die nur als zusätzliche Steuer zu den direkten Steuern gelten kann, zu treffen. Die Verbrauchssteuer trifft, wie und wo sie nur kann, die Einkommen, die den direkten Steuern entgangen sind, aber sie lastet stets ungleich auf der Gesellschaft, und bei dieser Ungleichheit haben immer die Armen zugunsten der Reichen die Opfer zu tragen. Diese Auflagen auf den Verbrauch können infolgedessen nicht mit anderen Steuern verglichen werden, die unabhängig von diesen auf anderen Grundsätzen beruhen und einzig auf den Reichen lasten.

Ein schwerwiegender Nachteil der Verbrauchssteuer besteht darin, daß man im Augenblick der Erhebung niemals weiß, wer sie letztlich bezahlen wird. Der Gesetzgeber nimmt sich zwar stets vor, die Verbrauchssteuer immer vom Verbraucher zahlen zu lassen; allerdings gelangt diese Steuer oftmals gar nicht bis hin zum Verbraucher bzw. sie geht in anderen Fällen sogar über diesen hinaus, so daß der Verbraucher seinerseits die Möglichkeit hat, sich die Verbrauchssteuer durch jenen vergüten zu lassen, für den er arbeitet. Damit der Verbraucher die gesamte Steuer auch wirklich zahlt, ist es erforderlich, daß sich das jeweilige Land im Zustand wachsender Prosperität befindet; denn sofern es nicht reicher ist als vor der Einrichtung dieser Steuer, gibt dieses Land für den Verbrauch nicht mehr Geld aus als vorher, gegebenenfalls müßte es seinen Verbrauch sogar etwas einschränken.

Der Produzent seinerseits, der nicht mehr seine gesamten Waren verkaufen könnte, wäre gezwungen, die Produktion einzuschränken bzw. müßte bereit sein, einen Teil der Steuer zu übernehmen. Tritt ein allgemeiner Übelstand ein, wie zum Beispiel eine Teuerung oder nur eine Störung im Handel, nimmt der Verbrauch noch mehr ab, und der Erzeuger, der gezwungen ist zu verkaufen, bezahlt die gesamte Steuer so lange, bis er nicht mehr den geringsten Profit aus seiner Arbeit erzielt und sie schließlich ganz aufgeben muß, weil er Bankrott gemacht hat.

Andererseits, wenn durch die Verbrauchssteuer die Preise für alle Waren gestiegen sind, finden die Menschen, die von ihrer Hände Arbeit leben, und diese bilden eine zahlreiche Schicht unter den Verbrauchern, in diesem Gewerbe keine ausreichenden Einkünfte mehr, um leben zu können. Der Lohn ermöglicht dem Tagelöhner nicht mehr jene begrenzten Genüsse, die zu den Notwendigkeiten des Lebens gehören, denn das Leben oder die Fähigkeit zu arbeiten währt nicht lange für einen Menschen, dem jedwedes Vergnügen genommen wurde. Er kämpft also mit allen seinen Kräften für die Erhöhung seines Lohnes; gleichermaßen setzen sich auch der Fabrikbesitzer und der Handelsunternehmer für die Steigerung ihrer Profite ein. Sofern der gesamte Verkauf zurückgeht, wird es für sie, um bestehen zu können, erforderlich, daß ihnen jeder Artikel mehr einbringt. Ihre gemeinsamen Anstrengungen führen schließlich zu einer Preiserhöhung der von ihnen produzierten Waren. Vor allem aber steigen die Preise bei den lebenswichtigen Existenzmitteln, weil hier die Verkäufer den Käufern die Gesetze vorschreiben. Die Teuerung dieser Waren wirkt sich erneut auf die Löhne und Profite aus, so daß eine vollständige Störung und Auflösung eintreten. Die Landesprodukte kosten viel mehr als die Erzeugnisse aus Ländern, die eine solche Steuer nicht anficht. Die Konkurrenz auf den ausländischen Märkten kann nicht aufrechterhalten werden, die Waren finden keinen Absatz mehr und die Nachfrage geht zurück, so daß das Land in eine schreckliche Krise gerät.

Ricardo widmet den Steuern auf landwirtschaftliche Erzeugnisse ein ganzes Kapitel und neigt im allgemeinen dazu, derartige Auflagen zu billigen, wahrscheinlich gerade deshalb, weil sie von anderen Ökonomen verworfen werden. Er ist davon überzeugt, daß mit ihnen sofort im gleichen Verhältnis die Löhne steigen und daß sie infolgedessen den Armen nicht das geringste Leid verursachen würden. Ricardo verläßt aber in keiner Weise die Abstraktionen, auf welchen er sein gesamtes System begründet hat, so daß es schwierig wird, diese Abstraktionen den Tatsachen anzunähern, die wir bemüht waren, dem Leser vor Augen zu führen. An anderer Stelle haben wir versucht, den Irrtum seiner Grundsätze aufzuzeigen; hier werden wir einen Augenblick bei den Konsequenzen seiner Überlegungen verweilen.

„Steigt der Preis der Rohprodukte", sagt er, „nicht in dem Maße, daß der Farmer für die Steuer entschädigt wird, so verläßt er natürlich einen Erwerbszweig, in dem sein Profit unter das allgemeine Niveau gedrückt wurde. Das wird so lange eine Verringerung des Angebots verursachen, bis die unverminderte Nachfrage einen solchen Preisanstieg der Rohprodukte bewirkt hat, daß deren Anbau ebenso profitabel wie die Anlage von Kapital in irgendeinem anderen Zweig wird."[15]

Hat man recht verstanden? Pächter und Landbebauer werden Advokaten oder Ärzte oder gar Uhrmacher oder Mechaniker, weil ihre Löhne nicht mehr zum Lebensunterhalt ausreichen? Würde die Landbevölkerung, die in fast allen Ländern vier Fünftel der Gesamtbevölkerung darstellt, die sogar in England nahezu die Hälfte ausmacht, einen Berufszweig finden, der bereit wäre, sie aufzunehmen, selbst wenn nur ein Zehntel davon, eine vergleichsweise geringe Zahl unter der Gesamtmasse, versuchte, den Beruf zu wechseln? Die Landbevölkerung, deren Körper an die frische Luft gewöhnt ist, deren harte Hände für jede feine Arbeit ungeeignet geworden sind, deren Grundbesitz viel Bewegung erfordert und deren Gemüt auf ländliche Vergnügungen nicht verzichten kann, wird sie sich in eine Baumwollspinnerei einsperren lassen? Hat man recht verstanden? Würde ein Landarbeiter tatsächlich die Felder verlassen und sich in den Städten einschließen, bis der Lohn der Landbevölkerung gestiegen sein wird, nur weil eine Steuer auf das Mehl den Brotpreis von vier auf sechs Sous pro Pfund erhöhte? Liegt es nicht offen auf der Hand, daß alle Arbeiter, ob in den Städten oder auf dem Lande, das gleiche Bedürfnis nach Lohnerhöhungen haben und daß selbst bei unveränderten Verhältnissen keiner von ihnen seinen Beruf aufgeben wird? Denn, um die von Ricardo erwartete Wirkung zu erzielen, wäre es erforderlich, nicht daß ein Berufswechsel erfolgt, sondern daß der Arbeiter völlig aufhörte zu arbeiten.

Hüten wir uns vor der gefährlichen Theorie, daß sich dieses Gleichgewicht von selbst herstellt! Hüten wir uns davor zu glauben, daß es gleichgültig sei, in welche Waagschale man ein Gewicht legt oder aus welcher man eins weg-

[15] David Ricardo, „On the Principles of political economy and taxation", London 1817, deutsche Übersetzung G. Bondi, „Über die Grundsätze der Politischen Ökonomie und der Besteuerung", Berlin 1959, IX. Kap., S. 144.

nimmt, weil die anderen nicht zögern werden, für den Ausgleich zu sorgen! Hüten wir uns ferner davor anzunehmen, daß, wenn im Falle einer Auflage die Armen die Gegenstände erster Notwendigkeit vorschießen, die Reichen sie schließlich ersetzen werden! Zwar stimmt es, daß sich auf die Dauer ein gewisses Gleichgewicht herstellt, aber dies nur über schreckliche Leiden. Als feststehende Tatsache kann man ansehen, daß Kapitalien lediglich wegen des Bankerotts ihres Eigentümers aus einer Industrie zurückgezogen werden und daß die Menschen einen Beruf nur im Falle ihres Todes aufgeben. Alle jene, die leichter einsteigen oder wechseln, müssen als Ausnahme, aber nicht als Regel betrachtet werden. Schon die geringste Aufmerksamkeit auf das, was sich täglich vor unseren Augen in den Fabriken abspielt, wird uns lehren, daß niemals, welchen Grad des Niedergangs ein Industriezweig auch erreicht haben mag, die Werkhallen geschlossen werden, bevor der Eigentümer nicht ruiniert ist. Niemals wird man beobachten können, daß ein Arbeiter seinen Beruf aufgibt, bevor er nicht von Hungersnöten gequält schließlich, um dem Tode zu entgehen, alles versucht, wie ein Schiffbrüchiger, der sich an eine Planke klammert, wenn er sein Schiff untergehen sieht.

Legt man auf die landwirtschaftlichen Produkte erster Notwendigkeit eine Steuer, gleichgültig welcher Höhe, so wird sich letzten Endes eines Tages ein gewisses Gleichgewicht zwischen den Löhnen und den notwendigen Ausgaben der Arbeiter einstellen; denn würde das niemals geschehen, müßte die gesamte Nation zugrunde gehen. Bevor sich aber ein derartiges Gleichgewicht herstellt, würde der Bankrott aller Handelsunternehmer in solchen Industriezweigen, die man hätte aufgeben müssen, für die Nation einen weitaus größeren, reinen Verlust an Kapitalien bedeuten, als die Steuer aus den Einkommen dem Staate tatsächlich eingebracht hätte. Desgleichen wären durch die Sterblichkeit unter den Arbeitern, die keinen Verdienst mehr finden, der Nation mehr Leben verloren gegangen als durch die verhängnisvolle Steuerkampagne. Nur durch derartig schreckliche Maßnahmen läßt sich das politische Gleichgewicht wieder herstellen; und sieht man von den Abstraktionen ab, in welche man niemals eine Wissenschaft einschließen sollte, die über Leben und Wohlergehen von Menschen entscheidet, vollzieht sich die Abhilfe, die Ricardo mit diesen Worten ankündigt, folgendermaßen: „Infolge der Wirkung des Bevölkerungsgesetzes auf die Vermehrung der Menschheit halten sich die niedrigsten Löhne niemals wesentlich über jenem Stand, den Natur und Gewohnheit für den Unterhalt des Arbeiters erfordern. Diese Klasse ist niemals in der Lage, einen erheblichen Teil der Steuerlast zu tragen."[16] Die Überlegungen Ricardos würden einen anderen Charakter angenommen haben, wenn dieser hinzugefügt hätte, „weil eine furchtbare Epidemie dann einen Teil dieser Klasse hinrafft und den Rest in Krankenhäusern hinsiechen läßt".

Die Einrichtung von Steuern auf den Verbrauch und ihre Einteilung in Zoll, Salzsteuer, Akzise und städtische Eingangssteuer hat dazu geführt, daß in Europa Armeen von Schreibern, Inspektoren und Beamten in Sachen Steuer ihr Unwesen treiben, welche durch ihren unablässigen Kampf mit den einzelnen Bürgern um Geldangelegenheiten ihren Beitrag leisteten, dem Volk die Obrigkeit hassenswert zu machen. Sie haben außerdem die Menschen daran gewöhnt, dem Gesetz mit irgendwelchen Listen zu begegnen, die Wahrheit zu verdrehen, Ungehorsam zu zeigen und zu betrügen. Je lastender und vielfältiger diese Auflagen werden, um so größer wird die Unmoral. Die Steuern haben die ungerechteste Ungleichheit zwischen den Zahlungspflichtigen herbeigeführt. Durch willkürliche Nachforschungen setzt man die Freiheit aufs Spiel und gefährdet Industrie, Handel und die Existenz jener, die arbeiten und den Reichtum schaffen sollen. Gerade Länder, die sich der höchsten Prosperität er-

[16] David Ricardo, „On the Principles of political economy and taxation", London 1817, deutsche Übersetzung G. Bondi, „Über die Grundsätze der Politischen Ökonomie und der Besteuerung", Berlin 1959, IX. Kap., S. 147.

freuen, gehören zu jenen, wo die Last der indirekten Steuern die gesamte Industrie mit dem völligen Ruin bedroht.

Die Regierungen haben sich nicht damit begnügt, Einkommen und Ausgaben zu besteuern. Sie haben auf alle Gebiete des privaten Lebens übergegriffen, die ihnen nur irgend eine Möglichkeit boten, Geld einzutreiben. Sie haben Kopfsteuern eingerichtet, welche den Armen wie den Reichen gleichermaßen treffen und die den, der nichts hat und für den die Gesellschaft nichts tut, dasselbe zu zahlen zwingen, wie jenen, der zuviel besitzt und für den die Gesellschaft große Aufwendungen macht. Die Regierungen regten gefährliche Spiele, Lotterien und verderbliche Laster an, um nur irgendwie daraus Profit zu ziehen. Sie haben ferner Freistellungen vom Militär, Monopole, Privilegien, Titel und Richterposten verkauft. Für unsere Zielsetzung ist es jedoch unnötig, den Gängen dieses traurigen Labyrinths zu folgen. Die von uns aufgestellten Grundsätze genügen, um die unterschiedlichen Steuern zu beurteilen, und zwar sowohl jener, die nur willkürliche Grundlage haben, als auch aller anderen, die im Verhältnis zum Einkommen oder der Ausgabe jedes Einzelnen erhoben werden.

SIEBENTES KAPITEL

DIE ANLEIHEN

Die zahlreichen Nachteile, die jeder Art von Steuer anhaften, sowie die Unmöglichkeit, eine wirklich gleiche und proportionale Steuer zu finden, ohne daß diese sich verhängnisvoll für das Land auswirkt, sofern es der Staat auf ein zu großes Steuereinkommen abgesehen hat, solche Umstände führen uns vor Augen, wie wichtig die Sparsamkeit ist. Man muß sich ferner vergegenwärtigen, daß die Sparsamkeit eine der vorrangigsten Tugenden ist, die ein Volk von seiner Regierung fordern kann. Diese Tugend ist keineswegs wie einige andere die notwendige Folgeerscheinung einer freien Verfassung. Zwar trifft es zu, daß man sie in den Republiken vorfindet, aber sie ist ebenso üblich in den Aristokratien wie in den Demokratien. Der Geiz, den man häufig dem Alter vorgeworfen hat, erhält seinen edlen Anstrich, wenn er in den „Senaten" oder „Alten-Vereinigungen" das Ziel verfolgt, das öffentliche Vermögen zu mehren. Die konstitutionellen Monarchien, zu denen heute Europa zu neigen scheint, heben sich im Gegensatz dazu unter allen Regierungsformen als die am wenigsten sparsamen ab, weil die Notwendigkeit, die Mittel für Ausgaben herbeizuschaffen, von dem Bestreben, viel auszugeben, getrennt worden ist. Die ausführende Gewalt, mit den äußeren Angelegenheiten eines Landes betraut bzw. mit dem, was man den Ruhm des Staates nennt, d. h. mit seiner Verteidigung, handelt leichter und sicherer, wenn sie für ihre Unternehmungen über möglichst viel Geld verfügen kann. Die Zunahme der Beschäftigungen und Ämter und das damit verbundene Anwachsen der Entlohnungen und Pensionen erleichtert der Regierung die Arbeit nach außen hin, so daß sich dadurch die Pflichten im Inneren schneller erfüllen lassen. Ein solcher allgemeiner Auftrieb sichert der Regierung stets genügend gefügige Werkzeuge, wodurch ein entsprechendes Anwachsen der Entlohnungen, Gehälter und der Bezüge für Minister, Fürsten und den Monarchen selbst gerechtfertigt scheint. Die Prunksucht und der Glaube, daß die Politik auf großer Prachtentfaltung beruht, existieren sowohl in den konstitutionellen wie auch in den absoluten Monarchien. In den konstitutionellen Monarchien jedoch wird man nicht wie in den absoluten Monarchien durch die Unmöglichkeit, die Ausgaben durch die Einnahmen auszugleichen, gehemmt; denn es gehört keineswegs zu den Obliegenheiten des Monarchen und seines Anhangs, Geld zu verschaffen. Es genügt, daß man die Volksvertreter darauf hinweist bzw. sie glauben macht, daß das Geld erforderlich sei, womit man diesen das Unangenehmste der eigenen Aufgabe überträgt. Man zeichnet damit nicht mehr für die Bedrückung verantwortlich, die dem Volk auferlegt wird. Man wartet in Ruhe darauf, daß die Ausgaben aufgebracht werden, ungefähr derart, wie ein verschwenderischer Sohn handelt, der mit naiver Unbefangenheit auf die Einnahmen aus dem väterlichen Erbteil rechnet, ohne überhaupt zu prüfen, und der glaubt, nichts anderes tun zu müssen, als alle ihm vorgelegten Rechnungen zu quittieren.

Weit davon entfernt, die Nachteile der Regierung, für die man sich entschieden hat, zu verhehlen, ist es wesentlich, alle ihre Auswirkungen zu erkennen, damit diese nicht zu weit führen. Wir haben Völker gesehen, die im Besitz ihrer ganzen Kraft, die ihnen ihre alte Freiheit verlieh, und im vollen Ausschöpfen ihrer Vorteile sich sämtlichen Verfügungen des Ehrgeizes hingaben und den Einflüsterungen des Hochmuts, der Eifersucht und der Rachsucht erlegen waren. Unter dem Vorwand, sich gegen ferne oder gar eingebildete Gefahren zu schützen, haben sie sich mit wahrer Freude in verderbenbringende Kriege gestürzt und haben stets hartnäckig weitergekämpft, wenngleich Stimmen der Menschlichkeit sie vergeblich zum Frieden aufriefen. Sie behaupteten dann, daß die Überlegenheit ihres Volkes noch keineswegs in ausreichendem Maße hergestellt und der Feind noch nicht genug gedemütigt worden sei. Das ursprüngliche Ziel, das man erreicht glaubte, ist dabei erneut in weite Ferne gerückt, so daß es um jeden Preis neuerlich errichtet werden mußte. Die gegenwärtigen Einnahmequellen sind indessen erschöpft, so daß man kühn zu Anleihen greift. Der Kredit ist noch groß; die dem Handel entzogenen Kapitalien gelangen nacheinander in die Verfügung der Ministerien, wo sie sinnlos verausgabt und lediglich durch Anweisungen auf die Zukunft ersetzt werden. Die Begeisterung, die während einiger Monate das Volk und sein Parlament blind gemacht hat, führt letzten Endes mit Sicherheit vom Wohlstand ins Elend.

Wahrscheinlich ist den Menschen keine Erfindung so verhängnisvoll gewesen wie gerade die Anleihen. Keiner anderen Erfindung haften derart falsche Hoffnungen an. Die Leidenschaften, die von der Politik angestachelt werden, sind so heftig, die Fragen, die durch Verhandlungen oder mit Waffen entschieden werden sollen, sind derart wichtig, und alle Opfer werden so selbstverständlich, wenn es sich um das Wohlergehen, die Existenz und die Ehre eines Gemeinwesens handelt, so daß man sicher sein kann, daß die Regierungen und Völker, bevor sie nachgeben, alle ihre Möglichkeiten, bis zur letzten, voll ausschöpfen werden. Sie kämpfen mit dem letzten Soldaten und geben den letzten Taler aus, solange sie noch über den einen oder anderen verfügen. Aber sie handeln nicht zum Wohle des Volkes, sondern wie im Falle jeden Krieges und jeder Streitigkeit, in die sie sich hineinziehen lassen, geht es immer nur um einen Ehrgeiz, der mit der Ehre verwechselt wird, wobei sich doch mit gutem Gewissen sagen ließe, daß eines nur in den seltensten Fällen wahr ist, nämlich daß es für ein Volk besser sei, aufzuhören zu existieren anstatt entehrt zu werden.

Würde den Nationen die Möglichkeit zu derart übernatürlichen Anstrengungen eingeräumt bzw. würde man sie ihnen für äußerste Ernstfälle von Bedrohung tatsächlich ermöglichen, so würde man der menschlichen Gesellschaft zweifelsohne einen großen Dienst erweisen, da diese stets in ihren Grundfesten erschüttert wird, sobald jeweils nur eines ihrer Glieder zerstört wird. Jedes Mittel der Verteidigung wird aber seinerseits auch wieder ein Werkzeug des Angriffs; die Erfindung der Artillerie, so segensreich sie für die Gesellschaft ist, wenn sie lediglich zur Verteidigung angewendet wird, dient auf der anderen Seite der Zerstörung. Die Erfindung stehender Heere setzt Disziplin gegen Disziplin und Talent gegen Talent; durch die Erfindung des Wehrdienstes steht die gesamte Jugend des einen Landes der gesamten Jugend des anderen Landes feindlich gegenüber. Die Erfindung des Massenaufgebots und des Landsturms hat dazu geführt, daß sogar Frauen und Greise auf das Schlachtfeld ziehen, um den Linientruppen im Kampfe beizustehen. Die Erfindung von Anleihen schließlich hat dazu geführt, daß die gegenwärtige Generation mit der gesamten Arbeit und Hoffnung der nachkommenden Generation Krieg führt, angreift und verteidigt. Die Instrumente, die immer fürchterlicher werden, halten sich indessen im Gleichgewicht. Das bedrohte Volk findet auf diesem Wege also nicht sein Heil, vielmehr ist die Menschheit an sich zum Opfer gebracht worden, so daß sie es ist, die in dieser gewaltigen kriegerischen Auseinandersetzung zugrunde gehen wird. Nach den Kriegsausgaben, die durch Anleihen ermöglicht wurden, bleibt noch ein scheinbarer Reichtum, den man die öffentlichen Fonds nennt, ein Reichtum, der als ungeheures Kapital angesehen wird, das sich aber aus den Vermögen der einzelnen Reichen zusammensetzt. Auf diese Weise hat man geglaubt bzw. hat man versucht, glauben zu machen, daß Verschwendung nationaler Kapitalien kein so tiefgreifendes Übel gewesen sei, sondern vielmehr eine Zirkulation war, die den Reichtum unter einer anderen Form wieder entstehen ließ, und daß es für die großen Staaten mysteriöse Vorteile gab bei diesem nichtmateriellen Reichtum, den man auf dem Markt der öffentlichen Effekten von Hand zu Hand gehen sah.

Es bedurfte keiner besonderen Beredsamkeit, um die Minister von den Vorteilen übermäßiger Ausgaben zu überzeugen und die Börsenspekulanten von der Nützlichkeit ihrer Machenschaften; es war auch leicht, den Gläubigern des Staates die Bedeutung ihrer gesellschaftlichen Stellung zu vergegenwärtigen; den zu Anleihen bereiten Kapitalisten zu sagen, welchen Dienst sie der Öffentlichkeit leisten, wenn sie höhere Zinsen verlangen, als im Handel gezahlt werden. Alles scheint vollkommen zufriedengestellt von der unverständlichen Doktrin, mit welcher man die Vorteile der Anleihen auf die öffentlichen Fonds glaubte bewiesen zu haben.

Anstatt diesen spitzfindigen Überlegungen nachzugehen, wollen wir versuchen, verständlich zu machen, daß die öffentlichen Fonds nichts anderes sind als das vorgestellte Kapital, das ein Teil des jährlichen Einkommens darstellt, mit dem man die Schulden zu bezahlen hat. Nehmen wir an, ein entsprechendes Kapital ist verausgabt worden; es ist jenes Kapital, das der Anleihe entspricht, nicht aber den öffentlichen Fonds repräsentiert, denn dieses Kapital existiert ja bereits nicht mehr. Neue Reichtümer müssen indessen erst wieder durch Arbeit und Fleiß geschaffen werden. Ein jährlicher Anteil dieser Reichtümer geht dann im voraus auf die Personen über, die solche Kapitalien geliehen haben, die aber inzwischen zerstört worden sind. Dieser Anteil wird durch die Steuern jenen Menschen abgezweigt, die die Reichtümer hervorbringen. Gemäß dem im Lande üblichen Verhältnis zwischen Kapital und Zins berechnet man ein imaginäres Kapital dergestalt, daß dieses bei gegebenem Zins dem kapitalisierten jährlichen Rentenertrag, den die Gläubiger erhalten müssen, entspricht.

Könnte der Geldkapitalist die Entstehung der Anteile des öffentlichen Einkommens, die er erhält, verfolgen, würde er glauben, sein gesamtes Vermögen in seiner Anleihe wiederzufinden, z. B. in dem Feld, aus dem die Grundsteuer hervorgeht, und dem Kaufladen, von dem die indirekten Steuern abgeführt werden, was zusammen seine Erträge ergeben muß: „Da ist mein Vermögen! Da sehe ich, woher die Rente kommt, die ich glaubte aus dem Staatsschatz zu erhalten!" Dieser Kapitalist ist in der Tat Miteigentümer mit dem Landbebauer, dem Kaufmann und dem Handwerker, welche mit Steuern beauflagt werden, um ihm sein Einkommen zu zahlen. Das Kapital, von dem er glaubte, es befände sich in der Staatskasse, ist verpfändet worden auf Immobilien oder das Gewerbe von Produzenten; das Einkommen, das alle diese durch ihre Arbeit hervorbringen, ist dann nichts als jenes Einkommen, das sie zu halben Teilen für sich und den Gläubiger nutzen.

In dem gleichen Maße, wie man einem Kaufmann oder einem Grundeigentümer eine Anleihe gewährt, erwirbt man ein Recht auf einen Teil des Einkommens, das aus dem Handel des Kaufmanns oder aus dem Boden des Grundeigentümers hervorgeht, wobei aber das Einkommen dieser beiden genau um das abnimmt, wie das des Geldgebers steigt. Leiht man nun einer Regierung, erhält man ebenfalls ein Recht auf einen Teil des Einkommens von Kaufmann oder Grundeigentümer, denn die Regierung zieht diesen Teil in Form von Steuern ein, um die Zinsen der Anleihe bezahlen zu können, was wiederum darauf hinausläuft, daß der Verleiher nur auf Kosten der Armut der Steuerzahler reich wird.

Einige politische Autoren und einige Parlamentsredner haben geglaubt oder zumindest vorgegeben zu glauben, daß die Staatsschulden ein ungeheures, verfügbares Kapital seien, eine geldliche Macht, ein wesentlicher Teil des zirkulierenden Kapitals, wodurch die Industrie in Bewegung gesetzt werden kann. Sie waren nicht weit davon entfernt zu behaupten, daß der gewaltige Handel Englands die Folge und das Produkt seiner riesigen Schuld sei, als wenn ein Kaufmann seine Gläubiger mit seinen anstehenden Schulden anstatt durch seine Aktiva zufriedenstellen könnte. Das Kapital, das man in öffentlichen Anleihen angelegt hat, kann zu nichts verwendet werden, solange es sich darin befindet; für den

Kapitaleigentümer ist es dann lediglich eine Anweisung auf die Arbeit der anderen. Wird das Kapital benutzt, um den Handel damit zu beleben, rückt lediglich ein anderes Kapital an seine Stelle, so daß im Grund nichts gewonnen ist. Es bleibt Anleihe, was Anleihe war, es bleibt in der Industrie, was sich schon in der Industrie befand, nur die Namen der beiden Eigentümer haben sich geändert. Der ehemalige Rentier, der seine Renten verkauft hat, um ihren kapitalisierten Wert in Fabriken anzuwenden, opfert diesen Fabriken nicht das Kapital seiner Renten, sondern das Kapital desjenigen, der die Renten gekauft hat, und welches vielleicht in der Bank oder in der Landwirtschaft angelegt worden war und in jedem Falle ein zirkulierendes Kapital gewesen sein muß, weil es ja übertragbar ist. Dieses Kapital ändert zwar seine besondere Bestimmung, nicht aber die allgemeine, nämlich Arbeit in Bewegung zu setzen. Der ehemalige Geldkapitalist, der zum Rentier geworden ist, wird, solange er Rentier bleibt, nichts von seinem Kapital in die öffentliche Anleihe geben; denn mit etwas, das einer wirklichen Existenz entbehrt, kann nichts getan werden.

Man könnte meinen, daß man auf die Erörterung einer Frage, die einen Widerspruch in sich aufweist, verzichten sollte; denn wie war es möglich, Schuld und Reichtum zu verwechseln? Die Autorität einiger berühmter Namen verpflichtet uns jedoch, noch bei einem Vorurteil zu verweilen, das von der Sprache begünstigt wird und welches sich ferner aufgrund einer Ideenverwechslung schwer analysieren läßt und das schließlich durch eine Menge privater Interessen glaubwürdig gemacht werden soll.

Es ist unmöglich, sich hinsichtlich der Vorteile von Anleihen einer größeren Illusion hinzugeben, als dies Alexander Hamilton, der erste Sekretär der Schatzkammer der Vereinigten Staaten, getan zu haben scheint, übrigens ein geschätzter Finanzmann, dem diese Achtung auch wirklich gebührt. In seinen an die Repräsentantenkammer gerichteten Berichten fordert er die Amerikaner auf, neue Fabriken zu bauen, und er versichert ihnen gleichzeitig, daß bei diesen

Unternehmungen das Kapital nicht fehlen würde. Seltsam dabei ist allerdings der Umstand, daß die Geldquellen, die er ihnen für dieses neue Unternehmen anbietet, ihre eigenen Schulden sind, jene siebzig Millionen Dollar, für die die Staatskasse jährlich Zinsen zahlt. „Es gibt", so sagt er, „eine gegenwärtig in den Vereinigten Staaten existierende Art von Kapital, die sämtliche Unruhe über Kapitalmangel gegenstandslos macht: das ist die fundierte Staatsschuld."[17] Auf ungefähr zwanzig Seiten versucht er, eine negative Menge mit einer positiven zu verwechseln, die Schulden und Aktiva eines Landes einander gleichzustellen.

Verfällt ein angesehener Staatsmann einmal einem groben Irrtum, so ist es angebracht, nach den Ursachen seiner Täuschung zu forschen. Hamilton hat beobachtet, daß die Gläubiger des Staates ihre Kreditbriefe im allgemeinen in jedem beliebigen Augenblick verkaufen konnten, um den Erlös dann in einem neuen Unternehmen anzulegen. Hamilton schlußfolgerte aus dieser Tatsache, daß die Staatsschuld ein verfügbares Kapital sei, das sich fruchtbringend anwenden ließe. Das ist es aber in Wirklichkeit nicht. Das Kapital, mit dem man die Staatsschulden kaufen kann, ist das einzige Kapital, über das man frei verfügen könnte; demgegenüber ist Kapital von Käufern, die nicht kaufen können, solange ihre Anlagen in der Industrie festliegen, in der sie vorher angelegt waren, um dann abermals in eine Industrie gesteckt zu werden, ein Kapital, welches nicht jenes der Schuld ist und sich nicht nach ihr messen läßt. Die amerikanische Nation hatte siebzig Millionen Dollar Schulden, und der „Preis" ihrer öffentlichen Anleihen auf dem Markt wird sich ungefähr bei vier bis fünf Prozent Verlust gehalten haben. Was beweist das? Einzig und allein, daß von den Eigentümern dieser siebzig Millionen Anleihe lediglich solche bereit waren zu verkaufen, die über zwei oder drei Millionen

17 Alexander Hamilton, „Report on the Subject of Manufacture", in: Works of Alexander Hamilton, Bd. 1, New York 1810, S. 201.

verfügten, und daß sich auch Käufer für diese zwei oder drei Millionen fanden. Also sind es schließlich nur diese zwei oder drei Millionen, die verfügbar sind. Legt man sie nun aber in einem neuen Unternehmen an, nimmt man sie also der Börse, deren gesamten Kredit sie stützten, werden die Eigentümer der restlichen siebenundsechzig Millionen sicher keine Käufer mehr finden, wenngleich es gar keinen Zweifel über die Zahlungsfähigkeit der Nation gibt. Die Anweisung auf die Einkommen bleibt stets dieselbe, der zu verbrauchende Reichtum aber, der zur Reproduktion verwendet werden kann, läßt sich jedoch nicht mehr gegen diesen ungewissen Reichtum austauschen.

Man kompliziert die Frage der Anleihen noch, wenn man zusätzlich die Ausländer einschaltet, ändert daran aber nichts. Zu dem Zeitpunkt, als die Amerikaner siebzig Millionen Dollar in Anleihen aufnahmen, liehen ihnen vielleicht die Ausländer den größten Teil davon. Wenn die Amerikaner in der Folge ihre Anleihen, die im Ausland zirkulierten, zurückkauften, vermittels eines aus ihrer Sparsamkeit herrührenden Kapitals, bezahlten sie auf diese Weise die Staatsschuld. Verkauften sie später ihre Kreditbriefe an Ausländer, nahmen sie von neuem Anleihen auf. In diesem Falle ist kaufen gleich bezahlen und verkaufen gleich ausleihen; denn kaufen heißt, einen inländischen Gläubiger an die Stelle eines ausländischen zu setzen; verkaufen bedeutet dagegen, einen ausländischen Gläubiger durch einen inländischen zu ersetzen.

Es entspricht der Wahrheit, daß die öffentlichen Anleihen ein bequemes Mittel sind, um im Namen der Öffentlichkeit eine Anleihe zu stipulieren, die sich im Namen jedes einzelnen viel schwieriger machen ließe. Das wollen wir keineswegs leugnen, aber dafür ist diese Art der Anleihen viel kostspieliger, was wir anhand eines Beispiels erläutern möchten.

Ein Amerikaner verfügt aufgrund seines Anteils an den öffentlichen Anleihen über eine Rente von zweihundert Dollar und bezahlt dem Staate ebenfalls zweihundert Dollar

Steuern für sein Eigentum an Grund und Boden. Nun, beim Vergleich dieser beiden Summen, könnte man annehmen, daß er sich selbst die Rente zahlt. Sein Vermögen beschränkt sich dann auf seinen Grundbesitz, so daß Guthaben aus dem Ertrag der Anleihe und Steuerpflicht einander aufheben und Zahlungen unterbleiben könnten, ohne daß dieser Amerikaner reicher noch ärmer würde. Indessen betrachtet er seine zweihundert Dollar Rente aus den öffentlichen Anleihen als ein Kapital von viertausend Dollar*, wogegen er nicht im geringsten daran denkt, daß die zweihundert Dollar Steuersumme ihrerseits eine negative Menge von viertausend Dollar darstellen, die er von seinem Eigentum abzweigen muß. Sollte er ein plötzliches Bedürfnis empfinden, wird er seine Rente von zweihundert Dollar verkaufen, und da sich diese auf allen Weltmärkten handeln läßt, kann es sein, daß sie von einem Kapitalisten aus Amsterdam gekauft wird, welcher den Amerikaner nicht kennt und sich keine Gedanken über dessen Fähigkeiten macht, der sich aber so an die Stelle der Hypothek setzt, die er selbst auf seinem Vermögen lasten hatte. Darin besteht der einzige Vorteil der öffentlichen Anleihen, sie lassen sich leichter handeln als Privatschulden. Würden Steuer und Anleihe gleichzeitig aufgehoben, hätte der Amerikaner viertausend Dollar an gedachtem Kapital aus den Anleihen verloren und viertausend Dollar auf den Wert seines Eigentums gewonnen, nämlich das gedachte Kapital der zweihundert Dollar Steuern, die er zahlt. Und im Falle eines plötzlichen Geldbedürfnisses, wenn er also seine Rente verkauft, würde er eine Anleihe von viertausend Dollar auf seine eigene Staatsanleihe aufnehmen, um weder ärmer noch reicher zu sein als beim Verkauf seiner Schuldforderung an den Staat selbst. Eine Regierung indessen erhebt keineswegs ohne Verlust zweihundert Dollar, um etwa wieder zweihundert Dollar zurückzuzahlen. Um dem Steuerzahler einen Teil seines Eigentums einzuziehen,

* ergibt sich aus der Kapitalisierung des Rentenertrages bei einem angenommenen Zinsfuß von 5%.

bedarf es eines Steuereinnehmers, eines Kassierers, eines Steuerverwalters und eines Kontrolleurs; ferner wird ein Auszahler benötigt, der die zweihundert Dollar zurückerstattet.

Ein Staat leistet derartige Operationen keinesfalls umsonst, d. h. nicht ohne für diese doppelte Arbeit die entsprechenden Ungelegenheiten und Verluste zu verursachen. Man veranschlagt diese Kosten für Eintreibung und Verwaltung nicht zu hoch, wenn man annimmt, daß die Regierung mit der einen Hand dem Steuerzahler zweihundertvierzig Dollar nimmt, um mit der anderen zweihundert Dollar zu erstatten, so daß infolgedessen, wenn man das in den öffentlichen Anleihen angelegte Vermögen, bei einem Zinssatz von fünf Prozent, auf viertausend Dollar veranschlagt, die Hypothek, mit der die Staatskasse belastet ist, auf viertausendachthundert Dollar einschätzt, d. h. viertausendachthundert Dollar, um davon die Schuldforderung von viertausend Dollar zahlen zu können.

Weit davon entfernt, durch die Lösung der Schuldforderung und der Steuer, die erstere aufbringen muß, ein Kapital von viertausend Dollar zu verlieren, würde der Staat in Wirklichkeit bei diesem Ausgleich ein Kapital von achthundert Dollar gewinnen, das sich als eine Rente von vierzig Dollar darstellt.

Im allgemeinen kann man als Grundsatz gelten lassen, daß eine Nation bei einem Einkommen von zwanzig Millionen Francs und keinen Schulden reicher ist als ein Land, das bei dreißig Millionen Einkommen zehn Millionen Schulden hat, weil die Verwaltungskosten mit dem Bruttoeinkommen steigen und einen Verlust für jedermann bedeuten. Beim Privatmann träfe das gleiche zu; aber sowohl beim Staat als auch beim Privatmann hat ein riesiges und belastetes Vermögen oft einen trügerischen Kredit, den ein geringeres und flüssiges Vermögen nicht haben würde.

Die privaten Schuldforderungen bilden ebenso wie die Forderungen an den öffentlichen Schuldner einen Teil des individuellen Vermögens, während sie jedoch keineswegs

Teil des nationalen Reichtums sind; denn sie erhöhen in keiner Weise das Jahreseinkommen der Nation, sie beeinflussen lediglich dessen Verteilung. Eine Nation verfügt über ihr gesamtes materielles Eigentum, zuzüglich der Schuldforderungen eines Teils ihrer Bürger, abzüglich dieser selben Beträge als Außenstände des anderen Teils der Bürger. Da sich nun aber zwei gleiche Mengen, eine positive und eine negative, gegenseitig aufheben, bleibt nur das materielle Eigentum übrig. Würden sämtliche privaten und öffentlichen Schulden an einem Tage aufgehoben, gäbe es eine fürchterliche Umwälzung des Eigentums. Die Hälfte der Familien wäre zum Vorteil der anderen Hälfte ruiniert worden. Die Nation indessen würde dabei weder reicher noch ärmer werden. Ihr Einkommen bliebe genau dasselbe, die einen hätten lediglich das gewonnen, was die anderen verlieren würden. Natürlich hat ein Staatsbankrott niemals das gleiche Resultat, weil der Staat auch bei Schuldaufhebung immer noch die Steuern einbehält, die den Gläubigern zukämen. Er läßt es diesen gegenüber an Fairness fehlen und fordert unbekümmert das Eigentum dieser von anderen.

Wie verhängnisvoll Anleihen auch sein mögen, so genügt es doch, daß eines der mächtigsten Völker sich darauf eingelassen hat, um bereits alle anderen Länder mit hineinzuziehen. Die Waffen in neuen Kämpfen sind nicht mehr die gleichen, und es ist unmöglich für ein Land, mit seinem Einkommen den Kapitalien der anderen zu widerstehen, denn wie wollte man sich auf Hieb- und Stichwaffen beschränken, während die anderen Schußwaffen gebrauchen. Man hat nicht einmal die Wahl, sich die am wenigsten belastende Anleihe auszusuchen. Jener, der sich am weitesten vom Zurückzahlungstermin entfernt, wird bei gleichen Zinsen sich die größten Summen verschaffen können. Jeder unterwirft sich seinerseits dieser gefürchteten Konkurrenz; und die Finanzkunst, die immer perfekter geworden ist, hat lediglich dazu gedient, die Last, die die Völker bedrückt, ständig zu vergrößern.

Die ersten Anleihen, d. h. jene, die zur Zeit Karls V. und

Franz I.* stipuliert wurden, hatten eine festgelegte Rückzahlungspflicht. Der König verpfändete denen, die eine große Summe vorschossen, ein bestimmtes Einkommen; aber im Verlaufe weniger Jahre mußte dieses Einkommen Zinsen und Kapital ersetzen. Die Hilfe erwies sich als unzureichend und die Zinsen waren sehr hoch. Schließlich jedoch, kurze Zeit nach dem Friedensschluß**, konnte sich der Staat seiner Schulden entledigen, er kam wieder in den vollen Genuß seiner Rechte, die Völker konnten aufatmen, und die Generation, die sich, von ihren Leidenschaften angestachelt, hatte in den Krieg ziehen lassen, mußte allein die Kosten tragen.

Eine Verbesserung im Finanzwesen und einen Fortschritt im Kredit bedeutete die Anleihe gegen eine lebenslängliche Leibrente. Die Einkommen des Staates wurden von nun an nicht mehr an Gläubiger verpfändet. Ordnung und Regelmäßigkeit in den öffentlichen Rechnungen ließen sich leichter aufrechterhalten. Man gewährte eine längere Rückzahlungsfrist. Die Rückzahlung erfolgte unmerklich nach und nach. Jeder Gläubiger befreite durch seinen Tod den Staat von einer Schuld. Wenngleich die Leibrente viel höher war als ansonsten die ständigen Zinsen, waren indessen die Leihbedingungen für die Staatsfinanzen nicht unvorteilhaft; und die wichtigste Bedingung, daß die Leibrente mit dem Leben der Verleiher erlischt, garantierte einen völlig gerechten Grundsatz, nämlich die gesamte Rückzahlung der Schuld jener Generation anzulasten, die als einzige davon profitierte.

Als man später durch eine erneute Verbesserung im Finanzwesen die Leibrenten in ewige Renten verwandelte, machte die lebende Generation gewissermaßen auf Kosten der nachkommenden Generation bankrott. Sie nahm An-

* Karl V. (1500–1558) – ab 1516 spanischer König und ab 1519 gleichzeitig deutscher Kaiser. Franz I. (1494–1547) – französischer König von 1515 bis 1547.

** Gemeint ist der Friede von Château-Cambrésis im Jahre 1559, in welchem Frankreich nach mehreren Kriegen gegen Habsburg um die Vorherrschaft in Europa auf Italien verzichten mußte.

leihen auf, verschwendete alles, was man ihr lieh, und belastete auf diese Weise die kommenden Generationen, denen sie nichts hinterließ, mit der Rückzahlung.

Man hat zu Sophismen gegriffen, um ein Verhalten, das sich nicht gerade durch Ehrlichkeit auszeichnet, moralischer erscheinen zu lassen. Man hat behauptet, daß die Regierung nicht zu Geldanlagen auffordern dürfe, die die Zerstörung der Vermögen herbeiführten. Das hieße, die Familienväter zu verführen und sie dazu anzuhalten, den eigenen Vorteil dem ihrer Kinder vorzuziehen, was schließlich zur Folge hat, daß die nationalen Kapitalien vernichtet werden und die Zukunft der Gegenwart geopfert wird. Viele waren nicht weit davon entfernt zu sagen, daß es aus Liebe zur Nachwelt geschähe, wenn wir diese mit einer ungeheuren Schuld belastet lassen, anstatt eine solche selbst zu bezahlen.

Der Vorwurf, daß Kapitalien durch eine Leibrente zerstört werden, hebt sich von selbst auf, wenn man sich in genügendem Maße davon überzeugt hat, daß die Anleihe nicht im geringsten ein Kapital ist. Der mit einer Leibrente belastete Boden bleibt beim Tode des Gläubigers frei. Er hat weiterhin wie vorher den gesamten Kapitalwert; aber ein Teil dieses Wertes repräsentierte die Rente, um die er beschnitten wurde, und dieser Teil geht an den Grundeigentümer zurück. Desgleichen gewinnt der Staat genau das an Kapital und Zinsen zurück, was seine Gläubiger verlieren, so daß der Staat in keiner Weise ärmer wird durch das Erlöschen des fiktiven Kapitals seiner Leibrentenschuld.

Es ist richtiger zu sagen, daß der Staat durch die Anleihen in Form von Leibrenten die menschlichen Anlagen zum Egoismus begünstigt, ungefähr in der Art, wie das auch durch die Einrichtung der Domherrnpfründe, Stiftsstellen und alle lebenslänglichen Stellen und Pensionen geschieht. Derjenige, der sich eines derartigen Einkommens erfreut, sofern er nicht verheiratet ist, wird zweifellos nur an sich selbst denken. Ist er jedoch verheiratet, so ist die natürliche Liebe stärker als die Verlockung eines Profits, den man sich stets verschaffen könnte, selbst wenn ihn der Staat nicht anböte. Jene aber, die Anlagen in Form einer Leibrente tätigen, verstehen es sehr gut, durch ihre Sparsamkeit das Kapital, das ihnen die Staatskasse nicht wieder ersetzt, wiederzuerlangen.

Als die Regierungen die Anleihen in Form von Leibrenten durch ewige Anleihen ersetzten, glaubten sie sich völlig von der Verpflichtung befreit zu haben, das Ausgeliehene zu erstatten. Sie nahmen ferner an, ihrer moralischen Pflicht genüge getan zu haben, wenn sie regelmäßig der Zinszahlung nachkämen. Indessen zwangen bald neue Bedürfnisse, jedes Jahr die fundierte Schuld zu erhöhen; und die Ministerien, die sich sehr wohl mit den Belastungen der Nachwelt abgefunden hätten, begannen nun an ihr eigenes Interesse zu denken, als sie bemerkten, daß die Bürde, die sie der Nachwelt aufluden, sie schließlich den eigenen Kredit kosten mußte. Eine riesige Schuld, die sich nur vergrößerte anstatt abzunehmen, war dazu angetan, die neuen Verleiher, derer man bedurfte, in Schrecken zu versetzen. Es mußte ihnen bewiesen werden, daß man gedachte, diese Schuld zu tilgen. Man mußte den Bürgern ein Ende angeben, wenn es auch noch so fern war, für ihre Opfer, die man ihnen abverlangte. So erfand man die Amortisation.

Dieses System, eine geschickte Kombination von Zinszahlung mit der Bildung eines, zunächst geringen, Fonds zur Abtragung jeglicher Schuld, der durch eigene Ersparnisse stets größer wird, brachte dem Staate nahezu dieselben Vorteile wie jene, die sich bei der sukzessiven Auflösung der Leibrenten ergaben. Das war eine Art natürlicher Amortisation, die ebenfalls ohne Unterbrechung verlief. Das Erlöschen jeder einzelnen Leibrente bedeutete allerdings eine sofortige Erleichterung für die Staatskasse, während jede Amortisation und jede Schuldtilgung, die von der Amortisationskasse vollzogen werden, in keiner Weise ihre Belastungen herabmindert. Es nimmt dabei lediglich die Fähigkeit zur Amortisation zu.

Es kann durchaus vorkommen, daß man durch geschicktes Verhandeln von den Verleihern, wenn man gleichzeitig

Rente und Amortisation zahlt, ein größeres Kapital erhalten kann, als wenn man eine Leibrente in Aussicht stellt, wenngleich alle beide in der gleichen Anzahl von Jahren erloschen sein müssen. Darin läge ohne Zweifel ein Grund, die Amortisation der Leibrente vorzuziehen. Aber, mag man einer Amortisationskasse noch so viel Unabhängigkeit zusichern, sie ist stets ein Teil des Staates und untersteht in jedem Falle den Gesetzen. Außerdem hat die Erfahrung bereits bewiesen, daß in Notlagen und Krisenzeiten eine Anleihe aus der Amortisationskasse, also ein ungewöhnlicher Zulauf zu ihren Fonds, so einfache Quellen darstellen, daß es keiner Regierung auf die Dauer gelingen wird, mit genügender Festigkeit derartigen Ansinnen entgegenzutreten.

Eine Regierung, die Anleihen aufnimmt, verschwendet das Kapital, das sie auf diese Weise erhält; sie erklärt gleichzeitig die Nachwelt zum ständigen Schuldner der Früchte ihrer Arbeit. Eine drückende Bürde wird auf sie geworfen, um auf ihr zu lasten von Generation zu Generation. Öffentliche Mißstände können eintreten, der Handel kann neue Wege einschlagen, Flüsse können uns verdrängen, die im voraus verkaufte Reproduktion braucht sich nicht zu erneuern, alle diese Geschehnisse würden nichts daran ändern, daß wir mit einer Schuld belastet sind, die über unsere Kräfte hinausgeht, mit einer hypothekarischen Schuld auf das, was noch gar nicht existiert, auf unsere zukünftige Arbeit, die wir vielleicht nicht einmal werden ausführen können.

Die Notwendigkeit, diese Schuld zu tilgen, ist wiederum mit sehr drückenden Steuern verbunden, so daß sich alle Steuern zusammen, wenn es derer zu viele gibt, ebenfalls wieder verhängnisvoll auswirken. Sie belasten die Industrie und vernichten die Reproduktion, die bereits im voraus verkauft ist. Je mehr man schon bezahlt hat, um so unfähiger wird man, noch mehr zu bezahlen. Ein Teil des Einkommens sollte aus der Landwirtschaft hervorgehen, aber die Steuer hat die Landwirtschaft zugrunde gerichtet. Ein anderer Teil wäre aus der Industrie hervorgegangen, die Steuer bewirkte jedoch die Schließung der Fabriken. Ein weiterer Teil wäre schließlich dem Handel zu verdanken gewesen, doch die Steuer hat ihn ins Exil getrieben. Not und Elend wachsen an, während sämtliche Einnahmequellen zurückgehen. Letztlich kommt der Zeitpunkt, zu dem der entsetzliche Bankrott unvermeidlich wird und wo man sogar nicht zu entscheiden wagt, ob es nicht angebracht wäre, diesen Bankrott zu beschleunigen, um auf diese Weise wenigstens noch die Rettung des Staates zu versuchen. Es gibt keine Möglichkeit mehr, alle Bürger dem Verderben zu entreißen. Aber, hat man die müßigen Gläubiger als die ersten untergehen lassen, werden sich vielleicht die Schuldner, die arbeiten, retten können. Läßt man jedoch die Schuldner im Elend umkommen, geht mit ihnen die letzte Hoffnung der Gläubiger verloren, die sehr bald ihrerseits dem Verderben anheimfallen.

Hüten wir uns, in nationaler Erbitterung, in Rachegefühlen, die von Volk zu Volk stets unbegründet sind, da es die Regierungen und nicht die Völker sind, die sich bekriegen, hüten wir uns also, im Haß das Vergnügen zu suchen, andere Völker leiden zu sehen. Naht in der Tat der Augenblick, in dem eine große Nation, die der Welt glänzende Beispiele gegeben und uns durch ihre Erfahrung erleuchtet hat, bedroht ist, die Strafe zu zahlen für die Verschwendung, die sie ihrer Regierung[18] erlaubt hat; dann

[18] Trotz der neuerlichen Verluste, die England heute erleidet, und obwohl die Illusionen, denen sich seine Kaufleute hingaben, gegenwärtig zerrinnen, ist die finanzielle Situation dennoch viel besser, als sie es vor sieben Jahren war, zur Zeit der ersten Ausgabe dieses Buches, weil ein fähiges und sparsames Ministerium in gutem Glauben die frühere Verschwendung beseitigte, die Ausgaben beträchtlich einschränkte und gleichzeitig die lästigsten Besteuerungen der Industrie aufhob. Aber trotz aller Befähigung gelang es diesem Ministerium nur, die betreffenden Reformen durchzuführen, weil das Nationaleinkommen aufgrund der Eröffnung des Handels mit Südamerika gestiegen war. Heute, wo die ungeheure Produktivität der englischen Industrie alle Märkte verstopft hat und wo der

möge uns die schreckliche Lage, in der sie sich bereits befindet, inmitten von so vielen äußeren Anzeichen von Reichtum, lediglich auf die Gefahr hinweisen, die wir liefen, wollten wir zu genau ihren Spuren folgen. In solch einem Augenblick sollte sich jedes freie Volk, das nicht wie die absoluten Monarchen einfach alle Verpflichtungen brechen kann, daran erinnern, daß ihm die Sparsamkeit fast ebenso notwendig ist wie die Freiheit; daß motivlose Kriege, Riesenprojekte und sinnlose Verschwendung maßlose Anleihen erfordern, daß diese Anleihen wiederum stets wachsende Steuern nach sich ziehen und daß es schließlich keinen Reichtum gibt, mag er noch so strahlend sein und noch so fest etabliert scheinen, der nicht letzten Endes der Last der Abgaben erliegt.

Es hat indessen den Anschein, daß die zivilisierte Gesellschaft ebenso wie die tote Natur jenen allgemeinen Gesetzen unterliegt, die das Universum durch das Opfer des Individuums aufrechterhalten und die alles zusammen an ein gemeinsames Ziel führen, hindurch durch Not und Drangsal, welche erbarmungslos und unterschiedslos alle treffen. Das Ziel, das wir bis hierher als das eigentliche der Politischen Ökonomie betrachtet haben, war das Wachstum des Reichtums, die Anhäufung von Kapitalien. Wir haben gezeigt, daß diese Kapitalien den Menschen zur Arbeit bewegten und ihm Überfluß verschafften. Das Anwachsen der Kapitalien bezeichneten wir stets als P r o s p e r i t ä t, ihre Zerstörung als K a l a m i t ä t. Dennoch wird man bemerkt haben, daß sich die Kapitalien schneller anhäufen können, als die Nachfrage nach der Arbeit, die sie in Bewegung setzen, steigt; daß in diesem Falle ihr Zins abnimmt und daß sie eine größere Produktion bewirken, während gleich-

Handel, der zum Reichtum führte, die Ursache des industriellen Ruins geworden ist, drohen der Nation neue Gefahren, und die Minister haben sich mit neuen Schwierigkeiten auseinanderzusetzen. Vielleicht sehen sie schon den Pfad, der sie über diese Klippe hinwegführen wird, aber für jene, die nicht in ihr Geheimnis eingeweiht sind, ist weiter nichts zu sehen als die Gefahren des Weges.

zeitig weniger verbraucht wird. Ferner wird man sicher festgestellt haben, daß jede Umwandlung von zirkulierendem Kapital* in fixes Kapital die Schaffung einer zukünftigen Produktion nach sich zieht, ohne daß jedoch der entsprechende Verbrauch gesichert ist. Schließlich wird man erkannt haben, daß, sofern die Gesellschaft eine gewisse Zeit in ihrem Prosperitätslauf fortführe, ohne sich auf neue Länder ausbreiten zu können, um auf neuem Boden ein neues Volk entstehen zu lassen, es bald aufgrund eben dieser Anhäufung von Kapitalien ein schreckliches Mißverhältnis zwischen Produktion und Verbrauch gäbe.

Es will scheinen, daß fürchterliche Katastrophen dazu bestimmt sind, die menschlichen Gesellschaften immer wieder zur Ordnung zurückzuführen, so wie der Blitz, der Hagel und die Gewitter die Reinheit der Luft wiederherstellen, erhalten die Pest, der Krieg und Hungersnöte das Gleichgewicht zwischen den entstehenden Generationen und der Nahrung, die ihnen die Erde geben kann.

Jene verhängnisvolle Verschwendungssucht unvernünftiger Minister, dieser verderbliche Aufwand mancher Regierungen, die maßlosen militärischen Ausgaben und die Zerstörung von Reichtümern durch den Krieg waren vielleicht notwendig, um das dreifache Gleichgewicht zwischen Produktion und Verbrauch, zwischen den Kapitalien und der nachgefragten Arbeit und zwischen diesen und dem Einkommen, das daraus hervorgehen soll, wiederherzustellen. Die Bemühungen, die man dann unternimmt, um den Verlust proportionell auf alle Mitglieder der Gesellschaft zu verteilen, tragen keine Früchte; gegenseitige Versicherungen, die der eine mit dem anderen abschließt, dehnen den Notstand nur noch aus. Dort, wo die Hand des Schicksals mit dieser gefürchteten Geißel zuschlägt, gehen Menschen und Reichtümer zusammen zugrunde. Der Mensch, der zu schwach ist, um solche Gesetze vorauszuberechnen, muß sich

* Zirkulierendes Kapital hier bei Sismondi ausschließlich als Geldkapital zu verstehen.

beugen und sich unterwerfen. Es steht nicht in seiner Macht, Naturkatastrophen abzuwenden, die blind zuschlagend aus der Natur der Dinge hervorgehen, die Krankheit, Alter und Tod, und die durch absichtliches Vorausberechnen zu schreienden Ungerechtigkeiten ausarten würden. In einer Hungerszeit wäre die Pest ein Vorteil für die Überlebenden, da diese von einem Teil derer befreit würden, die von einer begrenzten Menge von Nahrungsmitteln leben müßten, aber wehe dem, der die Pest in dieser Absicht seinen Mitbürgern brächte! Desgleichen gibt es vielleicht solche Zeiträume in der fortschreitenden Entwicklung der Nationen, wo die Zerstörung des existierenden Reichtums notwendig wäre, um der schöpferischen Aktivität neuen Aufschwung zu verschaffen. Doch wehe dem, der mit diesem Ziel die Stadt seiner Vorfahren abbrennen würde! Unglück über den, der die Regierung zu Vergeudung und sinnloser Verschwendung herausfordert! Es steht uns in keiner Weise zu, das Unglück zu suchen, selbst wenn es uns nützlich sein sollte. Suchen wir lieber für die Völker nach Reichtum, Gesundheit, Freiheit und Glück. Sollten sie der Armut, der Krankheit, der Unterdrückung und des Unglücks bedürfen, um ihre Aktivität zu wecken, ihre Bevölkerung zu erneuern, ihren Mut anzufachen und ihren Charakter zu festigen, so werden ihnen die mächtigen Gesetze der Natur ohne unser Zutun genug Not und Elend bereiten.

Siebentes Buch

VON DER BEVÖLKERUNG

ERSTES KAPITEL

VOM NATÜRLICHEN WACHSTUM DER BEVÖLKERUNG

Wir haben die Politische Ökonomie definiert als die Suche nach Mitteln und Wegen, durch welche die größtmögliche Anzahl von Menschen in einem Staatswesen im höchsten Maße am materiellen Wohlstand teilhaben kann. Dieser Wohlstand ist abhängig von der Form der Regierung. In der Tat müssen stets zwei Faktoren vom Gesetzgeber beachtet werden: die Intensität beim Zunehmen des Wohlstandes und seine Verteilung auf alle Klassen. Der Gesetzgeber bemüht sich um Reichtum, sofern er der Bevölkerung nützt; er kümmert sich um die Belange der Bevölkerung, sofern er diese am Reichtum teilhaben läßt; das Vorhandensein des einen oder anderen Elements ist also jeweils nur auf das Glück und den Wohlstand jener gerichtet, die dem Gesetzgeber unterstehen. Auf diese Weise wird die Politische Ökonomie, ganz allgemein gesprochen, die Theorie des Wohlstands, und alles, was sich nicht letzten Endes auf das Wohl der Menschen bezieht, gehört nicht zu dieser Wissenschaft.

Die Menschheit, beginnend mit einer einzigen Familie, hat sich nach und nach, indem sie sich vermehrte, über die gesamte Erde verbreitet. Es hat lange gedauert, bis sie sich den Unterhaltsmöglichkeiten, die ihr die verschiedensten Teile dieser Erde bieten, angepaßt hat. Wir sehen diese Arbeit der Natur sich wiederholen in den neuen Ländern, denn eine Kolonie, die in einer öden und unbewohnten

Gegend entsteht, ein Land, das aus der Barbarei zu größerer Zivilisation übergeht, ist keinesfalls sofort mit so vielen Bewohnern bedeckt, wie dort durchaus in Wohlstand leben könnten. Da die Erde zu wiederholten Malen verwüstet worden ist, da die meisten Gegenden der Erde abwechselnd in einen Zustand der Verheerung gerieten, aus dem sie sich nur langsam wieder erholten, haben wir sehr häufig dieses Schauspiel eines Bevölkerungswachstums beobachten können. Wir sind daran gewöhnt, das Bevölkerungswachstum als Zeichen der Prosperität und einer guten Regierung zu betrachten. Auch sind alle unsere Gesetze und Einrichtungen bestrebt, dieses Wachstum zu begünstigen, wenngleich es nicht dasselbe ist, einen Anschein von Prosperität bzw. das Zunehmen der Prosperität selbst zu beschleunigen.

Die Natur ist verschwenderisch gewesen bei der Begünstigung der Vermehrung der einzelnen Arten von Lebewesen. Wenngleich die menschliche Rasse zu denen zählt, die sich am langsamsten vermehrt, könnte sie dennoch rasch zunehmen, wenn alle wachstumsfördernden Bedingungen gegeben wären. Doch dafür fehlen in der Weltgeschichte die Beispiele, weil in keiner Nation, zu keiner Zeit, optimale Bedingungen vorhanden waren. Hätten alle Männer großes Interesse daran, eine Familie zu haben, wären ferner genügend Mittel dafür da, würden sich alle verheiraten, und zwar so jung, wie es die Natur zuläßt, hätten sie alle stets Kinder bis zum Nahen des Alters, dann entstünde aus einer Familie bald ein Volk, und dieses Volk würde bald die ganze Erde bedecken. Die Menschheit würde sich zweifellos vervierfachen, vielleicht sogar im Verlaufe einer einzigen Generation verzehnfachen.

Aber zwischen dieser abstrakt betrachteten Möglichkeit sich zu vermehren und der Wirklichkeit gibt es und muß es eine Kluft geben. Nicht alle Männer haben den Wunsch, eine Familie zu gründen. Nicht alle verfügen über die Mittel, eine Familie zu unterhalten. Es heiraten längst nicht alle; und von jenen, die sich verheiraten, lassen viele die Zeit verstreichen, in der sie Kinder haben könnten, viele andere hören lange vor dem Alter auf, Kinder zu bekommen. Bei keiner menschlichen Handlung dürfen die Möglichkeiten mit dem Wollen verwechselt werden. Das Wachstum der Menschheit hängt vom Wollen ab, und in diesem Wollen liegen ihre Grenzen.

Spricht man von der Gesellschaft, kann man von allen anderen Gründen, die die Männer dazu bewegen, eine Familie oder keine zu haben, absehen und sich auf zwei Gegebenheiten beschränken: die Freuden des Ehelebens und der Vaterschaft, d. h. das „Gefühl für den anderen", veranlassen die Männer zur Heirat; die Pflichten, die Furcht vor Entbehrungen, also der Egoismus, bestimmen sie dazu, allein zu leben. Der Mann wägt ab zwischen seinen Gefühlen der Zuneigung und den eigenen Lebensansprüchen. Natürlich ist das Abwägen der Unterhaltsmittel für die Entscheidung zwischen Ehe und Vaterschaft einerseits und Junggesellenstand andererseits entscheidend. Dies gilt für den einzelnen wie auch auf gesamtgesellschaftlicher Ebene.

Nimmt man eine Frau und zählt man darauf, das Glück in der eigenen Zuneigung und in der Liebe seiner Kinder zu finden, so ist man auch stets bestrebt, die Wesen glücklich zu sehen, die von einem abhängig sind. An anderer Stelle hatten wir bereits gesagt, daß der Reichtum das allgemeine Merkmal allen körperlichen Wohlbefindens ist, das ein Mensch dem anderen verschaffen kann. Ein jeder macht sich eine Vorstellung dieses Wohlstands gemäß dem Stande, innerhalb dessen er lebt. Ohne Zweifel sind für das Glück noch andere Voraussetzungen vonnöten; viele unter ihnen, wie z. B. die Moral, die Gesundheit, eine ausgeglichene Gemütsart, sind vielleicht noch wichtiger, doch keine wird so allgemein geschätzt wie der Wohlstand, wenngleich es nirgends mehr von uns abhängt zu wissen, ob wir ihn besitzen oder nicht. Die Armut ist in jedem Falle der Ausdruck für den Niedergang eines Menschen, sie ist ein wirkliches Übel, allgemein gekannt, und ein Mann setzt nicht freiwillig die Wesen, die er liebt, der Armut aus. Wenn er sein Glück im „Gefühl für die anderen" sucht, wird er diese anderen ebenso wenig der Armut aussetzen wollen wie sich selbst, weil dies ja ebenfalls sein Glück beträfe, sofern er das durch den Egoismus begründen will. Ein Ehemann übernimmt es, für den Unterhalt von Frau und Kindern zu sorgen. Diese Aufgabe genügt, um seinem Wollen Grenzen zu setzen. Bevor er heiratet und bevor er Kinder zeugt, berechnet er stets das Einkommen, das er mit seiner Familie teilen kann und welches er ihr nach seinem Tode hinterlassen wird. Verheiratet sich ein Unvorsichtiger, ohne an die Familie zu denken, die er haben wird, so gleicht sich dieser Leichtsinn durch die ängstliche Vorsicht derer aus, die gar nicht heiraten, aus Angst, nie genug aufbringen zu können. Und betrachtet man die Gesellschaft in ihrer Gesamtheit, so stellt man fest, daß ein Junggeselle nur dann Ehemann und Vater wird, wenn er sicher ist, daß sein Einkommen für diesen Familienstand ausreicht. Das Bevölkerungswachstum regelt sich also ausschließlich nach dem Einkommen; und wenn dieses Verhältnis überschritten wird, dann liegt es stets daran, daß sich die Familienoberhäupter über das, was sie für ihr Einkommen hielten, täuschten oder daß sie vielmehr von der Gesellschaft getäuscht wurden.

In der Tat, jede Nation gelangt schnell zu der Bevölkerung, die sie ernähren kann; sie besteht sehr bald aus so vielen Individuen, wie sie von ihrem Einkommen, in der Art wie es begrenzt und verteilt ist, unterhalten kann. Hat eine vorübergehende Notsituation, ein Krieg, eine Pest oder eine große Hungersnot, eine beträchtliche Lücke in der Bevölkerung verursacht und folgt auf dieses Übel eine Zeit der Sicherheit und der öffentlichen Ordnung, so ist das Einkommen im Verhältnis zur Bevölkerung zu hoch, sowohl für die Wohlhabenden, reich geworden durch Erbschaften, als auch für die Armen, deren Arbeit um so besser bezahlt wird, je weniger Arbeitskräfte es gibt. Sogleich setzen die Kräfte zur Zeugung und Erneuerung ein, und man ist erstaunt zu sehen, wie weniger Jahre es bedarf, um die Spuren einer Katastrophe, welche die Erde entvölkert zu haben schien, zu verwischen.

In zahlreichen Ländern überantwortet die bürgerliche Gesetzgebung die Verfügung über das gesamte Familieneinkommen dem ältesten Bruder: allein dieser älteste Bruder wird sich verheiraten, während die übrigen in Ehelosigkeit alt werden. Die Bevölkerung wird indessen nicht abnehmen; denn ein einziger Sohn unter vieren wird durch seine Eheschließung wiederum vier Söhne hinterlassen. Da sich das Einkommen in keiner Weise ändert, gibt es keinen Grund dafür, daß sich die Bevölkerung wandelt. Schon ein Viertel der Individuen, aus denen sich eine Bevölkerung zusammensetzt, genügt vollkommen zu ihrer Erneuerung, sofern die Unterhaltsmittel nicht fehlen.

Haben aber die Bürger eines Landes aus irgendeinem Grunde für die Gründung einer Familie auf ein Einkommen gezählt, das nicht existierte oder das aufgehört hat zu existieren, wächst also die Bevölkerung auch dann noch, wenn die Unterhaltsmittel nicht mehr zunehmen, dann kommt es in diesem Land zu den schrecklichsten Notsituationen. Es sterben dann jene dahin, die nicht ernährt werden können. Je zahlreicher die Geburten sind, um so höher muß auch die Sterblichkeit liegen, damit stets der gleiche Stand erhalten werden kann. Dieser Sterblichkeit, notwendige Folge von Not und Elend, gehen lange Qualen voraus, aber nicht nur bei jenen, die daran zugrunde gehen, sondern auch für jene, die mit ihnen um das Dasein gekämpft haben.

Das Nationaleinkommen kann gleichbleibend sein, zunehmen oder abnehmen. Man muß anstreben, daß die Bevölkerung natürlicherweise diesen Schwankungen folgt, das wird geschehen, sofern die gesellschaftliche Ordnung an nichts krankt; für das Wohlergehen der Bevölkerung ist diese Abhängigkeit wesentlich. Sofern jedoch irgendein Fehler der gesellschaftlichen Ordnung ganze Schichten der Bevölkerung daran hindert, ihr Einkommen zu kennen, ist es erforderlich, daß nunmehr der Gesetzgeber auf diese Änderungen achtet, um nicht einem Bevölkerungswachstum tatenlos zuzusehen, wenn dann die Bevölkerung gleichbleibend bzw. sogar zurückgehend sein sollte. Es muß verhindert werden, daß das Land, wie man es oft genug sehen konnte, in das gefürchtete Elend stürzt. Eine verlorene Schlacht oder die Verheerungen der Pest sind ein geringeres Übel für die Menschheit als der Verlust des Einkommens der armen Klassen. Jene, die im Elend dahinsiechen und sterben, haben durchaus Grund, neidisch zu sein auf diejenigen, die durch das Schwert umgekommen sind.

ZWEITES KAPITEL

DAS EINKOMMEN ALS SCHRANKE DER BEVÖLKERUNG

Wenn wir hier das Einkommen als die natürliche und notwendige Schranke der Bevölkerung betrachten, so darf man keineswegs vergessen, daß wir als Einkommen jenen Teil des Reichtums bezeichneten, welcher, jährlich durch die von jedem einzelnen gemachten Vorschüsse reproduziert, auch jährlich verbraucht werden kann, ohne daß der Verbraucher dabei ärmer wird. Für die einen ist das Einkommen das Produkt des Bodens, nachdem sie davon den Wert des Bodens selbst und alle Anbaukosten abgezogen haben. Für andere stellt das Einkommen das Produkt des zirkulierenden Kapitals dar, nachdem das zirkulierende Kapital an sich und der Ersatz für die Mitwirkung des fixen Kapitals abgerechnet wurden. Für andere wieder ist Einkommen dieser Ersatz des fixen Kapitals. Für alle übrigen schließlich besteht das Einkommen in ihrer Arbeitskraft, sofern diese nachgefragt wird.

Das Wesen des Einkommens und das, was es von jedem anderen Bestandteil des Reichtums unterscheidet, ist die Tatsache, daß es nach seinem völligen Verzehr keine Lücke hinterläßt. Der Grundeigentümer, sich zufriedengebend mit der Rente aus seinem Boden, der Geld- und Handelskapitalist, sich begnügend mit seinen Profiten und seinen Zinsen, und der Arbeiter schließlich, der sich mit seinem Lohn abfindet, sie alle machen die Nation nicht ärmer, wenn jeder sein Einkommen gänzlich verzehrt. Aber vernachlässigt ein Grundeigentümer seinen Boden, zerstört er willkürlich seine Wälder, anstatt sie vernünftig und regelmäßig abzuholzen, löst er seine Viehbestände ohne Ersatz auf, verschneidet er seine Weinberge verderbenbringend und düngt er seine Felder nicht, so verzehrt er als Einkommen einen Teil seines Kapitals. Übersteigen beim Handelskapitalisten die Ausgaben den Profit, verringert er die Vorschüsse oder vermehrt er seine Schulden, ohne den Gewinn zu steigern, so greift er außerdem sein Kapital an. Alle beide schaden nicht nur sich selbst, sondern die Nation wird mit ihnen und durch sie ebenfalls ärmer. Der Lohnarbeiter, der der Armut am nächsten ist, selbst dann, wenn er sein volles Einkommen bezieht, kann ebenfalls durch eine schlechte Anwendung dieses Einkommens zur Verarmung der Nation beitragen, sofern er es in der Weise verausgabt, daß er davon nicht seine Gesundheit und Arbeitsfähigkeit erhält. Seine Produktivkraft besteht im Leben selbst; geht er damit verschwenderisch um und verliert er diese sogar, zerstört er ein nationales Kapital, das notwendig ist, um das zirkulierende Kapital wertbringend anzuwenden und gegen welches diese Produktivkraft ausgetauscht werden soll. Bietet er andererseits im Austausch gegen dieses zirkulierende Kapital nicht nur ein Leben, sondern mehrere, arbeitet er nämlich nicht nur allein, sondern mit mehreren Kindern für den Lohn, der allein für ihn bestimmt war, so sinkt die reproduzierende Kraft oder sein Einkommen durch die Konkurrenz im Preis, wenngleich seine Arbeit die gleiche geblieben ist.

Man sieht also, welcher Art auch das eingetretene Mißverhältnis zwischen Einkommen und Bevölkerung sein mag, es ist immer das Kapital bzw. die Nachfrage nach Arbeit, die zurückgehen; und stets ist es dann die arbeitende Klasse, die leidet und ihres Einkommens beraubt wird. Verzehrt der Grundeigentümer sein Vermögen, ruiniert er seinen Boden, so verringert er sein Einkommen, das gegen die Arbeit bzw. die Früchte dieser Arbeit ausgetauscht werden sollte. Macht er Anleihen, so verschafft er sich zirkulierendes Kapital, das er zerstört und das keine Arbeit mehr in Bewegung setzen kann. Verkauft er einen Teil seiner Domäne, so geschieht das, um das Kapital zu verzehren, das er sich hat geben lassen im Austausch für einen Teil seines ursprünglichen Eigentums. Es verbleibt dann um so weniger Kapital zum Austausch gegen Arbeit, und der Arbeiter leidet im kommenden Jahr. Wirtschaftet dagegen ein Grundeigentümer, der sein Einkommen durch irgendein Mißgeschick eingebüßt hat, sparsam und lebt er von dem, was ihm geblieben ist, was Hagel und Frost verschont haben, so wird sein Kapital nicht abnehmen, sondern lediglich langsamer zirkulieren, weil der Verbrauch der Reichen es nicht so schnell ersetzen wird. Die Nachfrage nach Arbeit ist herabgesetzt, und der Arbeiter wird auch in diesem Jahr zu leiden haben.

Desgleichen verhält es sich, wenn der Handels- und der Geldkapitalist ihr Kapital angreifen und verzehren, welches dazu dienen sollte, die angebotene Arbeit zu bezahlen. Jene, die ihre Arbeit anbieten, werden also im folgenden Jahr darunter leiden. Verbrauchen der Geld- und Handelskapitalist dagegen aufgrund irgendwelcher Verluste im laufenden Jahr nicht das gleiche Einkommen wie im vergangenen Jahr, so verlangsamen sie als Verbraucher die Zirkulation und die Nachfrage nach Arbeit, so daß jene, die Arbeit anbieten, schon in demselben Jahr Not leiden.

Setzen wir den Fall, daß das Einkommen der Grundeigentümer und Kapitalisten im laufenden Jahr genau aufgebracht wird, ohne daß das Kapital im geringsten angegriffen wird, so daß der Wert des Kapitals und die Zirkulationsgeschwindigkeit gleich bleiben, setzen wir aber andererseits den Fall, daß die Arbeiter, die Arbeit anbieten, zahlenmäßig zugenommen haben, so leiden diese Arbeiter dennoch, denn sie geben die gesamte angebotene Arbeit gegen jenes Kapital hin, das zur Bezahlung einer nur geringeren Arbeitsmenge bestimmt war.

Aus dieser kurzen Erörterung erkennt man, daß die Armen ebenso wie die Reichen ein Einkommen haben, von dem mehr als bei jeder anderen Klasse der Gesellschaft die Bevölkerungsplanung abhängt, gleichzeitig wird man aber einsehen, daß die Schätzung dieses Einkommens nicht von ihnen abhängt und daß jede höhere Gesellschaftsschicht es ändern oder gar auflösen kann, ohne daß die Armen davon rechtzeitig Kenntnis erhalten. Die große Schwäche der gegenwärtigen Gesellschaftsordnung besteht darin, daß der Arme niemals wissen kann, mit welcher Arbeitsnachfrage er zu rechnen hat, so daß seine Arbeitskraft niemals ein genaues und sicheres Einkommen für ihn darstellt.

Die Zunahme des Reichtums, die dazu führte, daß die Arbeiter in großen Werkstätten vereint wurden, wo ihre Arbeit der Oberaufsicht von mächtigen Kapitalisten unterworfen wurde, hat in dieser Beziehung denkbar ungünstige Auswirkungen für den Armen gehabt. Es ist ihm jede Möglichkeit genommen worden, die Nachfrage des Marktes, für den er arbeitet, vorauszuberechnen, da ihm die Verbraucher, die seine Arbeit benötigen werden, völlig unbekannt sind. Solange die Handwerker in kleinen Werkstätten arbeiteten und damit rechneten, die Produkte ihrer Arbeit in der nächsten Stadt zu verkaufen, haben sie ihre Kunden direkt gekannt. Sie haben fast gleichzeitig mit den Kunden erfahren, wenn deren Einkommen abnahm, wenn also infolgedessen auch die Nachfrage nach ihrer Arbeit zurückging. Die Zeiten waren hart, ein Arbeiter, der nur die halbe Woche Beschäftigung hatte, erlegte sich Entbehrungen auf. Er war in einer solchen Lage darauf bedacht, nicht zu heiraten bzw. seine Familie nicht zu vergrößern. Aber sobald durch die ungeheuren Kapitalien zahlreiche Arbeiter, die nicht mehr Handwerker, sondern von nun an Manufakturarbeiter waren, in riesigen Werkstätten vereint wurden, haben diese nicht die Verbraucher gekannt, welche vielleicht mehrere hundert Meilen von ihnen entfernt wohnen, auch wissen sie nichts von deren Bedrängnissen. Vom Sinken der Nachfrage erfahren sie erst in dem Augenblick, wo sie plötzlich entlassen werden und sich vielleicht gerade verheiratet oder an die Vergrößerung der Familie gedacht hatten.

Der Dorfschuster, der gleichzeitig Kleinhändler, Fabrikant und Arbeitskraft ist, wird nicht ein einziges Paar Schuhe mehr anfertigen, als man bei ihm nachfragt; und sieht er, daß in seiner Werkstatt nur ein Schuhmacher beschäftigt werden kann, wird er nicht drei oder vier seiner Söhne diesen Beruf erlernen und ausführen lassen. Er weiß also im voraus, daß für sie kein Platz in der Welt ist. Errichtet er jedoch eine Schuhmanufaktur in der Hauptstadt und verlangt in den folgenden Jahren wöchentlich von zwanzig Schusterlehrlingen sechs Paar Schuhe, so glauben diese, einen festen Arbeitsplatz zu haben, ihre Stellung ist zweifellos geringer als die des Geschäftsinhabers, scheint aber dennoch sicher zu sein und ihnen für ihre Arbeit ein festes Einkommen einzubringen. Bei dieser Sicherheit werden sie sich verheiraten. Hat der Manufakturbesitzer in der Folge falsch kalkuliert, macht er bankrott, stellt er die Arbeit ein, werden seine Gesellen und ihre Familien das Opfer eines Irrtums, der nicht der ihrige ist.

Der Eigentümer oder Pächter eines kleinen landwirtschaftlichen Gutes, mögen seine Erfahrungswerte im allgemeinen noch so gering sein, weiß sehr genau, welche Mengen Getreide, Wein und Gemüse er auf dem Markt verkaufen kann; und gibt es kaum Ansiedlungen um ihn herum, liegt das Gut außerhalb der Wasserwege und Landstraßen, wird er seine Anbauflächen nicht vergrößern, sofern seine Familie nicht zunimmt und er nicht weiß, wie er die Lebensmittel aufbrauchen kann. Sollte er andererseits nur über begrenzte Anbauflächen verfügen, die nicht alle seine Kinder beschäftigen können, wird er nicht so viele Kinder zeugen und versuchen, diese nicht alle zu verheiraten. Wenn ein Großpächter oder ein Großgrundbesitzer sich auf eine kostspielige Kultur einläßt, die viel Arbeit verlangt; wenn während der folgenden Jahre an die zwanzig Arbeiter auf den Hopfenfeldern, beim Jäten und in den Weinbergen beschäftigt werden und weitere Arbeiter nachfragen, so glauben diese Arbeiter indessen, die ohne Zweifel weniger glücklich sind als die kleinen Landbebauer, daß ihnen ihre Arbeit ein sicheres Einkommen verschafft. Dieses Einkommen scheint für sie und ihre Kinder entsprechend ihrem Arbeitsvermögen gegeben zu sein; und sich in dieser Sicherheit wägend, verheiraten sie sich. Hat sich der Grundeigentümer in der Folge in seinen Berechnungen geirrt, kommt er zu dem Schluß, daß es besser für ihn wäre, alle diese Vorschüsse zu streichen, sich mit der Weidewirtschaft und den Produkten zu begnügen, die ihm der Boden fast ohne Arbeit einbringt, dann werden diese Arbeiter mit ihren Familien als Opfer eines Fehlers umkommen, den sie selbst nicht begangen haben.

Je mehr der Arme allen Eigentums beraubt ist, um so mehr ist er der Gefahr ausgesetzt, sich über sein Einkommen zu täuschen und zum Wachstum einer Bevölkerung beizutragen, welche, in keiner Weise mit der Nachfrage nach Arbeit übereinstimmend, keine Unterhaltsmittel finden wird. Diese Beobachtung ist so alt, daß sie in den allgemeinen Sprachgebrauch eingegangen ist und aus dem Lateinischen in die modernen Sprachen übersetzt wurde. Die Römer nannten Proletarier jene, die kein Eigentum hatten, während sie mehr als alle anderen dazu berufen waren, Kinder zu haben: „Ad prolem generandam". (Zum Nachwuchs zeugen bestimmt.)

Vielleicht wird man darüber erstaunt sein, daß gerade ein geringeres Einkommen, wo doch das Einkommen die Schranke der Bevölkerung ist, zu einem übermäßigen Bevölkerungswachstum anregt. Es darf aber keinesfalls vergessen werden, daß Armut und Reichtum für jede einzelne Bevölkerungsschicht relativ sind. Das Bedürfnis des einzelnen wird bestimmt durch die Gewohnheit und die Verpflichtungen, die die Gesellschaft seiner jeweiligen Stellung auferlegt. Diese Stellung verlieren und seinen Verpflichtungen nicht mehr nachkommen ist das, was jedermann Armut leiden nennt. Ein Mann, der sich verheiratet und nun für das Wohlergehen mehrerer zu sorgen hat mit dem, was er vorher für sich allein besaß, begibt sich natürlich stets in eine beengtere Lage. Dabei büßt er aber nicht seinen gesellschaftlichen Rang ein, denn die Gesellschaft war auf diese Änderung gefaßt und erlegt ihm infolgedessen nicht mehr die gleichen Verpflichtungen auf. Von dem Augenblick an jedoch, wo sein Einkommen nicht mehr genügen sollte, sich, seine Frau und seine Kinder in den gewohnten Lebensumständen zu halten, würde er die ganze Last der Notdürftigkeit zu spüren bekommen, wenngleich eine andere Person, die in einer Stellung geboren wurde, zu der unser Mann herabsteigen muß, sich in der gleichen Lage durchaus als wohlhabend betrachten könnte. In der Tat erleben wir es niemals, daß ein Großgrundbesitzer seine Söhne Pächter werden ließe und diese wiederum ihre Söhne zu Tagelöhnern machten. Wir sehen niemals, daß ein Handelskapitalist seine Söhne veranlaßt, Kleinhändler zu werden, diese die ihrigen zu Handwerkern ausbilden. Die Handwerker schließlich bestimmen ihre Kinder nicht zur Lohnarbeit. Jedesmal wenn der älteste Sohn vor der Wahl steht, entweder ledig zu bleiben oder einen Beruf zu ergreifen, der wesentlich geringer ist als derjenige des Vaters, so kann man sicher sein, daß er auf die Ehe verzichten wird. Trotz der häufigen Erschütterungen, die das Nationaleinkommen erfährt und die dazu führen, daß alle Tage eine in ihrer Stellung reiche Familie auf derselben Rangstufe arm wird, ist nichts so selten zu finden wie Familien, die freiwillig von einer höheren zu einer niederen gesellschaftlichen Stellung gewechselt hätten. Die Angehörigen aller höheren Klassen der Gesellschaft haben vielmehr stets die Tendenz abzunehmen, wenn sie nicht durch die unteren Klassen ergänzt würden.

Als man aber zuließ, daß es eine Klasse gibt, die daran gewöhnt ist, nichts zu haben, deren Vorstellung vom Reichtum einfach darin besteht zu existieren, während ihr Gedanke an Armut mit dem Hungertode gleichzusetzen ist; als man ferner gestattete, daß die Existenzmittel dieser Klasse so eingeschränkt wurden, daß auch nicht mehr das geringste davon abgezweigt werden konnte, bildeten jene, die unter derartigen Bedingungen zu leben haben, Ansichten heraus, indem sie für die Personen ihrer Zuneigung nicht mehr verlangten als für sich selbst. Leben sie von der Hand in den

Mund, so sind sie bereits zufrieden, wenn ihre Kinder von einem Tag zum anderen leben. Wenn sie selbst niemals den Versuch unternahmen, den Markt kennenzulernen, der die Produkte ihrer Arbeit nachfragt, so werden sie es keineswegs für ihre Kinder tun. Der unglückliche Manufakturarbeiter, der nur acht Sous am Tage verdient und häufig Hunger leidet, wird sich nicht aus eigener Überlegung die Ehe versagen. Man hat ihn daran gewöhnt, keine fernere Zukunft zu kennen als den Samstag, wo er für die Woche bezahlt wird. Auf diese Weise hat man in ihm die moralischen Qualitäten und das Gefühl für Zuneigung abgestumpft. Man hat ihn viel zu oft mit dem gegenwärtigen Leid konfrontiert, als daß er sehr vor dem zukünftigen Leid zurückschreckte, das seine Frau und seine Kinder zu erdulden haben könnten. Verdient seine Frau ebenfalls acht Sous und sind seine Kinder, solange sie noch klein sind, ein Grund dafür, eine gewisse Unterstützung seitens des Krankenhauses, der öffentlichen Fürsorge oder, wie in England, seitens der Gemeinde in Form der Armensteuer zu erhalten; beginnen seine Kinder im Alter von sechs oder sieben Jahren ebenfalls etwas zu verdienen, so daß das Familieneinkommen nicht abnimmt, sondern sogar zuzunehmen scheint, wird die Familie um so zahlreicher werden, je mehr sie zu Lasten der Gesellschaft leben kann. Und die Nation stöhnt unter dem Gewicht einer Bevölkerung, die in keinem Verhältnis zu den Unterhaltsmitteln steht.

DRITTES KAPITEL

DIE MENGE DER NAHRUNGSMITTEL, DIE DIE ERDE HERVORBRINGEN KANN, IST KEINE SCHRANKE FÜR DIE BEVÖLKERUNG

Der englische Philosoph Malthus, ausgerüstet mit außerordentlicher Geistesschärfe, sich auf ein genaues Studium der Tatsachen stützend und von einer glühenden Menschenliebe angetrieben, hat als erster die Aufmerksamkeit des Publikums auf die mißlichen Umstände gelenkt, welchen eine übermäßige, gegen unsagbares Elend ankämpfende Bevölkerung ausgesetzt ist. Er betrachtete nacheinander alle barbarischen und zivilisierten Völker, die alten und die neuen, und er schilderte bei allen das Leiden und den Tod im Kampf mit dem Zeugungstrieb, was bedeutet, daß die Gesellschaft, sofern sie zu schnell gewachsen ist, sogleich auch wieder dezimiert wird. Im Jahre 1798 veröffentlichte Malthus sein Buch über die Bevölkerung*, welches die Aufmerksamkeit der Staatsmänner erregte, und zwar hinsichtlich der Gefahren, auf die vor ihm bereits Platon und Aristoteles, Montesquieu, Franklin, James Stewart, Arthur Young und Townsend vergeblich hingewiesen hatten. Er zeigte, daß die staatlichen und religiösen Einrichtungen verschiedener Länder dazu neigen, bereits vorhandenes unerträgliches Leid noch zu vergrößern, und er wies außerdem einem wichtigen Teilgebiet der Politischen Ökonomie eine völlig neue Orientierung.

Fünf aufeinanderfolgende Ausgaben seines Buches, in

* Thomas Robert Malthus, „Essay on the principles of population", London 1798, deutsche Übersetzung von F. Stöpel nach der vollständigen 2-bändigen 7. Auflage des Originals – „Versuch über das Bevölkerungsgesetz", Berlin 1900.

denen er seine Theorie erweiterte, modifizierte und berichtigte, haben seinen Einfluß vermehrt und seinem System alle vorhandenen Entwicklungsmöglichkeiten gegeben. Aber selbst in voller Ausdeutung scheint uns dieses System nicht richtig zu sein. Malthus ist bei einer Behauptung stehen geblieben, die ihm auf der Hand zu liegen dünkte, die aber dennoch nichts anderes als vulgär ist. Ohne sie genauer zu untersuchen, hat er daraus die Grundlage seiner Überlegungen gemacht und ist infolgedessen in Irrtümer verfallen, die uns gefährlich zu sein scheinen und welche wir, bei aller Hochachtung vor Malthus, uns berufen glauben zu widerlegen.

Malthus hat zum Grundsatz erhoben, daß in jedem Land die Bevölkerung durch die Menge an Nahrungsmitteln, die dieses Land hervorbringen kann, begrenzt sei. Diese Behauptung trifft nur zu, wenn sie auf den gesamten Erdball bzw. auf ein Land angewendet wird, das nicht die geringste Möglichkeit hat, einen Teil seiner Unterhaltsmittel von anderen Ländern zu beziehen; überall andernorts wird diese Behauptung durch den Außenhandel bereits widerlegt. Aber was darüber hinaus noch weitaus wichtiger ist, diese Behauptung ist nur im abstrakten Sinne wahr und auf die Politische Ökonomie nicht anwendbar. Die Bevölkerung hat niemals die Grenze der Nahrungsmittel erreicht und wird diese wahrscheinlich niemals erreichen. Alle jene nämlich, die Unterhaltsmittel benötigten, haben weder die Möglichkeit noch das Recht, sie dem Boden abzuverlangen, wogegen jene, denen die Gesetze das Monopol auf den Boden zubilligen, gar nicht das Interesse haben, die Lebensmittel, die der Boden produzieren kann, hervorzubringen. In allen Ländern widersetzten sich und mußten sich die Grundeigentümer einem Anbausystem widersetzen, das allein darauf hinzielte, die Lebensmittel zu vermehren, ohne ihre Einkommen zu erhöhen. Lange bevor das Bevölkerungswachstum also durch das Unvermögen eines Landes, Nahrungsmittel zu produzieren, aufgehalten würde, geschähe dies dadurch, daß die Bevölkerung nicht in der Lage ist, diese

Lebensmittel zu kaufen, bzw. daß sie nicht arbeiten könnte, um sie hervorzubringen.

Die Weltbevölkerung, sagt Malthus, kann sich alle 25 Jahre verdoppeln; sie weise demnach ein geometrisches Wachstum auf. Die Arbeit jedoch, die aufgewendet werden muß, um ein bereits bebauungsfähiges Land zu verbessern, kann den bisherigen Erzeugnissen lediglich stets geringer werdende Mengen hinzufügen. Nimmt man an, daß in den ersten 25 Jahren das Produkt der Felder auf das Doppelte anwächst, so wird man in den zweiten 25 Jahren kaum noch ein Drittel mehr produzieren, dann kaum ein Viertel, später kaum ein Fünftel. Auf diese Weise folgt die Zunahme der Nahrungsmittel lediglich einer arithmetischen Progression; und im Verlaufe von zwei Jahrhunderten, während die Bevölkerung wie die Zahlen 1, 2, 4, 8, 16, 32, 64, 128 wächst, werden die Unterhaltsmittel nur im Verhältnis 1, 2, 3, 4, 5, 6, 7, 8 zunehmen.

Diese Überlegung, die dem System von Malthus als Grundlage dient und auf welche er sich unaufhörlich in seinem ganzen Buch beruft, erscheint uns ganz und gar konstruiert. Malthus stellt gegenüber: das mögliche Wachstum der Erdbevölkerung, wobei er auf einer reinen Abstraktion fußt und die wirklichen Umstände außer acht läßt, und das tatsächliche Wachstum an Vieh- und Pflanzenbeständen auf begrenztem Raum und bei stets ungünstiger werdenden Bedingungen. Dergestalt darf man einen Vergleich jedoch nicht vornehmen.

Abstrakt gesprochen folgt die Zunahme von pflanzlichen Produkten einer geometrischen Progression, die viel schneller ist als beim Anwachsen des Viehbestandes und ebenfalls weitaus größer als beim Menschen. Ein Getreidekorn bringt im ersten Jahr zwanzig neue hervor, welche im zweiten bereits vierhundert erzeugen, achttausend im dritten Jahr, hundertsechzigtausend im vierten. Damit aber die Vermehrung in dieser Weise vonstatten geht, ist es erforderlich, daß es dem Getreide nicht an Nahrung, d. h. an Boden fehlt. Das ist genauso wie beim Menschen.

Die Vermehrung der Tiere, die von diesen Pflanzen leben sollen, vollzieht sich viel langsamer: die Schafe verdoppeln sich in vier Jahren, sie wachsen auf das Vierfache in acht Jahren an. Da sie also alle vier Jahre auf das Doppelte anwachsen, ergeben sich die Zahlen 8, 16, 32; und im vierundzwanzigsten Jahr, wo nach Malthus das Menschengeschlecht noch nicht ganz auf das Doppelte angewachsen wäre, würde das Wachstumsverhältnis der Schafe bereits vierundsechzig zu eins betragen. Dieser Hang zur Vermehrung bei Pflanzen, Tieren und Menschen ist gleichermaßen mächtig und blind wirkend. Diese wirkliche und aktive Potenz wird bei allen drei Gattungen jedoch allein durch den Willen des Menschen begrenzt; und in unserer Gesellschaftsordnung nicht unterschiedslos durch den Willen jedes Menschen, sondern durch das Wollen der Grundeigentümer. Solange es unbebauten Boden gibt, kann der Grundeigentümer bestimmen, ob die vermehrende Kraft der Pflanzen wirksam werden oder aufgehalten werden soll. Solange nicht alle pflanzlichen Erzeugnisse von den Tieren verzehrt worden sind, kann der Grundeigentümer die Vermehrung der Tiere fördern oder eindämmen. Er ist also in der Lage, die eine oder andere Zunahme einzuschränken, wenn die Menschen, die bei ihm die Bodenerzeugnisse nachfragen, ihm im Austausch dafür kein Einkommen bieten.

Betrachtet man die Menschheitsgeschichte, zu allen Zeiten und allerorts, stellt man fest, daß der Wille des Menschen oder, wenn man so will, die Gesetzgebung, der er sich unterworfen hat und welche der Ausdruck dieses Willens ist, selbst die Vermehrung der Unterhaltsmittel und damit jene der menschlichen Generationen aufgehalten haben. Häufig genug hat man beobachtet, daß unglückliche Arbeiter für ihre Arbeit keinen Lohn finden bzw. keinen ausreichenden Lohn dafür erhalten. Man sah sie dahinsiechen, aus Mangel an Brot, und schließlich sterben. Aber niemals hat man gesehen, und zwar in keinem einzigen Land, daß die Menschen lediglich auf eine begrenzte Menge an Nahrungsmitteln angewiesen waren, wie das z. B. der Fall bei den Bewohnern einer belagerten Stadt oder bei der Besatzung eines sich in Not befindenden Schiffes ist. Es ist niemals vorgekommen, daß die Menschen etwa wegen schlechter Ernten weniger Nahrungsmittel hatten, als sie zur reichlichen Ernährung der lebenden Generation benötigten, sondern immer aufgrund der Hindernisse, mehr zu produzieren. Schlechte Ernten waren auch nicht die Ursache, wo diese Generation durch Elend oder wegen eines unzureichenden Lohns der arbeitenden Klassen schnell zusammenschmolz. Das Wachstum der Menschheit wurde niemals aufgehalten durch das Unvermögen, dem Boden neue Früchte, im richtigen Verhältnis zu den Bedürfnissen, abzuverlangen. Niemals befanden sich die Menschen an dem Punkt, wo diese Früchte des Bodens nicht in der geometrischen Progression hätten vermehrt werden können, die für sie als menschliche Rasse eine scheinbare Naturgesetzlichkeit ist und über welche sich der Mensch nicht hinwegsetzen kann.

Eine unwetterbedingte Hungersnot stellt für Malthus keineswegs den Hinderungsgrund für das Bevölkerungswachstum dar. Malthus geht von der Unmöglichkeit zu produzieren und nicht vom Verlust der Erzeugnisse aus. Die Vernichtung der Ernten, verursacht durch Regen oder Dürre, ist kein Beweis dafür, daß es im folgenden Jahr unmöglich sei, eine Getreideernte zu erzielen, die eine weitaus höhere Proportion aufweist als die menschlichen Geburten.

Indessen fehlt es den armen Klassen an Unterhaltsmitteln bzw. an den Mitteln, diese zu kaufen, so daß die Zunahme der Bevölkerung, die Malthus als ein Gesetz des Menschengeschlechts ansieht, schnell zur Stagnation gelangt. Den besitzenden Klassen fehlt die Nahrung allerdings nicht, sie fehlt auch nicht dem Adel, der sich durch seinen Stand und durch seine Privilegien von den anderen Bürgern unterscheidet, so daß man bei diesen Bevölkerungsgruppen innerhalb des Staates stets mit dem Wachstum der Generationen zu rechnen haben würde.

Der Adel ist allerorts im Besitz genügender Unterhaltsmittel. Er müßte sich also so lange vermehren, bis seine letzten Abkömmlinge im größten Elend lebten. Nun tritt aber das ganze Gegenteil ein. In allen Ländern der Erde kann man beobachten, daß die alten Familien am Ende einer gewissen Anzahl von Generationen aussterben, wobei der Adelskörper allerdings unaufhörlich durch neu Geadelte ergänzt wird. Jeder Familienvater vermeidet die Vergrößerung seiner Familie, welches er als eine Abwertung seines berühmten Namens betrachten würde. Verzweigen sich manche Adelshäuser in mehrere Linien, ist die Zahl jener, die untergehen, noch viel größer; und die Nachkommen jener Adelsgeschlechter, die zur Zeit Heinrichs IV.* lebten, sind nicht mehr so zahlreich, wie es ihre Vorfahren waren. Diese wohlbekannte Tatsache soll alle jene beruhigen, die sich heute über die Verarmung eines Adels aufhalten, der durch die ständigen Substitutionen nicht in der Lage ist, sein Vermögen zu schützen. Die Ursprünge der Montmorency lassen sich zurückverfolgen bis mindestens zur Zeit von Hugues Capet**, und man darf nicht daran zweifeln, daß seitdem alle jene, die das Recht hatten, diesen Namen zu tragen, ihn sorgfältig bewahrt haben. Den Montmorency hat es nie an Brot gemangelt, ihre Vermehrung ist, gemäß dem System von Malthus, niemals wegen fehlender Unterhaltsmittel zum Stillstand gekommen. Ihre Personenzahl hätte sich also alle fünfundzwanzig Jahre verdoppeln müssen. Nach dieser Rechnung und bei der Annahme, daß der erste Montmorency im Jahre tausend lebte, hätten seine Abkommen mit dem Jahr 1600 bereits die Zahl von 16 777 216 Personen erreicht haben müssen. Ganz Frankreich zählte zu dieser Zeit nicht so viele Einwohner. Würde sich das Wachstum der Montmorency stets in der gleichen Weise fortgesetzt haben, gäbe es heute auf der ganzen Welt nur noch Montmorencys, denn ihre Zahl würde sich mit

* Heinrich IV. (Henri IV), französischer König von 1589 bis 1610.

** Hugues Capet wurde 987 französischer König. Mit ihm begann in Frankreich das Geschlecht der „Kapetinger“ zu regieren.

dem Jahre 1800 auf 2 147 475 648 erhöht haben. Diese Rechnung mag einem Scherze gleichen, aber sie zeigt uns lediglich klar und deutlich einerseits das mögliche Wachstum einer einzigen Familie, wenn man nur den virtuellen Fähigkeiten der menschlichen Rasse Rechnung trägt. Andererseits setzt der Wille des Menschen diesem Wachstum immer ein Hindernis entgegen, ein Hindernis, das völlig unbeeinflußt ist von der Menge der vorhandenen Unterhaltsmittel. Das Wachstum der höchsten Schichten der Gesellschaft sowie jener, die am meisten dem Elend ausgesetzt sind, wird jedenfalls durch andere Ursachen gehemmt.

Der im wilden Zustand lebende Mensch ernährt sich von Produkten der Jagd und des Fischfangs. Fische und Wildbestand nehmen wie der Mensch in einer geometrischen Progression zu; wie beim Menschen hört diese Progression im Tierreich auf, sobald ein ganz bestimmter Stand erreicht worden ist. Der ursprüngliche Mensch als Jäger, der den Tieren nachstellt, untersteht fast gar keiner sozialen Gesetzgebung. Er entscheidet unter diesen gesellschaftlichen Bedingungen aus eigenem Willen, ob er die Familie, die ihn belasten würde, vergrößert oder nicht. Das Einkommen der Jäger ist so unsicher, daß sie oft dem Hunger ausgesetzt sind, dies aber keineswegs aufgrund eines übermäßigen Bevölkerungswachstums. Die Zahl der im wilden Zustand lebenden Menschen bleibt im Gegenteil völlig stillstehend, bis daß man, wenn sie in Berührung mit einem zivilisierteren Volk kommen, von nun an einen schnellen Rückgang ihrer Zahl beobachten kann.

Der Fortschritt der Zivilisation läßt dem Jägerleben das Hirtenleben folgen; und die natürlichen Produkte des Bodens, besser angewendet, genügen für eine viel zahlreichere Bevölkerung, sowohl an Menschen als auch an Tieren. Die Einöden, die kaum fünfhundert Cherokee-Jäger* ernähren, wären ausreichend für zehntausend tatarische Hirten mit all

* Die Cherokees waren nordamerikanische Indianer, die zum Stammesbund der Irokesen gehörten.

ihren Herden. Während das Wachstum des Menschen zwanzig Jahre beansprucht, dauert das des Rindes nur fünf Jahre, des Schafes zwei Jahre und des Schweines ein Jahr. Die Anzahl der Rinder kann sich also in sechs Jahren verdoppeln, die der Schafe in vier, jene der Schweine verzehnfacht sich in zwei Jahren. Jedesmal wenn ein Hirte ein Territorium übernimmt, auf dem vorher gejagt wurde, geht die Vermehrung seiner Herden bei weitem der Zunahme seiner Familie voraus.

Ein tatarischer Stamm nimmt in der Tat kurz nach seinem Zusammenschluß schnell zu, aber niemals wird man beobachten, daß die Herden der Tataren das gesamte Gras der Steppen der Tatarei verzehren. Eine in diesen Einöden isoliert lebende Familie würde in der Einsamkeit nicht bestehen können, und sie würde unterdrückt werden, sobald sie sich anderen Stämmen annäherte. Also ist ihr zu wünschen, recht groß zu werden, um in sich selbst Halt zu finden; und sie wird bald zahlreich werden. An ihrem Ziel angelangt, wird ihr Wachstum von allein aufhören. Der Stammesdünkel, der bei allen Herdenvölkern anzutreffen ist, in Arabien, in der Türkei, in Kabul und in Schottland, widersetzt sich der Erbteilung und Aufspaltung der Familien. Die jüngsten Mitglieder würden durchaus neue Weideplätze finden, wenn sie sich vom obersten Haupt ihres Geschlechts entfernten, aber sie ziehen es vor, vereint zu bleiben und nicht zu heiraten. Die Vorurteile und Gewohnheiten führen zu späten und wenig fruchtbaren Ehen. Der Krieg, von allen Hirtenvölkern stets mit Leidenschaft geführt, lichtet ebenfalls die Reihen. Und obgleich das Hirtenleben so viele Annehmlichkeiten hat, daß es z. B. bei den Afghanen, von denen die Hälfte Bauern und die andere Hirten sind, häufig vorkommt, daß die Bodenbearbeiter Hirten werden, ohne daß es ein Beispiel dafür gäbe, daß Hirten Bauern würden, wird man keine Stämme sehen, die ihre Herden jemals das gesamte Weideland erschöpfen ließen.

Indessen liegt es im Zivilisationsprozeß, daß die Hirtenvölker zum landwirtschaftlichen Leben übergehen oder daß vielmehr auf einem Gebiet, von dem sich die Hirten zurückziehen, ein landwirtschaftliches Geschlecht entsteht. Von nun an, anstatt sich auf die natürliche Produktion der Pflanzenwelt zu verlassen, wird diese von den Menschen vorgenommen und durch deren Arbeit vermehrt. Man veranschlagt, daß dreißig Familien von der Getreide- und Tierproduktion eines Gebiets leben können, das mit Mühe und Not eine einzige Familie bei Weidewirtschaft ernährt hätte. So gewinnt in dem Augenblick, wo ein Land vom Hirtenleben zum landwirtschaftlichen Leben übergeht, dieses gewissermaßen ein Terrain, das dreißigmal größer ist als jenes, das es ursprünglich einnahm. Sofern dieses Gebiet nicht gänzlich bebaut wird, sofern sogar in den zivilisiertesten Ländern ein großes Gebiet guten Landes der Weidewirtschaft verbleibt, so geschieht das deshalb, weil sich menschlicher Wille und Gesetzgebung überall dem Umstand entgegenstellen, daß man dem Boden alle die Produkte abgewinnt, die er tatsächlich hervorbringen kann.

Die Zunahme der Pflanzen folgt einer weitaus schnelleren geometrischen Progression als jene des Tierbestandes. Das Getreide verfünfzigfacht sich bei dem allgemein üblichen Anbau, die Kartoffeln verzehnfachen sich im gleichen Zeitraum. Kartoffeln benötigen, um dieselbe Menge an Nahrungsmitteln zu erzeugen, kaum den zehnten Teil des Bodens, den das Getreide einnehmen würde. Indessen hat man sich selbst in den bevölkerten Ländern wohl davor gehütet, alle Getreidefelder mit Kartoffeln zu bepflanzen, sämtliches Weideland in Getreidefelder umzuwandeln, allen Wald zu Weide werden zu lassen und alle verlassenen Einöden der Jagd freizugeben. Das sind vielmehr die Reservefonds, die jedem Land geblieben sind und vermittels welcher, sofern sich die Lage ändert, man mit einem Schlage und von einem Jahr zum anderen die Unterhaltsmittel erstaunlich vermehren kann. Sie ließen sich in einer derartigen geometrischen Progression vermehren, daß allem möglichen Bevölkerungswachstum weit vorgegriffen würde.

Wenn das Wollen sich änderte, hatten wir gesagt, denn der Wille der landwirtschaftlichen Völker ist es gewesen, den Grundeigentümern das Recht einzuräumen, ihrem Interesse gemäß die Lebensmittel, die der Boden geben kann, zu erzeugen oder nicht zu erzeugen. Und die Grundeigentümer haben in keinem Land jemals zugelassen, daß ihr Boden Lebensmittel hervorbrächte, wenn jene, die sie nachfragten, sie mit ihrem Einkommen nicht kaufen konnten. Vergeblich litten in Rom zwanzigtausend Menschen Hunger und baten um Arbeit, während es unbebaute vierhunderttausend Tagewerk große Bodeneinheiten vor den Toren Roms gab, einen Boden, der durch diese Arbeit erntefähige Früchte hätte hervorbringen können. Der Tagelöhner aber, der durch seine Arbeit nur seinen eigenen Unterhalt schaffen würde, hätte dem Grundeigentümer nichts eingebracht. Selbst wenn er ihm etwas gäbe, so wäre das keineswegs so viel, wie dieser ohne Arbeit aus seinem Boden herausholen kann. Also wurde keine Arbeit geleistet, also entstanden keine Lebensmittel, also durfte die Bevölkerung nicht zunehmen, und dies darum, weil der nationale Wille, ausgedrückt in den Gesetzen, die das Eigentum regeln, sich diesem Wachstum entgegengestellt hat.

VIERTES KAPITEL

DAS EINER NATION DIENLICHE BEVÖLKERUNGSWACHSTUM

Es gibt einige Länder, wir sahen es bei der Behandlung des agricolen Reichtums, in denen das Bebauungssystem so drückend ist und wo die dem Familienstolz gewährte Sicherheit den öffentlichen Interessen so widerspricht, daß das Verhalten der Grundeigentümer, wenn sie sich einem besseren Anbau widersetzen, gleichzeitig ungerecht und unmenschlich ist und sogar dem eigentlichen Zweck, für welchen das Grundeigentum eingerichtet wurde, entgegenläuft. Wenn wir jedoch im allgemeinen die Gesellschaftsordnung in ihren Beziehungen zum Bevölkerungswachstum als mangelhaft anprangerten, so sprachen wir dabei immer weit weniger von Hindernissen als von den verhängnisvollen Ermunterungen. Die Grundeigentümer untersagen mitunter eine produktive Arbeit, wenn sie diese eigentlich zulassen müßten; gewiß gibt es aber eine Grenze, an welcher sie Arbeit zurückweisen sollten. Ein sehr unglückliches Land wäre jenes, das seinem Boden sämtliche Lebensmittel entziehen würde, die dieser geben kann, und damit auf die Stufe der schlechtesten Nahrungsmittel herabsinken würde; ein sehr unglückliches Land wäre auch jenes, das sämtliche Reservefonds bebauen würde und sich infolgedessen gar keine Quellen für unvorhergesehene Bedürfnisse bewahrt hätte. Die Grundeigentümer sind die Beschützer der Gesellschaft gegen diese Art von Konkurrenz, die sich die Menschen untereinander machen würden, wenn sie, alle auf das Los der Arbeiter einer schlecht gehenden Manufaktur reduziert, ihre Existenz den Meistbietenden als käuflich anböten und sich mit der geringsten Menge an Unterhaltsmitteln, die gerade noch zum Leben genügte, zufrieden geben würden. Es ist gut, daß diese wahnwitzige Käuflichkeit nicht für alle zutreffen kann, besteht doch das größte Übel unserer Einrichtungen vielleicht schon darin, sie für einige notwendig gemacht zu haben, weil eine Bevölkerung angeregt wurde, an deren Entstehen die Gesellschaft überhaupt kein Interesse hatte, und weil man gewisse Bevölkerungsteile hinsichtlich ihres Einkommens und ihrer Existenzmittel täuschte.

Solange ein großer Teil des Landes unbebaut bleibt, solange Böden, welche geeignet sind, landwirtschaftliche Arbeiten reich zu entlohnen, nur spontanen Bedürfnissen dienen, wenn selbst jene Böden, die bebaut werden, nur unvollkommen ausgebeutet werden, wenn der Boden nicht entwässert wird, die Sümpfe nicht trocken gelegt, die Hügel nicht gegen Erdrutsch und die Felder nicht gegen hereinbrechende Naturkräfte geschützt werden und solange dies alles nur wegen Mangels an Arbeitskräften geschieht, ist zu wünschen, zum Wohle der Landwirte und zu jenem der Nation, die von den landwirtschaftlichen Arbeiten lebt, daß die Landbevölkerung zunimmt und sich dann in der Lage befindet, die Aufgabe zu erfüllen, die ihr vorbehalten ist, zumal eine reichliche Belohnung damit verknüpft ist.

Solange dem Verbraucher Industrieprodukte fehlen bzw. solange er sich diese nur vermittels eines Opfers verschaffen kann, das ganz und gar nicht ihrem Wert entspricht; solange er ferner gezwungen ist, sich selbst mit einer schwerfälligen Heimindustrie zu behelfen, weil er Möbel, sonstige Einrichtungsgegenstände und Kleider nicht kaufen kann; solange schließlich die Genüsse des Verbrauchers durch die Unzulänglichkeit aller Gegenstände, mit denen er sich begnügen muß, eingeschränkt werden, ist es wünschenswert, daß die Industriebevölkerung wächst, da es, entsprechend dem Bedürfnis, das nach ihr besteht, offensichtlich ist, daß sie einmal im Wohlstand leben wird. Die Industriebevölkerung wird unter diesen Umständen zu den Genüssen der anderen Gesellschaftsschichten beitragen.

Solange sämtliche Arbeitskräfte derartig notwendig sind, sowohl für die Landwirtschaft als auch für die Industrie bzw. für den Handel (letzterer dient beiden), solange die Wachfunktionen, nicht weniger nützlich für die Gesellschaft, ungenügend besetzt sind, ist es also wünschenswert, daß die Bevölkerung weiterhin zunimmt, damit die innere Ordnung, die Sicherheit der Person und jene des Eigentums besser geschützt werden, die Gesundheit mehr gepflegt, die Seele mehr veredelt und der Geist weiter erleuchtet werden und somit die Gesellschaft nach außen hin mit genügenden Kräften verteidigt wird, wobei selbst die Rekrutierung einer Armee und Marine eingeschlossen sein soll, was zu einer großen Bindung beträchtlicher Bevölkerungsteile führt.

Diese Bevölkerung wird geboren werden, sobald sie nachgefragt wird; aber es genügt nicht, daß sie geboren wird, um schon sicher zu sein, an den Platz zu gelangen, der für sie bestimmt war. Manchmal ist es umsonst, daß fruchtbarer Boden reichlich vorhanden ist und unbebaut bleibt, wenn es für die zahlreichste Bevölkerung, die in unmittelbarer Nähe zusammengedrängt lebt, keine Möglichkeit gibt, jemals daraus Nutzen zu ziehen. Dieser Boden ist zum Eigentum einer kleinen Anzahl von Familien geworden, für unteilbar und unveräußerlich erklärt, und er wird gemäß den Gesetzen der Erstgeburt an einen einzigen Eigentümer übergehen, ohne einer Erbpacht unterworfen oder mit Hypotheken belegt werden zu können. Dieser Eigentümer verfügt durchaus nicht immer über die notwendigen Kapitalien, um den Boden bearbeiten zu lassen; und er ist nicht in der Lage, jenen, die solche hätten, irgendeine Sicherheit zu bieten, um sie zu veranlassen, die Kapitalien auf seinem Boden anzuwenden. Dergestalt fragte die beschäftigungslose Bevölkerung Roms* vergeblich nach Arbeit; die Gesellschaftsordnung war schlecht; und solange sie sich nicht ändert, werden Arbeiter am Rande der Felder, welche mangels Bearbeitung öde werden, Elends sterben, so daß die Be-

* Vgl. Ende drittes Kapitel.

völkerung, weit davon entfernt zuzunehmen, abnehmen wird.

Desgleichen werden die reichen Grundeigentümer Polens, Ungarns und Rußlands vergeblich alle Luxusgegenstände aus den Manufakturen nachfragen; vergeblich wird durch den schlechten Straßenzustand, der alle weiten Transporte stark verteuert und dadurch der einheimischen Industrie einen wichtigen Anreiz bietet, eine große Bedeutung beigemessen; Unterdrückung und Knechtschaft vernichten alle Energie und sämtlichen Unternehmergeist der niederen Klassen. Anderswo machen verhängnisvolle Monopole, absurde Privilegien, heillose Erpressungen, Unwissenheit, Barbarei und fehlende Sicherheit das Vorankommen der Industrie unmöglich. Um sie zu beleben, wird nicht das geringste Kapital akkumuliert. Also wird eine Zunahme der Bevölkerung keineswegs die Industrie erweitern. Die Geburten könnten sich verdoppeln oder gar vervierfachen im Verlaufe einer bestimmten Anzahl von Jahren, dennoch würde es nicht einen Arbeiter mehr geben, vielmehr gäbe es lediglich eine größere Sterblichkeit. Die gesellschaftliche Ordnung ist schlecht; und solange diese nicht verändert sein wird, wird die Bevölkerung nicht zunehmen können.

Die Wachfunktionen ausübende Bevölkerung wird von den anderen Schichten ernährt, gleichermaßen wie sie sich aus diesen rekrutiert. Es genügt nicht, daß viele Kinder geboren werden, damit die Gesellschaft viele Verteidiger hat; wenn die Väter dieser Kinder sich nicht eines gewissen Wohlstandes erfreuen, werden die Kinder niemals zum Mannesalter heranwachsen und dem Herrscher als Soldaten dienen können. Der Kriegs- und Marinedienst wird dann die Bevölkerung verschlingen, während eine gute gesellschaftliche Ordnung lediglich Überschüsse dafür verwendet.

Die Bevölkerung richtet sich letzten Endes immer nach der Nachfrage nach Arbeit. Jedesmal wenn Arbeit nachgefragt wird und der Arbeiter dafür einen ausreichenden Lohn geboten bekommt, werden Arbeiter geboren, um diesen Lohn zu verdienen. Die Bevölkerung mit dem ihr eigenen Hang sich auszudehnen wird stets die Plätze einnehmen, die unbesetzt sind. Desgleichen werden die Unterhaltsmittel entstehen bzw. man wird sie bei Bedarf einführen. Die gleiche Nachfrage, die zur Existenz eines Menschen führt, wird ebenfalls die landwirtschaftliche Arbeit vergüten, von welcher dieser Mensch lebt. Hört die Nachfrage nach Arbeit auf, wird der Arbeiter verhungern, aber erst nach langem Kampf, den nicht nur er allein zu führen hat. Alle seine Klassengenossen und Konkurrenten leiden gleichermaßen. Der Unterhalt, von dem der Arbeiter lebte und den er von nun an nicht mehr bezahlen, also nicht mehr nachfragen kann, wird ebenfalls nicht mehr produziert werden. So ist das nationale Wohl von der Nachfrage nach Arbeit, aber einer regelmäßigen und anhaltenden Nachfrage, abhängig. Denn eine Nachfrage, die aufhört, nachdem sie zahlreiche Arbeiter ins Leben gerufen hat, verurteilt diese zu Leiden und Tod. Es wäre dann besser, sie hätten niemals existiert.

Wir haben gesehen, daß die Nachfrage nach Arbeit – Grundlage der Produktion – sich nach dem Einkommen richten muß, welches den Verbrauch speist; daß dieses wiederum aus dem nationalen Reichtum hervorgeht und daß der nationale Reichtum seinerseits gebildet und vergrößert wird durch die Arbeit. Auf diese Weise ist in der Politischen Ökonomie alles verkettet, alles bildet einen ständigen Kreislauf, weil jedwede Wirkung ihrerseits wieder Ursache wird. Indessen ist dabei alles vorwärtsweisend, sofern jede Bewegung auf die andere abgestimmt ist; alles hört jedoch auf und wird rückläufig, sobald ein einziger der Vorgänge, die sich ergänzen sollten, aus der Ordnung gerät. Beim natürlichen Lauf der Dinge folgt einem Anwachsen der Reichtümer ein Steigen der Einkommen, was wiederum eine Zunahme der Nachfrage ergibt. Dem folgt notwendig ein vergrößerter Arbeitsaufwand zur Reproduktion und schließlich das Wachstum der Bevölkerung. Am Ende wird diese neue Arbeit ihrerseits zur Erhöhung des Reichtums beitragen. Beschleunigt man aber durch übereilte Maßnahmen den einen oder anderen dieser Vorgänge, ohne Beziehung zu den anderen, so stört man den gesamten Ablauf und verursacht den Armen ebenso viel Leid, wie man glaubte, ihnen Wohlstand zu verschaffen.

Das Ziel der Gesellschaft ist keineswegs erreicht, solange das Land, über welches diese Gesellschaft verfügt, die Gewähr dafür gibt, eine neue Bevölkerung dergestalt zu ernähren, daß sie in Zufriedenheit und Überfluß leben kann. Das Ziel ist so lange nicht erreicht, solange diese Möglichkeiten nicht ausgeschöpft werden. Die Ausbreitung des Glücks auf Erden war das Ziel der göttlichen Vorsehung, sie ist allen ihren Werken aufgeprägt. Die Aufgabe des Menschen und der menschlichen Gesellschaften besteht darin, sich danach zu richten.

Eine Regierung, die durch die Unterdrückung ihrer Untertanen, durch Mißachtung von Recht und Ordnung, durch Hindernisse für Landwirtschaft und Industrie fruchtbare Landstriche dazu verurteilt, öde zu bleiben, eine solche Regierung versündigt sich nicht nur gegen ihre eigenen Untertanen, sondern ihre Tyrannei wird zum Verbrechen gegen die gesamte Menschheit, die in ihrer Ganzheit darunter zu leiden hat. Eine solche Regierung setzt die Rechte, die sie auf ihr Land hat, aufs Spiel; und in der gleichen Weise, wie sie das Wohlergehen aller anderen Völker störend beeinflußt, räumt sie diesen gleichzeitig das Recht ein, kontrolliert einzugreifen. Nicht nur weil die berberischen Staaten Piraten gegen die Europäer bewaffnen, haben diese das Recht, sie wegen ihrer Räubereien zur Verantwortung zu ziehen, sondern auch deshalb, weil sie ein Land zur Ödnis verurteilten, dessen Handel die Europäer benötigten, und weil sie dort die Freiheit, Sicherheit, die Landwirtschaft, den Handel und die Bevölkerung vernichtet haben. Europa würde unermeßliche Quellen für seinen Unterhalt in dieser wunderbaren, so günstig gelegenen Gegend finden und hier alle seine industriellen Erzeugnisse austauschen können. Europa fände in den Reichtümern der Afrikaner, wenn diese lediglich wieder das würden, was sie zu Hadrians Zeiten waren, einen ausgedehnten Markt für die Produkte, die die Manufakturen im Überschuß herstellten. Die Unterdrückungen des Dei* von Algier oder des Herrschers von Marokko werden nicht nur in Afrika empfunden; ihre Folgen machen sich auch in unserer gesamten Industrie bemerkbar.

Man gefällt sich heute darin, einen Grundsatz aufzustellen, von dem man sich jedoch in der Praxis mehr und mehr entfernt. Die Philosophen, die Verfechter der Freiheit, haben behauptet, daß die Nationen nicht das Recht haben, sich in die Regierungsgeschäfte des einen oder anderen Landes einzumischen, und daß es, so schrecklich auch der Autoritätsmißbrauch in einem Lande sein mag, den ausländischen Nationen lediglich erlaubt sei einzugreifen, wenn es sich um Akte dieser Autorität gegen andere Völker handelt. Die wechselseitigen Bedürfnisse der Menschen, das Gute und Schlechte, das sie sich antun können, wenn sie ihre Beziehungen abbrechen, widerlegen diesen Grundsatz, der den Tyrannen viel dienlicher ist als den freien Nationen. Bei uns leidet das Volk Hunger, und auf Grund dessen haben wir das Recht, von dem Mißbrauch Kenntnis zu nehmen, welchen das Nachbarvolk von den natürlichen Schätzen macht. Eine falsche Anwendung der Achtung vor dem Eigentum hat sich bis auf die Souveränität ausgedehnt. Die Einrichtung des Eigentums selbst ist aber die Folge von gesellschaftlichen Übereinkünften. Die öffentliche Macht hat das Eigentum unter ihren Schutz gestellt, weil man in einer Gesellschaft, die Gesetzen und einer regelnden Regierung untersteht, auf das Interesse des einzelnen zum Nutzen aller bauen konnte und weil alle Abweichungen von diesem Einzelinteresse im Bedarfsfalle durch Eingriffe der öffentlichen Ordnung eingeschränkt wurden. Indessen in der großen menschlichen Gesellschaft, die sich aus unabhängigen Nationen zusammensetzt, gibt es keine Gesetze und keine gemeinsame Regierung, welche die Leidenschaften der einzelnen Herrscher zügeln könnten. Das Interesse dieser Herrscher

* Dei – ehemaliger Statthalter von Algier.

entspricht keinesfalls jenem der Untertanen; es ist dem Gemeininteresse stets entgegengesetzt, wenn es sich darum handelt, die Tyrannei zu erhalten; und selbst wenn man das Eigentumsrecht der Berber auf die Berberei als unantastbar betrachten würde, dürfte man es nicht mit dem angeblichen Recht der in der Berberei Herrschenden verwechseln.

Während also mehr als drei Viertel der bewohnbaren Erde wegen der Mängel ihrer Regierungen nicht mit den Einwohnern bevölkert sind, die ernährt werden könnten, schienen zahlreiche Gegenden Europas zu wiederholten Malen von dem entgegengesetzten Übel bedroht zu sein: nämlich nicht in der Lage zu sein, eine zu große Bevölkerung zu unterhalten, eine Bevölkerung, die das Maß an nachgefragter Arbeit übersteigt und welche, bevor sie Elends stirbt, ihre Leiden auf die gesamte Klasse jener überträgt, die von der Arbeit ihrer Hände leben. Überall, wo es derartige Notsituationen gegeben hat, überall, wo Arbeit vergeblich angeboten wurde von Menschen, die nur ihre Arbeit besitzen, um leben zu können, und die inmitten von überreichlichen Lebensmitteln, die sie nicht kaufen können, im Elend umkommen, überall dort sind es unsere Gesetze und Einrichtungen, die diese Disproportion verursacht haben. Durch übersteigerten Eifer haben unsere Regierungen das Gleichgewicht, das die Natur geschaffen hatte, gestört. Die religiöse Unterweisung, die Gesetzgebung und die soziale Ordnung haben danach gestrebt, eine Bevölkerung entstehen zu lassen, die für die gesellschaftlichen Belange gar nicht erforderlich war, während gleichzeitig die Gesetzgeber, die sich das Anwachsen der Reichtümer, aber nicht das Wohl des Menschen zum Ziel setzten, bemüht waren, an der Menge notwendiger menschlicher Arbeit einzusparen, um ein bestimmtes Quantum nachgefragter Produktion zu erzeugen. Selbst gegenwärtig, wo der Verbrauch dermaßen eingeschränkt ist und sämtliche Märkte verstopft sind, sieht man die Regierungen mit dem gleichen Eifer bestrebt, die Geburten zu erhöhen, während in allen Industriezweigen die Zahl der notwendigen Arbeitskräfte abnimmt. So wurde das Verhältnis zwischen den einzelnen, miteinander verbundenen Fortschritten der Gesellschaft gestört, das Leid wurde allgemein.

FÜNFTES KAPITEL

DIE ANREGUNG ZUM BEVÖLKERUNGSWACHSTUM DURCH DIE RELIGION

Die religiöse Unterweisung hat fast immer in starkem Maße dazu beigetragen, das Gleichgewicht zwischen der Bevölkerung und der Nachfrage nach Arbeit, von der die Bevölkerung leben soll, zu stören. Die Religion, die als Werk der Göttlichkeit gilt, wird stets als vollkommen und als unabänderlich angesehen. Ihre Priester weisen mit aller Gewalt sämtliche Änderungen zurück, die sich den jeweiligen Bedingungen anzupassen suchen. Indessen, wenn die zivilen und politischen Gesetze ein Bestandteil der Religion waren, sind sie bei einer derartigen Starrheit inmitten der Fortschritte der Gesellschaft häufig zum Gegensatz dessen geworden, was sie ursprünglich bezweckten. Das Ziel, das sich der ursprüngliche Gesetzgeber gestellt hatte, ist vergessen worden, während die alten Vorschriften geblieben sind. Ehemals installiert, eine ganz bestimmte Produktion zu begünstigen, wirken sich diese Vorschriften nunmehr schädlich aus. Religionen gibt es seit den Anfängen der Menschheit, und infolgedessen entstanden sie in einer Zeit, wo das schnelle Bevölkerungswachstum überall wünschenswert war. Sie haben jedoch ihre Grundsätze nicht geändert, als die grenzenlose Zunahme der Familien Wesen hervorbrachte, die notwendigerweise zu körperlichen Leiden und zu sittlicher Erniedrigung verurteilt waren.

Ein Chinese kannte kein größeres Unglück und keine tiefere Erniedrigung, als keinen Sohn zu hinterlassen, der ihm nach dem Tode die letzte Ehre erweist. In fast allen anderen Religionen ist das unermeßliche Wachstum der Familien stets als ein Segen des Himmels dargestellt worden. Andererseits jedoch unterdrückte die Religion die Zügellosigkeit der Sitten und sie richtete ihre gesamte Verhaltensmoral auf die Ehe, wobei sie allein durch den ehelichen Segen alles das verhinderte, was es an Tadelswertem und Leichtsinn geben konnte, wenn jemand unbedachterweise die Pflichten der Vaterschaft auf sich nahm.

Indessen, so wichtig auch die Reinheit der Sitten sein mag, die Pflichten der Väter gegenüber jenen, denen sie das Leben geben, sind von noch größerer Bedeutung. Kinder, die nur fürs Elend geboren werden, sind gleichermaßen auch dem Laster überantwortet. Glück und Tugend dieser unschuldigen und schutzlosen Wesen werden so im voraus den Leidenschaften eines Tages geopfert. Der Eifer der Kasuisten bei der Empfehlung der Ehe, um Fehler wieder gutzumachen oder gar zu verhindern; die Unvernunft, mit welcher sie den Eheleuten raten, die Augen vor der Zukunft zu verschließen und das Geschick ihrer Kinder der Vorsehung anzuvertrauen; die Unkenntnis der gesellschaftlichen Ordnung, die dazu führte, daß sie die Keuschheit aus der Vielzahl ehelicher Tugenden streichen ließen, all dies sind die Ursachen, welche ständig wirken, das Verhältnis, welches sich auf natürliche Weise zwischen der Bevölkerung und den Existenzmitteln eingestellt hatte, zu zerstören.

Bald griff man unter dem Gesichtspunkt der Bevölkerungssituaion die katholische Religion heftig an, weil sie eine bestimmte Anzahl von Menschen durch die religiösen Gelübde von der Ehe abhielt; bald wieder lobte man ihre Umsicht, weil sie auf diese Weise rechtzeitig einem zu befürchtenden Zunehmen der Bevölkerung ein Hindernis entgegengestellt hatte. Weder das Lob noch der Tadel sind berechtigt. Würden drei Viertel der bestehenden Bevölkerung in religiöse Orden eintreten, genügte das restliche Viertel vollkommen, um die Bevölkerung stets auf dem gleichen Stand zu erhalten. Wenn denjenigen, die sich aus religiösem Eifer dem Zölibat weihen, im voraus ein Einkommen gesichert ist, so bringt jedes Ehepaar einige Kinder mehr hervor, als es normalerweise zum Erhalt der Bevölkerung bedarf; desgleichen wie jedes Ehepaar einige Kinder mehr haben sollte in solchen Ländern, die Krieg führen und Dienst auf dem Meer versehen, damit die Verluste, die in diesen gefährlichen Berufen entstehen, wieder ausgeglichen werden. Man rechnet nicht mit ihnen bei der Erhaltung der Bevölkerung, und sie würden, wenn sie Kinder hätten wie ihre weltlichen Brüder, das Gleichgewicht stören.

Noch weniger Aufmerksamkeit hat man jedoch einem weit wichtigeren Teil der kasuistischen Gesetzgebung geschenkt. Es handelt sich darum, was man die Pflichten der Ehegatten nannte.[19] Da die Ehe ihrer Meinung nach einzig und allein zur Vermehrung der Menschheit dient, werfen sie den Unverheirateten selbst die Tugend als Sünde vor. Diese Moral wird von jedem Beichtiger den Familienvätern und Müttern gelehrt. Mit einer solchen Moral begegnet man unaufhörlich dem allgemeinen Prinzip von Interesse und Zuneigung, von dem wir als dem Aufrechterhalter der Gesellschaft sprachen. Man widerspricht dem Grundsatz, Wesen, die man lieben und schützen soll, nicht dem Leid auszusetzen, keine Kinder in die Welt zu setzen, denen man nicht die gleichen Bedingungen, wie sich selbst, gewähren kann,

[19] Die verschiedenen kasuistischen Autoren, selbst jene, die in der Landessprache geschrieben haben, verfaßten im allgemeinen gerade diesen Teil ihrer Vorschriften in Latein. Ein weltlicher Autor würde sehr wenig beachtet werden, wenn er es sich erlaubte, es den Priestern gleich zu tun. Ich will mich damit begnügen, den Leser auf die „Istruzione e practica, per li confessori" („Anweisungen und Praktiken für die Beichtiger" – der Übers.) von Alfonso dei Liguori, Bischof von Sant' Agata dei Goti hinzuweisen. Der Autor, der vor zwei oder drei Jahren heilig gesprochen wurde, ist jener, der von Rom als der zuverlässigste der Kasuisten angesehen wird. Übrigens trägt er die Ansichten aller anderen zusammen. Vgl. vor allem Band II, Kap. XVIII, § II, de Usu licito Matrimonii; § III, de Usu proecepto Matrimonii. (Vom erlaubten und untersagten ehelichen Verkehr – der Übers.)

d. h. einen Unterhalt, bei dem sie nicht leiden müssen, eine Unabhängigkeit, die sie vor Korruption und Laster bewahrt. In den reformierten Religionen hat man sich der Beichtväter entledigt; die Moral jedoch, die diese Religionen begründete, konserviert sich um so mehr, je seltener man sich erlaubt, an heikle Fragen zu rühren, aus Furcht, in die Intimsphäre einzudringen, und aus Furcht, sich der Lächerlichkeit auszusetzen. In der anglikanischen Kirche vor allem läuft der Einfluß der alten Lehren der Kasuisten über die ehelichen Pflichten in sehr verhängnisvoller Weise den natürlichen Gefühlen von Liebe und Beschützen, welche alle Eltern für ihre Kinder empfinden, entgegen.

Kein vernünftiger Mensch wird sich verheiraten, wenn nicht gefährliche Vorurteile bestehen, wenn nicht eine Moral existiert, die unseren wirklichen Pflichten gegenüber dem Nächsten und vor allem gegenüber den Wesen, die uns das Leben verdanken, zuwiderläuft, eine Moral, die im Namen der heiligsten Obrigkeit gelehrt wird. Kein Mensch wird sich also verheiraten, bevor er nicht über genügende Unterhaltsmittel verfügt. Kein Vater wird mehr Kinder haben, als er anständig erziehen kann. Letzterer zählt mit gutem Recht darauf, daß seine Kinder sich mit dem Los zufrieden geben, in welchem er gelebt hat. Auch wenn er in keiner Weise sein Einkommen erhöhen kann, muß er wünschen, daß die kommende Generation zahlenmäßig wieder die vorangegangene Generation repräsentiert, daß ein Sohn und eine Tochter im heiratsfähigen Alter den Vater und die Mutter ersetzen; daß die Kinder seiner Kinder ihn mit seiner Frau ersetzen; daß seine Tochter in einem anderen Hause die gleiche Situation vorfindet, die er einem anderen Mädchen im eigenen Haus bieten wird und daß das Einkommen, das den Eltern genügte, ausreichend für die Kinder sein wird.

Ist diese Familie erst einmal entstanden, wird im Namen der Gerechtigkeit und Menschlichkeit von ihr verlangt, daß sie sich die gleichen Beschränkungen auferlegt, denen sich die Unverheirateten unterziehen. Betrachtet man in jedem

Land die verhältnismäßig geringe Anzahl unehelicher Kinder, wird man zugeben müssen, daß diese Beschränkungen hinlänglich ihre Wirkung zeitigen. In einem Land, wo die Bevölkerung nicht zunehmen kann bzw. wo ihr Wachstum nur so langsam vonstatten gehen soll, daß es kaum wahrnehmbar ist, weil es keine Arbeitsplätze gibt, muß ein Vater von acht Kindern damit rechnen, daß entweder sechs seiner Kinder im frühen Alter sterben oder daß drei Männer und drei Frauen seiner eigenen Generation dafür unverheiratet bleiben bzw. daß in der folgenden Generation drei seiner Söhne und drei seiner Töchter seinetwegen nicht heiraten werden. Im zweiten Falle gibt es kaum weniger Ungerechtigkeit als Grausamkeit im ersteren. Wenn die Ehe heilig ist, wenn sie eine der großen Möglichkeiten ist, die Menschen zur Tugend anzuhalten, die Ärgernisse des Alters durch keimende Hoffnungen auszugleichen, einer aktiven Jugend ein ehrsames Alter folgen zu lassen, so geschieht dies nicht, weil sie die Freuden der Sinne legitimiert, sondern weil sie dem Familienvater neue Pflichten auferlegt und ihn dafür die süßeste Entschädigung in den Bindungen als Gatte und Vater finden läßt. Die kirchliche Moral soll also die Menschen lehren, daß die Ehe für alle Bürger geeignet ist und daß sie das Ziel darstellt, auf das alle ihre Bemühungen richten sollen. Sie soll aber auch lehren, daß dieses Ziel nur erreicht ist, wenn man gegenüber den Wesen, denen man das Leben gibt, alle Pflichten erfüllt. Dazu gehört aber auch, neben dem Glück, Vater zu sein und seine Familie zu erweitern, damit man im Alter über Stütze und Hoffnung verfügt, daß man, wenn das Einkommen nicht ausreicht, die Familie zu vergrößern, sich verpflichtet fühlt, mit den Ehefrauen keusch zu leben, genau wie es die Unverheirateten mit den Frauen tun sollen, die ihnen nicht angetraut sind.

Das persönliche Interesse veranlaßt die Menschen in starkem Maße, ihre Familien nicht unbegrenzt zu vermehren, ungeachtet aller verhängnisvollen religiösen Irrtümer. Und es gibt absolut keinen Grund sich zu erregen, wenn diese

Vorschriften einigermaßen großzügig befolgt werden. Im allgemeinen sind mindestens drei Geburten erforderlich, damit zwei Individuen das heiratsfähige Alter erreichen; wobei diese Zahlen nicht so starr eingehalten zu werden brauchen, daß sie nicht einmal etwas über- oder unterschritten werden könnten. Die Regierung sollte lediglich solche Bürger aufklären, denen es an Voraussicht mangelt, und sie niemals durch Hoffnungen auf eine Zukunft trösten, die es ihnen ermöglicht, ihre Kinder aufzuziehen, wenn diese illusorischen Versprechungen sie dem Leiden, dem Elend und dem Tod aussetzen werden.

SECHSTES KAPITEL

DIE ANREGUNG DES BEVÖLKERUNGSWACHSTUMS DURCH DIE POLITIK

Die Regierungen haben das Wachstum der Bevölkerung fast immer als Mittel zur Erhöhung der Macht oder zur Stärkung der Landesverteidigung angesehen; eine größere Anzahl von Geburten als von Todesfällen ist in ihren Augen stets ein Zeichen von Prosperität gewesen, und ohne sich zu sehr darum zu sorgen, wovon diese neuen Bürger leben könnten, an denen ihnen so gelegen ist, ohne zu berechnen, ob es irgendein Einkommen geben wird, von dem sie sich ernähren werden, haben die Regierungen alles nur erdenklich Mögliche getan, um Eheschließungen zu ermuntern und jedes Ehepaar zu veranlassen, so viele Kinder wie möglich ins Leben zu setzen. Zu diesem Zweck wurden den Vätern zahlreicher Familien ehrenvolle Belobigungen, finanzielle Entschädigungen oder aber mindestens Befreiungen vom Militärdienst versprochen. Indessen war es unmöglich, daß die von der Regierung gewährten Vergünstigungen die Lasten ausglichen, die mit der Erziehung vieler Kinder verbunden sind; außerdem hätte diese Art der Ermunterung wenig Früchte getragen, wenn sie nicht in starkem Maße vom Klerus unterstützt worden wäre.

Die Hindernisse, die der Auswanderung seitens der Regierung gesetzt werden, sind dagegen ein faßbareres Übel. Das Verwachsensein der Menschen und vor allem der Armen mit ihren Gewohnheiten und mit ihrem Boden, auf dem sie geboren wurden, ist außerordentlich stark. Nur mit einem Gefühl von außergewöhnlicher Furcht, einer fast immer wohl begründeten Furcht, wagen sie den Schritt in ein fremdes Land. Lediglich der Druck der Bedürfnisse, die Unmöglichkeit, in ihrem Heimatland genug Arbeit, einen ausreichenden Broterwerb zu finden, können sie dazu bewegen. Handwerker, die auswandern, sind Menschen, die selbst zu leiden haben und andere leidend machen. Sie könnten dem Vaterland keinen größeren Dienst erweisen, als es zu verlassen. Man müßte ihnen die Häfen öffnen und ihnen alle erdenkliche Hilfe zusichern, diesen Unglücklichen, die wahrscheinlich Opfer einer falschen Gesetzgebung sind und sich nun von neuem opfern für ihre Brüder, indem sie das Land verlassen.

Indessen sahen wir, daß fast überall strenge Polizeivorschriften gegen Auswanderer existieren; die Regierungen überbieten sich in Anstrengungen, um sie am Überschreiten der Grenze zu hindern. So wurden beispielsweise während der Teuerung, von der Europa im Jahre 1816 betroffen war und als in vielen Ländern eine Nahrungsmittelknappheit herrschte, die Maßnahmen gegen Abwerber, welche Europäer nach Amerika und Rußland bringen wollten, verstärkt. Privilegierte Gazetten warnten zu wiederholten Malen vor den Betrügereien dieser Abwerber, vor den Leiden jener, die ihnen geglaubt hatten. Indessen hätten die Regierungen den Schutz der Landeskinder übernehmen müssen, die sie nicht ernähren konnten, um ihnen die Auswanderung zu erleichtern und ihnen Wohlergehen zu garantieren.

Diese Fehler sind jedoch weitaus weniger schwerwiegend gegenüber dem gefährlicheren Irrtum, eine Arbeit anzuregen, die vom Verbraucher nicht nachgefragt wird, eine neue Schicht Bedürftiger entstehen zu lassen, deren Familien man sich bemüht zu vergrößern. Gewiß, man erhält die neu entstandene Industrie für einige Zeit durch Prohibitionen, d. h. künstlich aufrecht, in der Folge ist man jedoch genötigt, diese Armen in ihrem Kampf gegen die Not sich selbst zu überlassen.

Es gibt in jedem Land eine Schicht von Menschen, die außerhalb der Gesellschaft steht, die ihr Erbteil oder ihren Hof, sofern sie auf dem Lande lebte, verloren hat, die ihr kleines Kapital einbüßte, wenn sie dem Handel oder der Industrie angehörte, so daß sie nichts zum Leben hat als ihre tägliche Arbeit, eine Arbeit, die sie für fremde Herren verrichtet. Glücklich die Nation, wo diese Bevölkerungsschicht klein ist. Es existiert aber kein Land, wo es sie gar nicht gäbe. Diese Unglücklichen, solange sie um ihren eigenen Unterhalt besorgt sind, denken kaum daran, sich zu verheiraten und sich mit der Unterhaltssorge anderer zu belasten. Aber sobald eine neue Nachfrage nach Arbeit ihren Lohn anhebt und so ihr Einkommen steigt, sind sie bestrebt, einem der ersten natürlichen Gesetze nachzugeben und in der Ehe eine neue Glücksquelle zu suchen. Erfolgt die Lohnerhöhung nur kurzzeitig; haben z. B. die Begünstigungen seitens der Regierung einem Industriezweig eine Entwicklung eingebracht, die sich nach dem ersten Aufschwung nicht halten kann, so werden die Arbeiter, deren Löhne während dieser Zeit auf das Doppelte gestiegen sind und die sich verheiratet haben, um den Aufschwung auszunutzen, zum Zeitpunkt des Niedergangs dieses Unternehmens ihre Familien, deren Zahl nicht mehr der Nachfrage nach Arbeit entspricht, in das schrecklichste Elend gestürzt sehen.

Gerade diese Schwankungen in der Nachfrage nach Arbeit und dieser so häufige Umschwung in den Daseinsbedingungen der Armen sind es, welche den Staaten eine zu reichliche Bevölkerung verursachen. Bereits geboren, findet sie keinen Platz mehr, um existieren zu können, so daß sie stets bereit ist, sich mit dem Geringsten, wovon sie gerade noch leben kann, zufrieden zu geben. Es gibt keine so harten Bedingungen, daß es nicht Menschen gäbe, die bereit wären, sich freiwillig damit abzufinden. In manchen Berufen müssen sie sich im Schlamm aufhalten, dem ständigen Ekel ausgesetzt; bei anderen Arbeiten entstehen schmerzhafte, aber nicht vermeidbare Krankheiten; einige Berufe stumpfen Geist und Seele ab und schwächen gleichzeitig den Körper; andere wieder können nur im Kindesalter ausgeführt werden, wobei man diesen Wesen, die gleich mit Eintritt in das Leben der Armut ausgeliefert sind, kaum mehr als zwölf oder fünfzehn Jahre zu leben erlaubt. Es ist an der Zeit, daß die öffentliche Meinung diese untragbaren Zustände verurteilt. Die Arbeitsplätze sind indessen immer besetzt, und ein erbärmlicher Lohn, ein Lohn, der kaum zum Leben reicht, veranlaßt die Menschen, sich mit so vielen Übelständen abzufinden. Die Gesellschaft läßt ihnen keine Wahl, sie müssen sich entweder mit diesem schrecklichen Schicksal abfinden oder sie dürfen nicht leben.

Wenn die Regierung durch unangebrachte Ermunterungen die unglücklichen Arbeiter über das Einkommen täuscht, das sie in einer bestimmten Industrie erzielen können, versetzt sie diese noch viel häufiger in die Lage, sich selbst zu täuschen. Das geschieht z. B., wenn die Regierung die Errichtung einer Gesellschaftsordnung fördert, welche die Zahl der Besitzlosen vergrößert, die Zahl jener also, die von einem Tag zum anderen leben, die nicht die geringste Kenntnis von dem Markt haben, für den sie arbeiten, und die infolgedessen völlig ihrem Brotgeber ausgeliefert sind. Bei der Behandlung des agricolen Reichtums sahen wir, daß die Abhängigkeit in dem Maße zunimmt, je weniger direkten Anteil der Landarbeiter an dem Boden hat, den er bearbeitet. Wir sahen ferner, daß die Lage der Bauern am unsichersten war, wenn er nur noch als einfacher Tagelöhner arbeitete, was ebenfalls zur Folge hatte, daß dann die Landbevölkerung ohne direkten Zusammenhang mit der Nachfrage nach Arbeit wuchs. Auch bei der Behandlung des Handelsreichtums stellten wir fest, daß je heikler die Lebenslage eines Handwerkers wurde, je schwieriger der Absatz seiner Produkte wurde, je weniger es ihm möglich wurde, die Bedingungen zu beurteilen, die er seinen Kindern hinterlassen würde, er seine Familie ohne Rücksicht bezüglich der nachgefragten Arbeit um so mehr vergrößerte. Wir werden noch Gelegenheit haben, auf die Auswirkungen der unsicheren Lebensbedingungen der letzteren Bevölkerungsschicht zurückzukommen. Wir wollen an dieser Stelle lediglich daran erinnern.

Die öffentliche Wohltätigkeit kann letzten Endes ebenfalls als eine Ermunterung zum unerwünschten Bevölkerungswachstum seitens der Gesellschaft betrachtet werden. Je regelmäßiger und je besser organisiert diese Wohltätigkeit ist, wie z. B. in England, um so schädlicher sind ihre Auswirkungen für die Gesellschaft. Die unglücklichen Wesen, die nur geboren werden, um zu leiden, und die von der frühesten Kindheit an in Mangel und Elend leben, sind zum Anlaß für tiefstes Mitleid barmherziger Menschen geworden. Unglücklicherweise nutzen berufsmäßige Bettler diesen Umstand aus; die Kinder werden für sie das Berufswerkzeug. Weit davon entfernt, sich Sorgen um die Erziehung ihrer Kinder zu machen, leben sie durch sie, und je elender diese Kinder sind, um so mehr Almosen erhalten sie. Die öffentlichen Einrichtungen, sofern sie existieren, fördern das allgemeine Mitleid für diese Individuen; die Hilfeleistungen seitens der Hospitäler richteten sich vornehmlich nach der Anzahl der Kinder bei den armen Familien, und in England oder gar in den Hafenstädten Amerikas, wo die Armen ein Anrecht auf wöchentliche Unterstützung seitens ihrer Gemeinden haben, wirkt die Armensteuer sogar als eine Art Prämie für die Vermehrung der armen Bevölkerung.

Sind in einer gegebenen gesellschaftlichen Ordnung arbeitende Klasse und besitzende Klasse nicht streng voneinander getrennt und kann die große Masse des Volkes stets zu den Früchten seiner Arbeit die Früchte aus irgendeinem Reichtum, sei dieser agricolen oder industriellen Ursprungs, hinzufügen, so genügt allein die öffentliche Meinung, der Plage des Bettlerwesens vorzubeugen. Es ist immer ein Grund zur Schande, wenn der Bodenbearbeiter das Erbe seiner Väter verkauft, wenn der Handwerker sein kleines Kapital verschwendet. Muß der eine oder der andere betteln, so leidet er hinreichend an seiner Erniedrigung, er wird sich Mühe geben, ihr zu entgehen. Ist er dann jedoch das Opfer eines vorübergehenden Unglücksfalls, wird die Barmherzigkeit seiner Nachbarn, die durch die ständige Wiederkehr solcher Ereignisse nicht abgestumpft worden ist, ihm sofort Hilfe leisten. In dem Zustand jedoch, in welchem sich Europa heute befindet, insbesondere seit den Verhältnissen in England, mit einer an Tagelöhnern zahlreichen Bevölkerung, welche fast völlig sowohl die Bauern als auch die Handwerker ersetzt haben und wo ferner die gesamte Arbeit, sei es auf den Feldern, sei es in der Stadt, manufakturmäßig verrichtet wird; hier können sich Menschen, die dazu verurteilt sind, niemals etwas zu besitzen und niemals Meister ihres Schicksals zu sein, nicht schämen, zum Bettler zu werden. Wie sollten sie darüber erröten, daß sie von einem Tag zum anderen entlassen worden sind? Es geschah vielleicht darum, weil ein Betrieb aufgrund eines Bankrotts schließen mußte oder weil die Handarbeit durch eine Maschine ersetzt wurde. Die öffentliche Meinung ist gerecht, sie läßt einen Übelstand, der von der gesellschaftlichen Ordnung verursacht wurde, nicht als Schande gelten.

Sobald aber die öffentliche Meinung das Bettlerwesen nicht mehr brandmarken kann und sobald sich die Ursachen des Elends täglich vermehren, erschöpft sich die Mildtätigkeit, wenngleich echte Leiden unschuldigen Opfern abverlangt werden. Natürlich führt der verhängnisvolle Vorschub, der der Zunahme des Bettlerwesens geleistet wird, dazu, daß die Hilfeleistungen immer ungenügender werden. Das Übel hat in England fast seinen Höhepunkt erreicht. Mehr als acht Millionen Pfund Sterling wurden in einem Jahr verausgabt, um mehr als neunhunderttausend Armen beizustehen. Jedes Jahr besteht die Gefahr, daß diese Summe und auch die Zahl der Armen zunimmt, bis schließlich das gesellschaftliche System durch eine schreckliche Katastrophe eine Änderung erfährt.

Es ist heute die Rede davon, daß diese Hilfeleistungen seitens der Gemeinden eingestellt werden sollen, um die Bettler der öffentlichen Barmherzigkeit zu überantworten. So groß diese allgemeine Barmherzigkeit auch sein mag, es ist niemandem daran gelegen, sich mit dieser Last zu beschweren, die man ihm aufbürden will. Die Änderung würde lediglich schreckliches Leid mit sich bringen. Die Zahl jener, die Hungers sterben würden, wäre größer, als man glaubt. Selbst wenn diese Menschen von sich aus bereit wären zu sterben, das Schicksal einer so großen Masse von Menschen, die nicht den geringsten sozialen Schutz genießen, würde in jedem Falle einen Staat erschüttern, von dem ein solches Elend zugelassen wird. Um Abhilfe zu schaffen, muß man andere Möglichkeiten suchen. Nicht die Klasse der Armen, sondern jene der Tagelöhner muß verschwinden und wieder in die Klasse der Eigentümer zurückgeführt werden.[20]

Es wird erst Ruhe für England geben, erst Glück für die arbeitenden Klassen sowie eine wirkliche und dauerhafte Entwicklung zur Prosperität, wenn man eine Möglichkeit gefunden haben wird, um die Gemeinsamkeit der Interessen anstatt ihren Gegensatz zwischen dem Kapitalisten und allen jenen, die er arbeiten läßt, herzustellen, und wenn man die Feldarbeiter an der Ernte und die Fabrikarbeiter an der Frucht ihrer Arbeit beteiligen wird. Wenn sich der Kapitalist mit seinen Arbeitern, die er beschäftigt, solidarisch fühlt, wird er erkennen müssen, daß er nichts verdienen kann, wenn er die Löhne senkt. Er wird dann, um sich ihre Mitarbeit zu sichern, selbst daran interessiert sein, die Arbeiter an den Profiten seines Unternehmens teilhaben zu lassen. Aber obgleich wir das Ziel, das wir anstreben, zu sehen

[20] In der ersten Auflage meines Buches wandte ich mich an die Macht der Gesetzgebung, damit den Eheschließungen der Bettler, die beabsichtigten, aus ihren Kindern ein Werkzeug des Bettelns zu machen, Einhalt geboten werde. Ich wollte, daß eine Sicherheit von jenen verlangt wird, die sich vornehmen, eine Familie zu gründen und Kinder aufzuziehen, ohne die Mittel zu haben, sie zu ernähren und vor dem Elend zu schützen. Diese extremen Maßnahmen, gedacht, um einen Übelstand aufzuhalten, der zu dieser Zeit eine weitverbreitete und allgemeine Erscheinung war, sind falsch verstanden worden. Es scheint mir nutzlos zu sein, einen Gedanken zu entwickeln, dessen praktische Ausführung heute vielleicht in keiner Weise wünschenswert ist.

glauben, wagen wir doch nicht, die Mittel zur Erreichung desselben aufzuzeigen.

Die Wach- und Schutzfunktionen ausübende Bevölkerung erduldet auf einer anderen gesellschaftlichen Stufe die gleiche Art von Leiden. Der Krieg gewöhnt die Väter daran zu glauben, daß es für die Erhaltung ihrer Familie notwendig sei, ein oder zwei Kinder mehr zu haben. Der Auslandsdienst, der bei den Schweizern üblich ist, hat in der Schweiz einen Bevölkerungsüberschuß hervorgebracht, der diese Abwanderung nun bereits erfordert. Die Hochlandbewohner Schottlands sind für den Krieg erzogen worden; die Geburten mußten in diesen wilden Gebirgsgegenden ziemlich zahlreich sein, damit wegen der hohen Todesrate der Anbau oder die Weidewirtschaft, wovon die Nation lebte, nicht zum Stillstand kamen. Folgten jedoch einmal ruhigere Zeiten, so wurde die Nation durch eine überschüssige Bevölkerung belastet, denn die Gewohnheiten bestehen weiter und sind tief eingewurzelt. Man mußte erst durch das Leiden darauf gestoßen werden, etwas zu ändern.

Der Krieg erhöht die Zahl der Offizierspatente in Armee und Marine; die Kompliziertheit der Verwaltung läßt die Zahl der zivilen Beamten aller Gattungen ansteigen; der religiöse Eifer führt zur Zunahme der Geistlichen. Alle leben von Staatsgeldern und in einem gewissen Wohlstand. Niemand von ihnen kennt die Quellen oder kann diese abschätzen, die ihm den Lebensunterhalt liefern. Sie rechnen damit, daß ihre Kinder die Laufbahn einschlagen, die sie selbst als Beruf ausüben. So geschieht es oft, daß sie Kinder erziehen und ihre Familien vergrößern aufgrund ihres gegenwärtigen Wohlstandes und die Augen vor der Zukunft verschließen. Indessen endet ihre Staatsrente mit ihrem Ableben, und bei ihrem Tode befinden sich ihre Kinder in einer erbärmlichen Lage, und ihre Leiden werden noch verschlimmert durch den Umstand der gehobenen Erziehung, die sie erhalten haben. Die Gesetze, die militärischen Reglementierungen und die Maßnahmen seitens der öffentlichen Verwaltung, welche die Offiziere, Beamten,

Geistlichen und im allgemeinen alle jene, die von Staatsgeldern leben, vor der Ehe abhalten sollen, so hart sie auch bei der ersten Einführung scheinen mögen, sind in jedem Falle zu rechtfertigen, denn sie bewahren diese Schicht vor den für sie besonders kraß fühlbaren Nöten der Armut.

SIEBENTES KAPITEL

VON DER DURCH DIE ERFINDUNG DER MASCHINEN ÜBERFLÜSSIG GEWORDENEN BEVÖLKERUNG

Es ist nicht allein das übermäßige Wachstum der Bevölkerung, das allgemeines Leid dadurch verursacht, daß das Gleichgewicht zwischen Angebot an Arbeit und Nachfrage nach Arbeit gestört wird. Diese Nachfrage kann auch zurückgehen, wenn der Bevölkerungsstand gleichbleibend ist. Der Verbrauch kann stocken, das Einkommen kann verschwendet und das Kapital zerstört werden, so daß die gleiche Anzahl von Arbeitskräften, die vorher beschäftigt waren, dann keine ausreichende Beschäftigung finden kann. Die Bevölkerung folgt sogleich den Umwälzungen des Kapitals, von dem sie leben muß. Da die Tagelöhner weit mehr gezwungen sind, selbst den geringsten Lohn zu erhalten, als die Kapitaleigentümer es eilig haben, ihr Geld anzuwenden, unterwerfen sie sich stets härteren Bedingungen, in dem Maße, wie die Nachfrage oder das Kapital abnehmen, so daß sie sich schließlich mit einem so elenden Verdienst zufrieden geben, der kaum noch genügt, sie am Leben zu erhalten. Im Dasein dieser unglücklichen Klasse gibt es dann weder die geringste Freude noch den kleinsten Genuß. Hunger und Elend ersticken bei ihr alle moralischen Gefühle. Wenn es gilt, zu jeder Stunde zu kämpfen, um leben zu können, laufen alle Leidenschaften im Egoismus zusammen. Jeder vergißt den Schmerz der anderen im eigenen, die natürlichen Gefühle stumpfen ab, eine ununterbrochene, hartnäckige und eintönige Arbeit vernichtet alle natürlichen Gaben. Man muß sich für die Menschheit schämen, wenn man sieht, zu welchem Grad der Erniedrigung sie herabsinken kann, welchem Leben, das noch unter dem der Tiere steht, sie sich freiwillig unterwirft, so daß man manchmal trotz aller Wohltaten der gesellschaftlichen Ordnung, trotz der Vorteile, die der Mensch aus den Gewerben erzielt hat, geneigt ist, die Teilung der Arbeit und die Erfindung der Manufakturen zu verfluchen, wenn man sehen muß, was aus Wesen geworden ist, die geschaffen waren, unseresgleichen zu sein.

Das Elend des wildlebenden Jägers, der so häufig Hungers stirbt, wiegt keineswegs das Elend abertausender Familien auf, die aus einem Industrieunternehmen entlassen werden; denn dem Jäger bleiben zumindetens die gesamte Energie und geistige Geschicklichkeit, die er während seines ganzen Lebens auf die Probe gestellt hat. Wenn er wirbt, weil er kein Wild findet, stirbt er an einem Mangel, den ihm die Natur selbst verschuldete, welcher er sich von Anfang an bewußt unterordnen mußte wie der Krankheit oder dem Alter. Der Arbeiter aber, der mit Frau und Kindern entlassen wird, hat im voraus bereits die seelischen und körperlichen Kräfte eingebüßt. Um ihn herum gibt es weiterhin Reichtum und Wohlstand, er sieht noch auf Schritt und Tritt Nahrungsmittel, derer er bedürftig ist; und verweigert ihm der Reiche eine Arbeit, durch welche sich der Arbeiter bis zum letzten Augenblick Brot kaufen könnte, so sind es die Menschen und nicht die Natur, die er anklagt.

Wenngleich gegenwärtig niemand Hungers stirbt, wenngleich man allen bedürftigen Familien bereitwillig mildtätige Unterstützung angedeihen läßt, so haben die Verzweiflung und das Leid dennoch schreckliche Auswirkungen für die Armen. Krankheiten der Seele greifen auf den Körper über, die Epidemien nehmen zu, die Neugeborenen sterben nach wenigen Monaten, so daß der Mangel an Arbeit mehr Verheerungen bewirkt als der schrecklichste Krieg. Außerdem schlagen die verhängnisvollsten Gewohnheiten wie Betteln oder Nichtstun Wurzeln in der Bevölkerung. Der Handel nimmt andere Wege, die Mode verändert sich, und selbst wenn die hohe Sterblichkeit die Reihen der Arbeiter gelichtet hat, sind die Übriggebliebenen nicht mehr in der Lage, die Konkurrenz mit dem Ausland zu bestehen.

Die Ursachen für das Zurückgehen der Nachfrage nach Arbeit sind häufig viel mehr bei der eigentlichen Politik als bei der Politischen Ökonomie zu suchen. Es gibt wahrscheinlich nichts Schlimmeres als den Verlust bzw. die Beschneidung der Freiheit. Sobald eine Nation beginnt, dieses kostbare Gut zu veräußern, glaubt sich jeder einzelne Bürger seines Vermögens oder der Früchte seiner Arbeit weniger sicher und büßt damit einen Teil seiner seelischen Beweglichkeit und seines Sinnes für Fleiß ein. Tugenden, wie Besonnenheit, Beharrlichkeit und Sparsamkeit, die bis dahin die Begleitumstände der Arbeit bildeten, weichen den Untugenden des Nichtstuns, der Unmäßigkeit, des Außerachtlassens der Zukunft und der Verschwendung. Handel und Industrie, jedwede Tätigkeit, werden mit Verachtung angesehen in einem Staat, wo das Volk nichts zählt und wo Auszeichnungen und Ehrbezeigungen nur dem vornehmen Müßiggang vorbehalten sind. Gunst, Intrige und Schmeichelei, alle diese Kunstgriffe der Höflinge, die zur Erniedrigung der Seele führen, verhelfen hier viel schneller zu Reichtum und Vermögen als Charakterstärke, beharrliche und kühne Tätigkeit sowie geistige Wendigkeit. In einem solchen Staat nehmen die Intriganten täglich zu und schauen mit Verachtung auf jene, die den einzig ehrlichen Weg des Vermögenserwerbs verfolgen, den Weg, auf dem man nur durch sein Verdienst oder seine Arbeit vorankommt.

Indessen gibt es auch eine Ursache für die Bevölkerungsabnahme, die in engstem Zusammenhang mit der Politischen Ökonomie steht. Der Fortschritt in Handwerk und Industrie und infolgedessen die Zunahme von Reichtum und Prosperität selbst führen dazu, ökonomische Methoden zu entdecken, um alle Früchte der Arbeit durch die Beschäftigung einer geringeren Zahl von Arbeitern zu produzieren. Die Tiere ersetzen den Menschen auf fast allen Gebieten der Landwirtschaft, und die Maschinen ersetzen den Menschen bei fast allen Vorgängen in den Manufakturen. Solange ein Land einen ziemlich ausgedehnten Markt für sich findet, so daß für sämtliche Erzeugnisse ein schneller und vorteilhafter Abfluß gesichert ist, erweist sich jede dieser Entdeckungen als eine Wohltat, weil sie, anstatt die Zahl der Arbeit zu senken, die Menge der Arbeit und der Erzeugnisse erhöht. Einer Nation mit ständigen Entdeckungen gelingt es während langer Zeit, ihren Markt in dem Maße auszudehnen, wie jede neue Entdeckung es erlaubt, Arbeitskräfte frei zu machen. Sie verwendet diese sogleich für die Steigerung einer Produktion, deren Entdeckung es erlaubt, billigere Waren zu liefern. Aber schließlich kommt eine Zeit, wo die gesamte zivilisierte Welt nur einen einzigen Markt bildet und wo man in keinem neuen Land mehr neue Kunden erwerben kann. Die Nachfrage des Weltmarktes wird dann zu einer festen Größe, die sich die einzelnen Industrienationen streitig machen. Liefert eine mehr ist das der Schaden der anderen. Der Gesamtabsatz kann nunmehr lediglich durch die Zunahme des allgemeinen Wohlstandes zunehmen, d. h. dadurch, daß die Annehmlichkeiten, die früher den Reichen vorbehalten waren, auch den Armen zugänglich werden müßten.

Die Erfindung der Strumpfwirkmaschine, vermittels welcher ein einziger Mensch so viel Arbeit verrichtet wie früher hundert, war für die Menschheit nur eine Wohltat, weil zur gleichen Zeit die Fortschritte in der Zivilisation, nämlich das Wachstum der Bevölkerung und des Reichtums die Zahl der Verbraucher vermehrte. Neue Länder nahmen die europäischen Gewohnheiten an; und diese Beinbekleidung, die früher den Reichen vorbehalten war, gelangte bis zu den ärmsten Bevölkerungsschichten. Sie wurde für den Armen, für den Handwerker wirtschaftlicher als der Gebrauch von Gamaschen, auf die er nun verzichtete. Der Arme verwandte den Teil seines Einkommens, den er früher benutzte, um Gamaschen zu kaufen, jetzt zum Kauf von Strümpfen. Aber wenn heute eine neue Entdeckung es erlaubte, mit einer einzigen Strumpfwirkmaschine das herzustellen, was zehn Jahre davor hundert leisteten, würde diese Entdeckung ein nationales Übel bedeuten; denn die Zahl der Verbraucher kann nicht oder fast nicht mehr steigen, und es wäre dann die Zahl der Produzenten, die abnähme.

Im allgemeinen ist immer dann, wenn die Nachfrage im Verbrauch höher liegt als die Produktionsmöglichkeiten der Bevölkerung, jede neue Entdeckung in Industrie und Handwerk eine Wohltat für die Gesellschaft, weil sie die Mittel bietet, die bestehenden Bedürfnisse zu befriedigen. Dagegen führt eine jede solche Entdeckung, sofern die Produktion in vollem Maße dem Verbrauch nachkommt, in unserer gegenwärtigen gesellschaftlichen Situation[21] zu einem Übelstand, da sie zu dem Konsum der Verbraucher nichts anderes hinzufügt, als diesen nur billiger zu befriedigen, während sie dabei unmittelbar die Existenz der Produzenten untergräbt. Es wäre verabscheuungswürdig, wollte man den Vorteil des Billigseins gegen den der einfachen Existenz abwägen. Überdies ist der erstere Vorteil völlig illusorisch angesichts von Ausgaben, die von der Eitelkeit bestimmt werden: es handelt sich ja hier immer nur um angestrebte Unterscheidungsmerkmale, und niemand profitiert, sofern er für denselben

21 Wir haben es schon an anderer Stelle gesagt, halten es aber für richtig, es zu wiederholen: Der wahre Übelstand ist nicht die Vervollkommnung der Maschinen, sondern die ungerechte Verteilung, die wir mit ihren Erzeugnissen vornehmen. Je mehr wir mit einer bestimmten Menge an Arbeit herstellen können, um so mehr müßten wir sowohl unseren Konsum als auch unsere Ruhe erhöhen. Der Arbeiter, der sein eigener Herr wäre, wenn er mit Hilfe einer Maschine in zwei Stunden das produziert, was er vorher in zwölf Stunden erzeugte, würde nach zwei Stunden aufhören zu arbeiten, wenn er es nicht nötig hätte, wenn er nicht ein weitaus beträchtlicheres Produkt erzielte. Es ist aber unsere gegenwärtige Gesellschaft, die Abhängigkeit des Arbeiters, die ihn zwingt, wenn eine Maschine seine Arbeitsmöglichkeiten erhöht hat, nicht weniger, sondern mehr Stunden am Tag für den gleichen Lohn zu arbeiten.

Preis feinere und schönere Kleidungsstücke erhält, denn er bleibt in der gleichen Relation gegenüber allen anderen. Man sollte sich daran erinnern, daß in der Politischen Ökonomie unter Nachfrage nur das zu verstehen ist, was im allgemeinen als kaufkräftige Nachfrage bezeichnet wird. Es geschieht jedoch häufig, daß es in irgendeinem Lande eine beträchtliche Nachfrage nach einer Ware gibt bei gleichzeitigem Angebot, obgleich das Angebot dieser Ware dennoch nicht genügt, alle erforderliche Arbeit zu bezahlen. Wenn bei einer solchen Lage der Stand der Nachfrage und des Angebots zu einer Erfindung führen, die beiden Rechnung trägt, so ist die Erfindung noch als Vorteil für die Gesellschaft zu bezeichnen, wenngleich sie im Augenblick jene schädigt, die für einen höheren Lohn, für eine geringere Anzahl von Käufern arbeiten.

Durch den Handel der Araber gelangte in der Zeit vom achten bis zum zehnten Jahrhundert die Kunst der Papierherstellung aus China nach dem Westen. Hätten dieselben Araber auch die Buchdruckerkunst aus dem nämlichen Land mitgebracht, was nur natürlich gewesen wäre, so daß man fast erstaunt ist, daß dies nicht geschehen ist, was wäre die Folge gewesen? Die Buchdruckerkunst, wäre sie zu einem Zeitpunkt nach Europa gelangt, wo es nicht den geringsten Hang zum Studium, keine Nachfrage nach Büchern gab, sie hätte Europa in einen Zustand noch größerer Barbarei, sofern es einen solchen überhaupt geben kann, gestürzt; denn sie hätte den Stand der Kopisten völlig verschwinden lassen. Diese Männer bewahrten damals das an sich sehr geringe Interesse für die Wissenschaft. Sie lebten davon, Meßbücher und einige andere religiöse Bücher abzuschreiben. Aus diesem Grunde waren sie zu gewissen Studien gezwungen, was in ihnen den Sinn für gehobenere Studien weckte. Nach dem Abschreiben vieler religiöser Bücher kopierten sie auch einige Klassiker, um den Bedürfnissen der in ganz Europa ungeheuer beschränkten Anzahl von Männern nachzukommen, die des Lesens fähig waren. Ein Buchdrucker mit zwei Setzern und zwei Druckern, weitaus weniger gebildet als die Kopisten, hätte die Arbeit von tausend Kopisten ausführen können. Eine Buchdruckerei hätte also sämtliche religiösen Bücher liefern können und vielleicht auch noch einige Aushängeschilder für Kaufleute, aber, da sie alle Kopisten Hungers sterben ließe, gab es diese Leute nicht mehr zum Dienste der kleinen Anzahl von Gelehrten, die nach anderem trachteten und die wegen der so begrenzten eigenen Nachfrage nicht einen ganzen Berufsstand aufrechterhalten könnten. Man würde in Italien und in Spanien mehr als eine Provinz finden, wo die Buchdruckerei die nämlichen Auswirkungen gehabt hätte. Im zehnten Jahrhundert hätte sie also ebensowenig zum Lesenlernen geführt, wie die Kunst der Papiererzeugung das Erlernen des Schreibens bewirkte.

Zum Glück der Wissenschaft, zum Glück für uns und auch zum Glück der Kopisten des Mittelalters wurde die Buchdruckerkunst erst in einem Jahrhundert entdeckt, wo die Begeisterung für Wissenschaft und Literatur allgemeine Fortschritte gemacht hatte. Jedermann verlangte nach Büchern, wenngleich nur wenige in der Lage waren, sie zu kaufen. Die Freunde und Anhänger der Wissenschaft verausgabten ein beträchtliches Einkommen, um sich literarische Genüsse zu verschaffen, obgleich diese Summen noch keineswegs ausreichten, um die ungeheure Arbeit der Kopisten zu bezahlen. Eine wunderbare Erfindung versetzte jene, die die Kopisten ersetzten, in die Lage, in der gleichen Zeit zweihundertfünfzigmal produktivere Arbeit zu leisten als diese, und das zu einem Zeitpunkt, wo diese Arbeit von einem neuen Publikum, das über ein neues Einkommen verfügte, nachgefragt wurde. Die Zahl der Buchdrucker in Europa ist gegenwärtig größer, als es die der Kopisten im zehnten Jahrhundert war. Diese Zahl der Buchdrucker ist häufig als Beweis für die positive Wirkung der Maschinen herangezogen worden, als Beweis dafür, daß die Nachfrage ebenso wie die Produktion steigen kann; aber man darf die Wirkung nicht mit der Ursache verwechseln.

Wenngleich die Nachfrage nicht immer so deutlich zum

Ausdruck kommt, wie es gerade bei jener nach Büchern zur Zeit der Erfindung der Buchdruckerkunst war, so erweitert sie doch jedesmal den Markt. Eine Entdeckung, verbunden mit Arbeitseinsparung, ermöglicht es jetzt einer ärmeren Bevölkerungsschicht, sich Dinge zu kaufen, die vorher den Reichen vorbehalten waren; und während diese Erfindung sowohl den Verbrauchern als auch den Produzenten nützt, schadet sie in keiner Weise den Arbeitern. Wenn die Entdeckung aber die Zahl der Verbraucher nicht im geringsten erhöhen kann und selbst bei niedrigen Preisen nicht, sei es, weil der Bedarf aller bereits abgedeckt ist, oder sei es, weil der hergestellte Gegenstand von niemandem gebraucht wird, auch wenn er noch so billig wäre, dann schafft diese Entdeckung, die zum Nutzen des Unternehmers, aber nicht der Arbeiter gemacht wurde, ein Monopol und wird zu einem Übel für die gesamte Menschheit; denn sie ist nur von Vorteil für einen einzigen Produzenten, auf Kosten der anderen Produzenten bzw. sie nutzt nur einer einzigen Nation auf Kosten der übrigen Länder. Es wäre an sich unwürdig, einen solchen Vorteil zu erstreben, der sich nur erzielen ließe, wenn man die ausländischen Hersteller dem Elend und der Hungersnot überantwortete, darüber hinaus wäre ein solcher Vorteil aber nicht einmal sicher. Seit dem Voranschreiten der Kommunikation zwischen den Völkern und dem allgemeinen Wissensstand der einzelnen Unternehmer wird eine Entdeckung des einen Landes sofort in allen anderen nachvollzogen, ohne daß der Urheber daraus bereits einen großen Gewinn hätte erzielen können.

Man hat gesagt, daß jener, der beim Kauf eines Gebrauchsgegenstandes einspart, dabei aber weiterhin dasselbe Einkommen hat, das, was er aufgrund des gesenkten Preises dieses oder jenes Artikels spart, einer neuen Ausgabe zuwendet, für welche er wiederum eine neue Arbeit in Bewegung setzt. Niemals wird es jedoch eine Beziehung geben zwischen dieser neuen Nachfrage und solcher Arbeit, die deswegen wird aufgegeben werden müssen.

Einerseits erhalten die Verbraucher etwas feinere, etwas

schönere Waren für denselben Preis. Die Stoffe, mit denen sich der arme Arbeiter bekleidet, haben eine etwas bessere Qualität und sie sind tatsächlich etwas mehr wert* als jene, mit denen sich sein Vater bekleidete, obgleich dieser den nämlichen Anteil seines Einkommens für Kleidung verausgabte. Diesen Vorteil wird er selbst aber kaum gewahr, denn es besteht gewissermaßen eine soziale Norm, die verpflichtet, sich wie seinesgleichen zu kleiden. Jener, der diesbezüglich lediglich der allgemeinen Regel folgt, wird dabei keinen besonderen Genuß empfinden. Er spart bei diesem Artikel nichts ein, was er für eine andere Ausgabe[22] verwenden könnte.

Andererseits wird der Preis einer Ware nicht im direkten Verhältnis zu der aufgewendeten Arbeit festgesetzt; vielmehr setzt er sich zusammen aus dieser jährlichen Arbeit, einer ursprünglichen Arbeit, die notwendig war, um die Fabriken zu errichten und die Maschinen zu bauen, aus mitunter sehr kostspieligen und nicht selten ausländischen Materialien und schließlich aus dem zirkulierenden Kapi-

* „etwas mehr wert sein" versteht Sismondi hier im Sinne der Umgangssprache, was erneut zeigt, wie nachlässig Sismondi mit feststehenden wissenschaftlichen Begriffen umgeht.

22 Es wird gesagt, daß der Kaiser Alexander, erstaunt, in England alles Volk, was ihn umgab, in Strümpfen, Schuhen und Kleidern zu sehen, den gutsituierten Bürgern ähnlich, vor Überraschung ausrief: „Wo sind denn die Armen? Gibt es keine Armen in diesem Lande?" Indessen hatten mehr als die Hälfte dieser Menschen, die der allgemeine Brauch zwang, große Ausgaben für ihre Kleidung zu tätigen, kein anderes Eigentum als die Lohnzahlung, die sie am Samstag für die ganze Woche erhalten sollten; und mehr als ein Zehntel von ihnen wurde sogar von der Gemeinde unterstützt. Für den Armen bedeutete es mehr Unabhängigkeit und mehr Glück, anstelle in Schuhen barfuß zu gehen und dafür eine Hütte zu besitzen, etwas Feld, einen Garten und zwei Kühe wie die meisten Bauern des Kontinents.

tal.* Auch wenn man hundert Arbeiter entläßt, um die gesamte Arbeit von einem Arbeiter verrichten zu lassen, mittels einer Maschine, so reduziert man dadurch nicht die Ware auf ein Hundertstel ihres Preises. Die Strumpfwirkmaschine spart die Arbeit tatsächlich ungefähr in einem solchen Verhältnis ein, indessen produziert sie die Strümpfe kaum zehn Prozent billiger als die mit Nadeln gestrickten. Trotz der Erfindung der großen Zwirnereimaschinen zum Spinnen von Seide, Baumwolle und Wolle beschäftigt man weiterhin Spinnerinnen mit Handspinnrädern und sogar mit Spinnrocken, ein sicherer Beweis dafür, daß die Ersparnis, welche man macht, indem man Wasser und Feuer anstelle der Menschen einsetzt, ebenfalls nicht zehn Prozent übersteigt. Die gleiche Beobachtung läßt sich wiederholen in allen anderen vervollkommneten Manufakturen; der Preis ihrer Erzeugnisse ist lediglich in einem arithmetischen Verhältnis gesenkt worden, während sie die Arbeitskräfte in einem geometrischen Verhältnis verringert haben.

Vergleichen wir diese Einsparung an Arbeitskräften nun einmal mit der Verringerung des Kaufpreises vermittels einer einfachen Rechnung bei der bekanntesten Manufaktur und setzen wir um der größeren Klarheit willen voraus, daß ein Arbeiter mit einer Strumpfwirkmaschine genau die Arbeit verrichtet, die früher hundert Arbeiter ausführten. Selbst wenn eine solche Leistung nicht möglich ist, die Verfechter der Maschinen legen ja großen Wert darauf, daß es sich tatsächlich so verhalte, ist unsere Beweisführung dennoch stichhaltig. Also: Hunderttausend Frauen, die jede hundert Paar Strümpfe jährlich mit der Hand strickten, stellten auf diese Weise zehn Millionen Paare her, welche, das Paar zu fünf Francs, für fünfzig Millionen Francs verkauft wurden. Das Material kostete ein Fünftel; es blieben

* Ganz abgesehen davon, daß bei Sismondi hier die Kriterien für die Wert- und Preisbildung durcheinander laufen, erkennen wir erneut die Unschärfe bei der Verwendung des Begriffs zirkulierendes Kapital.

vierzig Millionen Francs, zu verteilen auf hunderttausend Arbeiter bzw. vierhundert Francs pro Kopf.

Die gleiche Arbeit wird heute mit der Strumpfwirkmaschine von tausend Arbeitern ausgeführt und wird dadurch zehn Prozent billiger: vier Francs, fünfzig Cents, was sich auf fünfundvierzig Millionen beläuft. Die Verbraucher sparen alle fünf Millionen ein; würde man diese ausschließlich für die Beschäftigung von Arbeitskräften verwenden, könnten davon zwölftausendfünfhundert der entlassenen Arbeiter leben, und nur sieben Achtel von ihnen blieben also auf der Straße; doch gerade das ist es nicht, was damit geschieht. Der Verbraucher, daran gewöhnt, das Paar Strümpfe für fünf Francs zu kaufen, bezahlt weiterhin denselben Preis und aufgrund der maschinellen Fortschritte trägt er lediglich etwas feinere Strümpfe. Dieses Mehr in seinem Luxus ermöglicht einem weiteren Zehntel Strumpffabrikanten bzw. weiteren hundert Strumpffabrikanten die Existenz. Fügen wir außerdem jährlich hundert Arbeiter hinzu, die beschäftigt werden, die Wirkmaschinen zu reparieren oder neue zu bauen, so sind es im ganzen zwölfhundert Arbeiter, die von der Summe leben, von der hunderttausend leben könnten.

Der Preis der zehn Millionen Paar Strümpfe kommt nicht wie vorher zu vier Fünfteln den Arbeitskräften zugute. Natürlich kann man seine Bestandteile lediglich durch ungefähre Schätzungen zergliedern, doch auf solche hypothetische Berechnungen legen wir keinen Wert. Zehn Millionen kommen in jedem Falle auf die Rohstoffe; dreißig Millionen auf die Zinsen und die Profite aus dem fixen Kapital, das für die Wirkmaschinen und für die Gebäude, in welchen diese stehen, verwendet wurde; zwei Millionen dienen jährlich der Reparatur und Erneuerung von Maschinen; zwei Millionen dem Profit aus dem zirkulierenden Kapital, welches stets zunehmen muß, wenn das Unternehmen im großen betrieben wird; und lediglich die noch verbleibende Million bezahlt die Löhne der Arbeiter. Auf diese Weise wird das Einkommen, das aus der Produktion entsteht, eher kleiner als größer.

Dieselbe Rechnung gilt für alle anderen vervollkommneten Manufakturen, denn ein Fabrikant, der eine neue Maschine anwendet und seine Arbeiter entläßt, macht sich niemals Gedanken darüber, ob er einen der Verringerung der Arbeitskräfte entsprechenden Profit erzielt, sondern er denkt lediglich daran, ob er etwas billiger als seine Konkurrenten wird verkaufen können. Sämtliche Arbeiter Englands würden auf die Straße gesetzt werden, wenn die Unternehmer an ihrer Stelle Dampfmaschinen verwenden könnten, bei einer Ersparnis von fünf Prozent.

Übrigens tragen die Vervollkommnung der Maschinen und die Einsparung menschlicher Arbeitskraft in unmittelbarer Weise dazu bei, die Zahl der nationalen Verbraucher zu verringern; denn alle Arbeiter, die man ruiniert, waren vorher Verbraucher. In Großbritannien hat die Einführung des Systems der Großwirtschaften auf dem Lande die Schicht der kleinen Pächter, die selbst wirtschafteten und sich eines bescheidenen Wohlstandes erfreuten, verschwinden lassen; die Bevölkerung hatte beträchtlich abgenommen, aber ihr Verbrauch war im Verhältnis dazu noch weitaus mehr zurückgegangen. Die Tagelöhner, die sämtliche Feldarbeiten verrichten und die man auf das Minimum beschränkt, geben der städtischen Industrie bei weitem nicht die gleichen Anreize wie früher die reichen Bauern.

Eine analoge Wandlung hat sich bei der Stadtbevölkerung vollzogen. Die Entdeckungen in den Gewerben führen schließlich immer dazu, daß die Industrie sich in den Händen einiger weniger, sehr reicher Unternehmer konzentriert. Sie erlauben es, mit einer kostspieligen Maschine, d. h. mit einem großen Kapital, das zu produzieren, was früher mit sehr viel Arbeit erzeugt wurde. Die Entdeckungen ermöglichen Einsparungen in der gesamten Verwaltung, sie ermöglichen die Arbeitsteilung, den gleichzeitigen Verbrauch von Licht, Heizung und aller Naturkräfte für eine große Anzahl von Menschen auf einmal. Es verschwinden auch die kleinen Kaufleute, die kleinen Fabrikanten, und ein einziger großer Unternehmer ersetzt Hunderte von ihnen, die alle zusammen vielleicht nicht so reich waren wie er. Alle zusammen indessen waren bessere Verbraucher als er. Sein kostspieliger Luxus gibt der Industrie einen viel weniger großen Antrieb als der bescheidene Luxus von hundert Haushalten, an deren Stelle er getreten ist.

Solange ständig neue Nachfragen zum Gedeihen der Manufakturen führten, konnte man trotz des Wachstums der Arbeiterklasse gesteigerte Arbeitsmöglichkeiten beobachten, so daß auch die Zahl der Beschäftigten wuchs; und jene, die auf dem Lande arbeitslos geworden waren, fanden Zuflucht in Unternehmen der Industriestädte, deren Bevölkerung weiterhin zunahm. Als jedoch schließlich der Weltmarkt ausreichend versorgt war und abermals eine Verringerung der Arbeitsmöglichkeiten erfolgte, als die Tagelöhner auf dem Lande entlassen wurden, die Spinner der Baumwollmanufakturen, die Weber der Tuchmanufakturen; als jeden Tag eine neue Maschine mehrere Familien ersetzte, während keine neue Nachfrage eine neue Beschäftigung und neuen Brotverdienst bot, da erreichte die Not ihren Höhepunkt, und man begann den Fortschritt einer Zivilisation zu beklagen, welche durch die Anhäufung einer größeren Anzahl von Individuen auf demselben Lebensraum der Erde lediglich das Elend für sie vermehrt hatte. Im Vergleich dazu konnte es in den unterentwickelten Gebieten wenigstens nur eine kleine Anzahl von Opfern geben.

Der Zeitpunkt ist gekommen, so man sich fragen muß, bis wohin es gehen soll. Nach letzten Erhebungen beschäftigt die Landwirtschaft in England 770 199 Familien; das ist nicht nur im Verhältnis zur Größe des Bodens, sondern auch zum Reichtum des Ertrages weitaus weniger als in irgendeinem anderen Teil Europas: sollte man nun demjenigen eine Belohnung anbieten, der Möglichkeiten findet, die gleiche Arbeit mit siebzigtausend Familien oder gar nur mit siebentausend ausführen zu lassen?

In England beschäftigen der Handel und die Industrie 959 632 Familien, und diese Anzahl genügt, um nicht nur England, sondern auch noch die Hälfte Europas und die

Hälfte der zivilisierten Bewohner Amerikas mit sämtlichen Industrieprodukten zu versehen. England ist eine einzige große Manufaktur, welche, um sich zu erhalten, gezwungen ist, fast der gesamten bisher bekannten Welt zu verkaufen. Sollte man nun demjenigen eine Belohnung geben, der ein Mittel fände, dieselbe Arbeit von neunzigtausend oder neuntausend Familien verrichten zu lassen? Würde es England gelingen, die gesamte landwirtschaftliche Arbeit und die ganze industrielle Arbeit in den Städten durch Dampfmaschinen erledigen zu lassen und bei gleicher Produktion und gleichem Einkommen nicht mehr Einwohner zu zählen, als die Republik Genf heute zählt, so müßte man fragen, ob es unter diesen Umständen möglich ist, dieses Land als das reichste und blühendste zu bezeichnen.[23]

[23] Ricardo beantwortet diese Fragen eindeutig mit Ja (Kapitel XXIV der englischen Ausgabe, S. 492, London 1817); und obgleich dies die notwendige Folge des Systems ist, dem er folgt, bin ich doch verwirrt, daß er von einer derartigen Schlußfolgerung nicht zurücktritt, wenn er die Dinge mit der Wirklichkeit vergleicht. Es ist erforderlich, seine eigenen Worte zu zitieren, um unbedingt sicher zu sein, ihm nicht Gefühle zuzuschreiben, die er in Abrede stellen könnte. „Das gesamte Produkt des Bodens und der Arbeit jedes Landes zerfällt in drei Teile. Davon entfällt einer auf die Löhne, der andere auf den Profit und der dritte auf die Rente. Nur von den letzteren beiden Teilen können Abzüge für Steuern oder Ersparnisse gemacht werden, während der erste, sofern er mäßig ist, immer die notwendigen Produktionsausgaben bildet. Für eine Einzelperson mit einem Kapital von zwanzigtausend Pfund, deren Profit jährlich zweitausend Pfund beträgt, wäre es völlig gleichgültig, ob ihr Kapital hundert oder tausend Arbeiter beschäftigt, ob die produzierten Waren sich zu zehntausend oder zwanzigtausend Pfund verkaufen, immer vorausgesetzt, daß ihre Profite in allen Fällen nicht unter zweitausend Pfund fallen. Ist das reale Interesse einer Nation nicht ähnlich? Vorausgesetzt, daß ihre reale Nettorevenue, ihre Rente und ihr Profit dieselben bleiben, so ist es ohne

Nun wohl, diese Belohnung bietet sich wegen der Konkurrenz aller Fabrikanten und sämtlicher Pächter unaufhörlich demjenigen, der ihnen zeigt, wie sie mit weniger Arbeitskräften produzieren können. Diese Belohnung wird gleichermaßen auf dem Kontinent geboten, von allen den Ländern, die sich gezwungen glauben, England in seinem Aufschwung der Manufakturen zu folgen. Die Regierungen haben diesbezüglich mit ihrer ganzen Macht den Eifer der Fabrikanten unterstützt und die Sozialwissenschaftler, weit davon entfernt, auf die Gefahren dieser Konkurrenz hinzuweisen, haben es sich zur Aufgabe gemacht, die Nationen dazu herauszufordern.

Nachdem eine in der Industrie gemachte Entdeckung die Produktionsmöglichkeiten der Menschen erhöht hat, wäre es zweifellos wünschenswert, daß man verhindert, daß eine solche Entdeckung sich gegen jene richtet, denen sie ursprünglich dienen sollte. Sofern diese Entdeckung durch irgendeine neue Nachfrage nach Arbeit erforderlich wurde oder wenn es für die erzeugte Ware keine neuen Verbrau-

Bedeutung, ob die Nation aus zehn oder zwölf Millionen Einwohnern besteht." usw., usw. (David Ricardo, „On the Principles of political economy and taxation", London 1817, deutsche Übersetzung: G. Bondi, „Über die Grundsätze der Politischen Ökonomie und der Besteuerung", Berlin 1959, 26. Kap., S. 340/341.) Was? Der Reichtum ist also alles, und die Menschen zählen gar nichts? Was! Der Reichtum selbst stellt nur etwas dar in Verbindung mit den Steuern? Tatsächlich bleibt dann nur noch zu wünschen, daß der König, ganz allein geblieben auf der Insel, ständig eine Kurbel drehend, durch Automaten die gesamte Arbeit Englands verrichtet.

Es sei darauf hingewiesen, daß Quesnay, welcher erstmalig das Nettoprodukt vom Bruttoprodukt unterschied und die Ansicht vertrat, daß das erstere einzig von Bedeutung ist, der Urheber einer für die Menschheit so verhängnisvollen Lehre gewesen ist. Er selbst hat daraus aber wenigstens niemals so verheerende Schlußfolgerungen gezogen.

cher gibt, wäre es erstrebenswert, daß sie wenigstens nicht eine bestimmte Anzahl von inländischen oder ausländischen Erzeugern ersetzen oder unnötig machen würde. Doch es gibt keine Möglichkeit, den Umwälzungen, die eine Entdeckung verursachen wird, direkte Hindernisse entgegenzustellen; es wäre gleichzeitig unnütz und gefährlich zu versuchen, die Entdeckung selbst rückgängig zu machen. Verhinderten wir in unseren Werkstätten den Gebrauch einer neuen Maschine, unsere Nachbarn wären nicht so gewissenhaft wie wir; sie würden unseren Arbeitern mit ihren Dampfmaschinen, ihren Spinnmaschinen und allen ihren neuen Erfindungen den Krieg erklären, einen Krieg auf Leben und Tod, wo man zwar gezwungen ist sich zu verteidigen, den es aber zu beginnen unklug wäre.

Kein Schauspiel ist erstaunlicher und entsetzlicher als jenes, das uns England bietet, inmitten allen Überflusses, der zunächst die Augen blendet. Begnügt man sich nicht damit, den Reichtum nach dem ungeheuren Vermögen der Pairs des Königreiches zu beurteilen, für welche eine halbe Million Rente (zwanzigtausend Pfund Sterling) nur ein mittleres Einkommen darstellt, und veranschlagt man den anmaßenden Luxus, den sie entfalten, nach seinem wirklichen Wert und den Genüssen, die er verschafft, zum Beispiel mit kostspieligen Wagen, zahlreichen Lakaien, durch die Straßen fahrend, erhobenen Stockes; zum Beispiel der Besitz von Equipagen für die Fuchsjagd, deren zwanzig Pferde und vierzig Hunde jährlich mehr als hunderttausend Pfund kosten, dann überkommt einem ein gewisses Gefühl der Entrüstung, besonders dann, wenn man diese Verschwendung den Leiden der Armen gegenüberstellt. Die großen Landstraßen werden wechselweise von Scharen von Bettlern, die man aus den Manufakturen entlassen hat, und von Scharen zerlumpter Iren bevölkert, die sich von Hof zu Hof für niedrigeren Lohn anbieten, um landwirtschaftliche Arbeiten auszuführen. Die einen wie die anderen bitten nur so lange um Almosen, wie man ihnen die Arbeit verweigert; aber alle Plätze sind besetzt. Der Landarbeiter, „Cottager", sieht mit Verbitterung diese Fremden, die ihm eine Arbeit streitig machen, die bis dahin schon kaum ausreichte, ihn zu unterhalten. In den Städten, sonderlich in der Hauptstadt, wo an der Straßenbiegung des Hyde-Parks die prächtigsten Wagen mit der Geschwindigkeit des Blitzes aufeinanderfolgen, lenken Ansammlungen von zehn und zwanzig Manufakturarbeitern, die dort sitzen, unbeweglich, die Hoffnungslosigkeit im Blick und von Fieber ermattet, nicht einen Augenblick die Aufmerksamkeit auf sich. Ein Drittel der Werkstätten ist bereits geschlossen, ein weiteres Drittel wird in Kürze geschlossen werden müssen, wobei alle Geschäfte mit Waren überfüllt sind. Von allen Seiten werden Waren angeboten zum Verkauf, zu einem Preisnachlaß, der nicht einmal für die Hälfte der Herstellungskosten aufkommt; und alle Briefe aus Mittelamerika verkünden, daß die gewaltigen Warenladungen, die auf dem Handelswege dorthin geschickt wurden, sich kaum für einen Preis verkaufen lassen, der die Schiffsfracht deckt. In dieser allgemeinen Krise, wo überall Arbeiter entlassen werden und wo England der Dampfmaschine den Vorzug gibt, welche die gesamte Arbeit verrichtet, die früher von Menschen ausgeführt wurde, in dieser Krisenzeit werden den Erfindern von neuen Maschinen, die auch die Arbeiter überflüssig machen, die noch ihren Brotverdienst finden, Belohnungen angeboten. Könnte man denn nicht angesichts so vielen Leids zumindestens zu einem derartigen Zeitpunkt darauf verzichten, das Elend zu vergrößern, indem man die Erfinder ermutigt. Die Aufhebung des dem Erfinder neuer Verfahren in der Industrie zugebilligten Privilegs würde wahrscheinlich den wissenschaftlichen Fortschritt, wie man das so sinnreich genannt hat, wenig beeinflussen, aber es würde den armen Arbeitern wenigstens das Gefühl genommen, daß auch die Regierung hinsichtlich ihrer Notlage gegen sie ist.

Wir haben an anderer Stelle gesehen, daß die Folge des dem Erfinder zugestandenen Vorrechts darin besteht, daß er das Marktmonopol gegenüber den anderen inländischen Produzenten erhält. Daraus folgt, daß die nationalen Verbraucher sehr wenig von der Erfindung profitieren, daß der Erfinder selbst viel daraus profitiert, daß die anderen Produzenten dabei verlieren und daß ihre Arbeiter Hungers sterben. Gemäß den Grundsätzen der Handelspolitik, die sehr wenig christlich ist, sah man diesen Übelstand ausgeglichen durch die Ergebnisse, die die Erfindung auf dem Außenhandelsmarkt einbrachte. Der neue Produzent verdient sehr viel daran, die ausländischenn Verbraucher ein wenig; die ausländischen Produzenten verlieren, ihre Arbeiter sterben, und man beseitigt so eine gefürchtete Konkurrenz.

Ohne diese Frage unter moralischen Gesichtspunkten zu betrachten, soll es uns genügen zu bemerken, daß sich auch die geldliche Seite der Sache gewandelt hat. Die Wissenschaft hat zu große Fortschritte gemacht, als daß eine Erfindung den Wissenschaftlern eines anderen Landes verborgen bleiben könnte. Man wird, sobald man etwas über ihre Existenz erfahren hat, sich ebenfalls darum bemühen. Die Ausländer vollziehen unsere Erfindungen nach, noch ehe unsere eigenen Landsleute, die durch das Vorrecht des Erfinders daran gehindert werden, diese anwenden können. So wiegt der Schaden, den wir anderen zufügen, nicht jenen auf, den wir uns selbst bereiten; was soviel heißt wie uneigennützig für das Übel einzutreten.

Werden dagegen sämtliche Erfindungen sofort bekanntgegeben, sofort der Nachahmung durch alle Konkurrenten des Erfinders unterworfen, so wird die Begeisterung für derartige Entdeckungen bald zurückgehen, und man wird sie nicht mehr als ein Mittel ansehen, durch welches man seinen Konkurrenten Kunden wegnehmen kann. Von nun an wird man lediglich bestrebt sein, seinen eigenen Kunden alle die Produkte zu liefern, die sie nachfragen, und man wird die Erfindungen anwenden, wenn die Nachfrage steigen sollte.

Nichts kann indessen verhindern, daß jede neue Entdeckung auf dem Gebiet der angewandten Technik in gleichem Maße die Zahl der Manufakturarbeiter verringert. Das ist eine Gefahr, welcher die arbeitende Bevölkerung ständig ausgesetzt ist und gegen welche die gesellschaftliche Ordnung keinen Schutz bietet. Wenigstens ist das ein wichtiger Grund dafür, sich die Bevölkerung eines Landes nicht so zahlreich zu wünschen, ein Grund dafür, daß man nicht ein Volk vergrößert mit der Absicht, daraus die Manufakturarbeiter für die ganze Welt werden zu lassen.

ACHTES KAPITEL

WIE DER STAAT DIE BEVÖLKERUNG VOR DEN AUSWIRKUNGEN DER KONKURRENZ SCHÜTZEN SOLL

Man wird bemerkt haben, daß der wesentliche Unterschied zwischen den von uns entwickelten Ansichten und jenen, die Adam Smith dargelegt hat, darin besteht, daß letzterer stets die Einmischung des Staates überall dort zurückweist, wo es sich um das Wachstum des Reichtums handelt, während wir uns häufig genug auf diese Intervention berufen. Smith erhob zum Grundsatz, daß die ungehindertste Konkurrenz ohnehin jeden einzelnen Produzenten zwingen würde, zum niedrigsten Preis zu verkaufen, so daß folglich jeder Verbraucher bei seinen Käufen die größtmögliche Summe einsparen könnte. Smith hat den Reichtum abstrakt betrachtet, ohne Beziehung zu den Menschen, die in seinen Genuß kommen sollen; und er hat bei dieser Betrachtungsweise vielleicht sogar recht, sofern er nämlich schlußfolgert, daß bei einer höchstmöglichen Produktion und bei deren Verkauf zum niedrigsten Preis erstens die Einkommen steigen und zweitens die Ausgaben der Gesellschaft zurückgehen.

Die uneingeschränkte Konkurrenz mußte unbedingt die eine und die andere dieser Auswirkungen haben. Aber, betrachtet man einmal die Politische Ökonomie ebenso in Beziehung zur Bevölkerung wie in Beziehung zum Reichtum und will man nicht nur erforschen, wie man den größten Reichtum erzielt, sondern wie der Mensch durch den Reichtum das größte Glück erlangt, so müßte man schließlich vor den Dingen, die man anfangs wünschte, zurückschrecken. Soviel wie möglich arbeiten und zum niedrigsten Preis verkaufen hieße, auf alle Vorteile dieses Reichtums, den man anstrebt, verzichten; man würde seine Anstrengungen erhöhen und sich des Genusses berauben; man machte aus den Bürgern Sklaven, um den Vorteil zu haben, daß derjenige, der die Bilanz der Nation zieht, größere Summen eintragen kann.

Der Staat ist geschaffen worden, um jeden einzelnen mit den Kräften aller gegen die Angriffe des anderen zu schützen. Er stellt das öffentliche Interesse allen Privatinteressen entgegen. Das tut er nicht etwa, weil die Menschen, aus denen er sich zusammensetzt, ihrer höheren Stellung eine Überlegenheit an Kenntnissen verdanken, sondern weil er dazu berufen ist, sich ebenso der geistigen wie der körperlichen Kräfte aller zu bedienen. Die Gesetzgebung ist der Ausdruck dieser geistigen Fähigkeiten. Der Wille all jener, die klarsichtig genug sind, um zu erkennen, worin das Wohl aller begründet ist, stimmt überein, die Rechte jedes einzelnen durch die Schaffung von Gesetzen und Gerichten zu rechtfertigen und zu schützen. Die Rechtsprechung indessen, wenngleich sie zum größten Wohle aller besteht, richtet sich gleichzeitig gegen das Privatinteresse jedes einzelnen; denn dieses Interesse würde stets darauf gerichtet sein, sich das Gut seines Nachbarn widerrechtlich anzueignen. Die Politische Ökonomie ist ein anderer Ausdruck sozialer Erkenntnis. Sie lehrt ebenfalls, das Interesse aller zu beachten, in dem Sinne, daß niemand überfordert wird und niemand leer ausgeht. Sie lehrt, das gesellschaftliche Interesse mit dem Interesse des einzelnen abzustimmen, welcher für seine Arbeit den angemessenen Lohn erhalten muß, da er sich selbst bei niedrigstem Preis so sehr wie möglich anstrengt.

So obliegt es dem Staat als dem Beschützer der Bevölkerung, überall der Aufopferung Grenzen zu setzen, zu der sich jeder selbst verpflichtet fühlen könnte, um zu verhindern, daß der Mensch, nachdem er zehn Stunden am Tage gearbeitet hat, nicht einwilligt, zwölf, vierzehn, sechzehn und achtzehn zu arbeiten. Es obliegt ihm ebenfalls zu unterbinden, daß der Mensch sich nicht, nachdem er eine ausreichende, sowohl tierische als pflanzliche Nahrung gefordert hatte, mit trockenem Brot und schließlich mit Kartoffeln und mageren Suppen zufriedengibt, nur um zu verhindern, indem er seinen Nachbarn noch stets unterbietet, daß er schließlich in das allerschrecklichste Elend herabsinkt.

Diese Aufgabe ist schwierig; sie ist verwickelt; ihre Lösung muß verknüpft sein mit dem größten Respekt vor der persönlichen Freiheit. Aber man darf keineswegs vergessen, daß unter den Rechten, aus denen sich eben diese Freiheit zusammensetzt, es mehrere gibt, die gesellschaftliche Konzessionen sind, die es beim wildlebenden Menschen nicht geben würde und die von eben dieser öffentlichen Autorität, welche sie garantiert, modifiziert werden müssen. Bei der Behandlung des Wachstums der einzelnen Reichtumsarten hatten wir auf den Schutz hingewiesen, den die Regierung der Bevölkerung gegen die Konkurrenz schuldet. In diesem Kapitel werden wir diese einzelnen Funktionen lediglich kurz zusammenfassen.

Wenn die Bauern Eigentümer sind und es keinen brachen Boden mehr gibt, der vom ersten Besitzergreifer nutzbar gemacht werden könnte, hört das Wachstum der Landbevölkerung in dem Augenblick von selbst auf, wo eine ausreichende Teilung des Bodens vollzogen worden ist, um jede Familie zur Arbeit zu veranlassen, von der sie in Wohlstand leben kann. Demzufolge, wenn es mehrere Söhne in einer Familie gibt, verheiraten sich die jüngsten so lange nicht, bis sie eine Frau finden, die ihnen einigen Grundbesitz einbringt. Verlassen sie das väterliche Haus, so geschieht das, um als Tagelöhner zu arbeiten; doch inmitten der selbstwirtschaftenden Eigentümer ist das Tagelöhnergewerbe keine Stellung, und der Arbeiter, der nur seine Arme hat, wird kaum auf einen Vater stoßen, der unklug genug wäre, ihm seine Tochter zu geben.

Wird der Boden dagegen nicht von seinen Eigentümern, sondern von Pächtern, Halbbauern und Tagelöhnern bewirtschaftet, so sind deren Bedingungen noch viel unsicherer und ihre Zunahme ist nicht mehr so unbedingt mit der Nachfrage nach ihrer Arbeit verbunden. Sie sind weitaus weniger gebildet als die selbstwirtschaftenden Eigentümer und müssen dennoch eine viel kompliziertere Rechnung ausführen. Da sie von einem Tage zum anderen von dem Grundstück entlassen werden können, auf dem sie arbeiten, handelt es sich bei ihnen weniger darum, was dieser Boden an Ertrag bringt, als um ihre Möglichkeiten, anderswo beschäftigt zu werden. Anstelle von Sicherheiten kalkulieren sie mit Wahrscheinlichkeiten; sie überlassen dem Zufall, was sie nicht beurteilen können; sie verlassen sich auf ihr Glück; sie verheiraten sich sehr jung; sie haben viel mehr Kinder, gerade deshalb, weil sie weniger genau wissen, wie sie sie einst unterbringen werden.

So besteht hinsichtlich der Landbevölkerung die Hauptaufgabe der Regierung darin, den Arbeitenden einen Anteil am Eigentum zu sichern oder die Nutzungsform, die wir patriarchalisch genannt haben, vor allen anderen zu begünstigen. Die sehr großen Erbgüter können niemals auf diese Art und Weise bewirtschaftet werden. Die Gesetzgebung muß also dazu neigen, sie zu teilen, wobei sie auf das Interesse aller vertraut, um eine unbegrenzte Teilung aufzuhalten. Ferner darf die Initiative geschickter Personen, stets wieder einige neue Großgüter zu schaffen, nicht beschränkt werden. Da der Gesetzgeber indessen aus Respekt vor der Freiheit keine allgemeinen und indirekten Maßnahmen anwenden darf, beschränkt sich seine Aufgabe darauf, die Immobilienverkäufe zu erleichtern, die Erbteilung in den Familien zu erhalten, alle Vorbehaltsgüter und sämtliche dauerhaften Erbeinsetzungen, die das Grundeigentum fesseln, zu verbieten und an den Besitz von Boden Vorteile zu knüpfen, die dazu führen, daß jeder Bauer seine Bestrebungen auf die Erwerbung eines kleinen Erbgutes ausrichtet.

Diese indirekten Maßnahmen, gefördert durch die Lebenskraft einer Gesellschaft, wirken bereits aus sich heraus positiv auf die Absicht, die Mißstände zu beheben, Mißstände, die bis jetzt von den Regierungen mit allen Mitteln begünstigt worden sind. Wenn diese Mißstände jedoch bereits eingewurzelt sind und wenn der Boden in gewaltigen Besitztümern vereint ist, so wie das im Römischen Reich während seines Niedergangs der Fall war und wie es heute im Kirchenstaat und in England immer noch der Fall ist; wenn ferner die Grundeigentümer gegenüber den Tagelöhnern die Macht des Monopols ausüben, indem sie hinsichtlich der Bezahlung die einen gegen die anderen ausspielen, so daß sich diese schließlich anbieten, für den elendsten Lohn zu arbeiten; wenn die Grundeigentümer gleichzeitig noch die Vorteile eines großen Kapitals genießen sowie die Vorteile daraus haben, daß die Arbeiten im großen Stil organisiert und geleitet werden können, wodurch die Bedingungen der kleinen Eigentümer und kleinen Pächter unhaltbar werden, dann ist es Aufgabe der Gesetzgebung, letzteren indirekt zu Hilfe zu eilen. Das muß geschehen im Interesse der arbeitenden Klasse, im Interesse der gesamten Nation und nicht zuletzt der Großgrundbesitzer selbst, die ihrerseits vor dem Ruin stehen würden, sofern sie diese Bevölkerungsschichten vernichtet hätten, die sie immer noch erbarmungslos vertreiben.

Ein von der Königin Elisabeth* erlassenes Gesetz, das allerdings nicht befolgt wird, verbietet, in England eine Bauernhütte (cottage) zu bauen, ohne daß nicht mindestens über ein Landstück von vier „acres" verfügt wird.[24] Wäre dieses Gesetz beachtet worden, es hätten unter den Tagelöhnern keine Eheschließungen vollzogen werden können, wenn nicht die rechtmäßige „cottage" vorhanden gewesen wäre, so daß schließlich kein „cottager" auf die letzte Stufe des Elends hätte sinken können. Das ist allerdings nur die eine Seite des Problems, weil nämlich bei den klimatischen

* Gemeint ist Elisabeth I., englische Königin von 1558 bis 1603.

[24] Erwähnt bei Malthus: „Essay on the Principles of Population", 1798 (deutsch: „Eine Abhandlung über das Bevölkerungsgesetz", 1924), 5. Ausgabe, Buch IV, Kapitel XIII, S. 295.

Bedingungen Englands die Landbevölkerung mit nur vier „acres" pro Familie trotzdem noch in Armut leben würde.[25]

In einem letzten Kapitel werden wir untersuchen, ob sich nicht ein Grundsatz finden läßt, der die arbeitende Bevölkerung, sowohl auf dem Lande als auch in der Stadt, gegen das verhängnisvolle Unterbieten, welchem sie durch die gegenwärtige Ordnung der Gesellschaft ausgesetzt ist, schützen kann. Doch bereits bevor wir eine solche Möglichkeit gefunden haben, sieht man schon, daß die Schwierigkeit, die Lage der armen Landarbeiter zu verbessern, keineswegs unlösbar ist, nicht einmal in England, wo die Mißstände gegenwärtig am bedrohlichsten sind. Man schreckt zurück vor der Anzahl und dem Elend der Landbevölkerung; und unter den Übelständen, die sie bedrücken, scheinen einige ohne Ausweg zu sein.

Der Industriebevölkerung der Städte ist es noch weniger möglich als der Landbevölkerung, das Los der künftigen

[25] Heute haben die meisten „cottagers" in England nur anderthalb oder zwei „acres" Boden, wofür sie eine ziemlich hohe Pacht zahlen; in Schottland, wo der Boden noch ärmer und das Klima noch ungünstiger ist, ist ihr Anteil kaum größer; in Irland ist er sogar noch niedriger. Diese Bodenaufteilung ist keineswegs die Folge der Erbteilungen, sondern ganz und gar das Werk des Grundherrn; in Irland im besonderen entspringt sie dem Bestreben der Grundherren, eine große Anzahl armer „freeholders"* zu haben, die bei den Grafschaftswahlen für sie stimmen. Das sollte ein Grund mehr dafür sein, daß das Gesetz der Entstehung einer so unglücklichen Bevölkerung entgegenwirkt, die vom Adel mit politischer Zielsetzung herangezogen wird, und daß der Grundherr beauflagt wird, sofern er eines seiner Felder unter mehrere „cottagers" aufteilt, einem jeden genug Boden zum Leben zu geben.

* Ein „freeholder" (im Französischen franc-tenacier) ist der Besitzer eines Bauerngutes, auf welchem keine Abgaben mehr lasten.

Generation zu überblicken. Der Arbeiter weiß lediglich, daß er von seiner Arbeit lebt; folglich muß er glauben, daß seine Kinder ebenfalls davon werden leben können. Wie sollte er die Größe des Marktes oder die allgemeine Nachfrage nach Arbeit in seinem Lande beurteilen können, wenn sich der Kapitalist selbst, der ihn beschäftigt, diesbezüglich unaufhörlich irrt? Gerade diese Klasse, die mehr als jede andere hinsichtlich ihres Lebensunterhalts von Wechselfällen aller Art abhängig ist, rechnet bei der Bildung einer Familie am allerwenigsten mit derartigen Umständen. In dieser Klasse verheiratet man sich am ehesten, die Familien haben die meisten Kinder, wovon sie folglich auch die meisten verlieren, nachdem sie sich untereinander Konkurrenz gemacht haben, eine Konkurrenz, die sie nach und nach aller Annehmlichkeiten des Lebens beraubt.

Wir haben an anderer Stelle auf den Schutz hingewiesen, den diese unglückliche Klasse ehemals innerhalb der Zünfte und Innungen genoß; und wir vermerkten den hohen Grad an Sicherheit, den man erwarb, sobald ein Arbeiter Meister geworden war, was ihn in die Lage versetzte, eine Familie zu unterhalten. Es handelt sich nun nicht darum, die komplizierte und zur Unterdrückung neigende Ordnung der Zünfte wiederherzustellen. Die Erfahrungen der Vergangenheit würden hier wenig nützen, wenn wir, nachdem wir vom Wege abgekommen sind, lediglich blind in die Fußstapfen unserer Väter zurückkehren wollten, ohne einen richtigeren Weg zu suchen. Eines jedoch ist unumgänglich: der Gesetzgeber muß sich bemühen, die Löhne der Industriearbeiter anzuheben, die Tagelöhner aus der unsicheren Lage zu befreien, in der sie leben, um schließlich ihren Familien zu erleichtern, dorthin zu gelangen, was sie eine gesicherte Lage nennen; denn die weltweite Erfahrung hat uns gelehrt, daß unter allen Bedingungen, die meisten Menschen, Arme wie Reiche, sich erst dann verheiraten, wenn sie einen gewissen Grad von Unabhängigkeit erreicht haben. Die Söhne von Pächtern oder Halbbauern verheiraten sich erst, wenn sie einen Pachthof oder eine Meierei erhalten haben.

Der Sohn eines „cottagers“ oder eines Tagelöhners auf dem Lande erst, wenn er eine Hütte sein eigen nennt; ein kleiner Händler, wenn er sein Geschäft eingerichtet hat; der Handwerker, wenn er seine Werkstatt geöffnet hat. Stellen wir einem Industriearbeiter eine etwas bessere Lage in Aussicht, die er aufgrund seiner Arbeit ohnehin erlangen müßte und könnte, so können wir fast sicher sein, daß er sich erst verheiraten wird, nachdem er diese Verbesserung erreicht hat.

Die verhängnisvollste Wandlung, die in den Bedingungen des Tagelöhners eingetreten ist, sei es wegen der Abschaffung der Zünfte oder aufgrund der Errichtung von großen Manufakturen, in denen ungeheure Kapitalien, die Wissenschaft und zahllose Arbeitskräfte angewendet werden, besteht darin, daß die Arbeiter von nun an als Arbeiter geboren werden und als Arbeiter sterben, während früher das Arbeitersein lediglich eine Vorbereitungsstufe war, um einen höheren Stand zu erreichen. Es ist wesentlich, diese Möglichkeit des Aufstiegs wiederherzustellen. Die Manufakturbesitzer müssen daran interessiert werden, ihre Arbeiter zu einer höheren Stellung aufsteigen zu lassen; es ist zwar erforderlich, daß derjenige, der in eine Manufaktur eintritt, damit beginnt, einfach für einen Lohn zu arbeiten, aber er muß stets die Aussicht haben, daß er durch gutes Verhalten Anteil an dem Profit des Unternehmens haben kann.

Ohne Zweifel wären die Fabrikarbeiter viel glücklicher, wenn sie nach einer gewissen Probezeit ein Recht und einen Eigentumsanspruch erlangten auf das Unternehmen, dem sie ihren Schweiß opfern, desgleichen wie die Handelskommis schließlich ein Interesse am Haus ihres Geschäftsherrn erlangen. Die eine Hälfte des Profits sollte unter die teilhabenden Arbeiter verteilt werden, während die andere an den Eigentümer ginge. Alle Arbeiter, die ein solches Vorankommen anstreben, würden sich dann nicht eher verheiraten, bis daß sie Teilhaber geworden sind. Aber, diese Utopie kann zwar sehr wohl den Gegenstand der Wünsche des Gesetzgebers bilden; sie wird dennoch schwerlich zum Gegenstand seiner Gesetze werden.

Wir müssen also noch, sowohl für die Arbeiter der Städte als auch für die auf dem Lande, nach dem Rechtsgrundsatz und dem Prinzip der Gerechtigkeit suchen, das die Gesetzgebung anwenden muß, um den Arbeiter gegen die Macht der Konkurrenz zu schützen, gegen eine Konkurrenz, welche unaufhörlich danach trachtet, diesen weit unter sein Lebensminimum herabzudrücken. Dieser Grundsatz muß allgemeingültig sein für alle Arten von Arbeiten, er muß die richtige Grenze ziehen zwischen den Bestrebungen des Arbeiters und den Zielstellungen desjenigen, der ihn beschäftigt. Sollte es uns gelingen, diesen Grundsatz zu entdecken und ihn ans Licht zu tragen, so dürfen wir hoffen, uns um die Menschheit verdient gemacht zu haben.

NEUNTES KAPITEL

DER ARBEITER HAT ANSPRUCH AUF SICHERSTELLUNG DURCH DEN UNTERNEHMER

Das Zusammenwirken zweier sozialer Klassen mit gegensätzlichen Interessen, um Arbeiten aller Art auszuführen, ist keineswegs die Folgeerscheinung der menschlichen Natur oder des Wesens der Arbeit. Es ist hier die Rede von der Klasse der Eigentümer von akkumulierter Arbeit, die müßig ist, und von der Klasse, die nur ihre Arbeitskraft besitzt und arbeitet, um zu leben. Ihre Trennung, ihr Interessengegensatz ist die Folge der künstlichen Organisation, die wir der menschlichen Gesellschaft gegeben haben. Alles Menschenwerk wird jedoch auch unserer Zensur unterworfen, und die Autorität des Gesetzgebers erstreckt sich im wesentlichen auf die Mißbräuche, die das Ergebnis seiner Gesetze sind.

Das Zusammenwirken von Kapital und Arbeit ist nicht das Verhältnis, von dem ich sprechen will; dieses ergibt sich von selbst aus dem Wesen der Dinge, und es hängt nicht von uns ab. Entscheidend ist aber dies: die natürliche Bewegung des sozialen Fortschritts tendierte keineswegs dazu, die Menschen von den Dingen bzw. den Reichtum von der Arbeit zu trennen. Auf dem Lande konnte der Eigentümer unmittelbarer Bebauer bleiben; in den Städten konnte der Kapitalist Handwerker bleiben; die Trennung der arbeitenden Klasse von der müßigen war keinesfalls wesentlich, weder für die Existenz der Gesellschaft noch für den Fortbestand der Produktion. Wir haben die Gesellschaft zum größten Nutzen aller eingerichtet; es liegt an uns, sie so zu regeln, daß wir tatsächlich Nutzen daraus ziehen.

In unserer gegenwärtigen gesellschaftlichen Ordnung wird

die gesamte Arbeit in ständigem Zusammenwirken dieser beiden gesellschaftlichen Klassen ausgeführt, von jener, die den Reichtum besitzt, und von jener, die diesen nutzbringend macht. Keine Arbeit kann ohne Reichtum und Arbeitsleistung verwirklicht werden. Der Arbeiter wird benötigt von dem, der ihm den Lohn gibt, desgleichen wie der Arbeiter den braucht, der ihn bezahlt. Der eine schafft die Lebensgrundlage des anderen; es müßte also eine Art von Solidarität zwischen ihnen herrschen.

Der Boden kann von seinem Eigentümer bewirtschaftet werden. Dieser vereinigt in einer Person das Eigentum am Boden, das Eigentum am Kapital, das den Boden wertbringend macht, und die Arbeit, wodurch der Boden Früchte trägt. Wir sehen genug Beispiele, als daß man daran zweifeln könnte, daß der Boden auf diese Weise nicht sehr gut bearbeitet, der Bebauer nicht sehr glücklich und die Gesellschaft nicht sehr reichlich mit Lebensmitteln versehen wäre.

Doch der Eigentümer, um sich des Reichtums und des Müßiggangs zu erfreuen, zieht es vor, seinen Boden nicht selbst zu bewirtschaften; er verpachtet ihn: der Pächter seinerseits, ebenfalls ein großer Herr geworden, will nicht mehr als Bauer arbeiten, er läßt seine ganze Arbeit von Tagelöhnern verrichten. Solange es noch Zeit ist, widersetzt sich die Gesellschaft dem nicht; sie hält sich zurück, um die einzelnen Wandlungen nicht zu stören, aber sie dürfte dabei selbst keinen Schaden erleiden. Sie hat es den müßigen Eigentümern und den Großpächtern erlaubt, gewissermaßen zu ihrem eigenen Gebrauch, zu ihrer eigenen Bequemlichkeit, eine neue Klasse in der Nation, jene der Landtagelöhner, zu schaffen; sie darf nun aber niemals erlauben, daß diese Klasse der Nation wieder zur Last fällt.

Würde jeder Grundeigentümer seinen Boden selbst bearbeiten, mit seinen eigenen Armen; reichten seine Kräfte nicht aus, er würde das Land unter seine Kinder aufteilen. Wenn nun die Klasse der selbstwirtschaftenden Eigentümer bis an ihre natürlichen Grenzen wüchse, das heißt bis dorthin, wo ihre körperlichen Kräfte noch ausreichen, um das

Land zu bewirtschaften, so könnte es offensichtlich keine Tagelöhner geben und infolgedessen keine Armen auf dem Lande und keine Armensteuer zu Lasten der Landwirtschaft.

Als sich diese Ordnung änderte und die Grundeigentümer ihren Boden einer anderen Menschenklasse zur Bewirtschaftung übergaben, hätte es immer noch keine bzw. fast keine Armen auf dem Lande und keine Armensteuer zu Lasten der Landwirtschaft geben müssen, solange diese Menschengruppe selbst Pächter oder Halbbauern gewesen wäre und die gesamte Arbeit mit den eigenen Armen verrichtet hätte, auf der Grundlage des Dauervertrages, der ihnen ein Recht auf den Grundbesitz zubilligte, den sie wertbringend gemacht hätten.

Die Großgrundbesitzer und die Großpächter haben indessen die Tagelöhner ins Leben gerufen und können nun nicht mehr auf sie verzichten. Der Grundbesitz der ersteren würde ohne die letzteren nichts wert sein; die letzteren indessen nützen keiner anderen Klasse der Gesellschaft als nur den ersteren. Es herrscht also eine wechselseitige Abhängigkeit zwischen ihnen, wobei die Tagelöhner einzig und allein von einem Teil des Reichtums leben, den sie auf den großen Besitzungen schaffen. Man kann sie kämpfen lassen mit dem Grundherrn um den Lohn für ihr Tagewerk; wie dem aber auch sei, solange diese Bezahlung ungenügend ist, solange die Familie des Tageslöhners, nachdem sie den Lohn erhalten hat, sich weiterhin gezwungen sieht, um eine Zulage anzuhalten, der Großgrundbesitzer allein bzw. der Großpächter[26], zu dessen Vorteil diese Klasse existiert, ist verpflichtet, sie zu gewähren. In der ganz und gar barbarischen und unmenschlichen Ordnung des Feudalsystems und der

26 Wenn ich vom Unterhalt der armen Tagelöhner spreche, trenne ich die Grundeigentümer nicht von ihren Pächtern. Sie handeln gemeinsam; aber der Pächter zahlt seine Rente erst als Anteil vom Nettoprodukt, wenn alle Bewirtschaftungskosten abgezogen sind, und die Armensteuer, die ein Zuschlag zum Lohn ist, muß mit zu den Bewirtschaftungskosten gezählt werden.

Sklaverei ist dieser wichtige Grundsatz der Gerechtigkeit keineswegs verkannt worden. Kein Grundherr hat jemals daran gedacht, seine Vasallen, Leibeigenen oder Sklaven in ihrer Not, im Alter oder bei Krankheit der öffentlichen Fürsorge zu Lasten fallen zu lassen; er hat sehr genau gewußt, daß er allein für die Bedürfnisse jener aufkommen muß, die nur zu seinem eigenen Vorteil auf der Welt waren. Es ist wahr, daß er sich dieser Pflicht mit Härte und äußerster Sparsamkeit entledigte, was zwangsläufig aus einer so verachtenswerten Gesellschaftsordnung resultiert. Aber in unserem Großpachtsystem wälzt der wahre Schuldner diese heilige Pflicht auf alle übrigen Bürger ab.

Kann man sich etwas Ungerechteres vorstellen, als daß man den kleinen Eigentümer oder Pächter, unter der Bezeichnung Armensteuer, einen Zuschlag zum erforderlichen Lohn der Arbeiter zahlen läßt, die den Boden der Großen und Reichen wertbringend bearbeiten? In welcher Weise nützen diese Tagelöhner dem Eigentümer oder dem Pächter, der selbst den Pflug führt und ohne fremde Hilfe, zusammen mit seinen Kindern, die gesamte Arbeit auf seinen Feldern ausführt? Wie könnten im Gegensatz dazu jene, die selbst nicht arbeiten wollen, auf die Tagelöhner verzichten? Und der Lohnzuschlag, den die Gemeinde diesen Tagelöhnern zahlt, ist er nicht genauso ungerechtfertigt, als wenn die nämliche Gemeinde verpflichtet wäre, für den Hafer der Pferde des Grundherrn oder Pächters aufzukommen?

Die Großgrundbesitzer und die Großpächter erblicken vielleicht nicht einmal einen Nutzen darin, daß die Tagelöhner, die nur für sie existieren und die einzig und allein von ihnen bezahlt werden müßten, zum Teil von der Gemeinde unterhalten werden; denn eben diese Gemeinde, der sie ebenfalls angehören, unterhält gleichzeitig auch noch andere Tagelöhner, nämlich jene des Handwerks und Gewerbes. Es ist in der Tat wesentlich, vor allem anderen die Verwaltung der Hilfeleistungen an die Armen der Landwirtschaft von jener der Hilfeleistungen an die Armen der Gewerbe zu trennen; denn es sind nicht die gleichen Leute, die sie ins Elend gestürzt haben, also sind es nicht dieselben, die sie unterstützen müssen.

Aber bei der Verwirrung, die heute herrscht, wo unterschiedslos alle Armen zu Lasten der öffentlichen Wohlfahrt gehen, sei es, daß diese Wohlfahrt wie in England gesetzlich geregelt ist, sei es, daß sie wie in anderen Ländern der Wohltätigkeit entspringt, jeder Reiche wälzt die Armen auf die Öffentlichkeit ab ohne Rücksicht darauf, daß ihre Bedingungen sich ständig verschlechtern, ohne daran zu denken, daß er als Mitglied der Gesellschaft später dazu aufgerufen sein wird, ihnen Hilfe zu leisten, sei es durch die Gemeindesteuer oder sei es durch freiwillige Abgaben, die er sich selbst aus Menschheitsliebe auferlegt. Wenn jeder an sich selbst die Folgen seiner eigenen Bestrebungen spüren würde, jeder verzichtete darauf, den Teil beim Lohn einsparen zu wollen, zu dessen Zahlung er sowieso bald aufgefordert werden wird.

Es existiert eine natürliche Gemeinsamkeit zwischen dem Großpächter und allen Arbeitern, die er zur Bewirtschaftung seines Pachtgutes benötigt. Hat der Großpächter diesen Zusammenhang einmal erkannt und weiß er, daß er allein verpflichtet ist, für ihren Unterhalt bei Krankheit, Alter und Not aufzukommen, wird er sich fragen, welches die Unterhaltsart ist, die ihn selbst oder die Gesellschaft am wenigsten belastet. Und er wird bald herausfinden, daß es jene ist, die den Tagelöhnern das stetigste Interesse am Leben gibt, die sie am besten zur eigenen Sparsamkeit anregt, die ihnen mehr Lebensfreude, mehr Gesundheit und mehr körperliche Kräfte verleiht, die infolgedessen am meisten dem Grundeigentum entgegenkommt.

Heute noch versucht der Grundherr, den Lohn auf das möglichst niedrige Maß zu senken und für diesen Lohn die meistmögliche Arbeit zu erhalten. Wenn eine solche Arbeit die Tagelöhner erschöpft, sie krank werden läßt, dann wird ja die Gemeinde für sie sorgen. Gibt es zwischen den Arbeitsperioden „Saure-Gurken-Zeiten", sorgt ebenfalls die Gemeinde für sie; desgleichen kommt die Gemeinde dafür auf, wenn es auf den Feldern keine geeigneten Arbeiten für Frauen, Kinder und Greise gibt. Vermittels der Konkurrenz erzielt der Großpächter die größte Arbeitsmenge, von den stärksten Männern, zur günstigsten Zeit und zum niedrigsten Preis, während er mit den kleinen Pächtern und kleinen Eigentümern die Sorge teilt, den notwendigen Ausgleich und Zuschuß für die Familien der Tagelöhner zu liefern. Unter diesen Bedingungen ist es unmöglich, daß der kleine Pächter der Konkurrenz der großen standhält, so daß sich das System der großen Pachtgüter immer mehr durchsetzen muß.

Ist sich aber einmal der Großpächter oder Großgrundbesitzer dessen bewußt, daß er allein, während des ganzen Jahres, mit der Familie des Tagelöhners, den er benötigt, belastet ist, dann wird er nicht mehr daran interessiert sein, dessen Lohn so sehr wie möglich zu senken oder von ihm mehr Arbeit zu verlangen, als er kräftemäßig leisten kann. Er wird sich nicht mehr einfach die günstigste Zeit auswählen können, um die gesamte Arbeit ausführen zu lassen, sondern er wird sie vielmehr auf das ganze Jahr verteilen, damit es weniger verlorene Zeit gibt. Es ist also ferner nicht mehr ratsam, nur den kräftigsten Arbeiter arbeiten zu lassen, sondern zur gleichen Zeit auch die ganze Familie, entsprechend ihren Kräften, einzusetzen. Bei dieser Einteilung wäre es besser, Hausgesinde anstelle von Lohnarbeitern zu beschäftigen, die Familien für das ganze Jahr, anstatt nur die Männer für eine begrenzte Zeit einzustellen. Für den Grundeigentümer wäre es besser, Halbbauern oder selbstwirtschaftende Pächter zu haben anstatt Großpächter; und vielleicht wäre es noch besser, einen Teil des Bodens an jene zu veräußern, die ihn selbst bebauen. Auf diese Weise würde die gesamte landwirtschaftliche Nutzung eine Richtung nehmen, die der, welche man heute in England verfolgt, diametral entgegengesetzt ist. Ein jeder, nur noch auf sein Interesse bedacht, würde sich den Bebauungsarten annähern, die wir soeben als die geeignetsten charakterisiert haben, um allen Klassen der Nation Wohlergehen zu verschaffen.

Wir erheben keineswegs den Anspruch, einen Gesetzesentwurf hinsichtlich der Versorgung der Armen zu unterbreiten, noch dazu für ein fremdes Land, das wir nur unvollständig kennen und welches außerdem sehr wenig bereit wäre, derartige Ratschläge entgegenzunehmen. Wir beschränken uns darauf, auf die Befreiung von der Armensteuer hinzuweisen, als mögliche Ermunterung für den Kleinanbau, und auf die zu erwartende Mehrbelastung für die Großgrundbesitzer, da diese dann den Vorteil werden ausgleichen müssen, den ihnen das Großpachtsystem bietet, welches sich bekanntlich verhängnisvoll für den Staat auswirkt.

Die Versorgung der Armen der Landwirtschaft müßte völlig unabhängig von jener der Armen in Handwerk und Industrie erfolgen. Entspricht die Größe des Marktes, auf dem jeder arme Tagelöhner seine Arbeit anbietet, der Nachfrage der Gemeinden, so könnte die Zuweisung der armen Landarbeiter zur Gemeinde beibehalten werden. Der Unterhalt dieser Armen ginge dann einzig und allein zu Lasten der Großpächter, die sie beschäftigen; sie müßten für alles aufkommen, was die Armen benötigen, aber sie wären völlig davon befreit, zum Unterhalt solcher Armen beizutragen, welche, von der Industrie herstammend, der Gesellschaft zur Last fallen. Jedermann, der ein kleines Erbgut von mindestens fünfundzwanzig „acres“ selbst bewirtschaftet und das er sein Eigentum nennt, müßte von der Armensteuer ausgenommen sein. Jeder Pächter, der mit seinen eigenen Händen, mit seiner Familie oder mit seinem Gesinde mindestens fünfzig „acres“ bewirtschaftet, sollte ebenfalls von der Armensteuer befreit sein. Den Großgrundbesitzern aber sollte man durch neue Gesetze alle möglichen Erleichterungen schaffen, damit sie auf dem Wege von Parzellenverpachtung, Erbzinsgütern oder Verkäufen auf lange Sicht einen Teil ihres Eigentums zugunsten der Tagelöhner veräußern. Diese letzteren fallen ohnehin zum Teil zu ihren Lasten; aber diese Lasten würden noch weitaus spürbarer werden, sofern jemand seinen Boden von Tagelöhnern bewirtschaften läßt, wobei er allein verpflichtet ist, sämtliche Tagelöhner, die er für dieses verhängnisvolle Bebauungssystem benötigt, in ihrem Elend zu unterhalten. Andererseits hätte jener, der beispielsweise zehn „acres“ Land sein Eigentum nennt oder zwanzig gepachtet hat, kein Recht darauf, von der Gemeinde unterstützt zu werden. Und würde er dieses kleine Erbgut unter seine Kinder aufteilen, auch diese, und sei ihr Anteil noch so klein, hätten kein Recht darauf.

Natürlich würde ein derartiger Vorschlag die Großgrundbesitzer aufbringen, die in England allein die gesetzgebende Gewalt ausüben; und dennoch ist er gerechtfertigt. Die Pächter und Eigentümer, die ihre kleinen Güter mit den eigenen Händen bewirtschaften, benötigen keine Tagelöhner; allein die großen Eigentümer brauchen sie für ihre Zwecke; sie haben sie ins Leben gerufen, mögen sie sie auch unterhalten. Bald würden sie einsehen, daß die günstigste Art und Weise, sie zu unterhalten, darin bestünde, sie wieder in den Besitzerstand zurückzuführen. Sie würden erkennen, daß das System der großen Pachtgüter sich lediglich als vorteilhaft erweist aufgrund der ungerechten Teilung, die sich durchgesetzt hat zwischen jenem, der arbeitet, und dem, der arbeiten läßt, und schließlich aufgrund dessen, daß der gesamte Lohn jener, die arbeiten, nicht allein von jenen bezahlt wird, die sie beschäftigen und ihnen den Tageslohn vorstrecken, sondern vom Rest der Gesellschaft, die, vor allem in Notlagen, gezwungen ist, zu diesem dürftigen Lohn zuzuzahlen. Fast augenblicklich könnte man in England sehen, wie die Parzellenverpachtung und der Teilverkauf von großen Gütern, heute so üblich in Frankreich, die sich täglich vollziehende Vereinigung von kleinen zu großen Pachthöfen ersetzen würden.

Indessen gäbe es sicher noch Schwierigkeiten, wollte man augenblicklich alle vorhandenen Tagelöhner an Eigentum binden, vor allem seitdem die Zuwanderung irischer Tagelöhner das Elend noch verschlimmert hat. Glücklicherweise hätte England die Möglichkeit, etwas für seine arme Landbevölkerung zu tun, indem es seine ungeheuren Gemeindeländereien unter sie aufteilt. Dennoch schreckt man in England vor einem solchen Schritt zurück, in der Befürchtung, auf diese Weise die arme Bevölkerung noch zu vergrößern. So gibt es lediglich Güter von 400 „acres" und Bauernhütten, zu denen nicht mehr als eine oder zwei „acres" Land gehören. Würden indessen die Gemeindegüter in freie Besitztümer von zwanzig bis dreißig „acres" aufgeteilt, könnte man jene Schicht von unabhängigen und stolzen Landbewohnern wieder entstehen sehen, jene „yeomanry", deren fast völliges Verschwinden man heute so sehr bedauert.[27]

Der gleiche Grundsatz von Gemeinsamkeit zwischen jenem, der arbeitet, und jenem, der arbeiten läßt, könnte sich auf die Industrie in den Städten erstrecken. An den Anfängen der Gesellschaft besaß jeder das Kapital, das er für die Ausführung seiner Arbeit benötigte, und fast alle Handwerker lebten von einem Einkommen, das sich gleichermaßen aus Profit* und Lohn zusammensetzte. Der Schmied lieferte selbst Eisen und Kohle für seine Arbeit; der Schuh-

[27] Ricardo geht in seinem ganzen Buch von der Annahme aus, daß der unbebaute Boden niederer Qualität ist als der bebaute, so daß es im gegenwärtigen Stadium der Gesellschaft eine schlechte Spekulation wäre, diesen Boden urbar zu machen. Ich glaube, nach zahlreichen Beobachtungen in ganz Europa zuversichtlich behaupten zu können, daß die Gemeindegüter von gleicher Bodenqualität sind wie die angrenzenden bewirtschafteten Böden und daß der Zufall des Eigentums allein entschieden hat, welcher Teil des Ackerlandes bebaut wurde oder brach blieb. Fast alle Gemeindegüter Europas sind die Folge des Feudalsystems. Es sind ehemalige Weiden des Grundherrn, vastum domini; doch die für das Weiden genutzten Landstücke sind im allgemeinen keineswegs die schlechtesten des Lehensgutes. Ohne Zweifel bedarf es der Vorschüsse, um sie nach so vielen Jahrhunderten, wo sie ohne Düngung geblieben sind, wieder wertbringend zu machen. Aber danach dürfte es kein Gemeindegut geben, das nicht jedem anderen in der gleichen Gemeinde bebauten Boden gleich wäre.

* Hier wird dem Kapital als solchem der Profit zugeschrieben, eine vulgäre Auffassung von der Entstehung des Profits, die Sismondi sonst nicht vertritt.

macher das Leder, der Stellmacher das Holz. Die Trennung der Handwerke machte nicht einmal die Trennung in Arbeiter und Meister erforderlich, ja es gab Manufakturen, wo jeder auf seine Rechnung die Rohstoffe bearbeitete. Wenn man nun auch davon ausgehen kann, daß die Teilung der Berufe die Unterschiede in der sozialen Stellung nicht ursprünglich herbeiführte, so hat sie natürlich dennoch dazu geführt. Seither ist der Kapitalist gezwungen, bei der Erzeugung jeder einzelnen Ware, anstatt einfach die Produktionskosten dieser Ware mit den dafür zu erzielenden Preisen zu vergleichen, um zu wissen, ob es angebracht ist, sie zu produzieren oder nicht, sich zu überlegen, ob man nicht vom Lohn der für ihn produzierenden Arbeiter etwas abzweigen könne, um den Profit zu erzielen, den ihm die Käufer der Waren nicht einbringen.

Indem man also auf diese Weise einen unmittelbaren Gegensatz schuf, schlug man einen Weg ein, der dem Interesse der Gesellschaft diametral zuwiderläuft. Für die Gesellschaft ist eine Manufaktur nur von Wert, wenn sie in der Lage ist, den Arbeitern einen bescheidenen Wohlstand zu gewähren; für den Besitzer dagegen reicht es aus, wenn er Profite erzielt, sollten dabei auch seine Arbeiter dahinsiechen und schließlich sogar Hungers sterben.

Die Besitzer der Baumwollmanufakturen haben nach und nach den Lohn der Arbeiter von zwanzig Sous pro Tag auf fünfzehn, zwölf und schließlich sogar auf acht Sous reduziert. Da ihre Interessen ganz und gar von denen ihrer Arbeiter abweichen, ist ihnen bei den jeweiligen Lohnverhandlungen nur daran gelegen, Möglichkeiten zu finden, sich ihrer Dienste zum niedrigsten Preise zu versichern. Bei Krankheit, Alter oder in toten Zeiten entlassen sie diese Arbeiter, damit die öffentliche Wohlfahrt, die Krankenhäuser, in England die Gemeinde, für ihr elendes Dasein aufkommen. Die Manufakturbesitzer sind sich einig in ihrem Kampf gegen die Arbeiter, in der Absicht, diese völlig der Gesellschaft zur Last zu legen. Jeder Gewerbezweig beteiligt sich an diesem Kampf. Alle handeln in ihrem eigenen und gegen das gesellschaftliche Interesse, wobei allerdings alle vergessen, daß sie ihrerseits durch private Wohltätigkeit, durch Abgaben an die Krankenhäuser oder durch die Armensteuer beitragen, die Armen, die sie schaffen, zu unterhalten.

In diesem ständigen Kampf, die Löhne zu senken, wird das gesellschaftliche Interesse, an dem indessen jedermann teilhat, von allen vergessen. Wenn jedoch jedes Gewerbe die eigenen Lasten übernehmen müßte, wird bald jeder Fabrikant erkennen, inwieweit es im Interesse der Manufaktur liegt, die Löhne herabzusetzen. Wenn der notwendige Lebensunterhalt eines Mannes täglich zwanzig Sous erfordert, so wird es günstiger erscheinen, sie ihm selbst zu geben als unmittelbare Entschädigung für seine Arbeit, anstatt ihm nur acht Sous als Lohn zu zahlen und ihn weitere zwölf als Almosen empfangen zu lassen. Indessen muß zugegeben werden, daß es viel einfacher ist, dieses allgemeine Prinzip für die Industrie der Städte als für die Landwirtschaft in die Praxis umzusetzen. Allerdings ist es in der Industrie auch weitaus wichtiger und dringlicher, es anzuwenden. Gegenwärtig ist England das einzige Land, wo es die Landarbeiter nötig haben, von der öffentlichen Wohlfahrt unterstützt zu werden, während es kein Land in Europa gibt – und dies hat man ohne Zweifel ebenfalls England zu verdanken –, in welchem die Arbeiter sämtlicher Industriezweige nicht unaufhörlich bedroht sind, ihren Brotverdienst zu verlieren oder eine Lohnsenkung zu erfahren, die sie unter das Existenzminimum drückt.

Es liegt auf der Hand, daß, wenn die Gewerbe lediglich zum Zwecke der Wohltätigkeit wieder zu Körperschaften vereint würden und die Fabrikherren die Pflicht hätten, allen Armen ihres Gewerbezweiges Unterstützung zu leisten, etwa in der Art, wie es die Gemeinden in England tun, man sogleich die Leiden beendete, welchen die arbeitende Klasse ausgesetzt ist. Desgleichen würde man den Produktionsüberschuß, der heute den Zusammenbruch des Marktes verursacht, sowie den Bevölkerungsüberhang, der die armen Klassen in Verzweiflung stürzt, steuern.

Heute glaubt ein Unternehmer zu verdienen entweder dadurch, daß er teurer an den Verbraucher verkauft, oder daß er dem Arbeiter weniger Lohn zahlt. Er würde unter der genannten Voraussetzung aber bald bemerken, daß er lediglich beim Verkauf gewinnen kann und daß bei allem, was er seinem Arbeiter abzieht, es nicht die Gesellschaft ist, sondern er selbst, der dem Arbeiter alles zurückerstatten muß. Heute beutet der Kapitalist den Arbeiter durch einen elenden Lohn aus und setzt seine Gesundheit einer verpesteten Luft bei Baumwollstaub oder Quecksilberdämpfen aus; er wird jedoch letztlich bemerken, daß er alle diese Schäden, die er dem Arbeiter zumutet, mit ebensovielen Krankenhaustagen wird bezahlen müssen. Es kommt gegenwärtig noch vor, daß ein Unternehmer, nachdem er zahlreiche Familien zur Arbeit herangezogen hat, diese plötzlich ohne Beschäftigung läßt, weil er entdeckt hat, daß eine Dampfmaschine die gesamte Arbeit ausführen kann. Er würde aber feststellen müssen, daß ihm die Dampfmaschine keine Ersparnis bedeutet, sofern alle Menschen, die bis dahin arbeiteten, keine Arbeitsmöglichkeit mehr finden und, sofern er verpflichtet wäre, für ihren Unterhalt aufzukommen, während er gleichzeitig seine Dampfkessel heizt. Diese Last würde allein auf ihn zurückfallen, was nur völlig gerecht wäre, denn heute macht er Profit aus Menschenleben, und alle Schäden, die sich daraus ergeben, will er auf die Gesellschaft abwälzen. Sind die Löhne, die er zahlt, ausreichend nicht nur für das Mannesalter seiner Arbeiter, sondern auch für Kindheit, Alter und Krankheit; sind die Arbeiten, die man ihnen abverlangt, nicht ungesund, und dienen die erfundenen Maschinen, wie er versichert, nur dazu, mehr Arbeit in Bewegung zu setzen, dann wird die Verantwortung, die er dafür trägt, keine Last für ihn werden. Er wird keinen Grund zur Klage haben. Ist diese Verantwortung aber eine Last, so ist die ganze Unternehmung verderblich. Es wäre besser, darauf zu verzichten, anstatt der Gesellschaft die Verluste aufzubürden, die sie mit sich bringt.

Aber es genügt keineswegs, daß diese Veränderungen im

höchsten Grade gerecht sind, um die gewaltigen Schwierigkeiten auszuräumen, die ihren Durchführungen im Wege stehen. Einerseits würde die Ausdehnung des Marktes der einen Provinz dazu führen, die Arbeiter in einer anderen Provinz zu Lasten ihres Arbeitgebers fallen zu lassen. Andererseits würden ja die Fabrikanten, von denen man nunmehr Hilfe erwartete, selbst durch die Marktumwälzungen ruiniert. Und schließlich liefe man Gefahr, daß die neuentstandenen Körperschaften wieder die alten Vorrechte beleben würden, um wie ehemals wieder eine Tyrannei über die Untergebenen auszuüben.

Ich gestehe, daß ich, nachdem ich aufgezeigt habe, worin meiner Ansicht nach das Prinzip und worin die Gerechtigkeit bestehen, nicht die Kraft habe, die Mittel zur Ausführung anzugeben. Die Verteilung der Früchte der Arbeit unter jene, die zu ihrer Herstellung beigetragen haben, scheint mir fehlerhaft zu sein, aber es scheint mir auch über die menschlichen Kräfte zu gehen, einen Eigentumsstand zu schaffen, der gänzlich anders ist als derjenige, den wir aus der Erfahrung kennen. Die Leiden der zahlreichsten und vielleicht wichtigsten Klasse der Gesellschaft sind in letzter Zeit manchmal so maßlos geworden, daß zahlreiche Menschenfreunde in den zivilisierten Ländern die Notwendigkeit gespürt haben, einen Ausweg zu finden. Männer, mehr erfüllt vom Eifer für die Menschheit als ausgerüstet mit Kenntnissen des menschlichen Herzens und Erfahrung, haben unter der Bezeichnung Genossenschaftssystem eine völlig neue Organisation der Gesellschaft vorgeschlagen, welche das persönliche Interesse durch das der Genossenschaften ersetzen würde, die mit dem Ziel geschaffen wurden, alle Arbeiten auszuführen, die die Gesellschaft benötigt. Owen* aus New Lanarck

* Robert Owen (1771–1858) ist als utopischer Sozialist neben den praktischen Maßnahmen, die er zur Verbesserung der sozialen Lage der Arbeiter in seiner Baumwollspinnerei in New Lanarck (Schottland) durchführte, vor allem durch die Einführung eines Genossenschaftssystems bekannt geworden. Es konnte jedoch damit nicht die kapitalistische Ausbeutung beseitigt werden.

ist der bekannteste Autor dieser Sekte, die eine große Anzahl von Anhängern in England, Frankreich und Amerika zählt. Indessen wäre es müßig, die Owenschen Grundsätze zu bekämpfen, denn bis jetzt sind diese nicht in einer Form dargelegt worden, die viel Eindruck machen könnte; zudem empfindet man stets Unbehagen, wenn man Irrtümer und Inkonsequenzen von Leuten aufdeckt, deren Schriften so viel Wohlwollen für die Mitmenschen ausstrahlen und deren Ansichten so rein sind.

Da es aber eine Beziehung gibt zwischen dem System, das in den Schriften von Owen, Thompson, Fourier und Muiron* entwickelt wird, und der Reform, die wir meiner Ansicht nach in Angriff nehmen sollten, fühle ich mich verpflichtet, deutlich genug zu erklären, daß wir nur in einem einzigen Punkte übereinstimmen und daß es sonst nichts Gemeinsames zwischen uns gibt. Ich wünsche, daß eine Verbindung zwischen allen jenen besteht, die an der Herstellung eines Produktes mitwirken, anstatt daß es Gegensätze unter ihnen gibt. Die Mittel und Wege aber, die sie vorgeschlagen haben, erachte ich keineswegs geeignet, jemals dieses Ziel zu erreichen.

Ich wünsche, daß die städtische Industrie und die Landwirtschaft sich auf eine große Zahl unabhängiger Werkstätten und Höfe verteilen und nicht nur unter einem einzigen Unternehmer vereinigt sind, der hunderte und tausende Arbeiter befehligt; ich wünsche, daß das Eigentum an Manufakturen unter viele mittlere Kapitalisten verteilt wird und nicht nur einem einzigen Menschen, dem Besitzer mehrerer Millionen, gehört; ich wünsche, daß der Industriearbeiter die Möglichkeit, ja fast die Gewißheit besitzt, der Teilhaber seines Fabrikherrn zu werden, damit er erst heiratet, wenn er einen Anteil am Geschäft hat, anstatt wie heute ohne Hoffnung auf ein Vorwärtskommen alt zu werden. Um

* Sismondi will hier den Unterschied betonen, der zwischen seinen Auffassungen und den Reformprojekten der utopischen Sozialisten besteht.

derartige Reformen herbeizuführen, fordere ich nur langsame und indirekte Maßnahmen seitens der Gesetzgebung, nur das Walten völliger Gerechtigkeit zwischen dem Kapitalisten und dem Arbeiter, die dem ersteren die gesamte Verantwortung für die Übel auferlegt, die er dem letzteren zufügt. Das Gesetz soll ständig die Erbteilung begünstigen und nicht ihre Anhäufung, es soll veranlassen, daß der Eigentümer materielle und politische Vorteile erzielt, sofern er eine engere Beziehung zu seinen Arbeitern hat, sie für längere Zeit einstellt und an seinen Profiten beteiligt, so daß vielleicht die privaten Interessen allein, die jetzt besser gelenkt werden, das Übel, das sie ursprünglich einmal der Gesellschaft verursachten, wiedergutmachen. Die Kapitalisten werden sich unter diesen Umständen bemühen, Arbeiter für sich heranzuziehen, diese an Eigentum und Sparsamkeit zu interessieren, aus ihnen schließlich Menschen und Bürger zu machen, während man heute unaufhörlich bestrebt ist, sie zu Maschinen zu degradieren.

Unglücklicherweise hängt es von keiner Gesetzgebung ab, den Armen von jeglicher Sorge, von allem Leid und gar von jeder ungerechten Abhängigkeit zu befreien; aber vielleicht wäre schon genug für sein Wohlergehen getan, wenn man ihm wieder Hoffnung gäbe, wenn man ihm anstelle der stets gleichbleibenden elenden Lage, zu welcher man ihn heute verurteilt, als Ziel seiner Wünsche gewisse Erholungszeiten und mehr Wohlstand verspräche, sofern auch er Wohlverhalten bekundet.

Ohne Zweifel würde eine so weitreichende Änderung in der Gesetzgebung zunächst einmal folgende Wirkungen haben: Abnahme jener Klasse von Arbeitern, welche gegenwärtig wegen Unterbietung sich auch noch den elendsten Lebensunterhalt streitig macht, Verringerung der Auswirkungen, die jedes Gewerbe zwingt, Verluste zu tragen, die es sich durch übermäßige Produktion selbst zugezogen hat. Darüber hinaus gelangte man bald zu der Erkenntnis, daß viele Manufakturen, die man als gewinnbringend ansah, in Wirklichkeit mit Verlust arbeiten; denn die Hilfeleistungen, die die Gesellschaft jährlich ihren Arbeitern gewährt, ist größer als ihre Produktivität. Zweifelsohne würde daraus folgen, daß man in mehr als einem Industrieland sehen könnte, wie nach und nach mehrere Fabriken geschlossen würden und wie die Bevölkerung der Städte, die übermäßig angewachsen war, bald abnehmen würde, während die Landbevölkerung wieder zu wachsen begänne.

Es ist die Pflicht eines Staates, bereitwillig und anerkennend eine neue Industrie, die aus den Bedürfnissen der Verbraucher entsteht, anzunehmen, aber er muß auch eine Industrie fallen lassen, die dem Untergang geweiht ist, ohne ihren Verfall mit Macht aufhalten zu wollen. Alle Begünstigungen, die der Staat gewährt, alle die Opfer, die er bringt, um sie bei ihrem Niedergang zu stützen, dienen einzig dazu, die Leiden sowohl der Unternehmer als auch der Arbeiter nur zu verlängern. Die niedergehende Manufaktur würde so lediglich auf Kosten jener gerettet, die sie am Leben erhalten soll.

Eine einzige Nation befindet sich heute in der Tat in einer solchen Zwangslage; eine einzige Nation erlebt unaufhörlich den Gegensatz zwischen ihrem scheinbaren Reichtum und dem schrecklichen Elend eines Zehntels ihrer Bevölkerung, die gezwungen ist, von der öffentlichen Wohlfahrt zu leben. Diese Nation aber, in vieler Hinsicht so nachahmungswürdig, in ihren Irrtümern sogar noch anziehend, hat alle Staatsmänner des Kontinents verführt. Vermutlich werden die hier angestellten Überlegungen dieser Nation selbst nicht mehr dienlich sein können, ich meine aber, wenigstens der Menschheit und seinen Landsleuten gedient zu haben, indem ich die Gefahren des Weges aufzeigte, den man beschreitet, und indem ich am Beispiel dieser Nation nachzuweisen versuchte, daß mit der Begründung der Politischen Ökonomie auf dem Grundsatz einer schrankenlosen Konkurrenz jedem einzelnen das Recht eingeräumt wird, seine Bestrebungen gegen die Gesellschaft zu richten und das Wohlergehen dieser Gesellschaft allen individuellen Interessen und Begierden zu opfern.

ANHANG

ERKLÄRUNGEN ZUM GLEICHGEWICHT ZWISCHEN KONSUMTION UND PRODUKTION

Unter den neuen Grundsätzen der Politischen Ökonomie, die ich in diesem Buch aufzustellen versuchte, stieß besonders der eine, mehr als alle anderen, auf den Widerspruch der herrschenden Meinungen. Doch gerade dieser erscheint mir wichtiger als jeder andere, weil er die heftigen Krisen erklärt, denen die Industrie seit zehn Jahren unaufhörlich ausgesetzt ist und weil er uns in die Lage versetzt, der Wiederkunft derartiger Krisen vorzubeugen. Ich habe mich bemüht zu beweisen, daß die Zunahme der Produktion aller Waren, die unsere Bedürfnisse und Wünsche befriedigen, nur so lange vorteilhaft ist, wie ihr ein entsprechender Verbrauch folgt; daß zur gleichen Zeit die Einsparung jedweder Produktionsmittel nur dann ein gesellschaftlicher Vorteil ist, solange jeder von denen, die zur Produktion beitragen, aus der Herstellung ein Einkommen bezieht, das dem entspricht, welches er vor der Einführung dieser Einsparung bezog, was nur möglich ist, wenn mehr Produkte verkauft werden.

Daraus schlußfolgerte ich, daß das Produktionswachstum in einem bestimmten Lande, entsprechend der jeweiligen Umstände, sich sowohl als vorteilhaft als auch als ungünstig erweisen kann, während alle anderen Vertreter der Politischen Ökonomie dieses Wachstum ständig als etwas Positives ansehen. Say, den man in Europa zu Recht als jenen betrachtet, der die bedeutende Lehre von Adam Smith vervollständigt, dargestellt und erläutert hat*, sagt, „daß sich

* Marx hat Say als den Verflacher der Smithschen Lehre bezeichnet.

die Produkte gegenseitig kaufen und daß ihre Zunahme lediglich zur Vermehrung der Genüsse des Menschen und zum Wachstum der Bevölkerung in den jeweiligen Ländern beiträgt."[28]

Ricardo, den die Engländer als den Begründer einer neuen Ära in der Politischen Ökonomie betrachten und dessen zahlreiche Schüler heute seine Orakelsprüche mit blindem Glauben wiederholen, ging sogar noch weiter. Er ließ den Menschen völlig außer acht und setzte der ökonomischen Wissenschaft lediglich ein Ziel – unbegrenztes Wachstum des Reichtums. Die von ihm angezeigten Mittel und Wege zur Erreichung dieses Ziels waren eine ständig wachsende Produktion und ein stets zunehmender Verbrauch, so daß der materielle Reichtum auf diese Weise doppelt vermehrt wurde, nämlich durch die Aktivität jener, die ihn schaffen, und zum anderen durch die Sparsamkeit derjenigen, die ihn konsumieren.[29]

In Frankreich begeisterte sich eine Schule, die sich um Saint-Simon bildete, an den neuen, gewaltigen Produktionsmöglichkeiten und sah das sprunghafte Wachstum des Reichtums und die Anwendung der Wissenschaft in der Industrie geradezu als eine Offenbarung an, und zwar als die Offenbarung eines allmächtigen Menschen. Die Anhänger dieser Lehre bezeichneten die Industriellen, die Produzenten als die neuen Herren der Welt, und sie schlugen vor, die gesamte politische Macht des Staates in die Hände dieser Leute übergehen zu lassen, womit die Industrie die Spitze einer neuen Oligarchie bilden würde.

Diese drei Gruppierungen in der Politischen Ökonomie, grundverschieden in ihren Auffassungen und von einer Übereinstimmung weit entfernt, waren aber dennoch alle drei im Einverständnis gegen mich; griff ich doch das an, was in ihren Augen der Ruhm der Industrie war. Gleich-

[28] Jean-Baptiste Say, „Traité d'économie politique", Kapitel „Über die Absatzwege" (Des Débouchés).

[29] David Ricardo, „On the Principles of political economy and taxation", Kap. VII, Berlin 1959.

zeitig war das Problem, das ich aufgeworfen hatte, so dunkel, so abstrakt, daß ich mich damit den falschesten Interpretationen aussetzte. Ich mußte eigentlich darauf gefaßt sein, unaufhörlich von Leuten, die mich nicht verstanden hatten, widerlegt zu werden. Ich konnte darauf warten, daß man mir sagen würde, ich stelle mich jedem industriellen Fortschritt, allen Verbesserungen in der Industrie entgegen, wenngleich ich erklärt hatte, daß Vervollkommnungen nützlich seien, aber daß die davon gemachte Anwendung den Umständen entsprechend nützlich bzw. schädlich sein könne. Ich hatte zu befürchten, daß man meine Unterscheidungen als unverständlich verwerfen würde, da ich Dinge unterschied, die man vor mir keineswegs jemals unterschieden hatte. Schließlich hätte ich mich darauf einstellen sollen, daß man mir Reformpläne unterstellen würde, die angeblich in Einschränkungsmaßnahmen bestünden. Und dies alles, weil es mir unmöglich war, das, was mir wünschenswert erschien, in wenigen klaren Worten auszudrücken.

Indessen glaubte ich nicht darauf verzichten zu dürfen, das, was mir wahr zu sein schien, zu verteidigen. Gewiß diese Wahrheit war abstrakt, schwer zu fassen und schwer zu beschreiben, so daß sie durchaus Anlaß zu falschen Auslegungen geben konnte. Ich bin also immer wieder auf die Schwierigkeiten zurückgekommen, in der Hoffnung, daß das Problem, stets unter neuen Gesichtspunkten betrachtet, schließlich verstanden würde. Heute möchte ich einige dieser kleinen Versuche als Ergänzung zu meinem Buch abdrucken lassen. Der erste ist eine Antwort auf die Widerlegung, die ein berühmter Schüler Ricardos bezüglich meiner Grundsätze vorgenommen hatte. Der zweite Versuch ist eine Darstellung ebendieser Grundsätze, ungefähr in der Art und Weise, wie ich sie im persönlichen Gespräch mit Ricardo selbst darlegte. Die dritte Beifügung schließlich beschränkt sich auf einige Bemerkungen betreffs Zurückweisung meiner Lehre durch Say. Ich glaube, dabei sehr genau die wesentlichen Unterschiede zwischen Say und mir herauszuarbeiten.

ERSTER ARTIKEL

DIE ANALYSE EINER WIDERLEGUNG DER „NEUEN GRUNDSÄTZE DER POLITISCHEN ÖKONOMIE" DURCH EINEN SCHÜLER RICARDOS IN DER „EDINBURGH REVIEW"[30]

Mit Bedauern sehen wir, daß die politische Ökonomie in England sich einer stets unzulänglicher werdenden Sprache bedient, sich hinter immer schwieriger werdenden Berechnungen verbirgt, sich in Abstraktionen verliert und so schließlich eine völlig unverständliche Wissenschaft wird, in einer Zeit, in der es für die leidende Menschheit äußerst nützlich wäre, daß diese Wissenschaft eine allgemeinverständliche Sprache spräche, daß sie also dem allgemeinen Verständnis näher käme, sich nach den Bedürfnissen aller richtete, und daß sie sich endlich wieder mit der Wirklichkeit befassen würde. Die politische Ökonomie soll uns die Lehre vom Wohlstand aller vermitteln; niemals ist sie nötiger gewesen als gerade in dem Augenblick, in dem der Handel von einer allgemeinen Schwäche befallen wurde; in dem alle Zweige der Industrie Verzweiflungsschreie laut werden lassen, in dem sogar in einigen Ländern die Landwirtschaft bedroht zu sein scheint. Gerade jetzt muß die Menschlichkeit uns vor jeder Verallgemeinerung unserer Ideen bewahren, die uns die Tatsachen aus den Augen verlieren läßt, und vor allem muß man sich auch vor dem Irrtum hüten, das Gemeinwohl im Reichtum zu sehen und

[30] Diese kleine Schrift wurde zum ersten Mal 1820 in Dr. Rossis „Annales de Jurisprudence" unter folgendem Titel veröffentlicht: „Untersuchung nachstehender Frage: Wächst in der Gesellschaft mit der Fähigkeit zu produzieren gleichzeitig auch die Fähigkeit zu verbrauchen?"

dabei die Menschen zu übergehen, die diesen Reichtum schaffen.

Ricardo, das Haupt der neuen Schule, soll erklärt haben, daß es in England nicht mehr als fünfundzwanzig Personen gäbe, die sein Buch verstanden hätten. Vielleicht gerade deshalb, weil er sich selbst zu seiner Schwerverständlichkeit bekannte, betrachteten sich bereits alle diejenigen als seine Schüler, die ihn verstanden hatten oder zu verstehen glaubten; und mit einem gewaltigen Eifer, jedoch fast ausschließlich mit den Worten des Meisters versuchten sie, dessen ganzes System zu verteidigen. Einer dieser Schüler hat in der „Edinburgh Review" (Nr. 64, Artikel XI) einen Abriß von Ricardos Lehre zu der Frage, die uns heute äußerst wichtig erscheint, gegeben. Es ist bekannt, daß der Meister ihn gebilligt hat und daß die anderen Schüler darin ihr reinstes Glaubensbekenntnis erkannten.

Owen von New-Lanark, der sich außerordentlich eifrig für das Wohl der Armen einsetzte und großes Mitgefühl mit deren Elend bewies, hatte den Gedanken geäußert, daß, wenn die Industrie dem Selbstlauf überlassen wäre, die Produktion der verschiedensten Waren, die den Reichtum bilden, durch Verwendung von Maschinen und deren fortwährende Vervollkommnung so über die Nachfrage der Verbraucher hinaus erweitert werden könnte, daß ein Überfluß an Waren, eine Überfüllung aller Märkte notwendig entstehen müßte und daß dieser Überfluß die Fabrikbesitzer schließlich dazu zwingen würde, ihre Arbeiter zu entlassen, so daß die Klassen der Gesellschaft, die nur von ihrem Arbeitslohn leben, der Arbeit beraubt werden.

Obwohl ich in keiner Weise mit Owen einer Meinung bin über die Mittel, diesen Tatsachen entgegenzuwirken, habe ich doch wie er in meinen „Neuen Grundsätzen der politischen Ökonomie" den Umstand dieser allgemeinen Überfüllung dargelegt, und ich gestehe, daß ich es kaum begreife, wie man ihn heute angesichts des Welthandels noch leugnen kann. Ich habe ihn mit Hilfe einer neuen Theorie über die Beschaffenheit des Einkommens, das jedem ermöglicht, sich seinen Anteil vom jährlichen Produkt zu kaufen, zu erklären versucht. Überdies habe ich beabsichtigt, herauszustellen, daß das gesamte Einkommen nicht das gleiche ist wie das gesamte Produkt der geleisteten Arbeit; denn es ist möglich, daß das Einkommen geringer wird, obwohl das Produkt gewachsen ist; daß sich die Lager füllen, während sich andererseits die Börsen leeren; so daß schließlich die Käufer für die Waren fehlen, weil zuviel gearbeitet wurde. Im Gegensatz zu meiner Auffassung behaupten die anderen Ökonomen, daß es an Käufern nur mangeln könnte, wenn nicht genug gearbeitet worden ist. Der Abschnitt aus der „Edinburgh Review“, auf den ich mich hier beziehe, zielt ausschließlich darauf hin, meine „Behauptung“, die der Verfasser als „vollkommen irrig“ erklärt, zu widerlegen, und es soll bewiesen werden, daß „die Fähigkeit zu verbrauchen, notwendigerweise mit jedem Anwachsen der Fähigkeit zu produzieren, zunimmt“.

Man möge mir gestatten, nun meinerseits diese Widerlegung zunächst prüfen zu dürfen, um ihr dann zu begegnen; doch ich möchte zuvor versichern, daß mich weder Empfindlichkeit noch starres Festhalten an der eigenen Meinung zur Feder greifen lassen. Vielmehr fühle ich mich geehrt durch die Achtung, die ein Gelehrter, dessen Namen[31] ich nicht kenne, sowie eine berühmte Zeitschrift meinen Auffassungen geschenkt haben. Ich weiß sehr wohl, daß das Publikum wenig Wert darauf legt zu wissen, von welchem Autor die Wahrheit gefunden wurde, während ihm jedoch sehr viel mehr daran liegt, diese Wahrheit zu kennen. Diese Wahrheit, die wir beide suchen, ist unter den gegenwärtigen Umständen von der allergrößten Wichtigkeit. In der Politischen Ökonomie kann sie als wesentlich angesehen werden. Im Handel, in den Manufakturen und selbst in der Landwirtschaft vieler Länder macht sich ein allgemeiner Not-

[31] Später habe ich erfahren, daß Macculloch, das Haupt der von Ricardo gegründeten Schule, diesen Aufsatz geschrieben hat.

stand bemerkbar. Das Übel greift so stark um sich, wird so außerordentlich, daß es, nachdem es unzähligen Familien Not und Unglück, allen Familien jedoch Unruhe und Mutlosigkeit gebracht hat, schließlich sogar die Grundlagen der gesellschaftlichen Ordnung gefährdet. Niemand wird bezweifeln, daß in England zum Beispiel das Elend der gesamten arbeitenden Klasse der Nation die Ursache von Feindseligkeiten ist, die diese Klasse im Zusammenhang mit zwei Tatsachen, welche, so sollte man glauben, sie wenig angehen, zum Ausdruck bringt: vollständige Umgestaltung des Parlaments, Prozeß der Königin – beides im Jahre 1820. Man versucht, dieses allgemeine Elend, das soviel Gärung verursacht, auf zwei entgegengesetzte Arten zu erklären. Während die einen sagen, es wurde zuviel gearbeitet, behaupten die anderen, es sei nicht genug gearbeitet worden. Die ersteren sagen, daß das Gleichgewicht nicht hergestellt werden wird, daß Sicherheit und Wohlstand sich nicht wiedergewinnen lassen, solange dieser ganze Überschuß von Waren, die auf den Märkten unverkauft bleiben, nicht verbraucht sein wird und solange man die Produktion nicht nach der Nachfrage der Käufer regelt. Das Gleichgewicht wird erst wiederhergestellt, so sagen die anderen, wenn die Anstrengungen bei der Akkumulation wie auch bei der Produktion verdoppelt werden. Man täuscht sich, falls man glaubt, daß unsere Märkte überfüllt sind; nur die Hälfte der Lager sind belegt; füllen wir doch auch die andere Hälfte, und diese neuen Reichtümer werden den Handel wiederbeleben, indem sie sich, die einen gegen die anderen, austauschen.

Niemals ist wohl eine wichtigere Frage behandelt worden, niemals haben unterschiedliche Auffassungen dieser Frage größere Folgen auch für die Praxis gehabt als in dem Falle, wo von Dingen, wie Wohlstand, Befriedigung der Bedürfnisse, Vorhandensein einer großen Bevölkerung, die von ihrer Arbeit leben muß, die Rede ist. Und das trifft nicht nur für ein bestimmtes Land, sondern für alle Länder der Erde zu. Untersuchen wir also gewissenhaft und ohne Voreingenommenheit die Tatsachen. Es wäre wünschenswert gewesen, daß der Verfasser des Artikels mich auf der Grundlage meines Systems widerlegt hätte, um es dabei dann Schritt für Schritt zu erörtern. Auf alle Fälle werde ich bei ihm so vorgehen. Ich werde ihn übersetzen, ohne etwas zu ändern, ohne etwas wegzulassen, und ich werde ihm entgegnen Abschnitt für Abschnitt.

„Nachfrage und Produktion (sagt der Verfasser – Band XXXII, Seite 470, Oktober 1819) sind einander voraussetzende und ineinander umwandelbare Begriffe. Die Produktion einer Ware bildet also gleichzeitig auch die Grundlage für die Nachfrage. So besteht eine Nachfrage nach einer bestimmten Menge landwirtschaftlicher Produkte, wenn eine Anzahl von Industrieprodukten, die bei ihrer Herstellung ebensoviel gekostet haben, zum Austausch angeboten werden; und es ergibt sich in der Tat eine Nachfrage nach diesen Industrieprodukten, wenn dafür landwirtschaftliche Erzeugnisse, die die gleichen Produktionskosten aufweisen, als Äquivalent angeboten werden."

Zunächst muß festgestellt werden, daß sich der Verfasser bei der Frage des Preises im Rahmen von Vermutungen bewegt. Er behauptet nämlich, daß sich der Preis einzig und allein aus den Bestandteilen der Produktionskosten zusammensetzt. Alle Ökonomen, angefangen bei Adam Smith, haben aber im Preis zwei Elemente erkannt, die Produktion und die Konkurrenz. Beim Verkauf eines Produkts richtet sich die Rechnung zunächst natürlich sehr wohl nach dessen Kosten; jedoch der Käufer dieses Produkts, der „Nachfrager" also, läßt sich von zwei Beweggründen leiten, die nicht im geringsten Zusammenhang mit den Produktionskosten stehen. Ihm geht es um sein Bedürfnis und zweitens um seine Kaufkraft. Die Verbindung dieser beiden Elemente sowie ihr Verhältnis zu den Waren ergeben eine Nachfrage, die sowohl größer als auch kleiner als der Herstellungspreis sein kann. Es besteht aber keine Nachfrage, wenn ein Produzent, der bereit ist zu tauschen, Waren angeboten bekommt, nach welchen er entweder kein Bedürfnis hat oder die er selbst schon zur Genüge besitzt. Ebenso kann nicht von Nachfrage die Rede sein, wenn derjenige, der die hergestellte Ware begehrt, nichts im Tausch dafür zu geben hat oder auch zum Tausch nicht bereit ist, weil er die damit verbundene Ausgabe scheut. Es besteht also eine Nachfrage, die niedriger als die Produktion ist, sobald entweder das Bedürfnis oder die Kaufkraft der produzierten Menge nicht entspricht. Im Gegensatz dazu übersteigt die Nachfrage jedoch die Produktion, wenn das Bedürfnis wie auch die Kaufkraft nicht vollkommen durch das Angebot befriedigt werden können.

Ferner muß festgestellt werden, daß der Verfasser zwei völlig verschiedene Dinge, wie Handel und Verbrauch, miteinander vermengt, wenn er für jeden Tausch zwei sich wechselseitig entsprechende Nachfragen annimmt. Der Handel dient der Nachfrage zwar, indem er die Waren verteilt, er kann sie aber nicht hervorbringen. Im Handel wechselt die Ware mehrmals die Hände, bleibt aber immer auf dem Markt, um stets mit gleichartigen Waren zu konkurrieren, bis schließlich der Handel die endgültige Nachfrage für sie, die Nachfrage des Verbrauchers, gefunden hat. Letzterer entzieht sie dem Markt, verwendet sie für den eigenen Konsum und läßt sie so verschwinden.

Wenn zwei Produzenten mit der gleichen Eilfertigkeit ihre Ware auf dem Markt verkaufen möchten, können sie, ohne die als Gegenwert dafür angebotene Ware für sich persönlich zu brauchen, untereinander tauschen, um auf diese Weise ihre Möglichkeiten zu erhöhen, wie in einem bekannten Glücksspiel, das auch tatsächlich „Handel“ genannt wird und bei welchem die Spieler ihre Karten, ohne sie zu sehen, so lange austauschen, bis schließlich einer von ihnen „genug“ ausruft. Ein solcher Warenaustausch ohne endgültige und wirklich vorhandene Nachfrage ist jedoch fast immer das sichere Zeichen einer Überfüllung des Marktes.

Zum Buchhandel auf der Leipziger Messe kommen Buchhändler aus allen Teilen Deutschlands, jeder mit vier oder fünf selbstgedruckten Ausgaben, jeweils aus vierzig oder fünfzig Dutzend Exemplaren bestehend. Sie tauschen diese dann gegen andere Sortimente aus und reisen mit der gleichen Anzahl von Bänden, die sie mitgebracht hatten, wieder ab. Während sie jedoch mit nur vier verschiedenen Werken angekommen waren, nehmen sie jetzt beispielsweise zweihundert verschiedene Auflagen mit der dementsprechend geringeren Bändezahl von einem Dutzend wieder mit. Das wäre der Fall, der der Behauptung des Ricardo-Schülers entspricht, daß nämlich eine ganz bestimmte Produktion eine ganz bestimmte Nachfrage hervorruft. Produkte kaufen sich mit Produkten, in Wirklichkeit aber haben nach unserer Meinung und auch nach der Meinung des Buchhändlers und der der Öffentlichkeit Nachfrage und Verbrauch noch gar nicht begonnen. Ein schlechtes Buch, selbst wenn es in Leipzig getauscht wurde, wird trotzdem weiterhin die Läden der Buchhändler füllen und unverkauft bleiben, und es ist dabei vollkommen gleichgültig, ob es entweder niemand zu haben wünscht, oder ob es jeder schon besitzt. Die in Leipzig getauschten Bücher werden erst dann abgesetzt, wenn der Buchhändler Privatpersonen findet, die nicht nur die Bücher begehren, sondern darüber hinaus auch bereit sind, die Kaufsumme aufzuwenden, um sie damit aus der Zirkulation zu ziehen. Dann erst kann man von einer wirklichen Nachfrage sprechen.

„Solange die auf den Markt gebrachten und zum gegenseitigen Austausch angebotenen Waren die gleichen Produktionskosten erheischen und infolgedessen auch den gleichen Wert besitzen, wird eine erhöhte Produktion der einen Warenart das Äquivalent für den Kauf einer anderen Warenart, deren Herstellung ebenfalls erweitert wurde, bieten.“

Soweit ganz gut, doch gibt es auch nur einen einzigen Grund dafür anzunehmen, daß das Bedürfnis nach der einen Warenart im gleichen Verhältnis anwachsen muß wie das Verlangen nach der anderen? Das Beispiel unserer Leipziger Buchhändler läßt sich Punkt für Punkt auf diese

Beweisführung anwenden. Wenn die Buchhändler dann im nächsten Jahr mit einer vergrößerten zweiten Auflage aller Bücher, deren erste Auflage sie im Vorjahr bereits ausgetauscht hatten, zur Messe kommen, würde zwar jeder von ihnen „eine erweiterte Produktion einer ganz bestimmten Warenart als Äquivalent für den Ankauf einer anderen, ebenfalls vergrößerten, Warengattung" anbieten, doch welche Bedeutung hätte dieser Tausch, und welchen Wert hätte ein solches Gleichgewicht für das Publikum, das inzwischen schon genug von allen diesen Büchern besitzt und nicht noch mehr davon zu kaufen bereit ist? „Um ein Beispiel zu geben", fährt der Verfasser fort, „nehmen wir an, daß einerseits ein Pächter hundert Landarbeitern Nahrung und Kleidung vorstreckt, um im Anschluß daran Lebensmittel zurückzuerhalten, die für zweihundert Personen ausreichen, und daß gleichzeitig ein Fabrikbesitzer derselben Zahl von Arbeitern Nahrung und Kleidung vorschießt, um von ihnen Kleidung produzieren zu lassen, die ebenfalls für zweihundert Personen genügt. Jetzt würde der Pächter, nachdem er den Lebensunterhalt seiner eigenen Landarbeiter gesichert hätte, Nahrung für weitere hundert Arbeiter zur Verfügung haben, und andererseits hätte aber auch der Fabrikbesitzer nach der Bekleidung seiner Arbeiter hundert Kleidungsstücke für den Markt übrig behalten. In diesem Falle könnten die jeweiligen Waren gegeneinander ausgetauscht werden, wobei die überzähligen Nahrungsmittel die Nachfrage nach der Kleidung und die überzähligen Kleider die Nachfrage nach der Nahrung bilden."

Wohl kaum eine Beweisführung gibt Anlaß zu größeren Irrtümern als die, die bei ihren Berechnungen von einer abstrakten, konstruierten Welt ausgeht. Der Geist, ohnehin schon durch die begrenzten Möglichkeiten der Hypothese verwirrt, vermag schließlich diejenigen, die zu Widersprüchen führen und die infolgedessen die Beweisführung falsch machen, nicht mehr zu erkennen. In unserem Beispiel findet man mehrere solcher Widersprüche.

So spricht der Verfasser zunächst von einer Arbeit ohne

Gewinn, von einer Reproduktion, die gerade nur die Konsumtion „der Arbeiter“ ersetzt. Denn es ist die Rede von zweihundert Arbeitern, von denen hundert die Nahrung für zweihundert von ihnen schaffen, während andererseits ebenfalls hundert Arbeiter Kleidung für zweihundert herstellen. Wenn sie alle zusammen nun aber Kleidung und Nahrung für mehr als zweihundert Arbeiter produzieren würden, wo wären dann die Verbraucher? Weiterhin setzt er eine Teilung der Arbeit voraus, die nur dann entsteht, wenn mit Gewinn produziert wird; er spricht von Eigentümern und von Arbeitern, ohne jedoch den Besitzern der Produktionsmittel einen Anteil am Produkt zukommen zu lassen. Wenn diese aber ohne Gewinn bleiben, also nicht den geringsten Vorteil erzielen, können sie natürlich auch nicht das geringste Interesse am Fortgang der Produktion haben: sie werden ihre Arbeiter entlassen; und, wenn die Arbeiter ihre Tätigkeit nicht auf eigene Rechnung fortsetzen können, wird jede Produktion aufhören. Und die gesamte Beweisführung stützt sich auf diese falsche Annahme. In dem Augenblick, wo der Überschuß der Produktion über den Verbrauch der Arbeiter untersucht wird, kann man natürlich nicht nur den Überschuß in Betracht ziehen, den die Arbeiter sich gegenseitig austauschen (Kleidung und Nahrung), sondern es ist unbedingt notwendig, auch den Überschuß (Gewinn) zu berücksichtigen, den der Eigentümer erhalten muß.

Aber das ist noch nicht alles: die Beweisführung beruht auf der Notwendigkeit eines Austausches von zwei für das Leben gleich notwendigen Gebrauchsgegenständen. Ebensowenig wie der Landarbeiter nicht auf Kleider verzichten kann, wird der Handwerker nicht das Brot entbehren können. Soweit ganz gut. Aber ein solch vollkommener Tausch, bei dem weder von dem einen noch dem anderen Gebrauchsgegenstand etwas übrig bleibt, ist nur möglich, solange Nahrung und Kleidung eines Menschen im gleichbleibenden Verhältnis verbraucht werden, solange der bei der Herstellung notwendige Arbeitsaufwand bzw. die beim Erwerb erforderliche Ausgabe (beide bilden eine Einheit) einander entsprechen.

Um so weit wie möglich der Beweisführung und abstrakten Hypothese des Ricardo-Schülers entgegenzukommen, nehmen wir nur drei verschiedene Stufen innerhalb der Nahrung, Kleidung und Arbeit der Arbeiter an, und wir setzen voraus, daß diese drei Stufen sich genau entsprechen, in Wirklichkeit gibt es jedoch zwischen dem ärmsten Arbeiter und dem, der sich des größten Wohlstandes erfreut, mehr als hundert dieser Stufen, und in keiner von ihr deckt sich der unbedingt erforderliche Nahrungsbedarf eines Arbeiters mit seinem tatsächlichen Verbrauch an Lebensmitteln.

Der Arbeiter kann sich wie in Irland von Kartoffeln und Milch ernähren; er kann sich aber auch wie früher der französische Bauer von Brot und Suppe zuzüglich ein- bis zweimal in der Woche Fleisch ernähren, und er kann sich ferner, wie früher der englische oder heute der schweizerische Bauer, vom besten Fleisch ernähren.

Entweder der Arbeiter bekleidet sich nur, um seine Nacktheit zu verbergen, und das ist die Lebensbedingung fast aller heutigen Manufakturarbeiter, oder er kann sich wie früher die Manufakturarbeiter saubere, gesunde, warme und bequeme Kleider anziehen. Schließlich besteht noch die Möglichkeit, daß er sich neben den Alltagskleidern elegantere Kleidung für die Festtage anschafft; das ist dann jener Wohlstand, den wir früher bei mehr als einem Gewerbe und mehr als einem Volk kennengelernt haben. Damit sich jedoch der Arbeiter alle diese Dinge verschaffen kann, muß er natürlich mehr oder minder große Leistungen vollbringen. Er braucht nur sechs Stunden am Tage zu arbeiten und kann die anderen sechs Stunden dem Vergnügen, der Erholung oder der Bildung seines Geistes widmen. Er kann zwölf Stunden am Tage arbeiten und dafür dann seinen Körper besser bei Kräften erhalten, in diesem Falle vernachlässigt er allerdings seinen Verstand bzw. die sittliche Seite seines Wesens. Schließlich kann er der Arbeit nicht nur seine Bildung, sondern selbst auch seine Gesundheit opfern, sei es, daß er entweder mehr als zwölf Stunden arbeitet, daß er seine Kräfte bei der Arbeit überbeansprucht oder daß er seine Arbeit in ungesunden Räumen und mit gesundheitsschädlichen Werkstoffen verrichtet. Aus allen Teilen der Welt werden mehr als genug Beispiele der zuletzt genannten Lebensbedingungen der Arbeiter bekannt, und man kann beobachten, daß, selbst wenn die Lebenslage der Arbeiter noch so verhängnisvoll ist, sie dennoch nichts an der Erneuerung der Art hindert. Einer steigenden Sterblichkeit begegnen sie mit zahlreicheren Geburten, so daß alle Arbeitsplätze stets besetzt sind.

Wer aber sieht nicht ein, daß die Notwendigkeit des Tausches, so wie sie der Schüler Ricardos voraussetzte, erst in dem Falle eintritt, wo der Arbeiter innerhalb der drei genannten Stufen bereits unter den schlechtesten Bedingungen lebt; das heißt, wo er für das äußerste Minimum an Nahrung und Kleidung eine größtmögliche Arbeit leisten muß? Ein Landarbeiter, der sich noch nicht in dieser Notlage befindet, wird sich, bevor er einen Tausch mit einem Manufakturarbeiter vornimmt, überlegen, welchen Tausch er mit sich selbst ausführen will: ob er nämlich eine mäßige Nahrung vorzieht, dafür aber Zeit für geistige Übungen, wie früher die Griechen, oder Zeit für Erholung und Vergnügungen, wie die Wilden, gewinnt; oder ob er eine längere Arbeit und damit eine kräftigere Nahrung wählt. Und der Manufakturarbeiter seinerseits wird sich zwischen der Erholung in groben Wollkitteln und der Arbeit in Festtagskleidern entscheiden müssen. Jeder der beiden wird also genau prüfen, wieviel Arbeit er für den Tausch zu leisten bereit ist. Der Landarbeiter kann zwar Wert auf gute Nahrung legen, ohne sich jedoch etwas aus guter Kleidung zu machen, oder aber er verhält sich umgekehrt; dabei ist jeder mit seiner Lebensauffassung vollkommen unabhängig von seinem Nachbar. Die hundert Manufakturarbeiter könnten sich z. B. dazu entschließen, die dritte Stufe der Arbeit zu leisten, um dadurch die dritte Stufe der Nahrung und Kleidung zu erhalten, während die Landarbeiter möglicherweise nur bereit sein könnten, die erste Stufe der Arbeit zu leisten, weil sie sich mit dem einfachsten Leben und der gröbsten Kleidung zufrieden geben. Was wird in diesem Falle aber aus dem als Voraussetzung angenommenen notwendigen Tausch des Ricardo-Schülers? Ebenso wie man nicht im voraus wissen kann, welche Wahl jeder von den hundert Landarbeitern wie auch von den hundert Manufakturarbeitern treffen wird, wenn er vollkommen frei entscheiden darf (das ist die Annahme des Verfassers), könnte man ebenfalls nur schwer sagen, welchen Tausch sie zum allgemeinen Wohl der Gesellschaft ausführen müßten. So wie nicht jede Arbeit unbedingt ein Vorteil ist, entspricht nicht jeder Erholung unbedingt ein Verlust.

Eine Nation, viel schlechter gekleidet und ernährt als eine andere, kann dennoch bedeutend höher stehen als diese, wenn sie von der Zeit, die sie der Feld- und Manufakturarbeit entzieht, klugen Gebrauch macht. Selbst wenn sie diese Zeit nur der Erholung und dem Vergnügen gewidmet hat – die Reichtümer sollen ja letzten Endes dem Vergnügen und der Erholung dienen –, steht noch keineswegs fest, ob diese Nation nicht glücklicher gewesen ist als die andere. Zweifelsohne sollte man zwischen den Extremen eine Mittellinie verfolgen, jedoch muß man eine solche Mittellinie mit Hilfe sittlicher Erwägungen ziehen; niemals jedenfalls darf man sie zahlenmäßig festlegen.

Malthus hat in seinem ausgezeichneten Werk über die Grundsätze der politischen Ökonomie (S. 358) bereits festgestellt, „daß es ein grundlegender Fehler dieser Beweisführung sei, den Einfluß eines für die menschliche Natur ebenso allgemeinen wie auch wichtigen Prinzips, nämlich Gleichgültigkeit und Erholungsbedürfnis, nicht in Betracht zu ziehen.“ Aber mit noch größerer Genugtuung sah ich diesen wohlwollenden Philosophen Zweifel an dem gesellschaftlichen Nutzen, den das ständige Anwachsen der Arbeit der arbeitenden Klasse hat, hegen.[32]

[32] Mit Eifer ergreife ich hier die Gelegenheit, mein Bedauern darüber auszudrücken, daß ich in der ersten Ausgabe meines Buches Malthus' Werk über die Bevölkerung nach dessen

„Nehmen wir jetzt an“, fährt der Schüler Ricardos fort, „daß es sich nun um tausend Pächter handelt, von denen jeder einzelne Nahrung und Kleidung für hundert Landarbeiter vorschießt und dafür dann jeweils Nahrung für zweihundert Personen zurückerhält; und daß es ebenfalls tausend Manufakturbesitzer gibt, von denen wiederum jeder, nachdem er Nahrung und Kleidung für hundert Arbeiter vorgestreckt hat, Kleider für zweihundert Personen zurückbekommt. Wie vorher der einzelne Pächter, so hat jetzt jeder der tausend Pächter das Bedürfnis, den Überschuß an Nahrung auszutauschen; und auch jeder der tausend Manufakturbesitzer wünscht, seinen Überschuß an Kleidung zu veräußern. Ebenso wie sich in dem ersten Beispiel Nahrung und Kleidung für hundert Personen gegenseitig gekauft haben, kaufen sich jetzt Nahrung und Kleidung für hunderttausend Personen wechselseitig, und die Nachfrage ist um das Tausendfache gewachsen, weil auch der Vorrat tausendmal größer ist.“

Diese Annahme, die eine bloße Wiederholung der vorhergehenden ist, darf indessen noch weit weniger gebilligt werden, da sie jetzt anstelle einzelner Individuen eine ganze Gesellschaft umfaßt; wobei es sich auch hier wieder um eine Gesellschaft handelt, in welcher die Arbeiter für die Erhaltung ihres Lebens ununterbrochen arbeiten müssen; eine Gesellschaft also, in der die Arbeit niemandem Muße und Überfluß verschafft; eine Gesellschaft, in der jeder gezwungen ist, alles, was er produzieren kann, mit seinesgleichen auszutauschen, um gerade dem Hunger und der Nacktheit zu entgehen. Dieser allgemeine Notstand ist die notwendige Voraussetzung für eine solche Annahme; denn, wenn es im Gegenteil Überfluß gäbe, wenn nicht jeder ge-

erster Ausgabe beurteilt habe, während der Autor in späteren Auflagen, die ich damals noch nicht kannte, seine Grundsätze weiterentwickelt, erläutert und berichtigt hat. Außerdem werfe ich mir vor, nicht genug betont zu haben, wie sehr ich seinen Scharfsinn bewundere, wie sehr mir seine Denkart, die er in allen seinen Werken unter Beweis stellt, gefällt.

zwungen wäre, Nahrung oder Kleidung auszutauschen, um gerade leben zu können, würde bereits der erste Pächter, der entweder sein Getreide für ein anderes Jahr zurückbehalten möchte oder seinem Bedürfnis nach Erholung nachgäbe, das gesamte Gleichgewicht stören; der erste, der das Studium schönen Kleidern oder aber den Spaziergang einem reichlich gedeckten Tisch vorzöge, würde in diesem Falle die Produktion seines Nachbars ohne Nachfrage lassen. Wenn sich nun aber, unserem Beispiel entsprechend, die Gesellschaft in einer derartigen Notlage befindet, wie könnte man sich dann in ihr Richter, Soldaten und Ärzte vorstellen? Was könnten diese in einem Tausch bieten und was würden sie dafür zurückerhalten? Was müßte dann aus dem Manufakturbesitzer werden, der sein Getreide vom Pächter eintauscht, wenn letzterer entweder Krieg führen wollte oder es aber vorzöge, sich anstelle von schönen Kleidern Gerechtigkeit oder Gesundheit zu kaufen?

„Doch nehmen wir erneut an", fährt unser Verfasser fort, „daß jeder der tausend Pächter, nachdem er abermals seinen hundert Landarbeitern Nahrung und Kleidung vorgestreckt hat, jetzt infolge einer besseren Organisation der Arbeit und auf Grund der Einführung von Maschinen, zunächst wiederum übliche Nahrung für zweihundert Personen zurückerhält, darüber hinaus aber auch Zucker, Tabak und Weintrauben erzeugt bekommt, die zusammen noch einmal den gleichen Wert wie die Nahrung besitzen. Und auch der Manufakturbesitzer produziert unter den neuen Bedingungen, nachdem er ebenfalls hundert Arbeitern Nahrung und Kleidung vorgeschossen hat, zunächst gewöhnliche Kleider für zweihundert Personen, und darüber hinaus noch Bänder, Spitzen und Batist, welche auch hier die gleichen Kosten wie die zweihundert Kleider verursachen und darum ebenfalls den gleichen Tauschwert wie diese haben."

Oft gibt man sich den Anschein einer besonders großen Gedankentiefe und eines außerordentlichen Abstraktionsvermögens, wenn man in einer Kette von Beweisen die Zwischenstufen überspringt. So scheint unser Autor sogar Gefallen daran zu finden, den Leser dadurch in Erstaunen zu versetzen, daß er hinter einer Behauptung, die man beim ersten Anblick für absurd halten muß, einen abstrakten Sinn verbirgt. Wenn man jedoch diese Zwischenstufen wiederherstellt, wird man fast immer entdecken, daß sie irgendeinen Fehler der Beweisführung vertuschen sollen.

So weiß man sehr wohl, daß es weder durch eine vorteilhaftere Arbeitsorganisation noch durch eine Verbesserung der Maschinen ermöglicht würde, Zucker, Gewürze und Wein in England – im Interesse dieses Landes schreibt ja der Verfasser – herzustellen. Das versteht sich von selbst, wird man mir antworten; aber es handelt sich doch hier nur um ein einfaches Beispiel. Ich bitte um Entschuldigung, das versteht sich keineswegs von selbst. Wenn die Vervollkommnung der Arbeitsorganisation und der Maschinen, von der der Verfasser spricht, die Produktionsmöglichkeiten der tausend Pächter, die jeweils hundert Arbeiter beschäftigen, verdoppeln würde, wird auch das Produkt ihres Bodens – Getreide, Fleisch und Viehfutter – auf das Doppelte anwachsen, doch nach allen diesen Produkten, das läßt sich sogar aus der Annahme des Verfassers entnehmen, besteht weder bei den Pächtern noch bei den Manufakturbesitzern auch nur der geringste Bedarf.

Wenn die Manufakturbesitzer nun ihrerseits aufgrund der Vervollkommnung der Maschinen die Produktionsleistung des Strumpfwirkerstuhles, des Tuchwebstuhles und des Leinenwebstuhles verdoppeln würden, könnten sie damit natürlich keineswegs Bänder, Spitzen und Stickereien herstellen. Sie wären lediglich in der Lage, eine doppelt so große Anzahl – also doppelt soviel, wie das Land verbrauchen kann – der gleichen Strümpfe, der gleichen Tuche und des gleichen Leinens zu produzieren. Wie aber sollen sich alle diese Dinge in die Luxusgegenstände verwandeln, von denen der Verfasser spricht? – ohne Zweifel durch Tausch, durch den Außenhandel. Aber setzt man dadurch nicht gerade das voraus, was in Frage gestellt werden muß? Wie fängt man es an, daß die tropischen Länder, die in der Lage sind, mit geringstem Arbeitsaufwand größte Mengen Nahrung zu produzieren, für ihren Zucker und für ihre Gewürze Getreide aus England einführen, daß Frankreich seine Weine gegen Schafe, oder aber Virginia seinen Tabak gegen Kartoffeln tauscht? Oder, wie soll es bewerkstelligt werden, daß die Hälfte der Arbeiter den Strumpfwirkerstuhl, den Tuchwebstuhl, den Leinenwebstuhl verläßt, um an solche Webstühle überzugehen, die Bänder, Spitzen und Batist herstellen? Wir suchen das Heilmittel für eine überschüssige Produktion; wie kann der Verfasser da glauben, daß die Arbeiter, wo doch auch seiner Meinung nach ihr Verbrauch an den lebensnotwendigen Gütern auf das äußerste begrenzt ist, gerade im richtigen Augenblick die Produktion unterbrechen und den Rest ihrer Zeit und ihrer Kräfte den Luxusgegenständen widmen?

Es ist doch eigenartig, daß unser Verfasser den fehlerhaftesten Teil seiner Beweisführung mit einer in die Augen springenden Absurdität verdeckt hat. Man könnte sich denken, daß er sich eingebildet hat, niemand würde es wagen, den Widersinn in seinen Behauptungen aufzudecken. So zum Beispiel, wenn er vom englischen Pächter spricht, der, nur weil er einen verbesserten Pflug besitzt, auf seinen Feldern plötzlich Zucker anbauen kann. Niemand hat glauben wollen, daß das wirklich die Überzeugung des Verfassers war, niemand wagte es sich einzugestehen, daß er ihn nicht verstanden habe; aber müßte man statt dessen nicht eher die Frage an ihn richten, ob er sich selbst begriffen hat?

Wenn in irgendeinem Zweig der Landwirtschaft oder der Industrie die Arbeit, die Anzahl der Maschinen und das Kapital erhöht werden, so wächst als unmittelbare Folge davon die Produktion dieses Zweiges über den bisherigen Bedarf hinaus; und es wird also erforderlich, daß entweder der Bedarf steigt oder aber daß diese vergrößerte Arbeitsleistung, diese größere Anzahl von Maschinen und das vermehrte Kapital irgendeiner anderen Produktion zugeführt werden. Wie aber läßt sich eine solche Verlagerung bewerkstelligen? Ist es die Nachfrage, die sie bewirkt? Doch bei unserem Verfasser finden wir keine Antwort auf diese Fragen.

„In diesem Falle“, fährt er nun fort, „ist es offensichtlich, daß die Produktion und die Nachfrage, was Nahrung und Kleidung anbetrifft, genauso groß bleiben, wie sie es vorher waren; während andererseits jedoch der Zucker, die Weintrauben, der Tabak – Güter, die der Pächter nicht selbst zu verbrauchen beabsichtigt – im Tausch für die Bänder, Spitzen und Batiste, von dem Manufakturbesitzer ebenfalls nicht zum eigenen Verbrauch bestimmt, angeboten werden. Also sind diese verschiedenen Waren einander Äquivalente. Sie kaufen sich wechselseitig, und die Nachfrage nach diesen Waren wächst im gleichen Verhältnis wie die Produktion.“

Abermals müssen wir unseren Verfasser bitten, in einer Beweisführung unter keinen Umständen die Zwischenstufen wegzulassen. Wir fragen, gleichgültig, ob es sich um landwirtschaftliche oder industrielle Produktion handelt: wer bildet die Nachfrage, der Arbeitgeber oder der Arbeiter? Wem fällt der Gewinn zu, dem ersteren oder dem letzteren? In seinem neuen Beispiel spricht der Verfasser von einem Produktionsüberschuß, von einem Gewinn aus der Arbeit, doch wem fällt er zu? Diese Frage ist wichtig: einmal in sittlicher Hinsicht, weil man wissen muß, wer den Vorteil aus dieser neuen Entwicklung zieht und wie sich diese neue Entwicklung auf die Wohlfahrt der Nation auswirkt; zum anderen aber in wirtschaftlicher Hinsicht, weil die Zahl der Konsumenten einen entscheidenden Einfluß auf den Umfang des Verbrauchs ausübt.

Da der Verfasser sich nicht deutlich genug ausdrückt, müssen wir die eine und die andere seiner Behauptungen weiter verfolgen. Nehmen wir also zunächst an, daß die Arbeiter, sobald ihre Löhne infolge erhöhter Produktion steigen, jetzt in sechs Stunden das verdienen können, was sie vorher für zwölf Stunden Arbeit erhielten; so stehen sie vor der Entscheidung, ob sie entweder die Zeit, die jetzt nicht mehr für die Sicherung der zum Leben unbedingt notwendigen Güter aufgebracht werden muß, der Erholung, den

Vergnügungen, der Bildung ihres Geistes widmen wollen, oder ob sie im Gegenteil gewillt sind, ebensoviel zu arbeiten wie früher, um sich für diesen Preis den Genuß von Luxus zu erkaufen. Die Weine, so wurde gesagt, kaufen die Spitzen und die Tabake kaufen die Seidenwaren; aber welches Verhältnis kann man zwischen der Trunksucht des einen Teils der Verbraucher und der Leichtfertigkeit des anderen herstellen? Welche Gewähr gibt es dafür, daß der Geschmack an den Lebensgenüssen, die ja eigentlich von der Arbeit ablenken, gerade bei vermehrter Arbeit steigt? Und welche Gewähr gibt es ferner dafür, daß man, obgleich das Vergnügen an jedem der Luxusgegenstände in dem Maße, wie sie nacheinander erworben werden, ständig geringer wird, dennoch bereit ist, sie sich durch ein größeres Opfer zu verschaffen? Wurde schon jemals bewiesen, daß ein Landarbeiter, nur für das Vergnügen, beim Pflügen ein spitzenbesetztes Batisthemd und einen Mantel aus Seide tragen zu können, bereit gewesen wäre, sich dem gesundheitsschädlichen Morgentau, der brennenden Mittagssonne und den Winterfrösten auszusetzen, wenn er statt dessen durch den Verzicht auf die Kleinigkeiten die Möglichkeit erhielte, später aufzustehen, sich weniger anzustrengen, seine Gesundheit besser zu schützen und schließlich also seine Produktion einzuschränken, ohne sich um die entsprechende Produktion des Manufakturbesitzers zu kümmern?

Aber wir wissen wohl, und die Geschichte des Handels lehrt es uns zur Genüge, daß in keinem Falle der Arbeiter aus der Erhöhung der Produktion profitiert: denn sein Lohn steigt nicht; und sogar Ricardo selbst sagte einmal in anderem Zusammenhang, daß er es auch gar nicht darf, wenn man die Vermehrung des allgemeinen Reichtums nicht verhindern will. Wir haben die traurige Erfahrung gemacht, daß der Lohn, im Gegenteil, infolge dieses Produktionswachstums fast immer gesunken ist. Welche Wirkung hat nun aber die Vermehrung der Reichtümer für das allgemeine Wohl? Unser Verfasser spricht von tausend Pächtern, die sich des Gewinns erfreuen, während hunderttausend

Landarbeiter für sie arbeiten müssen; er spricht weiterhin von tausend Fabrikbesitzern, die sich bereichern, während hunderttausend Arbeiter ihren Anordnungen zu gehorchen haben. Nur der hundertste Teil der Nation kennt also überhaupt die Annehmlichkeiten leichtfertiger Luxusgenüsse. Wäre dieses Hundertstel, das augenblicklich den gesamten aus der Arbeit herrührenden Produktionsüberschuß verbraucht, auch dann dazu noch in der Lage, wenn durch Zunahme von Maschinen und Kapital die Produktion unaufhörlich anwächst? In dem Beispiel des Verfassers muß der Pächter bzw. der Manufakturbesitzer jedesmal, wenn sich die nationale Produktion verdoppelt, seinen Verbrauch verhundertfachen; wenn der nationale Reichtum aber heute dank der Erfindung zahlreicher Maschinen hundertmal so groß ist wie zu der Zeit, als er nur die Produktionskosten deckte, müßte jeder Eigentümer Produkte verbrauchen, die für den Lebensunterhalt von zehntausend Arbeitern ausreichen würden.

Nehmen wir ruhig einmal an, daß ein Reicher die von zehntausend Manufakturarbeitern gefertigten Produkte verbrauchen könnte, das heißt also, auch die Bänder, Spitzen und Seidenwaren, von denen der Verfasser bereits sprach. Niemals jedoch könnte ein einzelner Mensch die entsprechende Menge landwirtschaftlicher Erzeugnisse verzehren, denn die Weine, der Zucker und die Gewürze, die Ricardo als Gegenwert für den Austausch vorsah, können auf dem Tisch einer einzigen Person nicht Platz finden. Diese Waren bleiben also unverkauft bzw. das richtige Verhältnis von landwirtschaftlichen und industriellen Produkten, das die Grundlage des gesamten Ricardoschen Systems zu bilden scheint, kann nicht mehr aufrechterhalten werden.

„Man könnte nun einwerfen“, fährt der Verfasser fort, „daß sich natürlich jene Überfüllung und Verstopfung, die lediglich als Folge eines schlecht organisierten Handels zu betrachten ist, nicht durch den Grundsatz erklären läßt, daß ein Anwachsen der Produktion eine ebenfalls gestiegene Nachfrage nach sich ziehen muß. Es fällt jedoch nicht schwer, darauf zu antworten: Eine Verstopfung tritt immer dann ein, wenn das Anwachsen einer bestimmten Warenart nicht gleichzeitig von einem entsprechenden Ansteigen einer anderen Warenart, die als Äquivalent dienen soll, begleitet wird. Bisher tauschten tausend Pächter und tausend Manufakturbesitzer ihre Waren untereinander aus und schufen sich dadurch gegenseitig einen Markt. Wenn sich ihnen jetzt allerdings weitere tausend Kapitalisten zugesellen, von denen jeder hundert Landarbeiter beschäftigt, so würde ohne Zweifel eine sofortige Verstopfung des Marktes mit landwirtschaftlichen Erzeugnissen verursacht werden, denn diesem Produktionsanstieg stand nicht ein gleichzeitiges Anwachsen von Manufakturwaren gegenüber, die die landwirtschaftlichen Erzeugnisse hätten kaufen können. Sollte jedoch die eine Hälfte dieser neu hinzugekommenen Kapitalisten Manufakturbesitzer sein, so würden sie genügend Industriewaren herstellen und damit die landwirtschaftlichen Produkte der anderen Hälfte kaufen können. Das Gleichgewicht wäre dann wiederhergestellt, denn mit derselben Leichtigkeit wie zuvor die tausend Pächter und tausend Manufakturbesitzer ihre Erzeugnisse austauschten, würden sich jetzt fünfzehnhundert Pächter und fünfzehnhundert Manufakturbesitzer ihre Produkte gegenseitig abkaufen."

Bereits aus den kurzen, hier angeführten Stellen kann man entnehmen, und im Werk Ricardos selbst würde man es noch weitaus besser bewiesen finden, daß er und sein Schüler sich darin gefallen, unwirkliche Beispiele aufzustellen. Diese Art der Beweisführung hat den großen Nachteil, daß man sich nicht mehr an der Unmöglichkeit der Auswege stößt, die Ricardo und sein Schüler in der Folge vorschlagen, um alle Schwierigkeiten zu beseitigen. Sie sprechen von Kapitalisten, die in einem zivilisierten Land plötzlich die Größe des Anbaugebietes verdoppeln, die Zahl der in der Landwirtschaft Beschäftigten auf das Doppelte erhöhen und eine zusätzliche Bevölkerung, die die doppelte Menge landwirtschaftlicher Produkte erzeugen kann, aus der Erde stampfen. Sie sprechen also von Dingen, die nur im Land der Feen geschehen könnten. Und selbst wenn man derartige Verhältnisse einmal gelten ließe, dürfte es schwerfallen, das Gleichgewicht dadurch wiederherzustellen, daß man die Hälfte dieser Kapitalisten und Arbeiter, die bei Ricardo wie durch Zauberei entstanden waren, dazu bewegt, die Landwirtschaft zugunsten der Industrie zu verlassen.

Mittlerweile leben wir aber in Verhältnissen, wo sich jener Umschwung in der Landwirtschaft, der zunächst aus der Luft gegriffen zu sein schien, verwirklicht hat, und wir können auch schon den Ausweg beurteilen, der als Heilmittel dienen soll. In der zivilisierten Welt war es zwar unmöglich, die Größe des Ackerbodens zu verdoppeln; jedoch man hat den Boden der unzivilisierten Länder in Bebauung nehmen können; und die politischen Umwälzungen, die Änderung des Finanzsystems, der Frieden ermöglichten es schließlich, daß nunmehr in den Häfen der alten Agrarländer Schiffsladungen eintreffen, die nahezu der gesamten Ernte dieser Länder gleichkommen. Die unermeßlich weiten Landstriche am Schwarzen Meer, die von Rußland vor ganz kurzer Zeit urbar gemacht wurden, Ägypten, das sein Regierungssystem geändert hat, die Berberei, der man den Seeraub verbot, alle diese Länder haben plötzlich die Kornkammer von Odessa, Alexandria und Tunis in die Häfen Italiens entleert und dadurch auf den Märkten einen derartigen Überfluß von Getreide herbeigeführt, so daß jetzt entlang der ganzen Küste das Gewerbe des Pächters zu einem Verlustgewerbe wurde. Das übrige Europa ist keinesfalls vor einer ähnlichen Umwälzung sicher. Sie könnte verursacht werden durch die ungeheure Größe des neuen Landes, das auf einmal an den Ufern des Mississippi unter Kultur gesetzt wurde und das seine ganzen landwirtschaftlichen Erzeugnisse ausführt. Selbst der Einfluß Neu-Hollands kann für die englische Industrie eines Tages verderblich werden, wenn auch nicht wegen der Einfuhr von Lebensmitteln, deren Transport zu teuer ist, so aber doch bei Wolle und anderen landwirtschaftlichen Erzeugnissen, die sich leichter transportieren lassen. Ohne Zweifel wird die Zeit kommen, und das ist der Wunsch der ganzen Menschheit, wo die Industrie der Landwirtschaft folgen wird und wo jene neuen Länder sich ihren eigenen Markt schaffen. Aber das wird das Werk mehrerer Generationen und vielleicht sogar mehrerer Jahrhunderte sein. Was empfiehlt nun eigentlich im gegenwärtigen Augenblick der Schüler Ricardos, um einen Produktionsüberschuß über die Nachfrage hinaus, eine Verstopfung, eine allgemeine Notlage zu verhindern? Er sagt, „daß die eine Hälfte dieser neuen Kapitalisten Manufakturbesitzer werden müsse." Aber einen solchen Ratschlag kann man doch nicht im Ernst den Tataren der Krim oder den Fellachen Ägyptens geben, denn es ist ja noch längst nicht der Zeitpunkt gekommen, wo in den überseeischen Gebieten oder in Neu-Holland neue Manufakturen errichtet werden können. Zunächst müssen erst einmal die alten Landwirte das Feld räumen, damit das Gleichgewicht wiederhergestellt wird. Aber ist es etwa eine einfache oder leichte Angelegenheit, einen Landedelmann aus Italien oder aus der Provence zu der Erkenntnis zu bringen, daß das väterliche Erbe nichts, absolut nichts wert ist und daß ihm nichts anderes übrig bleibt, als es brach liegen zu lassen, alles Kapital, was es einst wertvoll machte, daraus zurückzuziehen und plötzlich eine Manufaktur zu gründen? Ehe er so handelt, wird er lieber warten, bis eine verderbenbringende Konkurrenz dieses Kapital bis zum letzten Heller aufgesogen hat, und er wird seine Landwirtschaft so lange weiterbetreiben, bis er im Elend stirbt. Um jedoch das Rezept des Ricardo-Schülers anzuwenden, wäre es nötig, daß die Zahl der europäischen Landwirte, die auf die Landwirtschaft verzichten, der Hälfte jener neuen Landwirte vom Schwarzen Meer, Amerikas und Afrikas, die ihr Getreide auf die Märkte Europas schicken, genau entspräche. Darüber hinaus müßten zur gleichen Zeit alle von ihnen beschäftigten Landarbeiter ihren Stand wechseln.

In den meisten Fällen ist es jedoch nicht einmal so, daß das landwirtschaftliche Erzeugnis das Manufakturprodukt übertrifft und jene Verstopfung verursacht, über die man sich beklagt, sondern gerade umgekehrt macht uns heute die Zahl der Manufakturbetriebe mehr zu schaffen als die Landwirtschaft. Ohne daß die Manufakturen die Bedürfnisse des Publikums und die allgemeine Nachfrage abwarten, überschütten sie den Markt mit Produkten, so daß deren Masse die Kaufkraft der Käufer bei weitem übersteigt, selbst dann, wenn es denkbar wäre, daß es eine Kaufkraft gibt, die, unabhängig von dem Bedürfnis des Verbrauchers, die Nachfrage bestimmt. Ist es denn so einfach, in einem hoch industrialisierten Lande das Gleichgewicht dadurch wiederherzustellen, daß man sich nur einfach wieder auf die Landwirtschaft besinnt und das überschüssige Kapital aus den Manufakturen abzieht, um es für neue Urbarmachungen anzuwenden? Treten jemals solche Umwälzungen der gesamten Industrie eines Landes, die sich kaum in einem ganzen Jahrhundert vollziehen können, gerade im richtigen Augenblick ein, um jährliche Schwankungen auszugleichen? Und würde es nicht heißen, wenn, unabhängig vom Industriezweig, eine Verstopfung der anderen folgt, daß die Produktion ständig weit über die Nachfrage hinausgeht?

Außerdem sei noch gesagt, daß zwar der Austausch von Erzeugnissen der Landwirtschaft und der Industrie den eigentlichen Handel eines Landes ausmacht, jedoch bei weitem nicht alles umfaßt, und daß die für diesen Austausch angenommene Gleichheit nicht nur die Bedingungen der großen industriellen Bewegung eines Landes vereinfacht, sondern sie sogar entstellt. Jedes einzelne Produkt muß im richtigen Verhältnis zu den Wünschen, Bedürfnissen und der effektiven Kaufkraft einer bestimmten Klasse von Käufern stehen. Aber diese Wünsche und Bedürfnisse ändern sich unaufhörlich; und die Käufer, die von Produzenten obendrein nicht einmal überblickt werden können, sind über den ganzen Erdball verstreut. Kein Philosoph mit allen seinen Untersuchungen, keine Regierung mit ihrer ganzen Macht, hat jemals die Größe eines Marktes genau bestimmen können: wie sollten sie dann die Produzenten kennen?

Sie unternehmen übrigens auch gar keine Anstrengungen, sie zu veranschlagen. Sie versuchen lediglich, sich gegenseitig die Kunden wegzunehmen. Allein die Tatsache dieses Kampfes, der sich auf der gesamten bewohnten Erde abspielt, würde schon genügen, um das Übergewicht der Produktion über die Nachfrage zu beweisen. So sehr dieser Kampf auch zunehmen mag, der Handel strebt keinesfalls danach, das Gleichgewicht wiederherzustellen; er will stets billiger, aber nicht weniger verkaufen.

„Wenn die Produktion einer Ware oder einer ganzen Warenart“, sagt schließlich unser Verfasser, „unabhängig von den anderen anwächst, kommt es entweder zu einer Verstopfung oder zu Schwierigkeiten bei ihrem Absatz. Wenn jedoch die Produktion aller Waren gleichzeitig steigt, werden die verschiedenen Güter einander kaufen; und in diesem Falle ist das Anwachsen der Produktion gleichbedeutend mit einem Steigen der Nachfrage.“

Ohne Zweifel ist eine allgemeine Verstopfung im Handel weitaus seltener als eine vereinzelt auftretende Stockung; und wahrscheinlich war es unserer Zeit vorbehalten, dafür ein gewaltiges und unheilvolles Beispiel zu geben. Allein, wenn der Schüler Ricardos sich einmal umgesehen hätte, so wäre ihm aufgefallen, daß diese Verstopfung sehr wohl möglich ist. Ein einziger Verzweiflungsschrei erhebt sich aus allen Industriestädten der alten Welt, und alle Landwirtschaftsgebiete der neuen Welt schließen sich ihm an. Überall ist der Handel von der gleichen Erschlaffung betroffen, überall bestehen die gleichen Schwierigkeiten beim Absatz. Es ist noch keine fünf Jahre her, daß dieses Übel seinen Anfang genommen hat, und, weit davon entfernt, sich abzuschwächen, scheint es auf die Dauer nur noch größer zu werden. In allen uns bekannten Berufen gibt es zu viele Hände: wie aber soll denn in dem Falle, wo kein Gewerbe mehr nach zusätzlicher Handarbeit fragt, das Gleichgewicht, von dem bisher die Rede war, wiederhergestellt werden?

Die Not ist für die Manufakturarbeiter am schrecklichsten: weil, im Unterschied zu den Landarbeitern, ihr ganzer Lebensunterhalt vom Tausch abhängt. Am größten ist die Not in England, da es in England verhältnismäßig weit mehr Manufakturen gibt als in irgendeinem anderen Land Europas. Man kann die Bittschrift der Manufakturarbeiter aus Nieder-Nottingham nicht lesen, ohne schaudern zu müssen. „Nachdem wir“, sagen sie, „vierzehn bis sechzehn Stunden täglich gearbeitet haben, verdienen wir nur vier bis sieben Schilling wöchentlich, und davon müssen wir mit unseren Familien leben. Die gesunde Nahrung, die früher auf den Tischen der Engländer immer reichlich vorhanden war, mußten wir durch Brot und Wasser oder Kartoffeln mit Salz ersetzen; und wir versichern, daß wir uns nach der anstrengenden Arbeit eines ganzen Tages schon mehrmals genötigt sahen, ohne Abendessen schlafen zu gehen und die Kinder ins Bett zu bringen, um nicht länger ihr Hungergeschrei zu hören. Feierlich erklären wir, daß wir in den vergangenen anderthalb Jahren kaum gewußt haben, was es heißt, keinen Hunger zu leiden“ (Edinburgh Review, Mai 1820, S. 334).

Schon zu wiederholten Malen hat man angekündigt, daß sich das Gleichgewicht wiederherstellen und die Arbeit wieder beginnen würden; aber stets löste eine einzige Nachfrage eine solche Bewegung aus, daß dadurch die wirklichen Bedürfnisse des Handels bei weitem überschritten wurden und daß schließlich diese neue Aktivität sehr bald von einer mit jedem Male gefährlicher werdenden Verstopfung gefolgt wurde. Auch jene patriotischen Vereinigungen, die in Belgien, Deutschland und anderswo entstehen, um die ausländischen Waren zurückzuweisen, sind eine verhängnisvolle Folgeerscheinung dieser allgemeinen Notlage. Heute bestimmen weder die Philosophen noch die Regierungen das die öffentliche Meinung beherrschende System, sondern vielmehr die Not, die man überall vor Augen hat. Der Überfluß an landwirtschaftlichen Erzeugnissen macht sich weniger bemerkbar: zunächst, weil der Landwirt, welcher nur sein überschüssiges Getreide verkauft, nicht solche Not zu leiden braucht wie der Manufakturist, der erst essen kann, wenn er das Ergebnis seiner gesamten Arbeit veräußert hat; und schließlich, weil die Landwirtschaft nicht in dem Maße entwickelt ist wie die Industrie. Aber dennoch leidet auch die Landwirtschaft unter einem allgemeinen Notstand: die Preise der Lebensmittel wiegen kaum die Produktionskosten auf; und der Bankrott vieler englischer Pächter hat gezeigt, daß die landwirtschaftlichen Unternehmen eher eingeschränkt als vergrößert werden sollten. Im Gegensatz zur Behauptung Ricardos und sogar im Gegensatz zur Grundlage seines ganzen Systems hat sich erwiesen, daß eine allgemeine Verstopfung, ein Anwachsen der Produktion, keineswegs die Nachfrage steigen läßt, sondern sie im Gegenteil nur noch mehr herabsetzt.

Man kann doch diese ungeheure Not in ganz Europa unmöglich mit ansehen, ohne mit dem ganzen Herzen und Verstand nach Heilmitteln zu suchen, die einem derartigen Elend ein Ende bereiten würden. Aber unserer Meinung nach sind alle jene Heilmittel, die wir in unserem Buch aufzuzeigen versuchten, lediglich indirekter Art, ganz abgesehen davon, daß sie außerdem nur sehr langsam wirken. Trotzdem dürfte schon einiges getan sein, wenn wir gezeigt haben, was nicht gemacht werden soll, und wenn wir von dem Rat sprechen, der nicht befolgt werden darf; ferner wenn wir feststellen, daß die Fähigkeit zu verbrauchen nicht unbedingt im gleichen Maße wie die Möglichkeit zu produzieren anwächst, und schließlich wenn wir bei denjenigen Zweifel erregten, die glauben, dem Vaterlande und der Menschheit zu dienen, indem sie die Produktivität der Arbeit vergrößern, selbst in einem Augenblick, wo sie vielleicht dazu beitragen, uns immer mehr unter einer Masse falscher Reichtümer zu erdrücken, die wir nicht gebrauchen können.

ZWEITER ARTIKEL

ÜBER DAS GLEICHGEWICHT ZWISCHEN KONSUMTION UND PRODUKTION[33]

Die Ökonomen sind heute in einer der wesentlichsten Fragen, von deren Entscheidung in gewisser Weise die ersten Grundsätze der ökonomischen Wissenschaft abhängen, geteilter Meinung. An anderer Stelle wurde diese Frage bereits von uns behandelt, hier bitten wir nochmals um die Erlaubnis, sie einer weiteren Untersuchung unterziehen zu dürfen. Wahrscheinlich ist es überhaupt angebracht, sich stets von neuem damit zu beschäftigen. Eine geringe Zahl von Buchseiten reicht nicht aus, bei den einen die bereits gebildeten Meinungen zu erschüttern noch bei den anderen zur Entstehung einer neuen Lehre zu führen. Alles, was wir glaubten tun zu können, besteht darin, auf die Wichtigkeit der Entscheidung dieser Frage hinzuweisen und jene, die sich vielleicht zu schnell eine Meinung gebildet hatten, erneut zum Nachdenken anzuregen.

Hier nun die Frage. Ricardo in England und Say auf dem Kontinent haben behauptet, daß es genügt, wenn sich der Ökonom mit der Entstehung der Reichtümer beschäftigt; denn eine größtmögliche Prosperität der Nationen macht es erforderlich, daß stets in steigendem Maße produziert wird. Sie haben ferner gesagt, daß die Produktion stets auch Verbrauchsmöglichkeiten schafft, daß niemals zu befürchten sei, die Waren könnten den Markt überfüllen, wie groß diese Menge der aus menschlichem Fleiß hervor-

[33] Diese kleine Schrift ist zum ersten Mal in der „Revue encyclopédique" veröffentlicht worden. Mai 1824, Bd XXII.

gegangenen Waren auch sei, da der Mensch mit seinen Bedürfnissen und Wünschen stets danach strebt, alle diese Reichtümer zu konsumieren.

Andererseits hat Malthus in England ähnlich wie ich auf dem Kontinent die Meinung vertreten, daß der Verbrauch nicht die notwendige Folge der Produktion sei, daß die Bedürfnisse und Wünsche des Menschen zwar grenzenlos seien, daß diese Bedürfnisse und Wünsche aber nur durch den Verbrauch befriedigt werden können, sofern Tauschmittel vorhanden sind.

Wir haben behauptet, daß es keinesfalls genüge, diese Tauschmittel zu schaffen, um sie in die Hände jener gelangen zu lassen, die solche Bedürfnisse und Wünsche haben, daß es sogar häufig genug vorkäme, daß die Tauschmittel in der Gesellschaft zunehmen, während die Nachfrage nach Arbeit oder die Löhne sinken, so daß die Wünsche und Bedürfnisse eines Teils der Bevölkerung nicht befriedigt werden können und damit auch der Verbrauch abnimmt. Schließlich vertraten wir die Ansicht, daß das untrügerische Zeichen für die Prosperität der Gesellschaft nicht die vermehrte Produktion von Reichtümern sei, sondern vielmehr die steigende Nachfrage nach Arbeit bzw. das größere Lohnvolumen, womit die Arbeit entschädigt wird.

Ricardo und Say haben keinesfalls geleugnet, daß die steigende Nachfrage nach Arbeit ein Zeichen von Prosperität sei; sie haben aber behauptet, daß sie die notwendige Folge des Produktionswachstums wäre.

Malthus und ich, wir verneinen das; wir betrachten diese beiden Wachstümer als Ergebnis zweier voneinander unabhängiger Ursachen, die in manchen Fällen sogar völlig gegensätzlich sein können. Wir sind der Auffassung, daß, wenn die Nachfrage nach Arbeit nicht der Produktion vorausgegangen ist und diese verursacht hat, sich der Markt verstopft, so daß dann schließlich eine erneute Produktion Niedergang und nicht Wohlstand hervorrufen würde.

Die überwiegende Mehrzahl der Ökonomen hat in dieser

Frage den Standpunkt von Ricardo und Say angenommen; aber, im Gegensatz dazu, richten sich fast alle Unternehmer nach den von Malthus und mir aufgestellten Grundsätzen. Solange ihnen in der Industrie und Landwirtschaft der Absatz die unmittelbare Ursache ihres Vorankommens oder Niedergangs zu sein scheint, ist es also der Absatz, nach dem sie ihre Produktionsunternehmungen regulieren werden, selbst wenn sie dabei nicht immer erfolgreich sind.

Ricardo, dessen kürzlicher Tod nicht nur seine Familie und seine Freunde tief erschüttert hat, sondern auch alle jene, die er durch seinen Geist erleuchtet und die er durch seine edle Denkungsart beeindruckt hat, hielt sich in seinem letzten Lebensjahr einige Tage in Genf auf. Wir diskutierten zusammen, zwei- oder dreimal, über diese grundsätzliche Frage der Politischen Ökonomie, in der wir gegensätzlicher Meinung sind. Er war in seiner Beweisführung von einer Höflichkeit, Aufrichtigkeit, Wahrheitsliebe, die ihn auszeichneten, und von einer Klarheit, die selbst seine Schüler nicht von ihm erwartet hätten, wenngleich sie an die strengen Abstraktionen gewöhnt waren, die er ihnen abverlangte.

Allerdings konnte eine mündliche Diskussion nicht genügen, bei einer Frage, die eine so schwierige Verflechtung von positiven Berechnungen und in gewisser Weise metaphysischen Erwägungen erfordert. Außerdem habe ich mir vorgenommen, an dieser Stelle mit etwas mehr Ordnung und mittels tiefergehender Überlegungen nochmals die Argumente aufzuzeichnen, die ich bei diesen Aussprachen, deren Andenken mir so kostbar ist, ins Feld führte.

Wir nahmen, einer wie der andere, an (und warum sollte man das nicht tun dürfen?), daß sich sämtliche Unternehmen landwirtschaftlicher und industrieller Art gegenseitig, in allen Ländern Europas, über die Verstopfung der Märkte, über die Unmöglichkeit, zu verkaufen bzw. nur mit Verlust verkaufen zu können, beklagt haben. Ich sah den Grund dafür in der übermäßigen Produktion bzw. in ihrem Mißverhältnis zum Verbrauch. Da nach Ricardo diese Überproduktion bzw. dieses Mißverhältnis nun aber prinzipiell unmöglich waren, schrieb er diese Auswirkungen den Schwächen der gesellschaftlichen Ordnung, den Zirkulationsbehinderungen für die Produkte und den Steuern zu.

Einer wie der andere schlossen wir aus der Frage, die uns beschäftigte, den Fall eines solchen Landes aus, das dem Ausland mehr verkaufte, als es von ihm kaufte, das also für die eigene steigende Produktion einen größer werdenden Markt im Ausland fände. Die Mehrzahl der Staatsmänner, wohl noch wegen eines Rests Verbundenheit mit dem Merkantilsystem, haben sich, wie Ricardo und Say es empfohlen haben, vorgenommen, in dem Lande, das sie verwalten, die Produktion unaufhörlich anwachsen zu lassen. Das geschah allerdings in der Absicht zu exportieren, und nicht hinsichtlich des inneren Verbrauchs. Diese beiden Systeme*, wenngleich sie in einigen Punkten übereinstimmen, sind in ihren Grundsätzen gänzlich entgegengesetzt. So hat das englische Ministerium aus England die Manufaktur der gesamten Welt machen wollen; es beabsichtigte, daß die Völker Europas, Amerikas und Indiens die Kunden der englischen Kaufleute würden, daß jedes neue Wachstum in der nationalen Industrie mit der Eröffnung eines neuen äußeren Marktes verbunden wäre. Aber anstatt für den Verbrauch mit dem Austausch der vermehrten Produkte untereinander zu rechnen, schmeichelte man sich damit, von den ausländischen Märkten nach und nach die ausländischen Produzenten auszuschalten, und zwar in dem Maße, wie die Engländer mit Waren dorthin kamen, die entweder von besserer Qualität oder von niedrigeren Preisen waren.

Bei einem derartigen System wird jede Nation der anderen zum Konkurrenten. Die Prosperität der Industrie in dem einen Lande verursacht den industriellen Ruin des anderen;

* Gemeint sind hier das protektionistische Merkantilsystem und das auf liberalistischen wirtschaftspolitischen Grundsätzen beruhende System Ricardos.

und richten sich alle gleichzeitig nach diesem System und widmen alle jedes Jahr eine größere Exportmenge dem ausländischen Markt, bieten sie ferner alle ihre Waren mit Preisnachlaß an, nehmen sie sich gegenseitig die Kunden weg, und verkaufen sie mehr, als sie kaufen, so wird sich ihr Wetteifern, durch welches sie eine Verstopfung des Weltmarktes verursachen, schließlich für alle als verhängnisvoll erweisen. Würde sich jedoch eine einzige Nation auf Kosten der anderen durchsetzen können und würde nur diese aus der Freiheit des Handels Nutzen ziehen, so wäre es erforderlich, daß sich die übrigen Nationen gegen eine Industrie zur Wehr setzen, die ihre eigene tötet. Übrigens haben dieselben Minister, die zu einer wachsenden Produktion angeregt haben, gleichzeitig zum Protektionismus Zuflucht genommen.

Ricardo dagegen, als Verfechter einer absoluten Freiheit im Handel zwischen den Nationen, hat voraussetzen müssen, daß sein System, anstatt nur von einem Lande, von allen Ländern gleichzeitig befolgt werden könnte und daß die Produzenten, anstatt einander Konkurrenten zu sein, gegenseitig zu Kunden werden. Außerdem beruht seine gesamte Theorie auf dem fundamentalen Grundsatz, daß eine Nation nicht verkaufen kann, wenn sie nicht ebensoviel kauft; daß es ein notwendiges Gleichgewicht zwischen der Produktion und dem Verbrauch gibt, daß letzterer stets mit der Produktion zunimmt, daß der Außenhandel nichts an dem Austausch stört, der sich zwischen diesen beiden Größen vollzieht, sondern lediglich durch das Einführen von zwar gleichen, aber gebrauchswertmäßig variierten Werten auf dem Markt die verschiedenen Geschmacksrichtungen der Verbraucher zufriedenstellt. Steigt zum Beispiel die Tuchproduktion in England um hunderttausend Stück jährlich an, so erhalten die Engländer die Möglichkeit, anstatt diese zusätzlichen hunderttausend Tuche in natura zu verbrauchen, ihren Gegenwert in Form von Weinen, Gewürzen oder anderen Waren, die ihnen der Handel bieten kann, zu verzehren. Nach Meinung Ricardos und Says glaubt man

Austausche und infolgedessen Verbrauch hervorzurufen, indem man Tauschgegenstände produziert. Die Gleichheit zwischen Konsumtion und Produktion scheint ihnen in jedem Falle bewiesen zu sein, sei es, daß man den Weltmarkt betrachtet, oder sei es, daß man jedes Land als von allen anderen isoliert ansieht.

Um aus den überwältigenden Umwälzungen der Industrie unserer Tage in den verschiedensten Ländern keine falschen Schlüsse zu ziehen, ist es außerordentlich wichtig, sich ständig diesen Grundsatz Ricardos vor Augen zu halten. Die Industrieunternehmen aller stark industrialisierten Länder Europas waren vor einigen Jahren in einer schrecklichen Notlage, weil sie für ihre Produkte keinen Absatz mehr fanden. Heute (im Jahre 1824) haben sie sich davon erholt. Jetzt ist es aber die Landwirtschaft, die im Weltmaßstab in eine Krise geraten ist, da es ihr nicht gelingt, die Ernten zu verkaufen. Die Belebung, die die Industrie erfahren hat, ist jedoch keinesfalls ein Beweis für das System Ricardos. Wenn nun auch die Landwirtschaft die Krise in ähnlicher Weise wieder überwinden wird, so ist dadurch der Wahrheitsgehalt einer Theorie noch längst nicht bewiesen. Wir wissen, daß sich für die Europäer ein neuer, ein riesiger Markt in Lateinamerika geöffnet hat. Nun besteht aber die Frage für uns nicht darin festzustellen, ob kriegerische oder politische Ereignisse einer Nation neue Verbraucher schaffen können. Vielmehr gilt es zu beweisen, daß sich ein Land die Verbraucher selbst dadurch schaffen kann, allein indem es seine Produktion erhöht. Zumindestens sollte man die Vermutung aussprechen, daß die Besserung in der Lage der europäischen Märkte den politischen Glücksfällen und nicht dem natürlichen Wachstum der Reichtümer zu verdanken ist. Alle großen Nachfragen sind aus Lateinamerika gekommen, wo die Einfuhr europäischer Waren auf kein Hindernis mehr stößt, wo der Krieg, der in allen Provinzen tobt, viel verschlingt und wenig hervorbringt und wo sich die Völker voller Patriotismus und heftiger Leidenschaft gleichzeitig hinreißen lassen, die Kapitalien anstelle der Einkommen für den Kauf von Waffen und anderer Waren, die England liefert, zu opfern.[34]

Ricardo rechnete keineswegs mit dem Krieg der Kolonien, mit der Befreiung Amerikas und mit den Anleihen Kolumbiens und Chiles, um den englischen Fabrikanten Kunden zu verschaffen; denn seiner Ansicht nach sorgen diese Fabrikanten selbst für ihre Kundschaft. Er sagte: „Nehmen wir an, daß hundert Landbebauer tausend Sack Getreide produzieren und hundert Tuchfabrikanten tausend Ellen Stoff herstellen, sehen wir dabei von allen anderen für den Gebrauch des Menschen notwendigen Produkten sowie von allen anderen Verbindungen zwischen ihnen ab; betrachten wir lediglich diese zweihundert Menschen und ihre Erzeugnisse. Sie tauschen dann tausend Ellen Stoff gegen tausend Sack Getreide. Nehmen wir weiterhin an, daß durch die ständige Weiterentwicklung der Industrie und Landwirtschaft die Arbeitsproduktivität um ein Zehntel steigt und infolgedessen dieselben Menschen nun elfhundert Ellen Stoff gegen elfhundert Sack Getreide tauschen, so daß sich jeder besser ernähren und besser kleiden kann. Ein erneuter Aufschwung führt zum Austausch von zwölfhundert Ellen Stoff gegen zwölfhundert Sack Getreide, und so immer weiter. Die Zunahme der Produkte bedeutet stets nur das Anwachsen des Verbrauchs jener, die produzieren."*

Meiner Meinung nach geht die Abstraktion hinsichtlich dieser Überlegungen viel zu weit. Es wird verlangt, die

[34] Wir haben bereits im vierten Buch, viertes Kapitel, Seite 300, festgestellt, welcher Art die Ergebnisse dieser künstlichen Aktivität gewesen sind, wie die Engländer selbst das Geld gegeben haben, mit dem ihre Waren von Ausländern gekauft und verbraucht worden sind, und wie, sobald sie aufhörten, ihren Kunden zu leihen, diese aufhörten zu kaufen.

* Die von Sismondi hier in Form eines Zitats angegebenen Worte Ricardos werden von ihm quellenmäßig nicht belegt. Auch die Übersetzer sind dazu nicht in der Lage. Wahrscheinlich handelt es sich um die Rekonstruktion des Gesprächs zwischen Ricardo und Sismondi in Genf.

Details zu vernachlässigen; doch entzieht man alle aufeinanderfolgenden Abläufe dem Auge, anhand welcher man die Wahrheit vom Irrtum unterscheiden könnte. Auf diese Weise handelt es sich keinesfalls mehr um eine Vereinfachung, sondern vielmehr um eine Verwirrung der Angelegenheit.

Beschäftigen wir uns nochmals mit dem gleichen Austausch, den Ricardo in so wenigen Worten darlegt. Wir werden erstaunt sein, wie verwickelt in Wirklichkeit alles ist. Verfolgen wir die verschiedenen Handelsaktionen, die ein einziger Produzent ausführt oder für sich vornehmen läßt, wobei wir wie Ricardo annehmen, daß vom kleinen zum großen von allen die nämlichen Operationen ausgeführt werden. Trennen wir die Ursachen von den Wirkungen und lassen wir selbst eine große Anzahl von Zwischengliedern beiseite, so sehen wir noch immer, wie schwierig es ist, daß die Hersteller der einen Hälfte der Reichtümer die Verbraucher der anderen Hälfte werden.

Um diesen gesellschaftlichen Mechanismus näher zu untersuchen, wollen wir die Landwirtschaft als Beispiel wählen. Dabei soll lediglich der Ackerbau in Betracht gezogen und von allen anderen landwirtschaftlichen Erzeugnissen abgesehen werden. Betrachten wir den Ackerbau zu einem frühen Stadium, als die Industrie noch kaum entwickelt war und die Arbeitsproduktivität nach Abdeckung des Unterhalts des Arbeiters nur sehr wenig Überschuß ergab. Eine solche Hypothese wird bei der Rechnung die geringsten Schwierigkeiten ergeben und uns die wenigsten Einzelheiten abverlangen. Gleichzeitig werden wir aber die Gesellschaft in ihrem jetzigen Zustand examinieren, mit den Arbeitern ohne Eigentum, deren Lohn durch die Konkurrenz bestimmt wird und welche entlassen werden können, sobald der Unternehmer ihrer Arbeit nicht mehr bedarf; denn gerade diese gesellschaftliche Ordnung ist es, auf die sich unsere Einwürfe stützen. Schließlich wollen wir ebenfalls wie Ricardo das Papiergeld außer acht lassen.

Sprechen wir von einem Landbebauer, der auf einem gegebenen Stück Land zehn Mitglieder seiner Familie unterhält sowie Hausgesinde und Arbeiter, die für ihn arbeiten, und welcher auf seiner Domäne jährlich hundertzwanzig Sack Getreide produziert. Um unsere Rechnung nicht allzu sehr zu komplizieren, sehen wir von jeglichen anderen Produkten seiner landwirtschaftlichen Erzeugung ab bzw. wollen sie durch Getreide verkörpert sehen. Nehmen wir weiter an, daß der Lohn, den er jedem seiner Arbeiter gibt, zehn Sack Getreide entspricht. Von diesen zehn Sack verzehrt der Arbeiter jährlich drei Sack in natura, sieben verwendet er, um sich auf dem Tauschwege die anderen Produkte, seien sie landwirtschaftlicher oder industrieller Herkunft, zu verschaffen, die er neben dem Brot für sein Leben benötigt. Dem landwirtschaftlichen Unternehmer selbst bleiben zwanzig Säcke. Um unser Rechenbeispiel abermals zu vereinfachen, setzen wir voraus, daß er gleichzeitig Eigentümer und Bebauer ist. Er braucht indessen zehn Sack Getreide, drei in natura und sieben für andere Lebensnotwendigkeiten, um ebenso wie jeder seiner Arbeiter zu leben. Die zehn weiteren Säcke verschaffen ihm auf dem Tauschwege die Genüsse, die wir als Luxus bezeichnen wollen, Genüsse, die er nicht mit allen den anderen arbeitenden Menschen teilt.

Fassen wir zusammen. Die Domäne erzeugt hundertzwanzig Säcke Getreide, von denen dreiunddreißig sofort von denen verzehrt werden, die sie produziert haben. Siebenundsiebzig werden gegen lebensnotwendige Dinge getauscht, also von jenen verbraucht, die die Waren herstellen, welche die Armen kaufen. Zehn Säcke werden gegen Luxusgegenstände vertauscht; das heißt, daß sie von jenen verzehrt werden, die Waren zum Verkauf für die Reichen erzeugen; denn wir bezeichnen jenen als reich, der, nachdem er seine Bedürfnisse befriedigt hat, einen Teil seiner Einkünfte für Vergnügungen und Genüsse ausgeben kann.

Zu jener Zeit vermehrte bereits eine Erfindung eines mechanischen Geräts, eine neu entdeckte Maschine zur Bodenbearbeitung, oder die Kunst, die Haustiere zur Ausführung menschlicher Arbeit abzurichten, die Produkte menschlicher Arbeit um fünfzig Prozent. Hatten wir als Beispiel eine Familie von Ackerbauern mit kleinem Eigentum angenommen, deren einzelne Mitglieder nahezu über die gleichen Rechte verfügten, so ziehen auch alle gleichermaßen Nutzen aus dieser Erfindung. Acht Stunden Arbeit würden dann für die elf Mitglieder dieser Familie genügen, um die Früchte zu erzielen, die vor der Entdeckung in zwölf Stunden erarbeitet wurden. Wenn nun für sie keine weitere Arbeitsanforderung vorliegt, woraus sie wiederum alle gleichen Nutzen ziehen würden, könnten sie sich täglich vier Stunden mehr erholen.

Wir hatten aber die Gesellschaft in ihrem jetzigen Zustand vorausgesetzt, d. h. einerseits einen Grundeigentümer, der allein die Arbeiten leitet und als einziger die Früchte der Arbeit erntet und auf diese Weise allein von den Erfindungen profitiert. Andererseits die Tagelöhner, die nichts weiter ihr Eigentum nennen als die Fähigkeit zu arbeiten und welche kein anderes Einkommen haben als ihren Lohn. Jeder der Arbeiter hat dem Grundeigentümer zwölf Säcke Getreide produziert und ist nach der Erfindung der Maschine in der Lage, achtzehn zu erzeugen. Indessen ist die Menge des Getreides, das der Grundherr zu produzieren beabsichtigt, begrenzt: 1. durch die Größe seiner Felder; 2. durch die Höhe seines landwirtschaftlichen Kapitals und 3. durch die Nachfrage des Marktes, für den er den Überschuß seiner Ernten bestimmt. Er stellt seine Berechnungen an: sieben Arbeiter, pro Arbeiter achtzehn Säcke, erzeugen ihm hundertsechsundzwanzig Säcke Getreide. Das sind sechs Säcke mehr als vorher. Um sie zu verkaufen, sollte es erforderlich sein, gewährt er einen geringen Preisnachlaß. Er entläßt also drei seiner Arbeiter, fährt fort, seine Domäne in gleicher Ausdehnung mit dem nämlichen Kapital weiterzuführen, aber nur mit sieben Arbeitern anstelle von zehn, denen er jedoch zunächst noch den gleichen Lohn zahlt. Machen auch wir unsere Rechnung.

Das Grundstück bringt hundertsechsundzwanzig Säcke Getreide hervor; wir haben sieben Arbeiter und einen

Grundeigentümer, deren Lebensbedürfnisse mit zehn Säcken pro Mann abgedeckt werden, insgesamt also mit achtzig Säcken Getreide. Außerdem verfügen wir über sechsundvierzig Säcke, die dem Grundherrn für seine Luxusbedürfnisse bleiben. Von dem ersten Teil werden vierundzwanzig Säcke in natura auf der Domäne verzehrt werden anstelle von den dreiunddreißig Säcken, die hier vorher verbraucht wurden; sechsundfünfzig anstelle von siebenundsiebzig Säcken werden nun gegen andere lebensnotwendige Dinge ausgetauscht und von jenen gegessen, die die Waren herstellen, welche der Arme kauft. Was den zweiten Teil anbetrifft, nämlich sechsundvierzig anstatt zehn Säcken, sie müssen gegen das ausgetauscht werden, was wir Luxusgegenstände genannt haben: sie sollen also von jenen verzehrt werden, die in der Luxusindustrie arbeiten, aber natürlich nur dann, wenn es diesen neuen Industriezweig, den es noch zu schaffen gilt, überhaupt erst geben wird. Danach können wir feststellen, daß eine äußerst geringe Zunahme des Produkts eine sehr beträchtliche Abnahme im Verbrauch der beiden bereits bestehenden Wirtschaftszweige bewirkt, d. h. in Landwirtschaft und Industrie für den Verzehr der Armen; andererseits sehen wir eine fast fünffache Nachfrage nach einer Industrie, die bis dahin erst gerade im Entstehen war, nach der Industrie, die Produkte für den Bedarf der Reichen herstellt.

Um diese Wandlung im Verbrauch, resultierend aus einer Weiterentwicklung der Industrie, welche aber nicht durch eine vermehrte Nachfrage nach Arbeit bestimmt ist, noch fühlbarer zu machen, wollen wir eben dieses Anwachsen unter einem anderen Gesichtspunkt betrachten. Wir hatten angenommen, daß zehn Säcke Getreide den angemessenen Lohn für einen Menschen darstellen, daß er drei Säcke davon direkt verzehren und die restlichen sieben vertauschen würde, so daß auf diese Weise ein beträchtlicher Teil seines Lohnes wieder als Lohn der Arbeiter, die für ihn arbeiten, in Erscheinung tritt. Die Domäne, die in ihrem ursprünglichen Zustand hundertzwanzig Säcke Getreide produzierte, zahlte also den Lohn an zehn Tagelöhner, einen Grundeigentümer und einen Arbeiter in der Luxusindustrie, sie warf ferner vierundachtzig Säcke ab, die diese zwölf Personen mit jenen austauschten, die ihnen, das Getreide ausgenommen, alle übrigen lebensnotwendigen Dinge lieferten. Letzteres setzt noch acht zwei Fünftel Arbeiter voraus, die für die ersteren arbeiten. Man weiß, daß sie ihrerseits wiederum sieben Zehntel des erhaltenen Getreides, das sie nicht in natura verzehren, austauschen und daß auch jene, die für sie produzieren, gleichermaßen handeln, bis schließlich das gesamte Getreide, aufgrund der drei Säcke pro Person, auf vierzig Menschen verteilt ist. Bei diesen vierzig Menschen gibt es nur einen einzigen, der Luxusgegenstände verbraucht; und es ist auch nur eine Person darunter, die diese herstellt.

Nun macht die Industrie den von uns vorausgesetzten ersten Schritt voran. Durch eine Entdeckung in der Landwirtschaft steigt das Arbeitsprodukt der Landarbeiter um fünfzig Prozent. Der selbstwirtschaftende Grundeigentümer hat drei seiner Arbeiter entlassen und die Produktion auf hundertsechsundzwanzig Säcke gesteigert. Sein landwirtschaftlicher Betrieb bezahlt von nun an einen Lohn von achtzig Säcken Getreide, ihm selbst und seinen sieben Tagelöhnern. Diese acht Personen haben eine Nachfrage nach der Arbeit anderer Arbeiter, eine Nachfrage, die sechsundfünfzig Säcken Getreide oder fünf drei Fünftel Arbeitern entspricht. Diese Arbeiter wiederum rufen eine Nachfrage nach weiteren hervor, bis daß die gesamten achtzig Säcke, welche die Arbeit repräsentieren, die für die Entstehung der gesamten Ernte notwendig ist, sechsundzwanzig zwei Drittel Arbeitern, die lebensnotwendige Dinge schaffen, Brot gegeben haben. Vergleicht man diese neuen Gegebenheiten mit den vorher geschilderten, so gibt es also dreizehn und ein Drittel Arbeiter, die im Elend leben oder noch kein Brot erhalten haben. Es stimmt, daß gehofft wird, daß sie es über die Luxusmanufaktur erhalten. In der Tat bietet der Grundeigentümer sechsundvierzig Säcke zum Tausch gegen Erzeugnisse der Luxusproduktion oder einer anderen Industrie an, welche ebenfalls seine persönlichen Genüsse befriedigen kann. Da es diese Arbeit vorher noch nicht gab, muß er sie durch höhere Löhne fördern. Er bietet zwölf, vierzehn und sogar fünfzehn Säcke Getreide anstelle von zehn, damit ihm Genüsse verschafft werden, nach denen ihn sein neuer Reichtum streben läßt. Alles, was der Arbeiter in der Luxusproduktion über seinen lebensnotwendigen Lohn hinaus erhält, verwendet er seinerseits für Luxusgenüsse. Der Rest schließlich kommt in die Unterhaltsmittelproduktion zurück, letzteres jedoch erst, sofern es überhaupt Luxusproduktion gibt und nachdem die sechsundvierzig, dem Grundeigentümer zugefallenen Säcke durch die Hände der Luxusarbeiter gegangen sind und der Überfluß durch sie ausgetauscht worden ist. Erst dann, so behaupte ich, werden alle jene Brot erhalten haben, die ihre Arbeit anbieten. Wenn diese Verteilung unter zweiundvierzig Personen, die von nun an an dieser Ernte beteiligt sind, wird abgeschlossen sein, werden siebenunddreißig drei Fünftel anstatt neununddreißig Personen arbeiten, um lebensnotwendige Dinge herzustellen, vier zwei Fünftel davon werden Luxusgegenstände erzeugen, und die Bevölkerung wird um zwei Menschen zugenommen haben.[35]

Also stellen wir wie Ricardo fest, daß am Ende der Zirkulation, sofern sie nirgends aufgehalten wurde, die Produktion einen neuen Verbrauch geschaffen hat, das allerdings nur, wenn man, wie es die deutschen Metaphysiker tun würden, von Zeit und Raum absieht, was bedeutet, daß

[35] Wir haben angenommen, daß für die Arbeiter zehn Säcke Getreide alle lebensnotwendigen Dinge darstellen, um in dem ihrer Klasse entsprechenden Wohlstand der Zeit leben zu können. Die sechsundvierzig Säcke ernähren infolgedessen nur vier zwei Fünftel Luxusarbeiter. Steigt ihr Lohn sogar auf fünfzehn Säcke, wird der Fabrikinhaber selbst nur drei Luxusarbeiter beschäftigen. Diese drei Arbeiter jedoch benötigen für ihren eigenen Verbrauch an Luxusgegenständen einen vierten Arbeiter, und dieser vierte beansprucht wiederum einen Teil der Zeit eines fünften Arbeiters.

man alle Hindernisse, die diese Zirkulation unterbrechen können, außer acht läßt. Je genauer wir die Zirkulation aber betrachten, um so mehr solcher Hindernisse entdecken wir.

Die von uns angenommene Änderung in der landwirtschaftlichen Erzeugung führte zur Entlassung von drei Landarbeitern, ferner wird der Verdienst von zehn Industriearbeitern, der vorher gesichert war, mehr oder weniger in Frage gestellt; er hängt jetzt von einem zukünftigen Ereignis, von der Errichtung einer neuen Manufaktur ab.

Also hängt die Wiederherstellung des Gleichgewichts vom sofortigen Einsatz dieser Luxusarbeiter ab. Da sie aber zunächst gar nicht existieren, muß ihnen erst zum Dasein verholfen werden. Der Grundeigentümer, der anfangs lediglich zehn Säcke Getreide auf seinem Grundstück für sich erzielte, war weit davon entfernt, daran zu denken, welche Art von Arbeit nachgefragt würde, um seine Bedürfnisse zu befriedigen, die er haben könnte, wenn er sechsundvierzig Säcke erzielt. Die Wagenbauer, Glasschmelzer und Uhrmacher, deren Erzeugnisse er begehren wird, gibt es noch gar nicht. Muß er auf sie warten, vom Augenblick des Gedankens an sie bis zu dem Zeitpunkt, wo sie bereits ihr Leben verdienen können, so erscheint dem Wartenden der Vorgang, bis jene zu arbeiten verstehen, als äußerst lang. Die Geduld wird auf eine harte Probe gestellt, und mag die Lehrzeit der Menschen, die bereit sind, ein neues Handwerk zu erlernen, noch so kurz sein.

Indessen gibt es noch eine andere Schwierigkeit: Um eine neue Manufaktur, eine Luxusmanufaktur, zu gründen, bedarf es auch eines neuen Kapitals, man muß Maschinen bauen, Rohmaterialien kommen lassen, einen fernen Handel anregen; denn die Reichen begnügen sich nur selten mit Genüssen, die in ihrer unmittelbaren Nähe entstehen. Wo indessen findet man dieses neue Kapital, das vielleicht bedeutend größer sein wird als jenes, das die Landwirtschaft erfordert? Der Anstoß wurde der Gesellschaft gegeben durch die Erfindung des Pfluges bzw. durch die Möglichkeit, Tiere davor zu spannen. Diese Erfindung hat jedoch kein neues

Kapital entstehen lassen. Die Luxusarbeiter sind noch weit davon entfernt, das Getreide der Landarbeiter zu essen und die Kleidung aus den üblichen Fabriken zu tragen. Sie sind nicht ausgebildet, vielleicht sind sie noch nicht einmal geboren, ihre Handwerke gibt es nicht, die von ihnen zu bearbeitenden Materialien müssen noch aus Indien kommen. Alle jene, denen sie ihr Brot zuteilen sollen, warten vergeblich darauf.

Aber versuchen wir es mit einer anderen Annahme. Unser selbstwirtschaftender Grundeigentümer behält in dem Augenblick, wo er die Entdeckung zur Erhöhung der Arbeitsproduktivität gemacht hat, alle seine zehn Arbeiter, anstatt drei zu entlassen. In der Tat werden diese Arbeiter, die nur von ihrer Arbeit leben können, nicht die Arme verschränken, um Hungers zu sterben. Sie haben keinen anderen Beruf als die Landarbeit, und, solange sie überhaupt noch atmen können, werden sie weiterhin die Arbeit ihrer Hände für geringstes Entgelt anbieten, um Getreide zu erzeugen unter den Bedingungen der gestiegenen Produktionsmöglichkeiten, die sich aus den neuen Entdeckungen ergeben haben. Diese Konkurrenz führt dazu, daß der Lohn sämtlicher Landarbeiter fällt: nehmen wir an, daß er lediglich um ein Zehntel abnimmt, und gewiß ist das nicht zuviel, bedenkt man einerseits die Zahl der ohne Arbeit verbleibenden Tagelöhner; und betrachtet man andererseits die Schwierigkeit, welcher der Grundeigentümer bei der Erhöhung seiner Wirtschaft um ein Drittel gegenübersteht.[36]

[36] Vielleicht wird man sagen, daß es, nachdem man zehn Säcke Getreide als den notwendigen Lohn festgesetzt hat, absurd sei anzunehmen, daß sich die Arbeiter mit weniger als dem Notwendigen zufrieden geben. Aber wir wissen keineswegs, wie groß die erforderliche Menge an Getreide ist, um das Leben des Arbeiters zu erhalten; und wir haben nicht näher von ihr gesprochen. In jedem Stadium einer Gesellschaft, sei sie nun mehr oder weniger prosperierend, gibt es einen allgemeinen Lohn, der nicht nur für die notwendigsten Bedürfnisse ausreicht, sondern auch gewisse, mit der Handarbeit in

Unter diesen neuen, von uns angenommenen Bedingungen wird man hundertachtzig Säcke Getreide produzieren, wobei jedoch die zehn Arbeiter als ihren Anteil lediglich neunzig Säcke erhalten, zuzüglich der zehn Säcke, die für den Grundeigentümer die zum Leben notwendigen Dinge repräsentieren. Von diesen hundert Säcken werden dreiunddreißig in natura auf dem Gut verzehrt, siebenundsechzig werden mit den Fabrikarbeitern ausgetauscht. Vor der Entdeckung verzehrten letztere siebenundsiebzig Säcke Getreide. Die Löhne in der Industrie sinken damit in einem noch größeren Maße als in der Landwirtschaft. Indessen leben alle, jedermann arbeitet, und jeder kann darauf warten, welche Auswirkungen die achtzig, bei der Aufteilung dem Grundeigentümer verbliebenen Säcke haben werden, die dafür vorgesehen sind, neue Luxusmanufakturen entstehen zu lassen.

Sollte es tatsächlich gelingen, acht neue Luxusarbeiter zu beschäftigen, so daß diese wiederum mit den achtzig Säcken, die ihnen bei der Aufteilung zugefallen sind, die Zahl der anderen Arbeiter erhöhen, wird die Bevölkerung nach Abschluß des Kreislaufs um ein Drittel gewachsen sein, und sechzig Personen anstelle von vorher vierzig müssen von dem Getreide des von uns vorausgesetzten landwirtschaftlichen Unternehmens leben. Bei dieser zweiten Annahme lassen wir allerdings Zeit und Raum außer acht.

Es muß vom Raum abgesehen werden, da die neue Entdeckung es ermöglichte, daß nun nur noch sieben Menschen das Land bearbeiten, das vorher zehn beschäftigte. Um diese drei nicht zu entlassen und sie Hungers sterben zu lassen, gilt es anzunehmen, daß es neues bebaubares Land, neue urbar zu machende Flächen gibt, was, absolut gesehen, nicht für alle Länder und für alle Zeiten zutrifft. Übrigens

Einklang zu bringende Genüsse erlaubt. Das ist dann jener Lohn, den ich kurz den notwendigen nannte. Man könnte weder sagen, bis zu welchem Punkt er reduziert werden kann, noch wäre man in der Lage zu behaupten, inwieweit sich das Leben des Arbeiters jeglichen Genusses berauben läßt.

genügt es nicht, daß bebaubares Land vorhanden ist, es ist außerdem noch erforderlich, daß es sich in ganz bestimmten Händen befindet, damit sich seine Eigentümer sofort, wenn man ihnen einen Profit zusichert, bereit erklären, dieses Land zu bebauen. Indessen möge man beachten, in welcher Weise das unbebaute Land Europas gebunden ist und in welchem Maße den Anfragen jener, die es durch das Angebot ihrer Arbeit nutzbringend machen wollen, nicht nachgegeben werden kann. Hier sind es unveräußerliche Gemeindegüter; dort ist es ererbtes Land, das Leuten gehört, die weder Kapitalien besitzen noch solche Sicherheiten geben können, die ihnen Kapitalanleihen gewähren würden. Übrigens ist die Eitelkeit daran interessiert, alles im alten Zustand zu erhalten. Die Rechte der Krone, der Kirche, des Adels und des Volkes haben diesem Handel, auf den die Ökonomen zählten und deren Gewalt ihnen unwiderstehlich schien, wechselseitig Widerstand entgegengesetzt. Es ist in der Tat einfacher für die Engländer, die Einöden Kanadas urbar zu machen als das Gemeindeland in der Nähe Londons.

Es muß von der Zeit abgesehen werden, sofern man annimmt, daß der selbstwirtschaftende Grundeigentümer, der durch die Entdeckung einer landwirtschaftlichen Maschine die Möglichkeit findet, die Produktivität seiner Arbeiter um ein Drittel zu steigern, ebenfalls das genügende Kapital finden soll, um seine landwirtschaftlichen Geräte und Ausrüstungen, den Viehbestand und die Speicher um ein Drittel zu vermehren. Voraussetzen müßte man ferner, daß er über das zirkulierende Kapital verfügen wird, dessen er bedarf, um seine Eingänge abzuwarten.

Es gilt auch, die Zeit außer acht zu lassen, wenn man von Luxusarbeitern und von einem Kapital zur Gründung von Luxusmanufakturen spricht, welche beide zusammen ausreichen sollen, um die achtzig Säcke des laufenden Jahres zu verzehren anstelle von zehn, die man ihnen im vorangegangenen Jahr zudachte. Ferner muß man von der Zeit absehen, wenn man sechzig Personen voraussetzt, die bereit sind, das Getreide der neuen Ernte zu verzehren, während es bei der vorherigen Ernte nur vierzig Personen waren.

Sobald also eine Entdeckung hinsichtlich der Erhöhung der Arbeitsproduktivität in der Landwirtschaft angewendet wird, ohne daß sie durch eine vorausgegangene Nachfrage nach Arbeit bedingt wurde, sobald außerdem die Gesellschaft dergestalt organisiert ist, daß ein einziger Eigentümer existiert und alle anderen, um leben zu können, ihre Arbeit dem Meistbietenden verkaufen müssen, solange profitiert lediglich ein einziger aus der Entdeckung, die vom Fortschritt der Wissenschaften herbeigeführt wurde. Das Kapital, die Rohstoffe, die Menschen sowie die aufkaufende Industrie fehlen, um die übrige Gesellschaft mit dem zu raschen Vorankommen der Landwirtschaft ins Gleichgewicht zu bringen.

Unsere Überlegungen ließen sich wie beim Getreidebau auf jeden beliebigen anderen Industriezweig anwenden. Gibt es jedoch bereits bei letzterem Anlaß zu Befürchtungen, daß unsere Berechnungen zu ermüdend und zu hypothetisch erscheinen, so müßten wir damit rechnen, daß unsere Leser noch mehr abgestoßen sein würden, hätten wir unser Beispiel auf einen Industriebetrieb angewendet, weil der Verbrauch, den ein Industriearbeiter an eigenen Produkten hat, noch weitaus geringer ist als derjenige eines Landarbeiters. Indessen möge man sich vorstellen, daß eine Erfindung, die ein Drittel der Arbeitskräfte einspart, nach und nach in allen Betrieben eingeführt wird, die sämtliche Kleidungsstücke, Hausgeräte und Möbel des Armen herstellen. Überall wird es der Fabrikherr sein, der daraus profitiert. Allerorts, wenn dieser drei von zehn Arbeitern entläßt, produziert er immer noch etwas mehr mit weniger Arbeitskräften. Überall wird der Verbrauch, den die Arbeiter an selbsthergestellten Artikeln hatten, um drei Zehntel abnehmen, und im gleichen Maße wird der Verbrauch jener zurückgehen, die für diese Arbeiter arbeiteten, so daß jede Entdeckung unter solchen Umständen die Nachfrage bei den bereits vorhandenen Fabriken herabsetzt und als Ausgleich dafür eine Nachfrage schafft, die sich auf noch nicht existierende Industrien richtet. Jede Entdeckung läßt die Erhaltung eines Teils der Industriebetriebe von der Schaffung einer Luxusmanufaktur abhängen. Indessen kann eine Luxusmanufaktur nicht ohne Kapitalien, ohne Arbeiter und ohne einen Zeitverlust errichtet werden, den jene, denen man den Brotverdienst zeitweilig genommen hat, nicht in der Lage sind zu ertragen.[37]

Ich höre schon Stimmen laut werden, die meinen, daß ich mich gegen Vervollkommnungen in der Landwirtschaft und Industrie sträube, mich jedem Fortschritt entgegenstelle, den der Mensch macht; daß ich die Barbarei der Zivilisation vorziehe, da ja der Pflug eine Maschine sei und der Spaten ebenfalls, wenn auch viel ältere, und daß es gemäß meinem System unbedingt erforderlich wäre, daß der Mensch den Boden mit bloßen Händen bearbeite.

Niemals habe ich etwas Derartiges gesagt, und ich bitte ein für allemal darum, protestieren zu dürfen gegen jede

[37] Der Hutmacher, mit seinen zehn Arbeitern, stellt im Jahr mindestens zwölfhundert Hüte her. Er selbst und seine Arbeiter benötigen davon nicht mehr als elf, sein Umlauf ist jedoch erst abgeschlossen, wenn zwölfhundert Köpfe bedeckt sind. Wenden wir indessen auf den Hutmacher alle die Umstände an, die wir beim selbstwirtschaftenden Grundeigentümer beachteten, so werden wir zunächst bemerken, daß er sich anfangs elfhundert Hüten und damit der Bedeckung von elfhundert Köpfen widmet, um den notwendigen Lohn für sich und seine zehn Arbeiter zu verschaffen. Außerdem wird er hundert Hüte gegen Luxusgegenstände für den eigenen Verbrauch austauschen. Nach der Entdeckung, die seine Produktionsmöglichkeiten um ein Drittel anhebt, werden nur noch acht Hüte in seiner Werkstatt verbraucht; der direkte Austausch seiner Hüte mit der Gebrauchsindustrie und Landwirtschaft erfordert lediglich siebenhundertzweiundneunzig Hüte. Aber er wird vierhundertsechzig Hüte den Luxusmanufakturen anbieten. Er braucht also sechzig Köpfe mehr, die seine Hüte tragen sollen, und indessen gibt es dreihundert Arme, die auf einen Hut verzichten müssen, bis die Luxusmanufaktur, die der reichgewordene Hutmacher anregt, voll ihre Produktion aufgenommen haben wird.

Schlußfolgerung, die man meinem System unterstellt und die ich selbst nicht einmal gezogen habe. Ich bin weder von jenen verstanden worden, die mich angreifen, noch von jenen, die mich verteidigen. Mehr als einmal mußte ich sowohl über meine Anhänger als auch über meine Gegner erröten. Man hat mich auf dem Gebiet der Politischen Ökonomie als Feind des gesellschaftlichen Fortschritts, als Verfechter barbarischer und drückender Einrichtungen interpretiert.

Man möge bitte beachten, daß ich mich nicht gegen die Maschinen, keineswegs gegen Entdeckungen und gegen die Zivilisation wende, sondern gegen die moderne Organisation der Gesellschaft Einwände erhebe, eine Organisation, die den arbeitenden Menschen jeglichen Eigentums außer seiner Arbeitskraft beraubt und ihm keine Sicherheit gegen die Konkurrenz, die gegen ihn gerichteten Teuerungen gibt, deren Opfer er unweigerlich werden muß. Würden dagegen alle Menschen das Produkt ihrer Arbeit gerecht verteilen, dann erwiese sich jede Erfindung als eine Wohltat für sie; denn nach jedem neuen Fortschritt in der Industrie könnten sie stets frei entscheiden, ob sie bei weniger Arbeit mehr Ruhe wünschten oder bei gleichbleibender Arbeit mehr Genüsse erzielen wollten. Heute sind nicht die Erfindungen das Übel, sondern die ungerechte Verteilung, die der Mensch mit den Früchten der Arbeit vornimmt.

Wir befinden uns, und man hat es noch keineswegs genügend wahrgenommen, unter völlig neuen Bedingungen der Gesellschaft, so daß es diesbezüglich noch gänzlich an Erfahrungen mangelt. Wir unterliegen der Tendenz, jede Art von Eigentum ganz und gar von jeder Art von Arbeit zu trennen, jegliches Verhältnis schützender Art zwischen Tagelöhner und Unternehmer aufzulösen, dem ersteren jedwede Beteiligung am Profit des letzteren zu nehmen. Diese gesellschaftliche Ordnung ist noch so neu, daß sie überhaupt erst teilweise etabliert ist, daß nur die wendigsten, reichsten und am meisten entwickelten Länder dieses System bisher anwenden, ein System, das bisher kaum erprobt wurde, ein

System, wo sowohl die Arbeit in der Landwirtschaft als auch in der Industrie von Arbeitern verrichtet wird, die man am Ende einer jeden Woche entlassen kann. Darin sehe ich die entscheidende Gefahr und nicht in den Entdeckungen der Wissenschaft.

Unsere Augen sind aber bereits gewöhnt an diese neue Organisation der Gesellschaft, an diese allgemeine Konkurrenz, eine Konkurrenz, die in Feindschaft zwischen der besitzenden Klasse und der arbeitenden Klasse ausartet, so daß wir uns keine andere Existenzform mehr vorstellen können, wenngleich uns überall die verhängnisvollen Erscheinungen dieser Existenzform umgeben. Man ist der Meinung, mich ad absurdum führen zu können, indem man mir die Schwächen der vorangegangenen Gesellschaftssysteme entgegenhält. In der Tat sind zwei oder drei Systeme aufeinandergefolgt hinsichtlich der Lebensbedingungen und Lebensweise der niederen Klassen der Gesellschaft; aber kann man daraus schließen, weil diesen nicht nachzutrauern ist, weil sie nach anfänglichem geringem Guten unermeßliche Not für die Menschheit mit sich brachten, daß wir heute in die ideale Ordnung eingetreten sind? Oder werden wir nicht im System der Lohnarbeiter, gleichermaßen wie wir es in der Sklavenhalterordnung, der Leibeigenschaft und im Zunftwesen taten, das Grundübel entblößen dürfen? Als diese drei vorangegangenen Systeme gegenwärtig waren, war man ebenfalls nicht in der Lage zu erfassen, was danach kommen sollte; eine Verbesserung der herrschenden Ordnung wäre ebenso als unmöglich oder als absurd erschienen. Ohne Zweifel wird die Zeit kommen, wo uns unsere Nachkommen nicht weniger barbarisch bezeichnen werden, weil wir die arbeitenden Klassen ohne Schutz ließen; so wie wir selbst und sie jene Nationen als Barbaren verurteilen, welche eben diese Klassen zur Sklaverei erniedrigten.

Jedes dieser Gesellschaftssysteme war seinerseits als eine glückliche Erfindung, als ein Vorankommen der Zivilisation betrachtet worden. Selbst die Sklaverei, so hassenswert die Erinnerung an sie sein mag, löste einen barbarischen Zustand allgemeinen Krieges ab, wo der Mensch, ständig unter Waffen stehend, kaum Zeit zur Arbeit hatte und die Früchte seiner Arbeit nicht im geringsten geschützt waren. Insofern war die Sklaverei natürlich, die auf diese Massaker folgte, ein Fortschritt in der Gesellschaft. Sie ermöglichte die Anhäufung von Reichtümern, sie wurde bei den Griechen und Römern zur Grundlage einer Zivilisation, die fast der unsrigen gleichkommt. Solange die Sklavenhalter arm blieben, mit ihren Sklaven arbeiteten und aßen, war die Lage der letzteren sogar erträglich, und die Bevölkerung wuchs. Die Weiterentwicklung dieses Systems aber, der Reichtum der Sklavenhalter, ihr Luxus, die völlige Unkenntnis der Arbeit, die Verachtung für den Teil der Bevölkerung, von dessen Schweiß sie lebten, ihre Härte, ihr Geiz und ihre Gier, die den Lebensunterhalt der zu Tieren gewordenen Menschen noch mehr einschränkten, verursachten schließlich die hohe Sterblichkeit der arbeitenden Klasse. Zur Zeit des größten Glanzes des Römischen Reiches, als die Ökonomen, sofern es welche gab, vielleicht dem ständigen Wachstum des Reichtums zujubelten, vernichtete man die leidende Klasse völlig.

Das nagende Krebsgeschwür der Antike war die Sklaverei. Es bedeutete Unterdrückung und Elend für die Sklaven, was schließlich die Bevölkerung des Römischen Reiches vernichtete und das Imperium den Barbaren auslieferte. Die Barbaren ihrerseits erfanden im Verlaufe einiger Jahrhunderte ein abermals menschlicheres System. Sie ersetzten die Peitsche, die lange Zeit bei den Sklaven für Disziplin gesorgt hatte, durch Schirm- und Schutzbeziehungen zwischen Herrn und Vasallen.

Die Feudalgesellschaft hatte ihre glänzende und prosperierende Zeit, als der bewaffnete Vasall an der Seite seines Feudalherrn kämpfte. Als der Herr, der inzwischen reich geworden war, nur noch daran dachte, mehr Reichtümer und immer größeren Luxus zu entfalten, wälzte er von neuem das Joch auf den Armen, und damit wurde das Feudalsystem unerträglich.

Schließlich gelangten die Völker zu dem System der Freiheit, dem wir angehören. Als die arbeitenden Menschen ihr Joch abwarfen, das sie lange Zeit getragen hatten, waren sie keineswegs allen Eigentums beraubt. Auf dem Lande waren sie als Halbbauern, Lehnszinsherren und Pächter durchaus Miteigentümer des Bodens. In den Städten waren sie als Mitglieder der Zünfte, die sie zu ihrer gemeinsamen Verteidigung gebildet hatten, ebenfalls am Eigentum ihrer Industrie beteiligt. Heutigen Tags, gerade in diesem Augenblick, zerbricht das Wachstum des Reichtums und die Konkurrenz alle diese Interessen- und Eigentumsgemeinschaften. Zwar hat sich die Umwandlung erst zur Hälfte vollzogen. Aber der reich gewordene Pächter hört auf, mit seinen Händen zu arbeiten; er setzt sich vom Tagelöhner ab und versucht, diesem den niedrigsten Lohn zu zahlen. Der ebenfalls zu Reichtum gelangte Werkstattbesitzer, anstatt mit einem Gesellen oder Lehrling an derselben Werkbank zu arbeiten, gibt die Handarbeit auf und bringt in seiner Manufaktur Tausende von Arbeitern zusammen und feilscht mit ihnen um den niedrigsten Lohn. Gewiß, unsere Erfahrungen in dieser gesellschaftlichen Ordnung, die die Besitzenden gegen alle Arbeitenden in einen Interessengegensatz versetzt, sind sehr neu, weil sich diese Gesellschaftsordnung gerade erst herausgebildet hat.

Eine derartige Anhäufung von Produkten menschlichen Fleißes, die ich zu erklären versuchte, konnte es in den vorangegangenen Stadien der Gesellschaft nicht geben. In der Urgemeinschaft, wo jeder Mensch nur für sich arbeitete, kannte auch jeder seine Bedürfnisse, es war nicht zu befürchten, daß er sich unnütze Mühen auferlegte, um Dinge herzustellen, die er gar nicht benötigte. In der Sklavenhaltergesellschaft, die der Urgemeinschaft folgte und die zur Entfaltung der Zivilisation stark beitrug, verlangte der Sklavenhalter seinem Sklaven ebenfalls nur solche Produkte ab, deren Gebrauch er im voraus genau bestimmt hatte. Die Nachfrage nach dem Erzeugnis war der Arbeit vorausgegangen und setzte diese überhaupt erst in Bewegung, der Verbrauch erfolgte unmittelbar danach. Die Anhäufung von

Produkten wurde erst möglich, als sich der Sklavenhalter gleichzeitig auch zum Fabrikherrn und Kaufmann erhob, so wie das heute der Fall beim Pflanzer auf Jamaika ist. Im Feudalsystem dagegen verlangte der Lehnsherr von seinen Vasallen weit mehr Dienste und Kriegsleistungen als einträgliche Arbeiten. Aller Produktionsfleiß, weit davon entfernt angeregt zu werden, wurde stark darniedergehalten, so daß keine Warenanhäufung drohte. Beim Zunftwesen dann, wo jeder Fortschritt im Gewerbe unmittelbar jenem diente, der es ausführte, stimmte jeder seine Anstrengungen entsprechend dem Markte, den es zu versorgen galt, ab. Ein Landbebauer zog es vor, sich mehr auszuruhen, anstatt Getreide zu produzieren, das er nicht verkaufen konnte. Nicht selten hat man den Zünften in den Städten vorgeworfen, niemals eine andere Politik verfolgt zu haben, als ihre Produktion zu beschränken, um so ihre Marktbeherrschung zu bewahren, und stets bemüht zu sein, weniger Arbeit zu verrichten, als nachgefragt wird, um besser zu verkaufen. Der Zustand, bei dem wir heute angelangt sind, ist nun allerdings völlig neu. Die arbeitenden Menschen sind frei, die notwendigen Existenzmittel werden ihnen aber nicht garantiert. Sie müssen von ihrer Arbeit leben, aber weder sehen sie noch kennen sie jenen, der die Produkte dieser Arbeit verbrauchen wird. Sie haben keine Möglichkeit, ihre Anstrengungen mit der Entschädigung, die sie dafür erwarten können, zu messen. Wenn jedoch das Los von so vielen Millionen Menschen von einer Theorie abhängt, die bisher noch durch keine Erfahrung gerechtfertigt wurde, ist es nur richtig, sie mit einigem Mißtrauen zu betrachten.

Übrigens möge man keinesfalls glauben, daß in der Antike nicht bereits über die Schwierigkeiten nachgedacht wurde, die uns gegenwärtig beschäftigen, und etwa niemals eine Lösung gefunden wurde. Besteht die Grundfrage der Politischen Ökonomie, wie ich glaube, im Gleichgewicht zwischen Konsumtion und Produktion, und ist es andererseits eine notwendige Folge des Fortschritts der Gewerbe, der Industrie und der Zivilisation, daß jeder Mensch, der arbeitet, über den Wert, den er verbraucht, hinaus produziert, so daß infolgedessen die Produzenten allein nicht genügen, um die Erzeugnisse zu verbrauchen, dann ist es erforderlich, daß jedes Anwachsen der Produktionsmöglichkeiten mit einer entsprechenden Zunahme des Verbrauchs der Menschenschicht verbunden ist, die nichts produziert bzw. deren Produkte nicht käuflich sind. Zu dieser Schlußfolgerung gelangte Malthus in seinem letzten Buch über die Politische Ökonomie. Er hat darin einen Beweggrund gefunden zu behaupten, daß selbst die Verschwendungssucht der Regierung manchmal dem öffentlichen Reichtum zugute kam, indem sie nämlich eine Klasse von Müßigen und Verbrauchern hervorbrachte, ohne deren Existenz die Produktion bald durch die Überfüllung der Märkte zum Stillstand gekommen wäre.

Es will mir scheinen, daß man im Altertum bezüglich der Überlegungen über den allgemeinen Gang der Gesellschaft viel weiter vorangekommen war, als wir heute es sind. Wir kreiden der Politik der Alten die Verschwendungssucht der Athener Regierung nicht mehr an, als wir das mit derjenigen der englischen Regierung bei den letzten Grundsätzen von Malthus tun. Sie hatten allerdings erkannt, daß sich, um dieses wesentliche Gleichgewicht in den Gesellschaften, jenes von Produktion und Konsumtion aufrechtzuerhalten, drei Möglichkeiten bieten. Erstens kann man den Überschuß an verkäuflichen Produkten zur Ernährung solcher Arbeiter verwenden, deren Arbeit sich nicht verkaufen ließ, sowie zum Bau von öffentlichen Denkmälern, zivilen oder religiösen Charakters. Zweitens ist es möglich, das Luxusbedürfnis der Reichen zu steigern, damit sie die Arbeit der Armen verbrauchen. Und drittens sollte man jedem Bürger eine geistige Beschäftigung, eine patriotische Betätigung geben, um die Stunden auszufüllen, welche der industrielle Fortschritt ihnen erlaubte, arbeitsmäßig einzusparen.

Die erste Möglichkeit, die mehr oder weniger von allen antiken Staaten praktiziert wurde, war nirgends so ausgeprägt wie in der Organisation Ägyptens. Dieser Landstrich hatte eine hohe, zahlenmäßig kaum vorstellbare Landbevölkerung; und da man die Vorteile der Sonne, des fruchtbaren Bodens und den Überfluß an Wasser zu nutzen verstand, erzeugte man in diesem Gebiet eine Menge an Nahrungsmitteln, die den eigenen Verbrauch um ein weites überstieg. Die Ägypter hatten eine Aversion, sei es politischer oder religiöser Art, gegen die Schiffahrt. Sie versuchten also, sich selbst zu versorgen und sehr wenig Handel mit dem Ausland zu treiben. Sie exportierten weder ihr Getreide noch die Produkte ihrer Werkstätten, ganz abgesehen davon, daß diese nie zu großem Ansehen gelangten. Die Form ihrer Regierung ließ nur ganz wenige große Herren zu, die dann in ihrem Luxus das verzehrten, was andere mit ihrem Schweiß hergestellt hatten. Und in der Tat, unter den Ruinen von so vielen Tempeln, die es in Ägypten gibt, findet man keine Paläste. Zwar gab es eine sehr zahlreiche Schicht von allmächtigen Priestern, aber ihre Religion schrieb ihnen einen Asketismus vor, der jeden Luxus ausschloß. Ihr persönlicher Verbrauch war kaum höher als derjenige der Arbeiter. Diese Priester suchten nach Mitteln, um die Masse der Ägypter bei der Gewohnheit einer ständigen Arbeit und einer ihrem Fleiße entsprechenden Enthaltsamkeit zu belassen. Sie wollten sie stets unwissend und untergeben haben, sie wollten, daß ihnen die Muße neben der Entfaltung der körperlichen Fähigkeiten keinesfalls diejenige der geistigen erlaubte. Infolgedessen erhielten die Massen von den Priestern die ungeheure Aufgabe, für sämtliche Götter des Olymps Wohnstatt in Form von Tempeln zu schaffen. Bauwerke, die in der Welt ihresgleichen suchen, bedeckten Oberägypten. Ihre Ausmaße sind derartig, daß man kaum glauben kann, daß menschliche Kräfte zu ihrer Errichtung genügt haben sollen; die Ausführung ist so kunstvoll, daß es scheint, den Erbauern habe die Ewigkeit gehört, wenn sie ihre Zeit dergestalt verschwendeten und wenn sie es sich leisten konnten, die begonnenen Arbeiten durch die Arbeit der nachfolgenden Generation vollenden zu lassen. Die Grabkammern im Inneren der Berge, die das Niltal bilden, verbergen nicht weniger Wunder. Das Gewaltige dieser Arbeiten verwirrt uns Sinne und Verstand. Um eine derartige Zauberwelt zu schaffen, war die ständige Arbeit von mehreren Millionen Arbeitern während vieler hundert Jahre erforderlich gewesen. Zweifellos bedurfte es aber dieser Millionen von Menschen, um das Getreide der Felder Ägyptens zu verzehren. Ein ganzes Volk von Maurern und Steinmetzen war nötig für den Verzehr dessen, was die fleißigen Bewohner des Niltals unaufhörlich erzeugten.

Das alte Hindustan verbirgt ebenfalls Baudenkmäler, die denen Ägyptens in Größe und Vollkommenheit fast gleichen. Auch hier befahl die Religion eine nutzlose, wenn auch gewaltige Arbeit, weil die gesellschaftliche Ordnung die Produzenten vermehrt hatte und fast alle mäßigen Verbraucher verschwunden waren. Die Etrusker und alle jene Völker, bei denen der Priesterstand eine große Macht ausübte, befolgten mehr oder weniger dieselbe Politik. In Rom findet man Bauwerke, die vor den ersten historischen Zeiten geschaffen wurden und deren Entstehung, lange vor der römischen Prachtentfaltung liegend, sich wohl lediglich aus der Macht erklären läßt, welche die Priesterkaste auf die ehemaligen Bewohner dieser Gegend ausübte. Bei solch einer Politik konnte die gesamte Bevölkerung arbeiten, ohne daß der Markt verstopft wurde. Die Sitten blieben rein, der Körper widerstandsfähig, die Gleichheit wurde in keiner Weise gestört. Jeder war gleichwertig am Genuß der öffentlichen Bauwerke, die durch die gemeinsame Arbeit des Volkes errichtet worden waren, beteiligt. Doch andererseits hemmte die ständige Arbeit aller jegliche geistige Entwicklung; desgleichen war die ganze Nation verteidigungslos der ehrgeizigen Kaste der Priester, von der sie beherrscht wurde, ausgeliefert.

Das zweite Wirtschaftssystem des Altertums entsprach in ungefähr dem unsrigen. In Sybaris, Korinth, Syrakus, Thyrus, Karthago und später in Rom, als diese Hauptstadt der Welt bereits ihrem Niedergang entgegenging, überließ man den Handel und die Produktionsstätten ihrem natürlichen Gang. Der Überhang der Produktion gegenüber dem Verbrauch der Erzeuger war sehr groß. Zunächst speiste man damit einen ausgedehnten Außenhandel, doch bald danach ließ er eine Klasse von ausschweifenden Reichen entstehen, deren einziger Lebensinhalt darin bestand, die Genüsse unaufhörlich zu variieren. Diese Reichen lebten, um zu ruhen, zu verzehren, zu genießen, in der gleichen Weise, wie alle ihre Mitbürger lebten, um zu arbeiten. Da fast die gesamte Arbeit von Sklaven verrichtet wurde, gab es keinen Anlaß zu einem Kampf, wie er sich heute um die billige Entlohnung der Arbeit zeigt. Angenommen, daß manche Zweige des Marktes überfüllt waren, so wurden die Zeitgenossen von den Leiden, die sich daraus für die Sklaven ergeben konnten, in keiner Weise angesprochen; zumal sie ebenfalls keine Spuren in der Geschichte hinterlassen haben.

Die Gesetzgeber des Altertums aber, die eine weitaus größere Zahl freier Staaten zum Vergleich herangezogen hatten als wir, die viel länger den Gedanken erwogen hatten, daß die Regierung nur zum Wohle der ihr untergebenen Völker eingesetzt ist, zum Wohle aller und nicht nur dem einer einzigen Klasse, diese Gesetzgeber mißbilligten ganz und gar das System der Syrabiten. Es erschien als eine Unterhöhlung der republikanischen Gleichheit, insofern die einen arbeiteten, damit die anderen genießen konnten. Sie waren der Ansicht, daß die ungeheure Erniedrigung und Dienstbarkeit in stetem Zusammenhang stehe mit übermäßigem Reichtum und Wohlleben, daß die Seelen in dieser Weichheit ihre Kraft verlieren, daß der ewige Vergnügungsrausch ebenso der geistigen Weiterentwicklung schade wie die ständige Erschöpfung durch körperliche Arbeiten. Sie meinten ferner, daß, gewährte man allen Bürgern den durch den industriellen Fortschritt hinzugewonnenen Teil der Ruhe, sich ihr Charakter veredeln würde, wogegen sie, gäben sie einer Minderheit die Möglichkeit des völligen Müßiggangs, diese gleichzeitig zum Kult der höchsten Lust verurteilten. Also stimmten sie mit allen Philosophen und Moralisten, mit allen Männern der Religion, insbesondere mit allen Priestern der christlichen Kirche überein, den Luxus zu verwerfen, da er notwendigerweise zum Verfall der Sitten und zum Untergang der Staaten führt. Es ist sonderbar, daß das einstimmige Gefühl dieser Männer, deren Entscheidungen wir in vielen anderen Beziehungen achten, keinen, auch nicht den geringsten Einfluß mehr auf unsere diesbezüglichen Ansichten ausübt.

Auf diesem Grundsatz wurde ein drittes System begründet und sowohl von Athen, Sparta, Rom auf seinem Höhepunkt wie auch von allen anderen berühmten Republiken des Altertums praktiziert. Damit jene, die kein anderes Einkommen haben als ihre Arbeit, auf genügende Nachfrage nach Arbeit stoßen, beschäftigte die Republik selbst fast ständig ihre Bürger und hinderte diese somit, ihre Arbeit anderweitig zum Verkauf anzubieten. Die Gesetzgeber des Altertums, weit davon entfernt, wie die unsrigen die Anhäufung von Vermögen und Luxus zu fördern, achteten unaufhörlich auf eine gerechte Verteilung des Erbes unter ihre Kinder, waren um die Aufrechterhaltung einer gewissen Gleichheit der Erbschaften bemüht und unterdrückten vor allem sämtliche Ansätze und Gewohnheiten von Weichheit und Prunk, nahmen den Bürgern Wunsch und Möglichkeit eines übermäßigen Verbrauchs und waren darauf bedacht, daß Mäßigkeit, Einfachheit und Enthaltsamkeit zu Ehre gelangten. Sie wollten, da jeder seinen aktiven Beitrag zum Ganzen leistete, daß auch jeder seinen Anteil an der Aktivität des Geistes und an den Genüssen hätte. Um diese gerechte Teilung aufrechtzuerhalten, lenkten sie die Bürger von körperlicher Arbeit ab und erlaubten ihnen lediglich, einen kleinen Teil ihrer Zeit der Landwirtschaft oder den Handwerken zu widmen. Sie riefen sie auf die öffentlichen Plätze, um zu debattieren, zu den Gerichten, um zu richten, zur Akademie, zum Portikus*, um ihren Geist zu schärfen und ihre Seelen durch vornehme Unterweisungen zu verfeinern, ins Theater, um ihren Geschmack zu bilden und ihnen die attische Eleganz anzuerziehen, in die Tempel, um ihre Einbildungskraft anzuregen und

* Säulenhallen in Athen, in denen die Philosophen lehrten.

sie ihre Hoffnungen für die Zukunft mit denen des Lebens vereinen zu lassen.

Die Anwendung mechanischer Werkzeuge in den Handwerken und in der Industrie verringerte fortlaufend die Menge der für den Lebensunterhalt notwendigen Arbeit. Das war jedoch keineswegs ein Grund dafür, daß das Gemeinwesen einen Menschen besonders erhob, der für zwei, vier, zehn, hundert, ja gar tausend ruhte, verbrauchte und genoß, ein Mensch, der den gesamten Profit für sich behielt, der sogar daran arbeitete, den Arbeitsanteil in dem Maße einzuschränken, wie die Produkte zunahmen: die Arbeitsersparnis aller fruchtete also allen. Der Bürger Athens begnügte sich trotz dieser Fortschritte in der Industrie mit einem Mantel aus dem gröbsten Stoff und mit Nahrung, die aus Brot und trockenen Feigen bestand. Doch hatte das Fehlen von Luxus in keiner Weise seinen feinen Geist und seinen auserlesenen Geschmack zerstört. Als Gesetzgeber die Genüsse verwerfend, verlor er als Privatmann nicht die Beweglichkeit und Spannkraft seines Charakters. Und wenn die Athener Reichtümer benötigten, zwar nicht für sich, wohl aber für ihr Vaterland, so genügte der unfruchtbare Boden Attikas für die Bewaffnung dieser Republik, die Kleinasien und Sizilien zittern ließ. Dieser Boden genügte für die Ausrüstung der Kolonien, die an den entferntesten Küsten die Grundsätze einer wirklichen Zivilisation verbreiteten. Der einzige Luxus Athens waren die Menschen, die dort geboren wurden, glücklich jedes Land, das solche hervorbringen kann! Glücklich wäre die ganze Welt, wenn das Griechenland, das sich frei machte, bald wieder derartige edle Vorbilder erweckte!

Man wird vielleicht meinen, daß wir uns sehr weit von der Frage, die zwischen uns und Ricardo erörtert wird, entfernt haben und daß es angebrachter gewesen wäre, das anzuzeigen, was es zu tun gilt, anstatt zu beschreiben, was im Altertum geschah. Doch, was es zu lösen gilt, ist eine Frage von ungeheurer Schwierigkeit, auf die wir heute keineswegs eingehen wollen. Wir möchten die Ökonomen davon überzeugen, so wie wir selbst davon überzeugt sind, daß sie mit ihrer Wissenschaft künftig einen falschen Weg beschreiten werden. Andererseits jedoch besitzen wir kein genügendes Vertrauen in uns, um ihnen zu zeigen, welcher der richtige Weg ist. Die gegenwärtige Organisation der Gesellschaft zu erfassen, darin besteht wohl das größte Bemühen, das wir unserem Geist abverlangen müssen. Welcher Mensch besitzt indessen so viel Kraft, um eine Organisation zu begreifen, die noch nicht existiert, um genau die Zukunft zu sehen, wo es uns schon derartig viel Mühe bereitet, die Gegenwart zu überschauen? Nichtsdestoweniger, wenn schließlich alle aufgeklärten Geister gemeinsam danach forschten, welcher Art die Sicherheit sein müßte, die die Gesellschaft den Klassen schuldet, von denen sie ernährt wird, eine Unternehmung, die einem einzelnen nicht gelingt, vielleicht würde sie bei der Vereinigung aller aufgeklärten Köpfe zum Ziel führen.

Betreiben wir also die Analyse des Systems, welchem wir gerade unterworfen sind, bevor wir an jenes denken, das dieses ersetzen soll. Untersuchen wir seinen Verlauf, beurteilen wir es, ohne uns ablenken zu lassen von dem Vergleich mit einer idealen Konstruktion. Führte ich hier Dinge ins Feld, die ich für Auswege aus den gegenwärtigen Übeln der Gesellschaft halte, so wird die Kritik völlig von der Untersuchung und Einschätzung der tatsächlichen Übelstände absehen, um lediglich meine Auswege zu beurteilen, wahrscheinlich um sie zu verwerfen, so daß die Frage des Gleichgewichts zwischen Konsumtion und Produktion keineswegs erörtert wäre.

Ich möchte mir lediglich erlauben, darauf hinzuweisen, daß die Annahme, mir wäre es gelungen, viele davon zu überzeugen, daß man von der Gesetzgebung alle die von mir gewünschten Änderungen verlangen könnte, lange noch nicht die Behauptung zuläßt, ich würde den Fortschritt der Produktion hemmen und die Anwendung der Wissenschaft in der Industrie und die Erfindung von Maschinen verzögern wollen. Ich suchte einzig und allein nach Möglichkeiten, um jenen die Früchte der Arbeit zu sichern, die diese Arbeit ausführen, und um jenen den Nutzen aus der Maschine angedeihen zu lassen, die sie in Bewegung setzen. Würde mir das gelungen sein, könnte ich mich in der Folge davon auf das Interesse derartiger Produzenten verlassen, die nicht mehr Arbeit ausführen, als nachgefragt wird. Solange der Produzent als einzelne Person angesehen werden kann, die von einem einzigen Interesse bewegt wird, wird er sich stets von der sprichwörtlichen Maxime leiten lassen, daß es besser sei zu ruhen, anstatt für nichts zu arbeiten, so daß ihm alle die Erleichterungen, die er bei der Arbeit haben wird, niemals veranlassen werden, mehr zu arbeiten, als man von ihm verlangt. Er wird sich ausruhen und es genießen, seine Arbeit getan zu haben, sei es nun in zwölf oder zwei Stunden. Vielmehr ist es der Interessengegensatz unter den Produzenten, die alle die gleiche Arbeit verrichten lassen, der Gegensatz zwischen den Unternehmern und ihren Arbeitern, der allein die Verstopfung der Märkte verursacht. Das Gleichgewicht unter den Produzenten hängt von dem anderen, viel wichtigeren Gleichgewicht zwischen den Produzenten und Verbrauchern ab. Die Unternehmer werden angeregt, Arbeit in Bewegung zu setzen, nicht etwa, weil die Verbraucher sie nachfragen, sondern vielmehr, weil ihnen die Arbeiter anbieten, sie für niedrigen Lohn auszuführen.

Die Aufgabe, von neuem die Interessen derer, die an derselben Produktion arbeiten, in Übereinstimmung zu bringen, anstatt sie konkurrieren zu lassen, fällt den Gesetzgebern zu. Zweifellos ist es eine schwere Aufgabe, dennoch glaube ich nicht, daß sie so schwer ist, wie man annehmen möchte. Es wäre schon viel getan, wenn man die Gesetzgebung daran hinderte, in einer diesem gesellschaftlichen Interesse völlig entgegengesetzten Richtung zu handeln. Würde man sämtliche Gesetze aufheben, die der Erbteilung zuwiderlaufen und die dadurch, daß sie die Entstehung und Erhaltung großer Vermögen begünstigen, verhindern, daß das Kapital bzw. das Grundeigentum zu kleinen Teilen an jene gelangt, die die körperliche Arbeit erledigen; würde man ferner alle Gesetze abschaffen, die das Zusammengehen der Unternehmer gegen die Arbeiter ermöglichen, alle jene Gesetze, die die Arbeiter ihrer natürlichen Möglichkeiten des Widerstandes berauben[38], so wäre zunächst natürlich eine genaue Überprüfung dieser Gesetze erforderlich; Erwägungen, die darauf hinauslaufen, den Unternehmer zu zwingen, dem von ihm beschäftigten Arbeiter den Lebensunterhalt zu sichern. All das wäre langwierig und schwierig, und wir wollen heute nicht darauf eingehen. Es genügt uns, darauf hingewiesen zu haben, wie eine Abhilfe gegen die Übel geschaffen werden könnte, an welchen die Gesellschaft krankt und von welchen sie bedroht wird.

Auf die Zeit hoffend, die vielleicht noch sehr fern ist, in welcher die vereinten Wünsche der Ökonomen die Staatsoberhäupter auf eine Änderung im Gesetzessystem hinweisen werden, will es uns scheinen, daß die Diskussion, die wir führen, bereits ab heute vereinzelte praktische Ergebnisse zeitigen kann. Wir glauben, daß die wachsende Nachfrage nach Arbeit in der menschlichen Gesellschaft den zuverlässigen, regelmäßigen, jährlichen Erfolg der Weiterentwicklung des Menschen darstellt. Diese Nachfrage ist ihrerseits die wohltätige Voraussetzung für jeden Fortschritt der Industrie, für die Vervollkommnung in den Gewerben. Gibt es eine Nachfrage nach einer neuen Arbeit, d. h. neue Möglichkeiten,

[38] Im gleichen Jahre, 1824, wo dieses Buch gedruckt wurde, konnte man in den Zeitungen lesen, daß in Macclesfield die Seidenarbeiter nur elf Stunden am Tage arbeiteten; und wenn sie Arbeit für zwölf Stunden fanden, wurde ihnen die überzählige Stunde bezahlt. Am Sonnabend, dem 3. April, faßten die Unternehmer den Entschluß, die Arbeiter vom kommenden Montag an zwölf Stunden täglich arbeiten zu lassen, ohne jedoch mehr als den üblichen Arbeitstag zu bezahlen. Die Arbeiter weigerten sich, was zur Folge hatte, daß man gegen sie das Kriegsrecht verhängte. Welcher Art war indessen der Beweggrund der Unternehmer zu solchen Maßnahmen? Das Fallen der Preise. Da sie bereits schon zuviel Waren hatten, fragen sie noch mehr nach, zu niedrigeren Preisen.

sie zu bezahlen, und ein neues Bedürfnis, sie zu verbrauchen, so werden alle Fortschritte, die von der Gesellschaft gemacht werden, sofern sie dieser Nachfrage nachkommen, vorteilhaft für alle sein. Einerseits wird das Bevölkerungswachstum angeregt; es wird mehr Eheschließungen geben, mehr Kinder, die nicht vorzeitig sterben, so daß die Zahl der Lehrlinge steigt und die Arbeit von bereits Erwachsenen verrichtet wird. Alle diese Resultate werden indessen nur langsam erzielt werden, während eines sehr langen Zeitraumes, sollen sie nicht das Gleichgewicht stören und eine Überfüllung verursachen. Unter dieser Voraussetzung wird die neue Bevölkerung, die im Verlauf von zehn, fünfzehn und zwanzig Jahren ins Arbeitsleben eintritt, nicht dorthin gelangen, die heute nachgefragten Arbeiten auszuführen, sondern jenen Arbeiten zu dienen, welche die heute ausgeführten Arbeiten erweitern.

Andererseits wird sich eine Vermehrung der technischen Möglichkeiten des Menschen erforderlich machen. Die heute nachgefragte Arbeit könnte nur von den heute lebenden Menschen ausgeführt werden, so daß es also notwendig ist, daß dieser Arbeit entweder täglich mehr Arbeitszeit gewidmet wird oder daß man sich mit allen Möglichkeiten, die die Wissenschaft bietet, hilft, um mehr als vorher zu produzieren. Jedes Anwachsen der Produktionsmöglichkeiten, vorausgesetzt, daß es nicht das Maß dessen übersteigt, was jene, die die Arbeit nachgefragt haben, bezahlen und verbrauchen können, jedes solches Anwachsen, so sage ich, wird neuen Reichtum schaffen, der seinerseits wieder zu einer neuen Nachfrage führt. Der Lohn dieser geschickteren bzw. mehr produzierenden Arbeiter wird steigen, und damit wird sich auch ihre materielle Lebenslage bessern. Sie werden ihrerseits dazu beitragen, daß eine größere Anzahl von Arbeitern für ihre Bedürfnisse arbeitet bzw. daß die gleiche Anzahl mehr Arbeit verrichtet; denn sie werden über den Gegenwert zur Bezahlung dieses Produktionswachstums verfügen. Die nämliche Summe, die man nachgefragt hat und welche dazu diente, eine neue Arbeit zu bezahlen, wird in der Folge auf den Märkten in Erscheinung treten, um alle ehemaligen Arbeiten zu beleben. Trotz des technischen Fortschritts werden die lebenden Menschen nicht ausreichen, um alle die Arbeiten zu verrichten, die man nachfragen wird. Die neuen Lebewesen, die zu dieser Zeit geboren werden, finden beim Heranwachsen genügend Beschäftigungen. Die Bevölkerung wird zunehmen, und die Landwirtschaft wird ebenfalls erweitert werden müssen, um die neue Bevölkerung zu ernähren.

Alle Bewegungen der Gesellschaft sind ineinander verkettet; eine Bewegung ergibt sich aus der anderen, wie bei den verschiedenen Bewegungen der Räder einer Uhr. Aber, gleichermaßen wie bei der Uhr, bedarf es für diese Verkettung, daß die Antriebskraft dort wirkt, wo sie zu wirken hat. Falls man, anstatt darauf zu warten, daß der Anstoß, der durch die Nachfrage nach Arbeit erfolgen soll, daran denkt, ihn durch eine vorgegriffene Produktion zu geben, würde man ungefähr so handeln, wie das bei der Uhr wäre, wollte man anstelle des Rades, das die Kette trägt, ein anderes aufziehen. Man würde alles zerbrechen und das gesamte Räderwerk aufhalten.

Indessen wirkt auch in der Gesellschaft jene dem Menschen innewohnende Lebenskraft (élan vital), so daß die Gesellschaft in der Lage ist, zeitweise Störungen zu überwinden und den Übelständen selbst abzuhelfen, unter denen sie zu leiden hat. Wenn in irgend einem Industriezweig die Produktion die Nachfrage überstiegen hat, so daß der Markt überfüllt ist, bemühen sich die Arbeiter, den Beruf zu wechseln, das Land zu verlassen oder sich schließlich sogar an die neuen Umstände zu gewöhnen, was ihnen fast immer in einer mehr oder weniger langen Zeit gelingt, vorausgesetzt, man beschleunigt nicht die allgemeinen Umwandlungen, die sich in Form ökonomischer Interessen vollziehen. In einer derartigen Krise sind die Vorurteile, die sich gegen die Anwendung einer neuen Erfindung richten, die Schwierigkeiten, die sich bei der Verbreitung oder Nachahmung ergeben, sowie die Hindernisse aller Art, die den Fortschritt der auf die

Industrie angewandten Wissenschaft zu verlangsamen scheinen, von Nutzen für die Menschheit, weil sie dem sogenannten „élan vital“ Zeit lassen, in freiem Lauf zu wirken. Die Betroffenen erhalten die Möglichkeit, sich in Ruhe von den Schrecken zu erholen und die Wunden zu heilen. Diese Vorurteile, die vielleicht in zahlreichen Fällen der sichere Schutz der Gesellschaft sind, stellen im allgemeinen dem persönlichen Interesse ein Hindernis entgegen, ein Hindernis, das ausreicht zur Wiederherstellung des Gleichgewichts. Ohne Zweifel kommt es häufig vor, daß ein Unternehmer, der entweder eine günstige Anwendung der Wissenschaft erfunden oder ein vorteilhaftes Verfahren im Ausland entdeckt hat, eine neue Industrie begründet und Waren herstellt, die nicht nachgefragt wurden. Er baut dann auf die Hoffnung, den ehemaligen Fabriken die Kunden abzuziehen, „ihnen das Handwerk zu verderben“; denn sein Leitsatz heißt Technik; ihm zum Gewinn, den anderen jedoch zum Verderben. Im allgemeinen gibt es jedoch einen Ausgleich unter den persönlichen Interessen, was verhindert, daß die eine Bestrebung alle anderen völlig zunichte macht. Ein Erfinder wird alles Mögliche tun, um sein Geheimnis zu wahren und als einziger daraus zu profitieren. Er wird außerdem den Widerstand aller artgleichen Produzenten, denen er Unrecht tun will, zu spüren bekommen, er wird ferner gegen das Unbehagen aller Arbeiter kämpfen müssen, die wohl sehen, daß er bestrebt ist, ihren Lohn zu senken, er wird alle Vorurteile, Bevölkerung und Örtlichkeit betreffend, fühlen, die stets dahin tendieren, Neuerungen zurückzuweisen, schließlich wird er auf das Widerstreben der Geldkapitalisten stoßen, die nicht gern Geld in Unternehmungen stecken, die sie nicht verstehen und noch nicht kennen. Er wird alle diese Widerstände überwinden, allerdings langsam, möglichst keine Erschütterungen verursachend, den Familien, die er umsetzt, genügend Zeit lassend, sich zurechtzufinden und einen neuen Broterwerb zu erhalten bzw. sogar den Verbrauchern Zeit gebend, eine neue Nachfrage nach Arbeit zu bilden.

Auch ist es im allgemeinen nicht der natürliche Fortschritt

der Industrie, bewirkt durch persönliche Interessen, der die Verstopfung der Märkte hervorgerufen hat und Tausende von Arbeitern zu Arbeitslosigkeit und Hungersnot verurteilte. Vielmehr wirkte ein fremder Einfluß auf die persönlichen Interessen, der zu einem systematischen „Verderben der Handwerke“ im großen führte. Bald waren es die Regierungen, welche durch das Antreiben aller Industrien bezwecken wollten, daß ihr Land ebenfalls das tat, was sie bei allen anderen sahen, so daß sie Dinge produzieren ließen, die gar nicht nachgefragt wurden; bald waren es auch eifrige Bürger und Wissenschaftler, die glaubten, ihrem Lande nicht besser zu dienen als durch die Einführung von Erfindungen, die anderen Ländern so großen Reichtum brachten. Zu diesem Zweck wurden die Vorurteile angegriffen, die Gewohnheiten umgestürzt und weitgehende Entdeckungen verbreitet. Man forderte im Namen der Vaterlandsliebe die Gründung von Fabriken, die die Kapitalisten niemals im eigenen Interesse errichtet hätten.

Für heute wollen wir derartige Regierungen, deren anregende Politik bereits Anlaß gab zu zahlreichen Diskussionen, in Frieden lassen. Wir werden uns lediglich an jene wenden, die sich von ihrer Menschenfreundlichkeit in die Irre führen lassen, wenn sie sich nämlich dazu verleiten lassen, mit ganzer Kraft Produktionen zu fördern, die von keinem nachgefragt werden und von denen sie selbst nicht einmal ihren Anteil erhalten. Sollte es uns gelungen sein, sie davon zu überzeugen, daß das Produzierenlassen noch lange keine Garantie für den Verbrauch ist, werden diese Regierungen vielleicht mehr Aufmerksamkeit auf den Grundsatz lenken, auf welchem ihr eigenes System der politischen Ökonomie beruht. Sie fordern die völlige Freiheit der Industrie, weil sie annehmen, daß die persönlichen Interessen, indem sie sich ausgleichen, sich alle im gemeinsamen Interesse vereinigen. Mögen sie also einsehen, daß sie selbst es sind, die das Gleichgewicht zwischen den persönlichen Interessen stören; daß sie, gründen sie eine Fabrik aus Liebe zum Handwerk oder zur Wissenschaft, ohne dabei im geringsten die Marktverhältnisse zu beachten, oft die Menschen und die wirklichen Interessen einer abstrakten Theorie geopfert haben. Es ist Aufgabe der Wissenschaftler, sich auf Grund des Fortschritts der Maschinen, der Chemie und des Studiums der Natur bereit zu halten, um im gegebenen Augenblick allen Bedürfnissen des Marktes zu entsprechen. Ferner ist es Aufgabe der Wissenschaftler, stets zur Verfügung zu stehen, um die Arbeit des Menschen nachdrücklich zu unterstützen, wenn plötzlich einmal mehr Arbeit nachgefragt wird. Aber, solange die gegenwärtige Gesellschaftsordnung besteht, solange die Existenz der Armen den Auswirkungen einer freien Konkurrenz überantwortet wird, darf das Gleichgewicht durch kein weiteres Gewichtsstück zugunsten der Fabrikanten und zuungunsten der Arbeiter verändert werden. Sie müssen sich ins Gedächtnis zurückrufen, daß die Grundmaxime der Ökonomen „laissez faire et laissez passer" heißt, mögen sie also auch den überflüssig gewordenen Generationen die Zeit zum „Passer", d. h. zum Übergang in einen anderen Beruf lassen. Andererseits treffen sie unaufhörlich mit dem unklugen Eifer, mit welchem sie jede Entdeckung annehmen, bald die eine, bald die andere Klasse und verursachen so der gesamten Gesellschaft die ständigen Leiden von Änderungen, anstatt ihr den Nutzen der Verbesserungen zu ermöglichen.

DRITTER ARTIKEL

BEMERKUNGEN ZU DER KLEINEN SCHRIFT VON SAY „DAS GLEICHGEWICHT ZWISCHEN KONSUMTION UND PRODUKTION"*

Say glaubte nicht zulassen zu dürfen, daß eine Lehre, die der von ihm vertretenen zuwiderläuft, ohne Widerlegung bleibt. Er hatte behauptet, „daß sich die Produkte gegenseitig kaufen und daß ihre Zunahme lediglich zur Vermehrung des Verbrauchs des Menschen und zum Wachstum der Bevölkerung in den jeweiligen Ländern beiträgt". Ungefähr in dieser Weise antwortete er mir im Juli 1824 in der „Revue encyclopédique", und er tat es in aller Höflichkeit, wie es seine Wesensart ist, und mit dem Wohlwollen, auf das meine Freundschaft zählte. Aber es widerfuhr ihm das, was Menschen widerfährt, die zu voll ihrer eigenen gedanklichen Konstruktionen sind, um geduldig ihren Widersacher anzuhören. Er glaubte, mich zu erraten, und verstand mich indessen gar nicht. Zumindestens antwortete er auf eine Lehre, die ich in keiner Weise als die meinige wiedererkannte.

Nachdem er festgestellt hat, daß man von einer ganz bestimmten Ware mehr produzieren kann, als es die Bedürfnisse erfordern, fügt er hinzu: „Wirft man ein, jede menschliche Gesellschaft könne vermittels der menschlichen Vernunft und der Möglichkeiten, die ihr die Naturkräfte und

* Es handelt sich um die kleine Schrift von Jean Baptiste Say mit dem vollständigen Titel „Economie politique sur la balance des consommations avec les productions". Paris, 1824. Erstmalig gedruckt in Revue encyclopédique. Im Vergleich zu den anderen Schriften von Say ist dieser Essay weder ins Deutsche noch in andere Sprachen übertragen.

Gewerbe bieten, alle Dinge herstellen, die zur Befriedigung ihrer Bedürfnisse und Genüsse notwendig sind, eine Menge an Waren also, die sogar das übersteigt, was die Gesellschaft verbrauchen kann, so frage ich mich, wie es kommt, daß wir keine Nation kennen, die vollständig versorgt ist; denn selbst in jenen Ländern, deren Wirtschaft als blühend angesehen werden kann, fehlen sieben Achteln der Bevölkerung viele lebensnotwendige Produkte. Dabei spreche ich nicht von reichen Familien, sondern von bescheidenen Haushalten." usw., usf. . . .

Gewiß ist es bedauerlich, wenn ich mich mit dem, was ich so bestimmt im zweiten Buch, im sechsten Kapitel sagte, nicht verständlich machen konnte. Dort war zu lesen: „Denn obwohl es in der Gesellschaft eine sehr große Anzahl schlecht ernährter, schlecht gekleideter und schlecht untergebrachter Menschen gibt, wird nur so viel hergestellt, wie die Gesellschaft kaufen kann; und wie wir sahen, kann sie nur entsprechend ihrem Einkommen kaufen." Das gleiche habe ich dann wiederholt in der Schrift, auf welche Say geantwortet hat. „Gibt es Nachfrage nach einer neuen Arbeit, d. h. neue Mittel, sie zu bezahlen und neue Bedürfnisse, um sie zu verbrauchen, so werden sämtliche Fortschritte, die die Gesellschaft hinsichtlich der Befriedigung dieser Nachfrage macht, allen Mitgliedern zum Vorteil gereichen."

Man kann also nicht die Bedürfnisse und die Wünsche jener Unglücklichen als Beweis dafür ins Feld führen, daß der Verbrauch eine größere Produktion erheischt. Die Zahl dieser Unglücklichen wächst in den reichsten Ländern unaufhörlich. Diese Menschen leiden unter dem Druck des Elends an der Seite von angehäuften Waren, zu deren Kauf sie nicht die geringsten Mittel haben. Im Gegenteil, wenn die Dinge, derer sie bedürfen, nur darum billiger verkauft werden, weil man die Arbeiter, die sie produziert haben, schlechter dafür bezahlt hat, so sehe ich darin eine Ursache mehr, warum die Armen außerstande sind, ihre Bedürfnisse zu befriedigen.

In der Folge sagt Say zwar: „Nicht die Verbraucher sind

es, die einem Lande mangeln, sondern vielmehr die Mittel, um etwas kaufen zu können. Sismondi glaubt, daß diese Mittel reichlicher vorhanden wären, wenn die Waren seltener, infolgedessen teurer sein würden, so daß ihre Herstellung den Arbeitern einen höheren Lohn verschaffte." Dagegen muß ich mich verwahren, handelt es sich doch keineswegs um einen Vorschlag aus meiner Feder. Ich glaube nämlich, daß man stets unter den Produzenten die meisten Verbraucher zu suchen hat; außerdem glaube ich, daß diese Produzenten um so bessere Verbraucher sein werden, je mehr M i t t e l z u m K a u f e n sie haben, was gewährleistet ist, sofern sie aus der Produktion, an der sie mitwirkten, gewinnen anstatt verlieren. Ich verlange keineswegs, daß die Warenmenge gering sein soll, ich verlange aber, daß sie im Hinblick auf die Nachfrage ausreichend ist. Nur so kann ja der Produzent, der sie auf den Markt bringt, aus dem Verkauf einen gerechten Profit erzielen.

Say beschränkt seine Meinung zu dem in Frage stehenden Problem auf folgendes: „Wenn die Produktion lebhafter ist, wenn die Produktionsmittel und Arbeitskräfte zahlreicher sind, mit einem Wort, wenn die Produkte reichlicher vorhanden sind, dann werden die Länder besser versorgt sein." Als Beweis dienen ihm Länder, wo die modernen Herstellungsverfahren bekannter und die Produktionsmittel in größeren Mengen vorhanden sind, wie zum Beispiel in den am meisten industrialisierten Provinzen Englands, der Vereinigten Staaten, Belgiens, Deutschlands und Frankreichs, welche gleichzeitig die reichsten, und wenn man so will, die am wenigsten von Elend heimgesuchten Länder sind. Gewiß doch, ich habe niemals geleugnet, daß Frankreich seit den Zeiten Ludwig XIV* seine Bevölkerung verdoppelt hat und den Verbrauch vervierfachen konnte. Ich habe lediglich behauptet, daß die Zunahme der Produkte von Vorteil war, wenn diese nachgefragt, bezahlt und verbraucht wurden. Dagegen muß man von einem Übel sprechen, wenn sie nicht

* Französischer König von 1643 bis 1715.

nachgefragt waren und wenn die ganze Hoffnung der Produzenten darin bestand, einer rivalisierenden Industrie die Verbraucher abzuziehen. Ich habe versucht zu zeigen, daß die natürliche Entwicklung der Nationen zum ständigen Wachstum ihrer Prosperität beiträgt und infolgedessen auch zu einer wachsenden Nachfrage nach neuen Produkten und zur Vermehrung der Mittel, sie kaufen zu können. Da aber, als Konsequenz unserer Einrichtungen und unserer Gesetzgebung, die arbeitende Klasse allen Eigentums und jeglicher Sicherheiten beraubt wurde, hat man sie gleichzeitig zu einer unmäßigen Arbeit und Produktivität veranlaßt, die keineswegs mit der Nachfrage übereinstimmt, noch in Beziehung zu den Mitteln zum Kaufen steht, so daß sich das Elend ständig verschlimmerte. Seit sieben Jahren weise ich auf diese Krankheit des sozialen Körpers hin, und seit sieben Jahren hat sie nicht aufgehört, ernster zu werden. Einen so lange anhaltenden Übelstand kann ich nicht als die Reibungen ansehen, welche stets die Übergänge begleiten, ich glaube, indem ich vom Ursprung des Einkommens ausgegangen bin, bewiesen zu haben, daß die Übel, die wir erfahren, die notwendige Folge der Schwächen unserer Ordnung sind und deshalb noch lange kein Ende nehmen werden. Say wirft mir schließlich vor, daß ich das Eingreifen des Staates fordere, denn der Staat, und darin stimme ich mit ihm überein, hat sich nur selten in die Verwaltung des privaten Reichtums eingemischt, ohne großen Schaden anzurichten. Dennoch bedarf es sehr wohl seiner Intervention, um wenigstens das angerichtete Übel wieder gutzumachen. Der Gesetzgeber, der über das Eigentum wacht, der die Erbschaftsteilung regelt, der die Monopole verschiedenster Art begünstigt, der der Gewalt entgegentritt und der schließlich jedwede kommerzielle Geschicklichkeit fördert, dieser Gesetzgeber ist ja keineswegs neutral geblieben. Ich verlange von ihm abermaliges Handeln, nämlich die Änderung dessen, was er geschaffen hat.

Ich will schließen mit den eigenen Worten von Say: „Diese Fragen sind unermeßlich, sie betreffen alle jene Bereiche der Volkswirtschaft, welche man bis jetzt viel zu wenig gekannt hat; aber alles weist darauf hin, daß diese Art von Kenntnissen dazu dient, in Zukunft große Schritte voranzukommen." Das wird vor allem geschehen, wenn ein so großer und gerechter Geist wie der seinige sich damit beschäftigt, die neuen Erscheinungen zu untersuchen, die es bei den reichen Nationen gibt, wo das allgemeine Elend trotz des ständigen Wachstums des materiellen Reichtums nicht aufhört zuzunehmen und wo die Klasse, die alles produziert, von Tag zu Tag mehr der Gefahr ausgesetzt wird, nichts mehr zu haben, nichts mehr zu verbrauchen.

Bei Fragen zur Produktsicherheit wenden Sie sich bitte an:
If you have any questions regarding product safety,
please contact:

Walter de Gruyter GmbH
Genthiner Straße 13
10785 Berlin
productsafety@degruyterbrill.com